건강·스포츠 프로그램을 위한

지도 방법과
리더십

─이상효·유희형 공저─

혜민북스

머 리 말

스포츠는 현대 사회에서 새로운 생활 양식의 한 부분으로 삶의 질 향상을 위한 필수품으로 자리잡고 있다. 이렇게 생활 속에서 스포츠가 각광을 받고 관심이 고조된 이유에는 여러 가지 이유가 있겠지만, 그 중에서도 개인의 경제적 소득과 여가시간의 증대를 들 수 있다. 즉 依·食·住가 해결되고 시간적으로도 여유가 있으므로 당연히 건강하게 살고자하는 마음이 높아질 수밖에 없다.

그러나 사람들의 건강에 대한 관심고조에 편승하여 거리에는 피트니스 센타가 난립하고 최신 프로그램으로 참여자들을 모집하고 있지만, 경영자나 참가자 모두를 만족시키는 피트니스 센타는 그다지 많지 않은 숫자이다. 즉 엉성하고 진부적인 프로그램, 경영자의 관리능력 부족, 지도자의 코칭방법의 결여와 참여자가 운동에 지속적으로 참여할 수 있게 하는 매력 제공의 실패 등은 참여자의 불만을 자아내어 경영을 어렵게 하고 결국은 파산하는 일을 흔히 볼 수 있다.

게다가 요즘의 스포츠 형태는 과거처럼 경기 스포츠와 건강 증진을 위한 스포츠가 명백히 분리되어 있는 형태가 아니라 양자가 혼합되어 운영되는 형태를 취하고 있다. 즉 동호인 수준에서도 고도의 경기력과 체력을 필요로 하는 선진국 형태의 스포츠 클럽운영 방식으로 변해가고 있다.

따라서 앞으로의 스포츠 지도자는 단순한 시범에 의한 운동기술의 전달만이 아니라 스포츠에 관련되는 여러 학문(철학, 사회학, 교육학, 생리학, 경영학 등)의 기초적 이해를 바탕으로 참가자의 특성을 이해하고 그들을 이끌어갈 수 있는 지식과 리더십 능력이 요구된다고 할 수 있다.

하지만 이렇게 건강증진 영역의 스포츠활동과 전문적 수준의 스포츠활동 수준에 필요한 지도자가 필요하고 그 역할이 중요함에도 불구하고, 지금까지 양 측면의 스포츠 영역에서 활용될 교재나 지침서의 발간이 흔치 않았던 것이 사실이다.

본서에서는 이러한 사실을 고려하여 건강증진 영역과 전문적 수준에서 필요한 지도자용 교재로 내용을 구성하였다. 앞으로 건강·스포츠 분야의 지도자가 되기를 원하는 대학생과 대학원생, 현재 스포츠 지도자로 활동하고 있는 각급 학교의 지도자와 피트니스 센타를 경영하는 관리자에게 많은 도움이 되리라고 생각한다.

내용을 크게 대별하면 지도자의 역할과 법적 문제, 지도계획과 참가자의 특성, 운동종목별 지도법, 그리고 스포츠 리더십의 핵심 구성요소인 동기유발·상담·성격·연습·커뮤니케이션·집단·갈등관리 등의 내용을 설명하였다.

그리고 저자는 단순한 이론적 배경만을 근거로 내용을 기술한 것이 아니라 다년간 선수와 지도자 경험을 통하여 습득한 운동현장에서 바람직하다고 생각되는 지도방법과 리더십의 경험을 정리하여 기술하였다.

끝으로 수집된 자료의 부족과 시간에 쫓겨 원고를 정리하다보니 꼭 필요한 부분이 누락되었음을 솔직히 고백한다. 부족한 부분은 앞으로 보완하고 잘못된 부분은 수정하기를 독자 여러분들과 약속드리며, 본서가 건강·스포츠 시대의 요청에 따른 스포츠 지도자의 참고서로 활용되기를 기대한다.

2002. 저자 이상효/유희형

차 례

제 1 장

스포츠의 개념과 가치

1. 스포츠의 개념 형성
2. 현대 스포츠의 발달과 문제점
3. 스포츠의 교육적 기능
4. 건강·스포츠의 개념

1. 스포츠의 개념 형성

스포츠는 디스포타레(disportare)라는 라틴어가 뒤에 disporture(라틴), desport (프랑스), disport(영국)으로 변천하여 sport란 말이 생기게 되었으며 고대 프랑스어인 desporter는 스스로 즐긴다의 명사화한 desport의 준영어로 그 어원은 기분전환, 만족이란 뜻으로 바뀐 라틴어인 de-portare '들고 가다', '옮긴다'에서 비롯되었다. 원시시대 체육활동의 목적이 생존을 위한 수단이었다면, 스포츠의 어원적(語源的) 의미는 체육활동 그 자체가 목적이고 활동임을 알 수 있다.

움직임의 본능을 표현한 첫 단계를 '놀이'라 한다면 놀이의 발달된 형태가 스포츠이다. 스포츠 개념의 근원을 찾아볼 수 있는 놀이와 게임의 관계를 나타내는 대표적인 정의를 보면 다음과 같다.

에드워드(Edwards)는 놀이의 정의를 "임의의 공간적, 시간적 한계 내에서 그리고 일상생활의 역할 관심사 및 영향을 벗어나 분리된, 또한 그 자체의 한계와 맥락 내에서 요구되어지는 것 이상의 진지하고 의도적이며 현실과 분리된 별개의 활동이다."라고 하였다.

이브라힘(Ibrahim)은 게임 가운데서 신체활동을 주로 하는 신체 기능적 게임 (Kinetic play)을 대상으로 해서 정의하기를 "게임은 양측 혹은 그 이상의 대상 사이에 승부의 결정 기준을 미리 정한 규칙에 의거한 조직적이며 경쟁적인 신체활동적 놀이"라고 정의하고 "스포츠는 인간표현의 한 형태인데 역사적으로는 신체적 놀이로부터 유래하며 문화적으로 인정을 받는 기본적인 여가활동이다. 스포츠의 목표는 미리 동의한 일련의 규칙을 통한 경쟁적인 상황에서 획득하게 된다"고 스포츠를 정의하였다.

위의 세 가지 정의에서 살펴보면 각각의 개념은 특징을 지니되 스포츠는 놀이가 보다 조직화되어 게임의 단계를 거쳐 신체기능과 그 능력을 과시하는 측면이 강조되는 인간활동으로 구체화되어 발전되었다고 볼 수 있다.

따라서 놀이가 인간의 본능적인 활동이며 자기를 표현하려는 욕구에 의해 이루어지는 활동이라면 스포츠는 조직(organization), 규칙(rule), 방법(method)을 부여해서 경쟁적으로 행하는 의도적인 활동이라고 할 수 있다.

2. 현대 스포츠의 발달과 문제점

　19세기 말엽부터 영국을 위주로 유럽에서 활성화된 경기형태의 스포츠는 놀이나 교육적 의미가 담겨있는 체육과는 달리 경쟁의 의미에 더 많은 중요성을 부여하고 있었다. 20세기에 들어오면서 이러한 경기형태의 스포츠는 미국을 중심으로 발달하였으며, 초기에는 아마추어정신(amateurism)을 강조하였다. 이것은 유희성을 강조하는 동시에 스포츠가 경제적인 이익의 수단이 되어서는 안 된다는 사고에서 비롯되었다.

　학자들 또는 상류사회 경기인에 의해서 아마추어리즘이 미화되고 정당화되었으나 시간적, 경제적인 여유가 없는 대부분의 시민들에게는 아마추어리즘이라는 장벽으로 인하여 스포츠 참여가 힘들었다. 즉 아마추어리즘은 귀족과 같은 상류계층만이 스포츠를 즐길 수 있게 하였다.

　제2차 세계대전 이후 대중매체의 발달은 스포츠가 전통적인 참여스포츠에서 관람스포츠로서 보다 큰 의미를 가지는 계기가 되었고, 스포츠의 전문화(professionalism)는 대중의 바램에 의해서 자연스럽게 이루어 졌다. 점차로 스포츠를 노동의 매개로 하여 수입을 얻는 직업, 즉 프로스포츠가 늘어났고, 이러한 프로스포츠는 중요한 제3차 산업으로 인식되게 되었다. 이러한 스포츠산업의 발달은 스포츠발전에 걸림돌이 되는 아마추어리즘을 자연스럽게 도태시키는 주원인이 되었다. 학교나 실업팀간의 운동경기를 아마추어 스포츠라고 현재까지도 규정하고 있으나 이에 대한 개념과 용어의 변화를 필요로 하고 있다. 실제로 실업스포츠단을 아마추어라고 하기에는 의미상의 문제가 있다.

　경기스포츠는 최근 수 십년 사이에 과잉적으로 성장하고 대중매체의 주요 뉴스로 성장됨에 따라 많은 부작용을 낳기도 하였다. 승리제일주의에 휘말려 '승리'라는 절대적인 목표 달성을 위해 수단과 방법을 가리지 않은 인간성 상실을 초래하는 부작용이 있기도 하였다. 처음부터 특정한 운동을 선수에게 과도하게 훈련시키는 것은 물론, 국수주의의 대표적인 도구로 사용되기도 한다. 이러한 부작용은 기본적으로 스포츠 활동의 잘못된 이해에서 온다고 볼 수 있다.

　프로든 아마추어든 경기스포츠에서의 상대는 적이 아니라 동지이며, 활동 자체가 대치가 아닌 더불어 합의된 협력이라는 것을 인식하여야 한다. 모든 선수는 경기의 정당한 승리를 위해 자기의 최대한의 능력을 발휘하고 떳떳하게 패배를 인정하는 올바른 정신이 기초가 된 경기관의 확립이 무엇보다도 현대 스포츠에서 필요하다. 이러한 정신이 기초가 된 스포츠만이 진정한 의미에서 경기스포츠라고 할 수 있을 것이다. 스포츠지도자는 경기자에게 정당한 경쟁을 지도하여 스포츠에서 경기자는 협력, 책임, 사교, 예의를 익히게 하고, 또한 집단질서와 준법의 필요성, 약속의 이행 등의 덕성을 기르고, 사랑, 관용, 자제 등 폭넓은 사회성을 배우도록 지도하여야 한다(정동구, 하웅용, 2001). 한편 〈표 1-1〉에는 운영주체별 스포츠의 형태가 제시되어 있다.

〈표 1-1〉 스포츠 형태의 분류

운영주체	여가 Sports	학교 Sports	아마 스포츠 (Ama-Sports)	프로 스포츠 (Pro-Sports)
구조적특징	개인적인 차원 친구, 가족이 함께 즐김 (자유의지)	교육학적 차원 조직화됨(의무)	자치적 차원 협회 회원형식 (자유의지)	이윤추구적 차원 스포츠를 상품으로 인식(스포츠 재화 생 산, 판매)
Sports행위의 기본틀	상대적 기량원칙	상대적 기량원칙	상대적 기량원칙 절대적 기량원칙	절대적 기량원칙
행위의 목적	유희	신체를 통한 교육	회원들간에 친목	이윤 추구
주체의 목적	최소지출을 통한 스포츠 향유	스포츠를 통하여 교육의 목적 달성	연대, 팀의 소속성, 명예, 힘	소득, 이윤, 생산성 향상

자료 : 정동구, 하웅용(2001). **스포츠정책사론**. 한국체육대학교 스포츠정책 연구회. p. 5.

3. 스포츠의 교육적 기능

건강·스포츠 프로그램은 학교 및 일반사회 속에서 중요한 교육적 수단이 되고 있다. 특히 학교의 교육과정 속에서 스포츠는 학생을 육체적, 정서적으로 건강하게 성장시키는 순기능적 역할을 담당하고 있음은 부인할 수 없는 사실이다. 그러나 요즘 TV 또는 신문지상에서 학교 스포츠에 대한 문제점과 병폐가 심각하게 떠오르고 있다는 보도를 자주 접하게 된다. 즉, 교육적 차원에서 스포츠의 역기능적인 측면도 간과할 수 없음을 보여주고 있는 것이다.

따라서 학교에서 스포츠의 교육적 기능으로서 순기능적인 측면과 역기능적인 측면을 살펴보면 다음과 같이 요약할 수 있다.

1) 스포츠의 순기능적 측면

스포츠가 지니는 교육적 순기능은 전인교육 기능, 사회화 촉진 기능, 정서순화 기능, 사회통합 기능, 평생체육의 조장 기능 등으로 요약할 수 있다.

(1) 전인교육(全人敎育)

지육, 덕육과 함께 교육의 일 영역을 차지하는 체육·스포츠는 신체의 고른 발달과 아름다움 그리고 정서함양과 사회성을 높이기 위한 교육이다. 체육·스포츠는 신체활동을 통한 교육이므로 체력, 인내심, 준법정신은 물론 각 운동의 기술과 규칙 그리고 스포츠맨쉽, 페어플레이 정신, 매너 등을 학습한다. 따라서 체육·스포츠는 지식이나 어떤 기술 측면뿐만 아니라 인간성을 전면적, 조화적으로 발달하게 하는 전인교육 기능의 한 영역을 담당하고 있다고 할 수 있다.

(2) 사회화 촉진

사회화 과정의 주요 결과는 역할 학습인데 그 속에서 어린아이들이 그들 나름대로의 사회적인 역할을 습득하게 된다(Greendorfer, 1993). 대부분이 어린 시절에 놀이를 포함한 스포츠 신체 활동을 통해 사회화 과정을 거치기 때문에 이를 통하여 올바른 시민, 책임감 있는 이웃, 동료, 친구로서 그러한 역할을 습득하도록 하는 중요한 매개체가 된다.

다양한 연구들이 이러한 주장을 뒷받침해 주는 경험적인 증거들을 제시한 바 있다. 이러한 연구들은 놀이, 게임, 스포츠를 조사하여 그러한 활동들을 통해 아이들이 스포츠 안팎의 관계들을 배운다는 사실을 발견하였다(Coakley, 1993; McPherson et al., 1989)

이러한 사회화의 과정은 일생을 통하여 계속되나 초기 사회화의 주관자(主管者)인 가족과 학교는 소위 '사회화 제도'(socialization institution)로 불려질 만큼 사회적으로 바람직한 가치와 태도 및 행동을 학습하도록 자녀와 학생에게 큰 영향을 준다.

(3) 정서순화

청소년들이 일상생활 속에서 경험하는 스포츠 활동은 전체사회의 축소판으로서 이들이 놀이 및 경기경험을 통하여 획득한 공정성은 일반사회의 합법성과 준법성을 수용하는 바탕이 된다. 따라서 스포츠 활동은 신체활동에 대한 청소년의 기본적 욕구를 충족시켜 주는 동시에 현대사회의 구조적·문화적 변동으로 파생된 청소년 비행을 치유할 수 있는 유효한 수단이 된다(임번장, 1995).

(4) 사회통합의 매개체

스포츠는 사람들에게 개인적인 정체성, 사회적인 정체성, 단체의 일원이라는 생각을 심어주어 단결시킬 수 있다(Coakley, 1990). 스포츠가 그러한 목적을 달성하는 방법은 개인적인 수준(예를 들어 "우리 팀이 승리하는데 도움이 된 것이 자랑스럽다.")에서부터 이면에서 팀을 단합시키는 국가의 한 부분까지 다양하다. 사회제도 중 스포츠만큼 사람들을 단합시키는 힘을 가진 것은 없다. 이것은 스포츠의 인기가 사회계층, 성, 인종, 연령의 장벽을 허물기 때문이다. 따라서 학원 스포츠도 교육환경 내에서 교내·외를 통합하고 조절한다.

(5) 평생체육의 조장

스포츠사회화는 누구나 체험하는 것이 아니라 일종의 선택적 경험인 것이다. 기계화와 개인화의 과정 속에서 소외되고 삶의 형평을 상실한 현대인은 여가활동을 통해 삶의 만족과 자아의 실현을 추구하게 되는데 신체적 여가활동을 통한 다양한 스포츠활동은 인간의 삶과 질을 향상시켜 줄 수 있는 훌륭한 수단이 된다. 그리하여 학창시절에 관심을 기울였던 스포츠로 재사회화되며 결국 재학 당시의 직접적 혹은 간접적 스포츠 참여는 성인시기의 지속적인 여가활동으로 전이된다.

2) 역기능적 측면

위의 스포츠의 순기능 측면에서 스포츠가 개인뿐만 아니라 사회 전반에 긍정적인 결과를 가져오는 면들을 살펴보았다. 그러나 스포츠 참여가 오직 좋은 결과만을 가져오는 것이 아니라 어두운 측면도 포함하고 있다는 사실도 알아야 한다. 즉, 어떤 수단을 써서라도 이기면 된다는 승리제일주의, 학업결손, 성차별, 스포츠의 상업화, 일탈행위 조장 등을 들 수 있다.

(1) 승리제일주의

스포츠의 역기능을 발생시키는 가장 근본적인 요인으로서 스포츠 참가보다는 승리, 즐거움보다는 노동의 형태로 스포츠의 가치를 변질시키며 과도한 훈련이나 경쟁을 유발함으로써 선수의 정신과 육체에 치명적 상해를 주는 점을 지적할 수 있다. 이러한 승리지상주의(勝利至上主義)적 사고는 주로 코치와 같은 지도자에 의해 형성되며 스포츠의 교육적 의미를 경시하는 학부모, 학교당국, 그리고 현행 체육특기생에 대한 상급학교 진학제도의 불합리성 때문에 일어난다(강복창, 1999).

(2) 학업결손

승리제일주의의 학교 운동부 선수는 오직 경기에서의 승리만을 집착하기 때문에 장기간 합숙훈련, 전지훈련, 출전 등으로 인하여 상당기간 학교수업에 소홀히 하거나 아예 출석하지 못하는 경우가 허다하다. 선수 이전에 학생이기 때문에 학생신분의 선수는 무엇 보다 학업이나 학교생활에 충실해야함은 당연하다. 이러한 문제는 엘리트 스포츠를 적극장려하는 우리 나라 학교체육의 가장 큰 문제로 지적되고 있다.

(3) 성(性) 차별

동서양을 막론하고 학교 교육에서 여성의 스포츠 참여기회는 극히 제한되어 왔다. 우리 나라의 교육법에는 남녀학생의 스포츠 참여를 공식적으로 동등하게 보장, 장려하고 있으나 여전히 여학생의 스포츠 참여율은 남학생에 비해 상대적으로 저조한 실정이다(임번장, 1995). 이러한 여성의 스포츠 참여에 대한 불평등은 종교적인 면에서 또 사회의 관습이나 학교 운동부의 구조 등에서 원인을 찾아 볼 수 있다.

미국의 경우 1970년대 초에 시작된 근대 여성운동에 따라 여성의 역할이 전통적으로 남성이 지배하던 영역으로 확장되었다. 스포츠의 세계도 예외가 아니었다. 1972년 교육수정조항 9조(Title Ⅸ)가 통과되었다. 교육수정조항 9조는 연방 정부의 재정보조를 받는 교육 프로그램과 활동에서 성차별을 금지하였다. 이 법을 통해 수많은 소녀와 여성들이 혜택을 누리게 되었다. 하지만 1984년 그로브 시티 대학(펜실베니아)이 직접적인 연방기금을 받지 않은 프로그램(예, 체육)은 그 법령에서 예외가 된다고 주장하면서 교육수정조항 9조 중 '프로그램과 활동'이 실제 적용될 때 그 조항에서 배제한다는 사실을 발견했다. 그러나 4년 후 의회는 민권회복법(Civil Right Restoration Act)을 통과시키면서 교육수정조항 9조의 의도가 체육을 포함하는 모든 기관의 성차별을 금지하는 것임을 분명히 밝혔다(Carpenter,

1993).

1972년 이후 많은 변화들이 일어났다. 여성의 체육활동 참여율, 대학의 체육장학금과 시설 이용율, 체육예산과 미디어의 보도가 급증했다. 특히 여성의 스포츠 참여가 교육수정조항 9조 이전에는 겨우 삼십만명이었던 수치가 이제는 이백만 이상의 여성들이 대학스포츠에 참여하고 있다.

그러나 여성의 스포츠 참여가 커다란 진전을 이루었지만 아직까지는 진정한 평등이 이루어졌다고 하기에는 시기상조다. 예를 들면 교육수정조항 9조의 통과가 25년이나 지났지만 여성들은 대학연합 수준에서 체육장학금의 약 3분의 1을 받고 있을 뿐이다(Kane & Greendorfer, 1994). 또한 여자 선수들은 지도자의 역할과 스포츠 경기에 있어서 미디어 보도가 남성들에게 훨씬 못 미치고 있다(Acosta & Carpenter, 1992).

(4) 스포츠의 상업화

학원 스포츠의 상업화 문제는 프로 팀이나 일부 학교에서 운동부나 선수에게 지나친 훈련비나 장학금의 명목으로 금전적 지원을 함으로써 선수를 상품화하는 비교육적 현상을 야기시키고 있다. 선수 스카웃 문제로 우수한 학생 선수는 왕왕 사회적 물의를 일으키며, 금전거래에 의해 교육이나 진로가 좌우되는 실정이며 정규교육과 학생의 신분이나 본분을 벗어난 상품으로 전락하는 경우가 있다(강복창, 1999).

(5) 일탈(逸脫)조장

스포츠 일탈은 ① 경기규칙을 위반하는 행동, ② 스포츠맨쉽과 페어플레이 정신 등 보편적 가치에서 벗어나는 행동, ③ 비합법적으로 사람, 용구, 재산에 손해를 가하는 행동으로 규정할 수 있다(Eitzen, 1981). 그러나 임번장(1995)은 스포츠 일탈행동을 "스포츠 환경에서 적용되는 일반사회의 보편 타당한 규범적 기대를 깨뜨리는 스포츠 참가자의 행동까지 포함하여야 한다"고 주장하고 있다.

따라서 스포츠 일탈행동은 ①폭력, ② 도박, ③ 담합, ④ 승부조작, ⑤ 부정행위, ⑥ 부정한 선수선발, ⑦ 약물 복용, ⑧ 부정 선수, ⑨ 경기규칙을 위반하는 행위, ⑩ 스포츠맨쉽과 페어플레이 정신 등 보편적 가치에서 벗어나는 행동, ⑪ 비합법적으로 사람, 용구, 재산에 손해를 가하는 행동 등을 모두 포함한 행위를 스포츠 일탈행위라고 할 수 있다.

4. 건강·스포츠의 개념

스포츠는 인간이 신체활동을 통하여 신체적 능력을 향상시키고 심리적·사회적으로 건전하게 하여 장차 사회생활에서 훌륭한 생활인이 되도록 하는 교육적 활동이다. 따라서 스포츠는 신체의 각 기관을 고르게 튼튼히 발달시키고 기능을 증진하는 심동적 활동과 신체활동을 통하여 사회생활에 필요한 지적·정서적·사회적 발달에 목표를 둔 인지적·정의적 활동으로 나눌 수 있다. 이러한 스포츠의 목표가 사회전체 구성원에게 적용된 건강·스포츠는 생애의 한 시기에 국한하여 체력을 증진시키는 수단적인 단편적인 활동이 아니라 생애 전 주기에서 신체활동을 통하여 개인의 건강을 지속적으로 유지하여 사회생활에 필요한 체력을 배양하고 원만하고 건전한 인간관계의 형성을 제공하여 삶의 질을 향상시켜 주는 넓은 의미의 스포츠이다.

따라서 개인이 지니고 있는 잠재적인 신체활동의 욕구를 최대한으로 신장하고 스포츠를 통한 복지사회의 이념구현을 목적으로 하는 건강·스포츠는 스포츠의 대중화에 근거하여 유아스포츠·아동스포츠·청소년스포츠·성인 전기 스포츠·성인 후기 스포츠·노인스포츠 등의 수직적 영역과 가정·학교·직장·지역사회에서 이루어지는 수평적 스포츠활동 영역으로 이분화된다.

이러한 영역에서 건강·스포츠는 개인적 생활영역 안에서 각자의 취미와 여가 및 환경에 따라 여가시간을 이용한 자발적인 참여를 통하여 개인의 일상생활을 풍요롭게 하는 신체적 활동을 의미하는 것으로서 다음과 같은 네 가지 특징을 지닌다.

① 사회구성원의 건강 및 후생복지 향상을 목적으로 수행되어지는 체육·스포츠·레크리에이션 등에 의한 주로 일반 대중의 스포츠 활동이다.

② 여가를 창조적으로 선용하는 도구적 스포츠 활동이다. 스포츠 활동을 통한 창조적 여가활동은 개인 및 사회의 잠재적 생산력을 향상시켜 국가발전에 기여한다.

③ 단순한 여가선용이라기보다는 적극적 의미에서 범국민적 사회운동으로서 스포츠에 대한 사회적 역할을 확대한다.

④ 건강·스포츠는 생업 및 생존을 위한 활동이 아닌 생활양식의 다양화와 행복한 삶을 영위하는 복지사회 건설에 바탕을 둔 사회 교육적 활동이다.

결국 위의 건강·스포츠에 대한 개념을 정리해 보면, 지금 우리 나라의 정부와 지방자치단체, 그리고 스포츠 관련기관에서 심혈을 기울여 추진하고 있는 사회체육, 생활체육, 평생체육과 그 맥을 같이 한다고 할 수 있다.

제 2 장

스포츠 지도자의 역할과 자질

1. 스포츠 지도자의 개념
2. 전문직으로서의 스포츠 지도자
3. 스포츠 지도자의 역할
4. 스포츠 지도자의 자질
5. 스포츠 지도자와 이직(離職)

1. 스포츠 지도자의 개념

인간의 집단이 있는 곳에는 반드시 지도자가 존재한다. 일반적 의미의 지도자는 집단에 군림한다는 뜻을 지니기도 하지만 스포츠에서의 지도자란 안내, 지원, 협조, 교육의 뜻이 더 강하다. 스포츠에 참여하는 동기는 다분히 자발적인 수준에서 참여하는 생활체육 수준에서부터 자발성이 배제된 상태로 참여하는 학교체육수업 수준, 그리고 전문적인 스포츠팀의 수준까지 다양하다. 따라서 이러한 스포츠에 대한 구체적인 방법은 학습을 통하여 습득되는 것이며 학습이 있는 곳이면 당연히 지도자가 있기 마련이다.

스포츠 지도자의 종류는 매우 광범위하고 다양하기 때문에 명확하게 구분하는 것은 어렵다. 하지만 스포츠 지도자의 유형을 좁은 의미로 구분한다면, 학교체육의 체육교사와 코치, 생활체육지도자, 전문적 수준의 스포츠팀의 지도자로 구분할 수 있다. 그리고 광의의 스포츠 지도자로는 정부와 정부지원 조직 및 단체에서 체육행정 정책을 입안, 수립, 추진해 나가는 지도자와 공공체육시설과 상업체육시설에서 법적인 업무, 시설, 관리, 프로그램계획, 예산, 인사관리 등을 담당하는 지도자를 포함한다.

또한 오늘날의 스포츠 지도자는 운동기술만을 전수하는 것이 아니라 보다 복잡하고 전문적인 역할과 임무가 요구되고 있다. 지도한다는 것은 참여자 또는 팀의 구성원에게 기대되는 바람직한 행동을 유도해내고, 그러기 위해서 지도의 환경을 잘 정비하고, 대상자들의 참여활동을 이끌어주고 도와주는 것을 말한다. 이렇게 학

〈표 2-1〉 스포츠 지도자의 종류

협의의 스포츠 지도자	광의의 스포츠 지도자
· 학교체육 지도자	· 정부의 스포츠 행정관료
· 생활체육 지도자	· 공공단체의 체육업무 담당자
· 경기 지도자	· 상업체육시설의 스포츠 경영 관리자
· 전문적인 스포츠 팀의 지도자	· 레크리에이션 지도자
· 운동처방사	· 스포츠 안전요원
· 장애인 생활체육지도자	· 학교와 각종 연구소의 연구원
· 선수관리 트레이너	· 스포츠 저널리스트
· 스포츠의학자	

습이 이루어지는 스포츠의 장면에서 지도자가 차지하는 비중은 실로 막중하다고 할 수 있다. <표 2-1>에는 스포츠 지도자의 종류가 제시되어 있다.

2. 전문직으로서의 스포츠 지도자

스포츠 지도자는 직업분류에 있어서는 전문직으로 분류된다고 볼 수 있다. 이것은 스포츠 지도자가 다른 전문직과 같이 장시간에 걸친 특별한 교육을 받지 않고서는 아무나 종사할 수 없는 직업임을 타나낸 것이라 할 수 있다.

스포츠 지도자가 전문성을 가진다는 뜻은 여러 가지로 풀이될 수 있으나, 그 하나는 고도의 전문적 기술을 필요로 하는 신체 및 정신적 활동이며 장기간에 걸친 교육과 훈련이 요구된다는 것이다. 다른 하나는 의사, 변호사 또는 목사직 등과 마찬가지로 고도의 자율성과 사회적 책임성을 아울러 가져야 한다는 것이다(위성식, 1993).

(1) 전문직의 조건

첫째, 사회적 봉사기능을 가지고 있으며, 둘째, 그 직능을 수행함에 있어서 고도의 전문기술과 직업윤리를 요구하며, 셋째, 장기간의 준비교육이 요구되며, 넷째, 자율의 범위 안에서 행사한 행동과 판단에 대해서 종사자의 광범위한 책임을 묻는다고 할 수 있다.

(2) 전문가의 특성

첫째, 일생을 생업으로 인정하며, 개인보다는 대중에 대한 봉사를 요구하고 법에 요구된 이상의 의무를 가지고 있고, 둘째, 직업의 평가를 업무자체에 두고 근무연한과 같은 외형적인 것에 두지 않으며, 셋째, 고도로 발전된 철학적, 과학적 지식에 의존하고, 장기간에 걸친 전문적 교육과 실습기간을 요구하며, 넷째, 사회에 대하여 진정한 지도성을 발휘해야 하며, 성문화된 법률적 지위를 가진다.

이와 같이 전문직의 조건과 특성을 고려해 볼 때 스포츠 지도자는 전문직으로 간주되어야 한다. 이것은 엄격하고도 계속적인 연구를 통하여 습득·유지되는 전문적 지식과 전문화된 기술을 필요로 하는 공공적 업무의 하나이다. 또한 그것은 스포츠 지도자들에 대하여 그들이 담당하고 있는 대상자들의 지도와 복지를 위하여 개인적, 집단적인 책임이 요구된다고 할 수 있다.

3. 스포츠 지도자의 역할

1) 무엇을 위한 지도자인가?

건강의 유지 증진 및 스포츠 활동은 본래, 각 개인이 자기 관리를 하면서 실천하는 것이 이상적이며, 평생을 통해 이루어지는 것이 바람직하다. 건강·스포츠 지도는 이러한 것을 목표로 이루어질 필요가 있다.

그러나 지도를 받게되면 아무래도 수동적이 되기 쉬우며, 지도자도 일방적으로 가르치게 되는 경향이 있다. 이러한 지도 방법으로는 각 개인이 건강의 유지·증진 및 스포츠 활동을 자신의 문제로 생각하지 못하며 자기 관리를 하면서 실천할 수가 없다. 또한, 그렇게 해서는 평생을 통해 스포츠에 친숙해진다는 목적을 이룰 수는 없다. 따라서 스포츠교실이나 강습회가 종료되고 지도자가 없더라도 실천할 수 있도록 지도와 도움을 주는 것이 지도자의 마음자세로 필요하다.

건강·스포츠 지도에 있어서는 각 개인이 건강의 유지 증진 및 스포츠 활동을 안전하고 효과적으로 할 수 있도록 지도하는 것은 물론, 자기 스스로 실천해 나갈 수 있도록 지도나 보조를 하는 것이 필요하다. 위를 실천하기 위해서 건강·스포츠 지도자에게는 주로 3가지의 역할이 있다<그림 2-1> 참고.

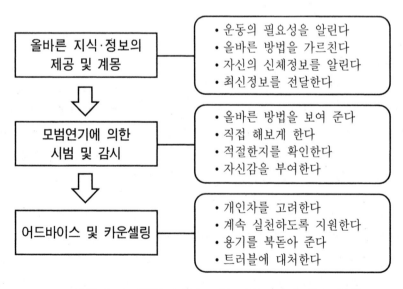

<그림 2-1> 건강·스포츠 지도자의 3가지 주요 역할

2) 지도자의 3가지 역할

(1) 올바른 지식·정보의 제공 및 계몽

먼저, 운동을 할 때 "운동에 대한 불안을 제거하는 것"과 "의욕을 불러일으키는 것"이 중요하다. 그러기 위해서 지도자는 운동을 했을 경우의 신체적 변화와 효과, 목적에 맞는 올바른 운동 방법, 개인의 목적이나 건강·체력 수준에 맞는 운동 종목의 소개, 자신의 신체에 관한 정보(체력 측정이나 건강 측정의 결과 등)나 자신이 지향해야 할 목표 등에 대하여 바른 지식·정보를 제공하는 것이 중요하다.

(2) 모범 연기에 의한 시범 및 감시

그 다음, 어떤 운동을 어떤 방법으로 하면 좋을지를 지도할 필요가 있다. 구체적으로 알기 쉽게 설명하기 위해서는 시각적인 지도가 효과적이다. 올 바른 운동 방법이나 다양한 운동 종목에 대해 말로만 할 것이 아니라, 실제로 모범 연기를 보여줌으로 인해 시각적으로 이미지를 전달할 수가 있다. 이때, 바른 본보기를 보여주지 않으면 역효과가 나기 쉬우므로, 지도자는 지도할 요점을 명확히하여, 모범적인 연기를 표현할 수 있어야 한다. 또한, 보여주기만 하는 것이 아니라 수행하게 하는 것이 중요하다. 이때 지도자에게는 감시를 한다고 하는 중요한 역할이 있다. 운동이 바르게 이루어지는지, 각 개인에 맞는 적절한 운동인지, 표정이나 동작에 이상은 없는지 등을 항상 감시하여 확인할 필요가 있다.

(3) 어드바이스 및 카운슬링

각 개인의 목표가 설정되면, 그 목표를 향해 어떤 운동을 어떻게 실시해 나가면 좋을지를 어드바이스 할 필요가 있다. 또, 운동을 지도할 때는 운동이 바르게 되고 있는지를 피드백과 동시에 적절하지 않을 경우에는 올바른 방법이 몸에 배도록 각 개인에게 어드바이스를 해 나갈 필요가 있다. 또한, 운동을 계속하는데 있어 문제점이 생기거나 목표를 달성하기 위해 보다 세심한 지도가 필요한 경우는 개별적으로 카운셀링 하는 것도 지도자의 중요한 역할이다(萩裕美子 編著, 1996).

또한 위에서 설명한 3가지 주요 역할 외에도 서클 활동(그룹)의 지원·조언, 이벤트 기획·운영, 프로그램 개발 등의 역할도 있다.

4. 스포츠 지도자의 자질

스포츠 지도자로서 성공하기 위해서는 어떤 자질이 필요한가? 이에 대한 대답은 스포츠 지도자란 그 말 자체에 담겨져 있다. 즉, 스포츠에 알맞은 자질과 지도자로서 적당한 자질의 만남이다. 어느 쪽이 우선인가 하면 후자 쪽의 자질이다.

그렇다면 지도자에게 알맞은 자질이란 무엇인가? 자질이란 본래 타고난 바탕, 성품, 천성을 의미하는 말이므로 태어나면서 지도에 현저한 본질적 특징을 지니는 것이라고 할 수 있다. 즉 지도자로서 하나의 특징은 사람을 매혹하고 동기를 유발하여 행동으로 유발시키는 것이며, 또 하나는 그 결과가 만족과 보람을 가져다주는 것이다. 이러한 스포츠 지도자에게 필요한 자질은 다음과 같이 요약할 수 있다.

첫째, 훌륭한 스포츠 지도자는 조직, 의사전달, 인간관계, 그리고 지도와 동기유발 기능을 지니고 있어야 한다. 둘째, 선수나 기술을 배우고자하는 참가자에게 최대한의 기회와 게임 전략을 제공하기 위한 기초기술을 조직할 수 있어야하며 참가자들의 노력을 조정·감독할 수 있는 능력을 지녀야한다. 셋째, 지도자는 참가자들의 운동능력을 향상시키기 위하여 적절한 방법으로 피드백을 제공하고 분명한 방법으로 전달할 수 있는 의사전달 능력도 뛰어나야 한다. 넷째, 지도자는 모든 참가자들이 자신들의 목표를 성취하는데 필요한 최대의 노력을 쏟을 수 있도록 동기와 자신감을 부여할 수 있는 능력이 요구된다(Wuest & Bucher, 1999). 이를 상세히 설명하면 아홉 가지로 나눌 수 있다.

① **의사전달 능력** : 의사전달은 지도자에게 있어서 가장 큰 비중을 차지하는 지도 요건이다. 지도 결과의 성패는 대부분 참여자와 지도자간의 의사소통에 의하여 좌우된다. 따라서 의사전달은 지도의 선결 요건인 영향력 행사의 과정이자 리더십의 기본 요인이다. 효과적인 의사전달의 선행 조건은 관심 유도, 관심도 유지, 전달 내용의 상세한 설명, 성실한 청취 태도 등이다.

② **집중력** : 효과적인 리더십의 또 다른 요건은 집중력이다. 지도자는 자신이 행하고자 하는 과업을 확고하게 인식하고 지도의 내용 및 과정과 상관없는 잡념을 제거하여 지도에 전념할 수 있어야 한다.

③ **칭찬의 미덕** : 참여자의 행동 및 태도에 대한 지도자의 칭찬은 참여자의 과제 수행에 대한 긍정적 자극과 보다 높은 동기 유발을 촉진한다. 칭찬은 참여자의 지도자에 대한 신뢰의 폭을 확대시키고 가장 높은 수준의 과제 수

행을 가져온다.

④ **실천의지** : 목표 성취에 대하여 진취적 자세를 가진 지도자는 어떠한 장애에
도 불구하고 우수 지도자가 되기 위한 모든 능력을 실천하려는 의지가 충만
하다. 실천의지가 충만된 지도자는 자발적 의도에서 환경의 어려움을 극복하
고 참여자의 과도한 긴장을 해소시킴으로써 생산적인 활동을 주도한다.

⑤ **활달한 성격** : 지도자는 건전하고 역동적인 성격을 지녀야 한다. 활달한 성격
은 집단활동에 있어서 지도자의 역할을 결정하는 요인이자 집단활동의 분위
기를 좌우한다.

⑥ **도덕적 성품** : 도덕적 성품은 지도자와 참여자간의 친밀한 관계를 형성해 준
다. 지도자와 참여자와의 표면적인 관계 이면에는 지도자의 인생철학과 도덕
적 성품이 내재해 있다. 이러한 도덕적 성품에 의하여 지도자와 참여자의 태
도·관심·감정적 유대·습관이 구조화되고 통합된다.

⑦ **확고한 신념** : 확고한 신념은 일관된 태도를 유지하게 하고 위기상황에서의
정신적 균형을 유지하도록 한다. 또한 신념은 자신감·미래에 대한 확신·지
도의 원칙을 유지하는데 결정적인 영향을 미친다.

⑧ **의사결정 능력** : 지도자의 의사결정 능력은 지도 과정 전반을 좌우하는 매우
중요한 요인이다. 즉 지도자의 참여자에 대한 실제적 지도는 참여자에게 지
도자의 의사결정을 학습시키는 것이다.

⑨ **적절한 활동 습관** : 활동 습관을 창조하고 유지하려는 지도자는 모든 과업을
성공적으로 수행할 수 있는 일차적 조건을 갖추었다고 할 수 있다. 항상 무엇
인가를 하고자 하는 활동 습관은 개인이나 집단의 성공적인 매래를 보장한다.

한편, 오일영(1999)은 스포츠 지도자에게 필요한 4가지 요소(4H)와 지도자의
자격 요건을 아래와 같이 제시하고 비즈그의 리더의 조건을 아래와 같이 인용하고
있다.

지도자에게 필요한 4가지 요소(4H)

① **Hand(手)** : 스포츠에 대한 전문 기술(skill)을 말하며, 고도의 전문적 기능과
기술을 갖출 수 있도록 항상 훈련하고 노력하는 것이 중요하다.

② **Head(頭)** : 전문적 기술뿐만 아니라 전문지식을 습득하고 활용하는 머리(brain)
를 말하는 것으로 스포츠 지도자는 전문적 지식습득을 위하여 꾸준하게 연구

하고 노력해서 현장에 적용할 수 있는 전문성을 지녀야 한다.

③ Heart(心臟) : 스포츠에 대한 정열과 애정을 갖고 항상 지도자의 입장에서 모범이 될 수 있는 태도로 고객에게 따뜻한 애정으로 진실되고 성심껏 지도할 수 있는 마음을 갖는 것이 중요하다. 지도자의 이러한 태도는 스포츠 활동에 참여하는 고객에게 스포츠에 대한 애정을 갖게 하고 지속적으로 활동할 수 있게 하는 첫 인상으로 남게 되기 때문이다.

④ Health(健康) : 스포츠 지도자는 신체적 활동을 전제로 하기 때문에 무엇보다도 건강함을 유지하는 것이 절대적이다. 특히 활력적인 체력(vitality)을 바탕으로 의욕적(fight)으로 지도할 때 스포츠에 대한 관심과 매력을 더욱 불러 일으킬 수 있기 때문이다.

훌륭한 지도자의 자격 조건

① **지(智)** : 정확한 상황판단과 합리적인 지식을 갖추어야 한다.
② **신(信)** : 신뢰할만한 믿음을 주어야 한다.
③ **인(仁)** : 어질고 자애심이 있어야 한다.
④ **용(勇)** : 용기있는 결단력과 실행력이 있어야 한다.
⑤ **엄(嚴)** : 규율의 엄정성과 공정성을 유지해야 한다.

미국의 심리학자 비즈그의 LEADER의 조건

① L(Listen) : 남의 말을 경청한다.
② E(Explain) : 합리적이고 명쾌한 설명(전달의 용이성)을 할 줄 알아야 한다.
③ A(Assist) : 지원 및 조원(타 지도자 및 고객에 대한)을 할 줄 알아야 한다.
④ D(Discuss) : 서로 의논한다.
⑤ E(Evaluate) : 스스로 평가할 수 있어야 한다.
⑥ R(Responsibility) : 책임을 진다.

5. 스포츠 지도자와 이직(離職)

우리 나라 국민들의 스포츠에 대한 관심과 시대적 요구에 따라 스포츠 지도자들이 대학을 비롯한 법령에 근거한 위탁기관에서 다양한 방법으로 양성되고 있다. 하지만 정부의 스포츠에 대한 일관성이 결여된 정책으로 인하여 학교체육교사, 정부기관이나 공공단체에 소속된 일부 지도자들을 제외하고는 대부분 낮은 임금과 사회적 지위, 불완전한 고용 보장, 그리고 과도한 체력소모 등의 열악한 근무조건으로 인하여 이직율이 높은 편이다. 대표적인 사례를 들어보면, 그 동안 전문 생활체육지도자 양성제도와 보조를 맞추어 추진되어 오던 상업체육시설에 대한 행정기관의 등록·신고제도가 일부 종목은 이미 폐지되었고 나머지 업종에 대한 자유업화가 추진되고 있는 실정이다. 따라서 체육시설업의 신고제도가 폐지되면 전문적인 자격을 갖추지 않아도 누구나 체육시설업을 개설할 수 있기 때문에 지도자 양성제도가 무의미하게 되고 체육관련 학과 졸업생의 취업에도 악영향이 미친다. 뿐만 아니라 현재 전국의 생활체육협의회에 소속된 지도자들은 평균 월 100만원의 봉급을 받고 있는 실정이며, 사립 초·중등학교 운동부 지도자들은 학교의 재원에서 봉급이 지출되지 않고 선수의 학부모들이 돈을 각출하여 지급하고 있는 실정이다.

또한, 경기출전의 성적이 오르지 않을 때는 해고에 대한 불안이 가중되고 있으며, 대규모의 스포츠 센터에서는 스포츠 지도자를 일반 정규직이 아닌 일용직 또는 기능직으로 채용하기 때문에 승진의 기회가 부여되지 않을 뿐만 아니라 일정한 연령이 되어 현장 스포츠 지도자로서 매력이 줄어들 때 행정직 또는 관리직으로의 전환이 어려워 조기에 이직하는 현상이 빈번하게 발생하고 있다.

이러한 스포츠 지도자의 높은 이직율은 지도자 자신은 물론 스포츠 조직이나 팀에 부정적인 영향을 미치게 된다. 따라서 우리 나라 스포츠 활성화의 구성요소인 지도자 문제가 우선적으로 해결되어야 한다. 지도자가 조직이나 팀 내에서 직무에 만족할 때 그들은 조직을 위해 일하는 보람을 느끼고 또 긍정적인 태도를 가지게 되며 조직목표를 효과적으로 달성할 수 있다. 그러므로 지도자들의 사명감과 긍지를 향상시킬 수 있는 정부를 비롯한 스포츠 학계의 부단한 노력이 요구된다. 이제는 스포츠 발전을 위한 기초적인 자연과학분야의 연구도 중요하지만 사회심리학에 근거한 스포츠 지도자의 고용과 처우를 향상시킬 수 있는 관련 연구가 확대되어야 할 것이다.

제 3 장

스포츠 지도자와 법률

1. 스포츠법의 필요성
2. 스포츠법의 개념
3. 스포츠 지도자의 법률적인 책임
4. 스포츠 지도자의 지도·감독의 과실

1. 스포츠법의 필요성

스포츠가 개인적인 건강 증진이나 취미의 영역에만 머무르지 않고 국민적 그리고 더 나아가 국제적인 관심사로서 그 중요성이 날로 증가되고 있다. 그러나 활동의 영역이 넓어지고 그 중요성이 점점 커짐에 따라 스포츠에도 여러 가지 문제점이 사회의 표면위로 더욱 예민하게 나타나고 있다. 이러한 문제점들 중 하나가 스포츠에 기인하는 법률상의 문제들이다. 스포츠로 인한 법적문제(法的問題)는 물질에 대한 권리 침해보다도 활동 자체의 특성에서 오는 생명의 위험, 신체에 대한 부상의 위험, 부실한 시설 때문에 야기되는 각종 문제들을 포함하는 것은 물론 경기에 승리하기 위하여 발생하는 규칙위반, 경기를 빙자한 범행 등 강압적인 인체에 대한 부상의 형태까지도 포함할 수 있다. 법적으로 우리는 결과에 대해서 그 결과를 발생시킨 자에게 형사상의 책임을 물을 수 있지만, 대부분의 경우 사고의 결과는 거의 민사상의 책임으로 손해배상청구권의 기초가 되는 수가 많다. 그러나 사고사례의 해결에 당면해서는 다시 미묘한 문제가 있는 것을 부정할 수 없다(小倉良弘, 1975).

현대의 복잡한 산업사회 속에서 인간이 삶을 영위할 때 상식(常識) 또는 도덕(道德)의 기준에 의거하여 생활한다는 것은 이미 그 한계가 넘어서고 있다. 모든 인간 관계는 법적 관계로 변화하여 규칙화되고 성문화되어 있다. 물론 상식과 도덕이 통하는 사회가 이상적인 사회로서 모두가 그렇게 되기를 추구하고 있지만 한계가 있음은 분명한 사실이다.

마찬가지로 과거를 포함한 현대 스포츠의 세계 속에서도 규칙과 규정으로 통제하고 해결할 수 없는 많은 법적 문제들이 상존하고 있으며 이에 대한 적절한 대안점이 요구되고 있으며 우리의 스포츠 관련 학문에서 관심 있는 분야로 떠오르고 있다.

2. 스포츠법의 개념

법률조항에 스포츠법이라고 명시된 것은 없으나 스포츠의 법 또는 스포츠에 관련된 법을 포괄하는 스포츠법은 견해나 입장에 따라 개념의 차이를 가지고 있다(손석정, 1997).

협의(俠義)의 개념에서 스포츠법이란 스포츠가 가지고 있는 규범적 요소 즉 스포츠의 존재를 확립하고 스포츠 세계의 질서를 유지하며 시행하는 스포츠자체 규범으로서 법적 의미를 가진 것(경기규칙, 대회규정, 선수자격 등)과 스포츠 세계에서 스포츠의 존재나 그 시행을 위해 사회에 명문화된 법조항처럼 직접적으로 스포츠에 관련된 법규(국민체육진흥법, 국민건강증진법, 체육시설의 설치·이용에 관한 법률, 2002년월드컵 축구대회 지원법 등)를 말한다.

반면에 광의(廣義)로서 스포츠법이란 협의의 개념뿐만 아니라 스포츠를 직접적으로 명문화하지는 않았지만 스포츠에 직·간접적으로 관련되는 각종 법 즉 민사소송법, 국가배상법, 자연공원법 등 현대사회에서 법률화되어 있는 모든 법을 포함하여 스포츠법이라고 볼 수 있다.

3. 스포츠 지도자의 법률적인 책임

동서양을 막론하고 최근의 법정은 체육지도자들에게 점점 더 많은 것들을 요구하고 있고, 일반대중들은 스포츠 지도자들이 법정에서 요구하는 그러한 기준에 부합하여 행동할 것을 기대하고 있다. 따라서 스포츠 활동과 연관된 소송이 과거에 비해 현저히 증가하였다(Appenzeller, 1980, 1984; Clarke, 1985; Goplerud, 1990).

이처럼 현저한 법적 소송의 증가에, 특별히 사소하거나 보잘 것 없는 사태로 인하여 소송에 직면하는 경우 스포츠 지도자들은 자신들이 처한 입장에 탄식을 할 수도 있지만, 일부 지도자들은 소송을 당해도 마땅한 해결방법이 없는 경우가 많다. 예를 들면 한 스포츠 지도자는 미식축구 구장에 선을 표시하기 위하여 화학적으로 활성화된 생석회를 사용하였고 그 결과 한 피교육자의 시력을 잃게 하였다. 또 다른 경우로, 어떤 스포츠 지도자는 선수들이 한 명씩 가슴에 물주전자를 올려놓고 전기선 위에 눕는 정규시즌 시작 의식을 허용하였다. 그 결과 선수 한 명이 감전되는 사고가 발생하였다(Clarke, 1985).

물론 스포츠 지도자가 전술한 경우와 같이 명백하고도 우매한 과실을 범할 가능성이 오늘날에는 현저히 감소하였다고 할 수 있겠으나, 그렇더라도 스포츠 지도자는 사법체계가 지도자에게 요구하는 바가 무엇인가에 대해 반드시 알고 행동하여야 할 것으로 생각된다.

전술한 과실의 구성요건 중에서 책임성, 즉 스포츠 지도자가 스포츠 활동 참가자에게 법률적인 책임이 있을 경우에만 과실이 형성될 수 있다고 지적한 바 있다. 스포츠 지도자에게 일정한 책임이 있을 경우, 사법체계는 지도자가 합리적이고 적법하게 행동하도록 하기 위하여 7가지 주요 행동의무를 준수할 것을 기대하고 있으며(Arnold, 1983; Bergeron & Wilson, 1985), 그 주요 내용을 송기성(1998)은 아래와 같이 정리하고 있다.

1) 합리적인 지도 관리

스포츠 지도자는 스포츠 활동 참가자들을 합리적으로 지도관리하여야 한다.

지도관리(supervision)란 일단의 사람들이 어떤 행위를 수행할 때에 그 사람들에 대하여 특정인에게 책임이 있음을 의미한다. 스포츠 지도자에게 있어서 그것은 연습과 경기 중에 그리고 그 전후에 걸쳐서 보조 코치들과 참여자들에 대하여 책임이 있음을 의미한다. 또한 지도관리는 스포츠 지도자가 지도관리하는 팀의 선수들에 대하여도 책임이 있음을 의미한다.

지도관리에는 2가지 서로 다르지만 명백히 연관된 유형으로 일반적 지도관리와 구체적 지도관리가 있다. 일반적 지도관리란, 스포츠 지도자가 경기나 게임과 연관된 모든 행위와 활동장소를 지도관리하여야 할 의무를 의미하고, 구체적 지도관리는 경기나 연습, 혹은 특정 스포츠 활동 그 자체를 지도관리하여야 함을 의미한다.

스포츠 지도자에게는 이들 2가지 유형 중에서 경기나 연습 장면에서의 구체적 지도관리 행위가 보다 중요한 것으로 평가되고 있지만, 합리적인 지도관리를 위한 준수사항을 9가지로 정리할 수 있다(Bergeron & Wilson, 1985; Sharp, 1990).

① 일반적인 지도관리만이 요구되는 상황일 때, 스포츠 지도자나 보조자들은 계획을 수립하고 특정지역에서 행해지는 모든 스포츠 활동을 보고 들을 수 있는 장소에 위치하여 자리를 고수하여야 한다.

② 특정한 스포츠 활동이 스포츠 지도자가 지도하는 선수들이나 참가자들에게 잠재적인 위험성이 내포되어 있다면 언제라도 구체적인 지도관리를 하여야 한다. 밀접하고 상세한 지도관리는 또한 새로운 스포츠 활동을 수행하고자 할 경우와 여러 가지 여건과 상황이 특정 스포츠 활동을 위태롭게 할 경우에도 요구된다. 즉, 스포츠 활동이 보다 위험할수록 보다 밀접하고 구체적인 지

도관리가 요구된다는 것이다.

③ 스포츠 지도자는 연습장이나 경기장에 항상 위치하여야 한다. 부득이할 경우, 충분히 감당할 능력이 있는 보조자나 다른 사람을 대신 배치하도록 적절한 조치를 취하여야 한다.

④ 안전한 교육과 지도에 관한 최종적인 책임은 스포츠 지도자에게 있으므로 스포츠 지도자는 보조자들을 활용할 경우 그들이 특정 스포츠에 대한 기술과 안전 측면에서 충분한 능력을 발휘하도록 하고 특정 스포츠의 지도 및 교육과 연관된 법률적 의무와 책임을 충분히 인식할 수 있도록 하여야 한다.

⑤ 스포츠 지도자는 연습이나 경기를 하고 있는 스포츠 활동을 원활히 수행하는 데 필요한 적절한 수의 보조 지도관리자들을 확보하여만 하고, 그들이 연습이나 경기 중에는 언제나 적절한 자리에 있도록 하여야 한다.

⑥ 스포츠 지도자는 스포츠 활동을 자세한 기술과 테크닉으로 세분하고 이러한 세분이 지도관리에 미치는 영향에 대해서 완전히 이해하여야만 한다. 특정 스포츠 활동의 경우, 상대적으로 위험할 수 있는 바, 스포츠 지도자는 이처럼 보다 위험한 부분들에 대해서는 보다 밀접하고 구체적인 지도관리를 하여야 한다.

⑦ 특정 스포츠 활동에서는 지나치게 가깝거나 너무 멀리 위치하지도 말아야 한다. 어떤 스포츠 활동은 스포츠 지도자가 단순히 주시함으로써 지도관리할 수 있고, 또 어떤 스포츠 활동은 스포츠 지도자의 직접적이고 구체적인 지도관리를 요할 수 있음을 기억하여야 한다.

⑧ 스포츠 지도자는 특정 스포츠 활동 중에 상해를 유발할 수 있는 상황을 감지하고 적절한 예방조치를 취할 수 있도록 자기만의 대응 감각을 개발하여야 한다.

⑨ 모든 스포츠 활동 참가자들이 이해할 수 있는 분명한 중지 신호를 개발하여 참가자들이 중지 신호를 들었을 때 즉각적으로 스포츠 활동을 멈출 수 있도록 하여야 한다.

지도관리는 포괄적이고 광범위한 의미를 지닌 용어이며, 서로 다른 많은 의무와 책임을 수반한다. 지도관리는 스포츠 지도자가 특정 스포츠 활동을 밀접하게 관찰 지도하는 것만을 의미하며, 나아가 지도자로서의 각종 법률적인 책임과 의무를 성실히 수행하여야 함을 의미한다.

2) 체계적인 계획

스포츠 지도자가 스포츠 활동 참가자에게 가지는 두 번째 의무는 체계적인 계획을 수립하는 일이다. 스포츠 지도자는 스포츠 활동 참가자들이 그들의 기술 수준을 넘어서는 테크닉이나 경기 참가 등으로 과도하게 나아가지 않도록 기술지도와 연습 그리고 훈련 계획을 수립하여야 한다. 즉, 스포츠 지도자의 주요 임무가 스포츠 활동 참가자들의 능력을 향상 발전시키는 것이지만, 이러한 과도한 요구가 강요되어서는 안된다는 사실도 명심하여야 한다.

스포츠 지도자가 스포츠 활동을 지도할 때 체계적인 계획은 다른 무엇보다도 선행되어야 한다. 과거와 같이 볼을 내던져주고 진행 과정을 단순히 지켜보는 지도형태는 적절하지 않다. 스포츠 지도자의 계획은 합리적이고, 스포츠 활동 참가자의 여건을 충분히 고려하고, 과거의 경험에 의존하며, 나아가 스포츠 활동 참가자들의 수준에 근거하여야만 한다.

이러한 체계적인 계획수립을 위하여 유념하여야 할 내용은 아래와 같이 정리할 수 있다(Nygaard & Boone, 1981; Jefferies, 1985).

① 사전에 결정된 계획을 변경할 때, 특별히 충동적인 결정을 내려야 할 경우에는 상당한 주의가 요구된다.
② 계획은 충분히 고려하여 문서화하고 보관하여야 한다.
③ 계획은 언제나 스포츠 활동 참가자나 피교육자의 수행 능력을 고려하여 작성하여야 한다.
④ 한 시즌이 종료되는 시점에서 계획을 준비 작성하고 차기 시즌의 시작은 치밀한 계획에 의하여 이루어져야 한다.
⑤ 계획을 작성하는데 있어 특정 스포츠 활동의 위험에 대하여는 반복적인 설명이 이루어지도록 하여야 한다.
⑥ 지도하는 특정 스포츠 활동의 모든 측면을 완전히 이해하고 계획안에 기술을 비롯한 전반적인 능력의 향상과 발전에 관한 내용도 포함시켜야 한다.
⑦ 특정 스포츠 활동의 기술과 하위기술들을 지도할 때 적절한 향상 과정과 진행과정을 제시하여야 한다. 그렇게 하여 스포츠 활동 참가자나 피교육자가 다음 단계로 나아가기 전에 충분한 준비가 되었는지를 확인하여야 한다.

계획이 최상의 효과를 발휘하기 위해서는 그 계획을 실천에 옮길 수 있는 능력을 스포츠 지도자가 겸비하여야 한다. 체계적인 계획의 수립이 스포츠 지도자가 과실을 범하지 않을 것임을 보장해 주지는 않지만, 적어도 스포츠 지도자가 해당 스포츠의 장에서 예견력과 책임감을 갖고 있음을 보여주는 실증적인 증거가 된다. 최근의 법정 판결에서 막연한 정황보다는 자료에 근거한 명백한 증거제시를 선호하는 속성이 두드러지고 있음을 고려할 때 그 어느 때 보다도 체육지도자의 체계적이고 주의깊은 계획이 절실히 요망된다 하겠다.

3) 스포츠 활동의 위험성 경고

스포츠 지도자는 스포츠 활동 참여자들에게 스포츠 활동에 본질적으로 내재하는 위험에 대해서 그리고 부적절하고 의문점이 있는 기술을 이용했을 때의 위험성에 대해서 경고하여야만 한다. 이러한 위험에 대하여 스포츠 지도자가 준수하여야 할 내용은 8가지로 정리할 수 있다(Bergeron & Wilson, 1985; Jefferies, 1985).

① 스포츠 활동 참가자에게 특정 스포츠의 본질적인 위험에 대해서 그리고 그들이 부적절하고 위험한 기술을 활용할 경우 직면하게 될 위험에 대해서 경고하여야 한다. 이때 스포츠 지도자의 경고는 그들이 특정 스포츠의 위험에 대해서 알고 이해하고 평가하는데 기여할 수 있어야 한다.

② 스포츠 지도자는 경고를 문서화하고 스포츠 활동 참가자들이 그것을 주의 깊게 읽고 서명하도록 하여야 한다. 참가자들이 서명한 문서의 사본을 보관 하고 필요할 경우 참가자들에게도 사본을 배부하여 자주 접하고 볼 수 있는 위치에 부착하도록 지도하여야 한다.

③ 경고 사항을 알려준 후 질문을 받고 질문들에 대해서 정확하고도 철저한 그리고 편견이 없는 해답을 제시하여야 한다.

④ 참가자들에게 특정 스포츠 활동의 위험에 대해서 정기적으로 상기시켜 주어야 한다.

⑤ 스포츠 지도자의 경고는 분명하고 이해될 수 있는 형태로 제공되어야 한다. 가능하다면 문서화된 경고는 참가자들이 이해할 수 있는 언어로 작성되어야 한다.

⑥ 스포츠 지도자는 특정 스포츠에 내재하는 위험이 기술이나 장비의 변화로 인하여 변화될 수 있다는 사실을 유념하여야 한다.

⑦ 직무유기나 과실이라는 문제에 대한 하나의 방어 수단으로서 참가자의 권리

포기증서나 책임포기증서 등에 지나치게 의존하는 것을 경계하여야 한다.

⑧ 필요할 경우 지도자가 운영하는 프로그램 참가자들의 동의서를 확보하여야 한다.

과실로 인한 소송에 직면하게될 경우 위험에 대한 가정은 중요한 방어 수단 중의 하나가 될 수 있으므로, 스포츠 지도자는 참가자들이 위험에 대해서 사전에 이미 알고 이해하고 평가하고 있었으며, 과실을 초래한 일련의 사태는 특정의 스포츠 활동이 본질적으로 내재하고 있는 위험에서 비롯되었다는 점을 증명하기 위하여 최선을 다하여야만 한다.

4) 안전한 스포츠 활동 환경 조성

스포츠 지도자의 네 번째 의무는 스포츠 활동 참가자들에게 연습과 경기를 위한 안전한 환경을 제공하는 것이다. 안전한 환경이란 경기장과 체육관만으로 한정되지 않고 장비를 적절히 활용하는 것까지도 포함한다.

스포츠 활동과 연관된 많은 소송들은 상당부분 안전하지 않은 장소와 안전하지 못한 장비에 관한 진술을 포함하고 있는 바, 스포츠 활동이 다양한 장소에서 행해지고 다양한 장비를 활용한다는 사실을 고려할 때 이러한 현상은 어쩌면 당연한 것인지도 모른다. 따라서 스포츠 지도자는 경기 장소와 시설, 그리고 장비를 정기적으로 철저하게 조사하여 적절한 조건을 갖춘 훌륭한 장비와 가능한 한 안전한 시설을 제공하여야 할 의무가 있다. 스포츠 지도자가 이러한 의무를 충실히 수행해야 할 일을 16가지로 정리할 수 있다(Bergeron & Wilson, 1985; Dougherty, Auxter, Goldberger, & Heinzmann, 1994; Nygaard & Boone, 1981).

① 스포츠 지도자는 관련 시설의 위험한 조건을 직시하고 보수 교정할 의무가 있다. 이 의무는 스포츠 지도자라면 누구라도 합리적이고 현명하게 지도관리하여야 함을 의미한다.

② 스포츠 활동 관련 시설은 적어도 시즌이나 지도의 단원이 시작되고 마무리될 때 정기적으로 철저하게 조사되어야 한다.

③ 가능한 한 위험한 조건이나 상태는 교정을 하고, 교정할 수 없을 경우 교정 불가능한 위험으로부터 참가자들을 보호할 수 있는 장비를 제공하고, 상위

지도관리자에게 위험한 상태나 조건을 보수 교정하기 위한 제안을 문서를 이용하여 공식적으로 보고하여야 한다.

④ 특정 스포츠 활동을 위한 시설과 장비가 일정한 기준에 적합하도록 준비하여야 한다.

⑤ 일정한 장소나 지역을 활용함에 있어서 세심하고 정확한 규칙을 마련 제공하고 또한 그 규칙 안에 비상 상황에 대비한 규정도 포함시키도록 하여야 한다.

⑥ 만약 장비의 일부분이 활용되지 않으면 분명하게 별도로 분리 보관하여야 한다. 특별히 위험성이 있는 장비의 일부분일 경우 활용되지 않을 때는 접근 자체가 차단되는 곳에 보관하여야 한다.

⑦ 시설이나 장비가 보다 위험하게 작용할 수 있는 스포츠만의 특수한 상황이나 조건을 정확하게 인식하고 있어야 한다.

⑧ 특정 스포츠 활동 프로그램 중에 모든 관계자들이 함께 참여할 수 있는 예방적 차원의 시설과 장비 유지 및 보관, 그리고 공동의 책임의식과 같은 개념을 개발하고 시행하여야 한다.

⑨ 가능한 한 공인된 회사로부터 최상의 시설과 장비를 구입하여야 한다.

⑩ 스포츠 지도자는 특정 스포츠에서 활용되는 장비의 변화에 대해서 알고 있어야 한다. 특별히 상해 발생률이 높은 해당 스포츠 관련 장비 부품에 대해서는 각별한 주의를 기울여야 한다.

⑪ 시설과 장비를 설치하고 교정 보수하는 등의 업무는 해당 분야에서 충분한 훈련을 받은 사람만이 할 수 있도록 하여야 한다.

⑫ 스포츠 활동 참가자들에게 장비의 활용시에 필요한 경고 사항들을 알리고, 그들이 경고 내용을 알고 평가할 수 있도록 거듭 확인하여야 한다.

⑬ 시설과 장비를 정기적으로 철저하게 조사하여야 한다. 보다 위험한 장비일수록 그리고 보다 많은 보호기능을 수행하는 장비일수록 보다 규칙적으로 철저하게 조사 관리하여야 한다.

⑭ 스포츠 활동 참가자들에게 기술의 적절한 지도와 더불어 장비의 적절한 활용법에 대해서도 지도하여야 한다.

⑮ 스포츠 활동 참가자들에게 장비의 일부분이 결코 수행할 수 없는 기능을 할 수 있다고 거짓 지도하지 말아야 한다.

⑯ 특정 스포츠 장비 생산업체와 업자들은 스포츠 지도자보다 법정의 요구와 조

건을 더 잘 수용하고 적절하게 대처하기 때문에 소송시 스포츠 지도자의 행위가 법률적인 측면에서 보다 상세하게 조사되는 경향이 있음을 유념해야 한다.

5) 스포츠 활동 참가자의 상해 평가

스포츠 지도자는 스포츠 활동 참가자의 상해를 평가하여 그러한 상해로 야기된 참여 제한의 정도를 결정하여야 한다(손석정, 1997; 송기성, 1995). 스포츠 지도자로서 스포츠 활동 전에 참가자들에 대한 완벽한 조사를 하여야할 책임은 없지만, 적어도 신체적으로 안전하게 스포츠 활동을 수행할 준비가 되어 있는지를 확인할 의무가 있다. 이를 위해서는 가족과 팀 의사, 운동 트레이너, 간호사, 그리고 스포츠 지도자 자신의 판단 등을 종합적으로 검토하여야 한다. 이때 특히 주의해야 할 것은 참가자들의 정신적인 상태까지도 확인·평가·반영하여야 한다는 사실이며, 스포츠 활동 참가자가 아동일 경우 아동학대의 가능성까지도 고려하여야만 한다. 이러한 스포츠 활동 참가자의 상해 평가는 6가지로 정리할 수 있다(Bergeron & Wilson, 1985).

① 상해를 입은 특정인을 스포츠 활동에 참여하게 할 것인지 여부를 결정할 때는 부모를 포함한 가족과 팀 의사, 운동 트레이너, 간호사, 스포츠 지도자 자신의 판단을 종합적으로 활용한다.

② 모든 스포츠 활동 참가자들에게는 매년 병원에서 철저한 신체검사를 받도록 한다.

③ 스포츠 활동 참가자의 심리 상태를 고려하여, 절대로 강제적으로 참여하는 일이 없도록 하여야 한다.

④ 특정인이 상해를 당한 후에 다시 스포츠 활동 장면으로 돌아가고자 할 때 각별히 주의를 기울여 결정하여야 한다.

⑤ 상해는 역동적인 것이므로 스포츠 활동 참가자들의 상투적인 행위를 제한하여야 한다.

⑥ 모든 스포츠 활동 참가자들의 각종 병력을 기록·유지·보관하고 적합한 스포츠 활동이나 활동 강도 등을 선정할 때 활용하도록 한다.

6) 대등한 경쟁상대의 배치

스포츠 지도자는 스포츠 활동의 연습이나 경기 중에 참가자의 능력이 대등한 경쟁상대를 배치하여야 한다. 적절한 경쟁상대를 배치하지 못하게 되면, 스포츠 지도자는 자칫 과실의 문제에 직면할 수 있다. 특히, 신체적 접촉이 많은 스포츠 활동일수록 스포츠 지도자는 스포츠 활동 참가자들이 적절한 상대와 연습이나 경기를 벌일 수 있도록 배려하여야 한다. 이때에 스포츠 지도자가 각별히 유의할 사항은 7가지로 정리할 수 있다(Jefferies, 1985; Nygaard & Boone, 1981).

① 스포츠 지도자는 단지 편리성을 이유로 스포츠 활동 참가자들을 배치하지 말아야 한다.
② 스포츠 활동 참가자들을 기술 수준에 따라 적정 위치에 배치하여야 한다.
③ 가능한 한 유사한 경험과 능력의 보유자들이 경쟁할 수 있도록 배치하여야 한다.
④ 일시적으로나마 경쟁의 공평성을 해칠 수 있는 상해나 능력상실 상태를 주목하여야 한다.
⑤ 연령과 신장, 체중, 성숙도 등이 참가자들을 배치할 때 종합적으로 고려할 요인이다.
⑥ 어떠한 연습이나 경기도 강제적으로 실시하지 말아야 한다.
⑦ 참가자들의 조건들이 동등할 경우 성별에 근거하여 차별하지 말아야 한다(Dougherty et al., 1994).

7) 비상시 응급처치 절차 마련

스포츠 지도자는 스포츠 활동 참가자가 상해를 입었을 때 적절한 응급처치를 제공하고 즉각적으로 실행에 옮길 수 있는 응급의료절차를 확립하고 있어야 한다. 이처럼 의학적 도움을 제공하여야 한다는 것은, 스포츠 지도자가 의사나 응급구조대 수준의 훈련과 기술을 유지하여야 한다는 의미는 아니지만, 기본적인 응급처치 기술과 보다 훈련된 의료인력의 도움을 최대한 빨리 받을 수 있는 조직적인 체계를 갖출 것을 요구한다. 상해가 발생하였을 때, 스포츠 지도자가 아무런 역할을 못하고, 잘못된 행동을 취하거나, 올바른 절차를 따랐지만 정확하게 일련의 행위를 수행하지 못하거나, 혹은 한계를 넘어서 과잉으로 의료행위까지 이행하게 되면 스포츠 지도자는 과실 책임이라는 문제에 직면할 가능성이 높다. 이러한 문제를 예방하기 위한 10가지 주의사항(Bergeron & Wilson, 1985)은 아래와 같이 요약된다.

① 스포츠 지도자는 응급처치자로서 참가자를 상해로부터 보호하고 생명을 복원 유지하도록 하여야 하고, 상해를 당한 참가자를 안정시켜야 하며, 응급의료절차를 즉각 가동시키는 것과 같은 4가지 기본적인 임무를 수행하여야 한다.

② 스포츠 지도자 자신의 응급처치에 관한 지식과 기술에 자신감을 가져야 한다.

③ 선한 사마리아인(Samaria, 고대헤브루인의 왕국) 법의 정신을 항상 인식하여야 한다(손석정, 1997).

④ 응급처치함을 구비하고 그것의 위치와 내용물, 사용법 등에 대하여 정확하게 숙지하여야 한다.

⑤ 응급치료를 제공할 수 있는 일련의 프로그램을 마련하고 이 프로그램에서는 스포츠 활동 참가자들이 필요할 경우 즉각 도움을 받을 수 있도록 상호간 의사소통이 강조되어야 한다.

⑥ 상해를 입은 참가자를 이송할 때에는 각별히 유의하여야 하며, 부득이할 경우 스포츠 지도자 자신의 차량을 이용하여야 한다.

⑦ 의사와 운동 트레이너, 간호사, 행정가, 부모, 기타 이해집단 등의 조언을 얻어 비상시의 응급치료절차에 관한 프로그램을 개발하여야 한다.

⑧ 상해가 발생하면 상해의 원인을 조사하고 상해를 유발하였거나 악화시킬 수 있는 원인이나 조건을 수정하기 위한 절차를 밟아야 한다.

⑨ 모든 심각한 상해에 대해서는 객관적인 보고서를 작성 유지하고 필요할 경우 그 보고서를 수년간 보관하여야 한다.

⑩ 상해를 입은 참가자나 부모의 동의 없이 상해의 특성이나 치료 유형 이외의 의료정보를 타인들에게 공개하지 말아야 한다.

4. 스포츠 지도자의 지도·감독의 과실

스포츠 사고에서 지도·감독의 과실에 적용되는 법조항은 불법행위에 의한 책임과 무능력자의 감독자 책임 그리고 피용자의 선임 및 사무, 감독의 과실을 들 수 있다.

불법행위에 의한 책임은 작위이든 부작위이든 이를 묻지 않는다. 작위에 의한 불법행위란 행위자의 적극적인 행위가 원인이 되어 권리 침해가 발생하는 것이고 부작위에 의한 불법행위는 일정한 행위를 하지 않은 것이 원인이 되어 권리침해의 사실이 생긴 것으로서 부작위를 위한 불법행위의 성립을 위해서는 작위의무가 전제된다.

스포츠사고가 지도자의 부원, 부원간에 또는 부원과실에 의한 사고라고 하더라도 그 사건에 의한 손해발생에 지도자의 스포츠 활동상 고의나 과실에 의한 원인이 되면 지도자는 책임 무능력자의 감독자의 책임 즉 대리감독자의 책임에 의거 손해배상 책임이 있다.

피용자의 선임 및 사무, 감독의 과실 즉 사용자의 책임은 전술한 것처럼 어떤 사업을 위하여 타인을 사용하는 자의 책임으로서 사용자와 피용자의 관계가 성립되어야 한다. 사립학교 교원은 물론 사설수영장의 강사처럼 상업 스포츠시설에서의 지도자와 같이 고용계약에 있는 경우는 당연히 성립되며 각 경기협회의 순회코치와 비영리적 스포츠클럽의 지도자와 같이 지도관계가 있으면 사용관계가 인정된다.

스포츠 지도자가 체육 또는 스포츠 활동 중 피교육자 보호, 감독의무를 부주의로 인한 태만에 의해 스포츠사고가 발생하였을 때는 국·공립학교인 경우에는 국가 또는 지방자치단체가 국가배상법에 의하여 책임을 져야 한다. 그러나 교사의 명백한 고의·과실의 경우에는 국가 또는 지방자치단체가 배상한 후에 구상권(求償權)을 행사할 수 있다<그림 3-1> 참조.

사립학교에서는 설립, 경영자인 학교법인이 그리고 스포츠시설 설립자, 경영자인 협회나 그 법인이 지도자에 대하여 사용자로서 손해배상 책임을 지게 된다.

이는 체육 또는 스포츠사고 자체가 교육활동에 관련되어 피교육자에게 피해를

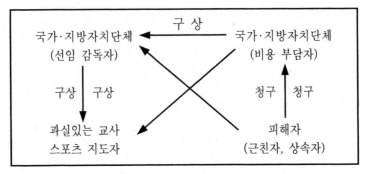

〈그림 3-1〉 국·공립학교 교사, 공공 스포츠단체 지도자 과실

자료: 손석정(1997). **스포츠와 법**. 서울: 태근문화사. p. 140.

입힌 것이므로 사용자책임의 요건에 해당된다. 단, 사립학교의 설립, 경영자인 경우는 당해 지도자에게 구상권(求償權)을 행사할 수 있다<그림 3-2> 참조.

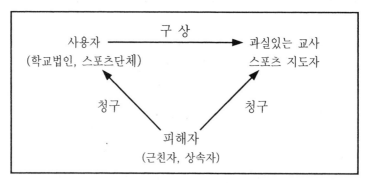

<그림 3-2> 사립학교 교사, 사설 스포츠단체 지도자 과실

자료: 손석정(1997). **스포츠와 법**. 서울: 태근문화사. p. 140.

<표 3-1> 법률 용어 해설

용 어	해　　설
구성요건	·위법(違法), 유책(有責)인 행위의 범위내 가벌적인 것을 법률적으로 정형화한 것으로 형법상 금지 또는 요구되는 행위가 무엇인가를 추상적, 일반적으로 진술해 놓은 것을 말한다. 예) "사람을 살해한 자는 사형·무기 또는 5년 이상의 징역에 처한다."
작 위	·법규상 금지규범을 위반하면서 어떤 것을 하는 행위(작위법)
부작위	·법규상 요구규범에 위반하는 어떤 행위를 하지 않은 것(부작위법)
인과관계	·어떤 행위가 과연 특정한 범죄라는 결과의 원인이 되느냐의 문제
고 의	·범죄사실의 인식으로서 행위자가 일정한 범죄사실을 인식하면서도 그러한 위법 행위로 나오는 행위자의 의사태도를 말한다. ―확정적 고의: 확정한 사실 특히 어떤 결과를 인식할 경우 ―미필적 고의: 결과가 발생할지도 모른다는 것을 인식할 경우
과 실	·부주의로 인하여 범죄사실을 인식하지 못한 경우로서 형법 제14조에 정상의 주의를 태만하므로 인하여 죄의 성립요소인 사실을 인식하지 못한 행위는 법률에 특별한 규정이 있는 경우에 한하여 처벌한다고 규정되어 있다. 다시 말하면, 정상의 주의태만으로 인하여 죄의 성립 요소인 사실 즉 구성요건에 해당하는 위법인 범죄 사실을 인식하지 못한 경우를 말한다.
구상권	·타인을 위하여 변제를 한 사람이 그 타인에 대하여 가지는 반환청구의 권리를 말한다.

제 4 장

지도자와 지도 원리

1. 지도자의 지도 원리
2. 지도의 다섯 가지 원칙
3. 지도 형태
4. 지도 방법
5. 효과적인 지도의 대열 편성
6. 시범 방법

1. 지도자의 지도 원리

스포츠 지도자는 주관단체와 참여자 그리고 지도자 자신의 세 가지 측면에서 다음과 같은 지도 원리에 따라 스포츠를 지도하여야 한다(Weiskof, 1982)

① 지도자는 스포츠의 철학적 기초에 의거하여 과업을 수행하여야 한다. 또한 지도자는 스포츠를 전문적인 수준으로만 인식하지 말고 일상생활의 중요 부분으로 인식함과 동시에 스포츠가 인간의 성장 발달을 촉진시키며 공동체 생활의 질을 향상시키는데 기여함을 깊이 유념하여야 한다.

② 지도자는 시대적 변천에 따른 놀이 및 집단활동에 대한 이론적 지식을 숙지하여야 한다. 또한 지도자는 참여자 개인의 원만하고 건설적인 집단활동 수행을 지원하기 위하여 심리학 및 인간발달에 대한 기본적인 지식과 원리를 습득하여야 한다. 이러한 인간행동에 대한 지적 이해를 바탕으로 동기유발을 촉진시키고 개인 및 집단의 문제를 효율적으로 해결하며 궁극적으로는 건강에 대한 가치를 제고시킴으로써 스포츠에 대한 이해와 참여를 확대하게 된다.

③ 지도자는 집단활동의 역동적인 과정에 민감하여야 하며 지도 대상 집단의 유형과 지도의 환경적 요인에 따라 어떠한 지도방법을 선택할 것인지를 결정하여야 한다.

④ 지도자는 참여자 개인의 욕구를 수용하여야 하며 집단 내에서 참여자간의 개인차를 고려하여야 한다. 그리고 지도자는 스포츠 활동집단과 스포츠 활동을 주관하는 단체 그리고 스포츠가 실시되는 학교, 지역사회, 그리고 직장 등의 요구와 권리를 균형 있게 인식하여야 한다.

⑤ 지도자는 스포츠 활동의 목표가 아닌 과정이나 수단으로 간주하여 특정한 목적이외에 지나친 경쟁과 외형적 활동 그리고 높은 수준의 운동 수행능력을 강조해서는 안된다.

⑥ 지도자는 경쟁과 협동의 역동적 관계를 균형 있게 유지하고 경쟁과 협동을 집단활동의 중요 행태로 인식하여야 한다. 또한 지도자는 프로그램 진행과정에서 갈등이 내재된 목표를 지양하고 기본적인 활동 목표에 충실하여야 한다.

⑦ 지도자는 시설·활동 종목·지도자 등에 관계없이 보편적으로 적용 가능한 프로그램의 개발과 지도 기법 그리고 기획 관리 등에 대한 모형을 개발하도록 노력하여야 한다.

⑧ 지도자는 지도 과정이 종료된 이후에 프로그램의 결과 및 효율성은 물론 자신의 기능과 역할에 대한 자기 반성을 꾸준히 하여야 한다. 이러한 자기 반성은 사전에 학교 또는 체육단체에서 제시한 목표와 활동, 참여자의 요구사항 그리고 지도자 자신의 지도내용 등 전반적인 사항에 집중하여야 한다.

⑨ 지도자는 스포츠를 통한 바람직한 사회적 가치의 구현에 대한 방안을 꾸준히 모색하여야 하며 스포츠에 대한 자기 철학과 도덕적 지위를 일관되게 유지하고 건설적인 참여자 모형을 세워야 한다.

⑩ 지도자는 책임과 부담의 수용자·개척자·선구자·탐험자·실험자 등의 역할에 대한 준비를 철저하게 하고 현 상태를 유지하려고 하거나 무사안일한 태도를 탈피하여야 한다. 또한 지도자는 참여자의 과도한 피로와 권태를 야기하는 프로그램은 지양하는 반면 창조적이고 자극적이며 활기있는 프로그램은 어떠한 난관을 극복해서라도 실천해야 한다. 이와 같은 노력을 통하여 지도자는 변화를 주도하고 자기 고유의 프로그램을 확립하며 지도자로서의 의미있는 역할을 효율적으로 수행할 수 있다.

2. 지도의 다섯 가지 원칙

스포츠 프로그램을 효과적으로 진행해 나가기 위해서는 다음의 5가지 기본적인 원칙을 고려하여 실시해 나갈 필요가 있다.

① **전면성의 원칙** : 하나의 운동 종목에 치우치거나, 부분적인 트레이닝에 머물지 말고 몸 전체를 종합적으로 균형 있게 단련시켜야 한다. 또한, 신체뿐 아니라 심리적 문제도 고려하여 균형을 유지해야 함을 명심해야 한다.

② **의식성의 원칙** : 무엇을 위한 운동인지를 참가자 본인에게 충분히 이해시킨 뒤, 그 목적을 달성하고 있는지를 확인시키면서 실시해 나가는 것이 중요하다.

③ **개별성의 원칙** : 개인차나 개인의 특징을 충분히 고려하여, 운동 프로그램의 종류, 질, 양을 결정하여야 한다. 또한, 실시상의 문제는 개별적으로 나타나는 것이므로 문제 대처에는 개별적으로 대응하여야 한다.

④ **반복성의 원칙** : 하나의 기술을 습득하는 데는 반복 연습이 필요하다. 또, 운동이 건강에 미치는 효과를 기대하기 위해서도 반복해서 행할 필요가 있다. 어떤 일이든 작심삼일(作心三日)이 되지 않도록 계속해서 반복한다.

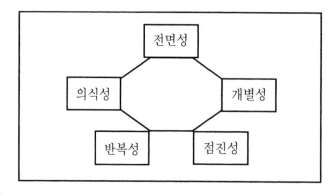

〈그림 4-1〉 지도의 다섯 가지 원칙

자료: 萩裕美子 編著(1996). **健康·スポツの指導**. 東京: 建帛社. p. 4.

⑤ **점진성의 원칙** : 같은 동작을 계속 반복하면 싫증을 내거나, 효과가 증대되지 않는다. 따라서 운동 프로그램의 내용을 단계적으로 높이거나, 운동의 종류를 늘리면서 운동을 실시해 간다.

3. 지도 형태

지도 형태로는 주로 아래의 3가지를 들 수 있는데, 각각에 특징이 있으며 목적에 따라 구분하여 선택하는 것이 중요하다.

① **일제(一齊) 지도** : 한번에 많은 사람들을 지도할 수가 있다. 일방적인 정보 제공이 주가 되므로, 오리엔테이션이나 계몽, 소개가 목적이라면 효과적이다. 개인차를 고려하지 않으므로, 모든 사람의 요구에 응할 수는 없다. 기술 습득을 목적으로 하는 경우에는 적합하지 않다.

② **그룹 지도** : 같은 목적을 가진 사람들을 모아서 지도한다면, 지도 목적의 폭이 좁아져 효과적인 지도가 가능하다. 그룹의 인원은 목적에 따라 다소 다르지만, 한 사람의 지도자가 파악할 수 있는 인원은 15명 정도가 보통이다. 그룹 지도의 경우는 지도자와의 인간 관계뿐만 아니라, 참가자간의 인간 관계도 발생한다(경쟁이나 협력 등). 지도자는 이들의 인간 관계를 충분히 파악

하여 효과적으로 활용할 수 있도록 지도해야 한다.

③ **개별 지도** : 개인의 목적 및 체력의 정도, 신체 상태에 맞춘 세심한 지도가 가능하다. 또한, 수시로 적절한 지도인지 아닌지를 확인할 수가 있어, 참가자의 입장을 최우선으로 하는 지도 및 지원이 가능하다. 대응할 수 있는 인원이 제한되므로 프로그램의 계몽이나 소개에는 적당하지 않다. 또, 지도자는 개인 정보를 토대로 지도하게 되므로, 개인 프라이버시 보호에 충분한 배려가 필요하다.

4. 지도 방법

목적에 따라 지도 방법은 다르다. 각각의 지도 방법의 특징을 파악하여, 효과적으로 구분 선택하는 것이 중요하다.

① **1회 완결형** : 동기 부여나 계몽, 새로운 프로그램의 소개 및 프로그램 체험을 목적으로 한 경우에는 효과적인 방법이다. 평소와 다른 프로그램을 도입하여 주의를 끌거나 활성화시킬 수 있다. 계속성이 없으므로 기술 습득이나 신체적 변화(혈압의 저하, 체중 감소 등)를 목적으로 하는 프로그램에는 적합하지 않다.

② **단계적 지도** : 수영의 기술 습득이나 체중조절 프로그램 등, 효과를 얻기까지 일정기간을 요하는 경우, 도달 목표를 향하여 단계적으로 지도하는 방법이다. 지도 계획을 작성하여 그에 따라 이루어지지만, 지도 계획에 얽매이지 말고, 참가자의 향상 정도를 확인하면서 지도 계획을 수정하여 지도하는 것이 중요하다.

③ **수시 지도형** : 헬스클럽에서의 웨이트트레이닝이나 수영장에서의 자유 수영 시에 행해지고 있는 방법이며 참가자가 자율적으로 운동 프로그램을 실시하는 경우, 필요할 때에 적절히 지도를 하는 방법이다. 운동 프로그램을 안전하고 효과적 그리고 자율적으로 해 나갈 수 있도록 지원할 수 있는 방법이다. 이 경우 지도자는 참가자의 개인 정보를 어느 정도 파악해 두는 것이 필요하다.

5. 효과적인 지도의 대열 편성

　지도자의 설명이나 시범을 참가자들에게 효과적으로 전달하기 위해서는 참가자들의 수를 고려하여 어떠한 방법으로 대열을 편성하는 것이 시각·청각으로 좋은가를 결정하여야 한다. 이러한 편성은 참가자의 수에 따라 다르게 조직될 수 있으나 몇 가지 기본적인 방법은 〈그림4-2〉와 같다.

　또한, 참가자의 수가 많을 경우 첫줄은 앉고, 둘째 줄은 무릎을 구부린 자세로 서고, 셋째 줄은 일어서는 방법으로 변형시킬 수 있을 것이다. 편성과정에서 반드시 고려해야 할 것은 참가자들은 다른 사람이 일하거나 놀고 있는 장면, 창문, 해, 바람을 등지고 앉거나 서야 한다는 것이다(강상조 외, 2000).

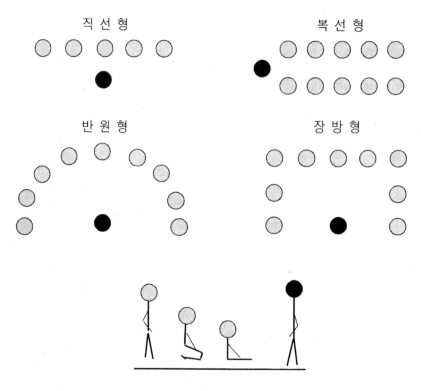

〈그림 4-2〉 효과적인 지도를 위한 대열 편성
자료: 강상조 외(2000). **코치론**. 서울: 도서출판: 대한미디어. p. 206. 수정.

6. 시범 방법

'백문이 불여일견' 이라는 말이 있듯이, 시각을 통해 얻어진 정보는 이미지를 만들기가 쉽다. 참가자들에게 시범을 보이는 것은 기술 지도에 있어 매우 효과적인 방법이다. 시범은 미숙련자에게는 모방하려는 모델을 제시해 준다. 숙련자에게는 그 기술을 보다 확실히 기억하고 완성시키기 위한 수단이 된다. 또한, 숙련자에게 있어서 시범은 새로운 기술을 창조하는 계기가 될 수 있다. 시범을 보일 때 그 기술의 핵심이 어디에 있는지를 구체적으로 설명을 덧붙이면 참가자는 이해하기 쉬워진다.

시범을 보일 때, 다음과 같은 점에 유의하도록 한다.

① 시범은 연습하기 전에 보여 주는 경우가 많지만, 때로는 연습 중에, 그리고 연습을 종료할 때도 효과를 높일 수가 있다.
② 모든 참가자가 잘 볼 수 있는 위치에서 시범을 보인다.
③ 시범을 보이는 사람은 참가자의 기능 수준에 가까운 사람을 활용하여도 효과적이다.
④ 기술의 핵심이 되는 부분은 말로 설명하여, 참가자의 주의를 집중시키도록 해야 한다.
⑤ 모든 참가자가 잘 이해할 수 있을 때까지 몇 번 반복해서 시범을 보인다.

제 5 장

지도 기술과 스포츠 서비스

1. 내용 지도에 관한 기술
2. 인간관계에 관한 기술
3. 경영관리에 관한 기술
4. 건강·스포츠 서비스의 특징
5. 건강·스포츠 시설의 서비스 품질

1. 내용 지도에 관한 기술

내용 지도에 관한 기술이란 실제로 지도자가 지도를 실행하는 과정에서 참가자의 수준에 적합한 프로그램의 마련과 수업전개를 위한 시설이나 교재 등의 환경적 요인을 말한다. 또, 참가자의 동기를 유발하고 좀 더 효과적으로 지도목표를 달성하기 위한 인센티브와 시청각 교재의 개발도 포함된다.

① **운동 프로그램의 타당성에 대한 판단** : 참가자의 상황을 충분히 파악한 뒤, 안전하고 효과적으로 목적을 달성시키기 위해서는 어떤 운동 프로그램이 효과적인지, 선행 사례 및 이제까지의 경험을 살려 충분한 검토함과 함께, 지도 중에는 참가자의 상황을 보면서 프로그램의 타당성을 판단하는 것이 중요하다.

② **안전성의 확보** : 운동의 종류, 강도, 지속 시간의 안전성은 어떤지, 운동 환경 (시설, 비품, 자연 환경 등)의 안전 확보는 되어 있는지, 프로그램 실시 중에도 참가자의 표정 및 주변의 상황을 확인하면서, 안전을 최우선으로 하여 지도를 행한다.

③ **적시·정확한 피드백** : 지도 중에 참가자에게 적절한 피드백을 주는 것이 중요하다. 맞는지 맞지 않는지를 판단하게 하거나, 무리를 하고 있는 것은 아닌지를 확인하거나, 성공했을 때나 참고가 될만한 좋은 본보기가 있었을 경우, 적극적으로 칭찬하는 것이 중요하다. 질책이나 비난은 공개적으로 하지 않는다. 좋은 성적을 게시하거나 하는 것도 중요한 피드백이다.

④ **교재의 개발** : 운동 프로그램의 지도에 있어서는 시청각 교재의 활용(비디오, 사진, 카세트 테이프)은 효과적이다. 기술 습득을 목표로 하는 경우에는 이미지 트레이닝으로서 이용할 수 있고, 건강 정보의 전달이나 계몽에도 효과적이다. 또, 스스로 기입하는 기록 용지(셀프 모니터링[1])나 리플렛을 배포함으로써 자주적인 활동을 촉진시킬 수가 있다. 포스터를 게시하는 것도 분위기 조성이나 의욕을 높이기 위해 효과적이다.

⑤ **인센티브[2]의 활용** : 지속적으로 운동을 하도록 동기를 부여하는 방법으로서 인센티브를 주는 방법이 있다. 예를 들면, 도달 목표를 달성하면 T셔츠를 선물로 주는 방법 등이다. 그러나 인센티브가 주어지기까지는 효력을 발휘하지

---

1) 셀프 모니터링: 행동 요법의 하나이며, 자기 자신의 행동을 관찰, 기록하면서 바람직한 행동 패턴을 익히는 것을 말한다.
2) 인센티브: 목표 달성을 적극적으로 촉진시키기 위해 제공되는 상

만, 반대로 받고 나면 그때부터 열심히 하지 않아 역효과를 가져 올 우려도 있으므로, 타이밍을 가늠하여 효과적으로 활용할 필요가 있다.

2. 인간관계에 관한 기술

효과적인 지도를 하기 위해서는, 좋은 인간관계를 만들도록 노력해야 한다. 그러기 위해서 지도자에게 요구되는 것을 아래와 같이 정리할 수 있다.

① **분위기 조성** : 즐겁게 하는 것이 목적인 경우는, 참가자의 긴장을 푸는 것이 필요하며, 안전성을 생각하여, 긴장해야 할 경우에는 어느 정도 긴장된 분위기를 만들 필요가 있다. 지도자는 목적에 따라 신축성있게 지도해야 한다는 것을 명심해야 한다. 그룹 지도의 경우는 그룹에 따라 분위기가 다르므로 가능하면 빨리 그룹의 분위기를 파악하고, 그룹 안의 분위기 메이커를 파악하는 것이 중요하다.

② **대상자 파악** : 개별 지도의 경우는 가능하면 빨리 대상자의 개인 정보를 파악하고, 그 사람의 특징이나 요구를 파악, 신뢰 관계를 확립해야 한다. 또, 그룹 지도의 경우는, 지도자와 대상자(참가자)라는 관계뿐 아니라, 대상자(참가자) 간의 인간 관계도 중요하므로, 대상자(참가자)를 각각 소개하거나, 서로 교류할 수 있는 프로그램을 도입하면 효과적이다.

③ **일관성과 공평성** : 지도자가 갈피를 잡지 못하는 것이 보여지거나, 지도 내용에 일관성이 없으면 참가자는 불안을 느낀다. 또, 특정한 사람에게만 말을 걸거나 하면 불공평하다고 느낀다. 따라서, 참가자의 신뢰를 얻어 좋은 인간 관계를 만들기 위해서는 일관성 있게 지도해야 하며, 참가자와 공평하게 유대 관계를 맺는 것이 중요하다.

3. 경영관리에 관한 기술

① **지도 스태프의 조직화** : 목적에 따라서는 지도자가 복수인 편이 효과적인 경우가 있다. 특히 건강을 위한 운동인 경우, 운동학적 관점, 의학적 관점, 영양학적 관점이 동시에 필요한 경우도 있다. 프로그램을 안전하고 효과적으로 운용하기 위해서, 어떠한 스태프로 구성되면 좋을지, 또, 역할 분담을 어떻게

하면 좋을지 등, 지도 스태프를 효과적으로 조직하는 것이 필요하다.

② **시설·설비의 관리** : 안전하고 효율적으로 이용하기 위해 시설이나 설비의 관리는 중요하다. 지도할 장소를 사전에 점검해 두거나, 정기적으로 사용할 설비나 용구의 고장 부분을 체크하거나, 사용자의 말에 귀를 기울여 언제라도 안심하고 사용할 수 있도록 관리해 두어야 한다.

③ **데이터의 수집과 관리** : 효과적인 운동 프로그램을 운용하기 위해서는 선행 사례를 참고로 하여 지도 계획을 세워 나가는 것이 바람직하다. 지도사례의 하나 하나는 귀중한 데이터가 될 수 있다. 따라서, 경험의 축적을 헛되이 하지 않도록 데이터를 수집하고, 프로그램을 재현할 수 있도록 해 두는 것은 효과적인 프로그램 작성에 있어 빼놓을 수 없는 일이다.

④ **프로그램 평가** : 프로그램이 종료되면 반드시 평가를 하는 것이 좋다. 다음 프로그램을 계획할 때에 귀중한 정보원이 된다. 평가 방법으로서 PLAN(계획 수립 방법은 어떠했는가), CHECK(다음에는 어떻게 하면 좋을까)라는 요점을 정리하면 좋다. 이것들을 귀중한 정보로서 파일링하여, 다음 번 프로그램을 계획할 때 이용하거나, 담당자가 바뀌었을 때 인수·인계 자료로 이용

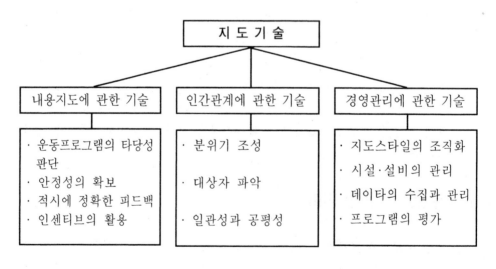

〈그림 5-1〉 지도기술

자료: 萩裕美子 編著(1996). **健康·スポツの指導**. 東京: 建帛社. p. 9. 수정·보완.

할 수가 있다. 이 PLAN-DO-SEE-CHECK를 통해 지도의 질적 향상을 기대할 수가 있다.

4. 건강·스포츠 서비스의 특징

건강·스포츠경영에서 생산물은 재화일 수도 있고 서비스일 수 있다. 건강·스포츠 범위 안에서 재화는 골프채, 테니스공, 축구화, 유니폼, 라켓 등을 말하며 스포츠 기술의 지도, 건강 상담, 운동 프로그램 등은 서비스 상품이다. 이러한 서비스 상품의 성격은 아래와 같은 특징을 지니다(이상효, 2001).

① **무형성** : 서비스는 무형이다. 고객들은 그것을 직접 경험하기 전까지는 그 품질을 판단할 수 없기 때문이고 감각적, 신체적인 만족은 개인적이기 때문이다.

② **필멸성** : 건강 상담자는 고객 없이 서비스를 창출할 수 없으며, 서비스는 미래를 위해 저장될 수도 없다. 반대로 재화 생산자는 계속 생산할 수 있으며, 재고를 저장할 수 있다.

③ **이질성** : 서비스는 ⅰ) 두 명의 다른 고객이 같은 건강관리자에게서 서로 다른 영향을 받을 수 있고 ⅱ) 하나의 고객은 그 자신의 정신상태와 분위기에 따라 다른 서비스를 느끼게 되며 ⅲ) 다른 교육상태, 경험, 연습정도, 지도력을 지닌 두 명의 건강관리자는 매번 같은 질의 서비스를 제공할 수 없기 때문에 이질성을 지닌다. 즉 참가자들은 다른 지도자들로부터. 혹은 한 지도자라 해도 매번 다른 질의 서비스가 제공되어지는 것에 익숙해져야 한다.

④ **동시성** : 서비스는 소멸가능하고, 생산될 때 사용되기 때문에 참가자와 지도자의 접촉에서 비판이 발생할 수 있다. 반면 축구공은 생산시점과 사용시점이 다르다. 따라서 건강·스포츠 지도에 있어서 서비스 생산은 반드시 참가자가 참석할 때 발생한다.

5. 건강·스포츠 시설의 서비스 품질

건강·스포츠 시설의 서비스 품질을 구성하는 요인에는 여러 가지가 있겠지만 이러한 요인들을 정리하여 보면 시설 서비스, 프로그램 서비스, 종사자 서비스, 운영관리 서비스, 접근의 용이성 등을 들 수 있다.

① **시설 서비스** : 스포츠 참가자의 입장에서 우수하고 전문성 있는 시설이 제
공하는 서비스는 상당한 부분을 차지하게 된다. 처음 스포츠 시설 선택을 위
해 탐색을 할 때도 무엇보다 시설의 외형성과 쾌적성, 효율성에 영향을 받게
된다. 특히, 일반 참가자들은 스포츠 시설을 선택할 때 고려되는 요인 중에서
시설수준이 가장 높게 작용한다는 연구들(김상대, 이준희, 2000; 오현환, 2001)
의 연구결과에서 보듯이 다양하고 전문화된 시설욕구의 변화에 민감하게 적
응하기 위한 시설 설계의 유연성을 극대화시켜 부대시설과의 기능조화를 이
룰 수 있는 효과적인 시설 마케팅 전략이 필요하다.

② **프로그램 서비스** : 스포츠 참가자의 욕구 만족과 활동을 생활화할 수 있게
해주는 직접적인 동기와 방법을 제공해 주는 역할로써 프로그램의 중요성이
강조되고 있다. 이것은 참가자의 선택과 지속적 참여에 영향을 미치기 때문
이다. 이러한 중요성에 따라 지역성과 사회성을 고려하여 성수기와 쇠퇴기에
알맞은 프로그램 개발이 필요하다.

③ **지도자와 종업원 서비스** : 스포츠 시설의 서비스는 참가자의 참여 없이는
생산될 수 없기 때문에 지도자와 종업원들은 항상 참가자들을 동기화시키고
그들의 참여를 유발시키거나 유지시키는 것이 우선적인 과업이다. 이러한 과
업의 성과는 참가자의 활동(즐거움, 건강, 기술습득 등의 추구)에 적절히 맞
추어 다양성, 전문성, 신뢰성을 주어야만 얻을 수 있다. 같은 맥락에서 지도
자와 직원의 선발은 성공적인 경영의 기초가 되기 때문에 선발과 교육에 관
한 장단점을 파악하고 있어야 함은 물론 조직의 목표달성과 생산성을 달성할
수 있는 능력개발과 교육을 실시하여 인적 자원 서비스를 통한 가치체계를
증대시켜야 한다.

④ **운영관리 서비스** : 어떠한 조직이라도 준비가 되어있지 않은 상황에서는
효율적인 조직 시스템으로 운영될 수 없으며, 사소한 외부 환경 요인들에도
큰 타격을 받을 수 있다. 외부 환경 요인은 서비스와 마케팅의 효율성을 높일
수도 있지만, 저해 요인으로 작용할 수도 있다. 따라서 유능한 건강·스포츠
시설 관리자는 외부 환경 및 장애 요인을 조직활동을 통하여 효과적으로 조
정할 수 있는 능력이 있어야 한다(Chelladurai, 1996). 이 때 조직유형과 조
직내부의 네트워크 및 커뮤니케이션, 시장여건, 정부, 문화, 지역사회 등 어

느 한쪽만을 고려한 전략보다는 전체적이고 현실성 있는 목표 전략을 세워야
한다.

⑤ **접근의 용이성** : 스포츠 시설 참여자에게 시설의 위치는 매우 중요한데, 그
이유는 고객의 90% 이상이 20분 이내의 위치에 거주하고 있기 때문이다
(McCarty, 1975). 이것은 스포츠 시설을 선택할 때 위치를 가장 중요시해
야 한다는 반증이 된다. 또한, 스포츠 시설의 주차공간의 확보는 서비스 품질
중에서 큰 비중을 차지하고 있는 만큼 주차시설의 확보도 건강·스포츠 시설
의 마케팅 전략에 포함시키고 있다.

제 6 장

프로그램의 개념과 구성

1. 건강·스포츠 프로그램의 개념
2. 프로그램 구성 원리
3. 프로그램 계획의 원리
4. 프로그램의 계획과정
5. 스포츠 프로그램 제작자의 역할
6. 프로그램과 발달심리학
7. 프로그램의 라이프 싸이클
8. 프로그램의 보급

1. 건강·스포츠 프로그램의 개념

건강·스포츠 프로그램의 중요성을 인식하면서도 이에 대한 개념은 논자에 따라 다양하다. 이는 프로그램이라는 용어가 하나의 독립된 운동종목 혹은 특정 운동종목을 실시하는 방법과 절차 등으로 사용되거나 상황에 따라서 활동이라는 용어와 혼용되는 데에서 기인한다.

일반적으로 건강·스포츠 프로그램은 협의(狹義)의 개념으로는 특정 게임이나 스포츠 활동이 성·연령·직업·교육 수준·소득 등의 사회경제적 준거에 따라 진행되는 방법 및 절차를 의미하며, 광의(廣義)의 개념으로는 스포츠가 시간적·공간적 조건을 극복하고 체육의 생활화를 지향하는데 수반되는 모든 수단과 방법 등을 의미하는 것으로서 인식된다. 또한 건강·스포츠 프로그램은 사전적 의미로 스포츠 활동을 진행하는데 관련된 일련의 진행절차를 뜻하기도 한다(Reynolds, Hormachea, 1976).

그러나 건강·스포츠 프로그램의 개념을 논하는데 있어서 중요한 것은 어의(語義)에 따른 개념보다는 실제 생활에서 사용되는 실제적 개념을 파악하는 일이다.

따라서 건강·스포츠 프로그램이란 스포츠의 생활화 목표를 달성하기 위한 작업의 총체적 개념으로서 단일 운동종목 그 자체, 단일 운동종목을 수행하는데 따른 제반 내용이나 방법 및 진행절차, 다양한 운동종목을 하나의 활동단위로 수행하는데 따른 계획과 진행절차 등을 포함하는 복합적 개념이라고 할 수 있다.

2. 프로그램 구성 원리

건강·스포츠 프로그램은 다양한 활동으로 구성될 뿐만 아니라 동일한 프로그램이라도 프로그램에 참가하는 대상의 특성, 시기, 장소 등에 따라 여러 가지 형태로 변형되어 시행되어야 한다. 따라서 바람직한 프로그램을 개발하고 이를 효율적으로 수행하기 위해서는 프로그램을 구성하는데 있어서 일관된 원리가 필요하다. 여기서는 프로그램의 구성원리를 목적 설정, 참여 대상자의 요구 분석, 목표 수립, 내용 선정, 내용 조직, 전개, 평가의 일곱 단계로 나누어 살펴보고자 한다.

1) 프로그램의 목적 설정

프로그램의 목적은 궁극적으로 추구하고자 하는 바를 의미하며 목표는 목적 달성을 위하여 성취하여야 할 단기적이고 구체적인 내용을 의미한다. 프로그램의 목적설정은 프로그램 계획과 전개 그리고 평가 등의 전 과정에서 추진하여야 할 방향을 제시한다는 점에서 매우 중요한 의미를 지닌다. 프로그램의 목적을 설정하기 위해서는 참여 대상자에 따른 바람직한 인간상과 대상자의 요구수준 및 특성 그리고 참여자의 사회문화적 환경 등을 고려하여야 한다(Weiskopf, 1982).

2) 참여 대상자의 요구 분석

성공적인 프로그램은 참여자에게 신선하고 즐거운 경험과 심리적 절정감을 제공할 수 있어야 한다. 따라서 새로운 프로그램을 개발하고 기존 프로그램을 대상자에 따라 변형하여 적용할 경우에는 참여자의 프로그램에 대한 요구를 반영하는 절차를 반드시 거쳐야 한다. 이와 같이 참여자가 요구하는 내용을 파악하고 그 내용을 구체화하기 위한 작업 일체를 요구 분석이라고 한다. 프로그램에 대한 요구 분석은 대상자별 프로그램 유형에 따른 선호도와 참여 정도 그리고 프로그램에의 참여 여건 등이 포함된다.

3) 프로그램의 목표 수립

프로그램이 추구하는 궁극적인 목적을 달성하기 위해서는 구체적으로 성취하여야 할 내용을 수반하여야 하는데 이를 프로그램의 목표라고 한다.

① 프로그램 참여 이후 달성하고자 하는 상태 및 능력을 제시한다.
② 프로그램을 구성하는 구체적인 활동 내용을 세부적으로 명확하게 진술한다.
③ 프로그램을 전개하는 과정에 있어서 일관된 기본 지침의 역할을 한다.
④ 프로그램 이행 이후의 목표달성 정도를 평가할 수 있는 기준을 설정한다.

따라서 프로그램의 목표는 목적과 일관성을 유지하고 단일 목표보다는 복합적인 목표를 동시에 수립하여야 하며 목표간 우선 순위와 실현 가능성을 고려하여 수립하여야 한다.

4) 프로그램의 내용 선정

프로그램의 내용은 프로그램에 참여하는 대상자가 경험하게 될 구체적인 스포츠 활동 내용을 의미한다. 프로그램을 구성하는 스포츠 활동의 유형은 다양하지만 각 활동 유형간에는 유사한 내용이 중복되는 경우가 빈번하다. 따라서 특정 목적을 갖는 프로그램의 내용을 선정할 때는 반드시 다음과 같은 사항을 고려하여야 한다.

① 특정 프로그램의 목표와 일관성이 유지되도록 한다.
② 참여 대상자의 흥미와 활동 수준을 참조한다.
③ 한 가지 유형의 활동으로 복합적인 활동목표를 달성하는 내용을 선정한다.
④ 실현 가능성과 실용성 있는 활동 내용을 선정한다.

5) 프로그램의 내용 조직

프로그램 내용의 조직이란 프로그램 시행의 전 단계에서 선정된 내용을 중심으로 목표의 효율적 달성을 위한 각 내용의 비중과 배열 순서 등을 종적·횡적으로 연결하는 과정이다. 이 과정을 통하여 프로그램의 전체 계획, 월간 계획, 주간 계획, 일일 계획 등이 도출된다. 프로그램의 내용을 조직하는 원리로는 계열성의 원리, 통합성의 원리, 계속성의 원리 등을 들 수 있다.

6) 프로그램의 전개

프로그램의 전개는 이전까지의 단계를 통하여 수립된 목표에 일치하는 내용을 중심으로 참여자가 지도자와 함께 실제 행동으로 표출하는 과정을 의미한다. 이 과정에서 중요한 것은 프로그램이 내용과 지침에 충실한 것이 아니라 지도자와 참여자의 합의에 의한 효율적인 활동 경험이다.

7) 프로그램 평가

프로그램 평가는 지금까지 살펴본 프로그램의 계획 및 전개 과정의 문제점을 도출하고 개선하기 위하여 정보를 획득하는데 그 목적이 있다. 프로그램 평가는 프로그램의 시행 과정에서 이루어지는 평가와 프로그램 종료 이후의 평가로 구분된다. 또한 프로그램 참가 대상자에 대한 평가와 프로그램 전개과정 자체에 대한 평가로 구분할 수 있다.

3. 프로그램 계획의 원리

프로그램의 목적과 참여자의 개인적 욕구 그리고 환경적 변인을 검토하여 실제 프로그램에 반영함으로써 프로그램 계획이 마무리된다. 이러한 과정은 스포츠 전문가로서의 지식과 기능을 통하여 구체화된다. 따라서 프로그램을 계획할 경우에는 이러한 원리에 근거하여 프로그램이 계획되어야 한다.

또한 프로그램을 계획할 때는 프로그램에 대한 철학·원리·정책·절차 등에 초점을 두어 논리적 체계를 구축하여야 하며 이 같은 기본 체계를 근거로 다음과 같은 사항을 고려하여야 한다.

① **평등성** : 연령, 성별, 종교, 교육수준, 사회 경제적 지위에 관계없이 모든 사람에게 프로그램의 개발과 실행의 참여기회가 제공되어야 한다.
② **창조성** : 건설적이고 창조적인 신체활동의 기회를 제공하여야 한다.
③ **다양성** : 다양한 영역의 활동내용을 제공하여야 한다.
④ **욕구 반영성** : 참여자 개개인의 욕구충족 요소가 어떠한 형태로든지 반영되어야 한다(Kraus, 1985).
⑤ **편의성** : 프로그램 관련 시설을 효율적으로 이용할 수 있도록 계획되어야 한다.
⑥ **전문성** : 프로그램은 자격을 갖춘 전문가에 의해 개발·운영·감독되어야 한다.
⑦ **전달성** : 프로그램이 모든 대중에게 적절한 대중매체 및 홍보수단을 통해 의미있게 전달되어야 한다.
⑧ **평가성** : 프로그램의 평가는 지속적이고 규칙적으로 이루어져야 한다.
⑨ **보완성** : 프로그램의 평가와 그 결과에 따라 프로그램의 질적·양적인 수정·보완을 이룩함으로써 참가자의 다양한 요구에 부응하여야 한다.

4. 프로그램의 계획 과정

프로그램의 계획과정은 다음과 같은 세 가지 기본과정을 거친다.

① **계획단계** : 계획이란 기대한 목표가 이루어질 수 있도록 취해야 할 행동들을 미리 그려보는 과정이다. 간단히 말해서, 결과가 잘 나오도록 설계하는 것이라 할 수 있다. 이러한 계획에는 우선적으로 목표를 설정하는 것이 중요한 과제라 할 수 있는데 이는 목적 없는 계획은 있을 수 없기 때문이다. 이러한 의미에서 프로그램을 구성하는데 있어서 참가 대상자의 요구분석 및 목표의 설정 수립이 고려되어야 한다.

② **조직단계** : 일단 개인 및 집단의 요구가 결정되고 프로그램의 집단 목표가 개발되면 다음 단계는 실제로 프로그램을 조직하고 구성하는 것이다. 프로그램 내용의 형태는 활동이 조직되는 방법으로서 생각할 수 있다. 전반적으로 바람직한 활동을 하기 위해서는 프로그램 영역 내의 활동은 프로그램 영역과 관련하여 적절한 형태가 있다. 즉 경쟁스포츠, 스포츠교실, 클럽(동호인) 활동 프로그램(동호인 집단 대항 대회), 주민체육대회, 이벤트 등이다.

③ **수행단계** : 수행단계는 프로그램의 내용과 방법을 선정 조직하는 단계와 평가 단계 사이에서 일어나는 구체적인 활동단계이다. 프로그램의 계획이나 조직은 수행단계를 거치지 않으면 그저 설계나 가설 또는 문서에 불과하다고 말할 수 있다. 그리고 이 단계에서는 스포츠 지도자들의 자유재량권이나 의사결정권이 중요시 되며 지도자로서의 자격과 기준이 가장 중요시 되는 단계이다.

④ **평가단계** : 프로그램 개발의 마지막 단계가 프로그램 평가 단계이다. 이러한 평가는 스포츠 조직이나 여가 서비스 기관이 계획한 프로그램이 얼마나 달성되었고 또 수립한 계획이 얼마나 잘 수행되었는지를 측정하고 현재의 수행 여부를 알아봄으로써 보다 나은 건강·스포츠 전개를 위해 활용 자료나 정보를 제공해주는 과정 혹은 결과라고 할 수 있다. 평가분야는 다음과 같은 내용이 포함되어야 한다.

　－참가자의 만족도에 대한 평가
　－참가자의 자기발전에 대한 평가
　－실천도를 측정한 조사를 통한 평가
　－지역사회의 조직에 대한 평가
　－활동내용의 객관적 측정을 통한 평가

이상과 같은 프로그램의 계획과정은 <그림 6-1>과 같이 도식화할 수 있다.

또한, <그림 6-2>에는 경영학적 측면에서 프로그램의 공급과정이 도식화되어 있다.

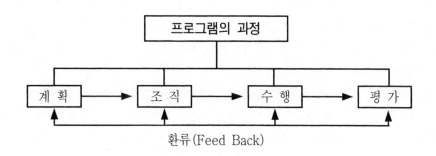

<그림 6-1> 건강·스포츠 프로그램의 계획 과정

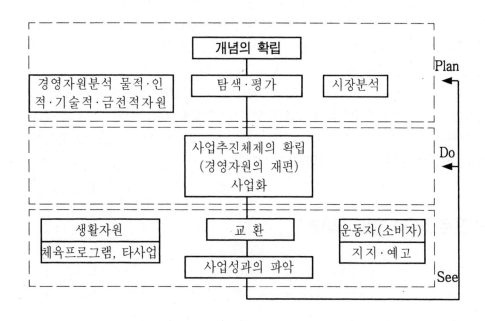

<그림 6-2> 프로그램 공급과정

5. 스포츠 프로그램 제작자(sport programer)의 역할

스포츠 조직이나 경영체에서 스포츠 프로그래머의 역할은 스포츠·체육을 실천하려는 사람들이 생활환경이나 신체 상태에 적절한 운동이나 체육 활동을 할 수 있도록 지도·조언하는 것을 목적으로 한다. 그리고 주로 지역 주민들에게도 지도·조언을 하는 자원 지도자(생활체육 지도자 2급)와 민간 체육클럽 등 체육시설에서 지도·조언하고 트레이닝 등 기본적인 지도를 직업으로 하는 지도자(생활체육 지도자 3급)로 구분한다.

스포츠 프로그래머와 똑같은 활약이 기대되는 지도자로서 운동처방사가 있다. 이 지도자는 스포츠나 체육을 실천하고자 하는 사람들이 그 목적에 걸 맞는 활동을 할 수 있도록 상담이나 체력 측정에 기초하고 안전하며 효과적이고 또한 즐겁게 할 수 있는 프로그램을 개발·공급하는 역할을 한다.

또한 이러한 프로그래머는 스포츠 시설의 종사자 또는 봉사자들을 교육한다. 그리고 이들은 프로그램 준비만이 아니라 프로그램을 존속시키는 역할을 갖게 되는 사람들로 구성되어야 한다.

물론 프로그래머는 스포츠나 체육에 대한 욕구는 있으나 실천에 옮기지 않고 있는 사람 또는 지금까지의 스포츠·체육과의 관계를 보다 발전시키고자 하는 사람의 필요에 따라 개개인에게 알맞은 운동이나 스포츠의 실천 방법을 적절하게 개발·공급하기 위한 연구와 노력이 중요하다.

따라서 프로그래머는 여가와 스포츠의 개념에 관한 지식이 있어야 하는 것은 당연하며 스포츠 활동에 참여하여 만족을 얻을 수 있도록 하는 설비된 도구의 성질을 이해해야만 한다. 또한, 그들은 건강·스포츠, 스포츠사회학의 개념 그리고 인간에 대한 발달심리학을 이해하여야 한다.

6. 프로그램과 발달심리학

인간발달의 몇 가지 중요한 이론들은 삶의 변화하는 과정(유아기부터 노인기까지)인 발달심리학에서부터 나왔다. 발달심리학의 인간 삶의 과정에 관련된 개념들의 이해로 프로그램이 건강·스포츠의 필요와 만족을 위한 요구들로 설계될 수 있도록 그 개념들을 적용할 수 있다.

발달심리학은 인간성장과 발달이 건강·스포츠를 이해하는데 관련이 있다. 비록 인간 개인 각각의 실제에 작용하는 발달 단계 또는 변화의 개념과 이론이 다양하지만, 모든 인간에게 공통적인 삶과 성장 발달에 대한 개념은 공통되는 것이다. 그 것은 인간의 활동이 삶의 과정에서의 주기적 변화와 안정의 기간을 경험하는 일반적인 개념을 갖게되는 것이다.

발달심리학자들은 인간발달의 다양한 이론을 설명하기 위해서 사회적, 생물학적인 둘 이상의 학문이 관여하는 방법을 사용한다. 그러므로 건강·스포츠 프로그래머들은 사람들이 스포츠 프로그램에 참가하고 그들을 좀 더 이해하기 위하여 발달심리학의 이론으로 사용할 수 있다.

인간발달에 영향을 주는 요인들은 인간 성장 과정의 발달 행위에 4가지 범위로 결정요인을 나눌 수 있다. 즉, 생리학적, 환경적, 심리학적 그리고 형이상학이다.

① **생리학적 요인** : 태아기와 출생 후의 발달에 포함한 생물학적인 유전적, 신경 조직 그리고 신체의 다양한 발달과정에 관련된 요인을 내포하고 있다.

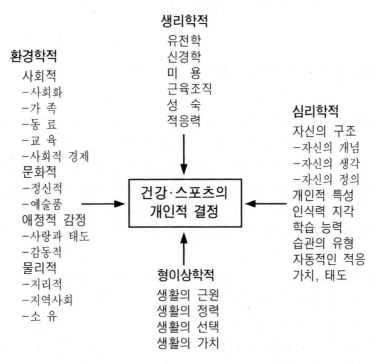

〈그림 6-3〉 건강·스포츠의 인간성장과 발달과정

② **환경학적 요인** : 사회화된 개인적인 경험의 규범 또는 문화적 힘을 내포하고 있다. 가족과 동료, 사회적 그룹 안에서 개인 각자에게 임무들을 행하도록 도와준다. 사회적 태도와 임무는 환경적으로 결정된다. 건강·스포츠 프로그래머들은 이러한 결정요인의 환경적 범위 안에서 인간발달에 중요한 영향을 준다. 그 이유는 많은 건강·스포츠 경험들이 가족, 동료 관계에서 활동한다. 다른 환경적 요인들은 자연, 지리학적인 환경이다. 예를 들어 시골에서의 삶 또는 도시에서의 삶은 지역에 따라 사람들의 발달과 성장에 영향을 준다.

③ **심리학적 요인** : 사람들에게 영향을 주는 내부적 그리고 외부적인 요인들에 의해 영향을 받는다. 자신의 개념, 가치 그리고 태도 등의 요인들과 행동 응답들은 개인들의 심리학적 발달에 영향을 미치는 요인들이다.

④ **형이상학적 요인** : 추상적인 요소의 경험에 의해서 갖는 입증의 불가능 때문에 분석하는데 어려움이 있다. 이 형이상학의 결정요소는 생활의 힘과 선택, 삶의 기본의 개인적 이해 요소를 포함한다. 삶의 능력은 자신의 생존적 가치, 사회적 가치, 자아의식 가치에 영향을 미치는 내부적 조정자이다. 삶의 선택은 개인의 의사 결정의 책임 근원인 자연성을 내포한다.

7. 프로그램의 라이프 싸이클(life cycle)

프로그램의 life cycle 개념은 건강·스포츠 지도자와 스포츠 경영체의 마케팅에서 가장 중요한 개념이다. 이 개념은 인간의 신체적 성장에서 유추, 추론된 것으로 성장기, 성숙기, 쇠퇴기 등으로 기술된 것이다. 인간의 심리학적 성장은 육체적 성장과 병립되지 않고 심리적 성장의 쇠퇴는 육체적 성장의 쇠퇴기가 40~50세를 전후로 일어나는 것과 동일하지는 않다. 어떤 사람들은 인생 단계에서 그들의 경험, 세계관, 미래에 대한 확신과 같은 새로운 차원의 창조성으로 life cycle을 성장시킨다.

인간의 life cycle처럼 건강·스포츠 프로그램은 신중한 운영에 의해 구성되어 질 수 있지만, 분명한 결론은 그 필연성이 변하지 않는다. 건강·스포츠 프로그램은 지역사회 또는 스포츠 경영체의 프로그램에 참가하려는 소비자 구매의 마케팅과 비교될 수 있으며 새롭고 더 나은 프로그램에 의해 교체된다<그림 6-4> 참조.

이러한 프로그램의 life cycle 특징은 아래와 같다.

① **도입단계** : 새로운 프로그램에 대한 인식과 자원을 위한 많은 노력이 요구 된다. 활성화 노력으로 잠재고객의 참여를 권유하거나 프로그램과 연관된 공동체의 대변인 또는 대표자에게 건강·스포츠의 활동적인 참여를 설득하는 형태가 된다.

② **발전(출발, 도약) 단계** : 프로그램에 참여자들이 급격히 증가하며, 이 단계에서는 도입단계보다는 노력이 덜 요구된다.

③ **성숙기** : 이 단계에서는 수많은 참여자들이 자신이 선택할 수 있는 프로그램을 인식하고 스스로 참여를 원하거나 원하지 않는가를 결정한다. 특히 이 단계에서는 프로그램이 성공적이라고 판단되면 상업적 요소에 뛰어난 경험을 쌓아야 한다.

　또한 이 단계에서는 계속되는 프로그램에 의존하게 되지만 참여하는 사람이 더 이상 없게 될 수도 있다. 따라서 남아 있는 참여자들을 유도할 만한 새로운 기회를 제공하는 운영이 life cycle 프로그램으로 발전되는 가장 큰 기회가 된다. 프로그램 life cycle을 확장시킴으로서 재건된 잠재적 전략에 주의 깊은 관심이 필요하다. 즉 다른 기술을 사용하거나 새로운 접근 방식과 새

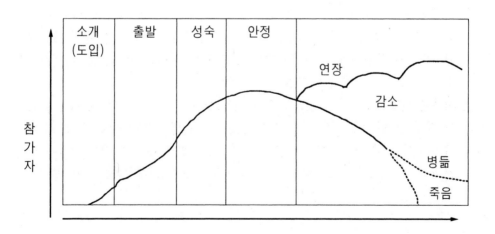

〈그림 6-4〉 프로그램의 Life Cycle

자료: 한이석(1994). **사회체육 운영론**. 서울: 형설출판사. p. 191.

로운 지도 방식으로 문제점을 재 활성화시킬 수 있는가에 최대한 노력한다.

④ **쇠퇴기** : 이 단계에서는 더 이상 기존의 프로그램이 참가자의 흥미를 끌지 못
한다. 따라서 문제점이 발견되면 즉시 보완하거나 새로운 프로그램을 구상하
여야 한다.

8. 프로그램의 보급

건강·스포츠 프로그램은 현대 사회가 안고 있는 여러 형태의 개인적, 사회적
긴장감을 해소하고 보다 진취적인 자신의 삶을 개발하는데 목적을 두어야 한다.
이러한 프로그램은 모든 사람이 창조적 취미 문화활동과 야외 여가활동을 통해 활
기 넘치는 인간관계를 유지하는데도 기여할 수 있어야 한다.

또한 프로그램을 보급하거나 상업적 이익을 목적으로 판매할 때는 그 프로그램
의 성격을 면밀히 분석하여 지역과 계층에 따라 적절하게 보급하여야 많은 사람이
관심을 갖고 참여한다.

① **주민이 중·하위 계층으로 아이가 없는 경우** : 양질의 프로그램을 선호한다.
따라서 프로그램의 전문성에 치중을 두어야 한다.

② **고학력층의 거주지역** : 인간관계와 인격 형성이 목적이므로 단순화된 운동
기능 향상 프로그램보다는 프로그램 참가를 통하여 구성된 클럽 등의 활동에
자연스럽게 참가하게 하여, 원활한 의견교환(communication)의 장을 제공
받을 수 있도록 해주는 종목별 프로그램이 필요하다.

③ **사무실 밀집지역** : 건강 증진을 위한 신체 활동의 필요성을 인식하지만 스포
츠 활동 참여에 대한 가장 큰 장애요인으로 시간의 압박감을 들 수 있다. 따
라서 운동을 위한 소비시간이 많은 종목보다는 골프, 요가와 같이 시설에 도
착과 거의 동시에 프로그램에 참가할 수 있는 종목을 제공하는 것이 좋다.

제 7 장

지도계획과 교실 운영

1. 지도 계획(마스터 플랜) 작성
2. 지도안(일일 계획) 작성
3. 건강·스포츠교실의 기획 및 홍보
4. 교실 운영상의 유의점
5. 교실 종료후 관리

1. 지도 계획(마스터 플랜) 작성

계획(planning)은 프로그램의 목적을 규정하고 설정된 목표를 달성하기 위하여 적당한 방법을 결정하는 것이다. 또한 계획은 프로그램을 위한 행동절차와 관계된다.

이러한 계획에는 단기목표 및 장기목표가 포함되어야 하며 프로그램을 운영하는 스포츠 시설의 정책 내지 방책, 진행절차 및 일정이 분명하게 포함되어야 한다.

또한 계획의 유형에는 전략계획과 실행계획으로 구분할 수 있다. 전자는 프로그램을 전개하는데 있어서 포괄적인 계획을 의미하며, 후자는 실제 스포츠 지도자들이 취할 수 있는 구체적인 계획을 의미한다. <그림 7-1>에는 계획부터 평가까지가 간략하게 도식화되어 있다.

① **계획** : 지도자가 어떤 기본적인 기술을 가르치기 위해 계획하는 단계
② **진단** : 참여자들이 그 기술을 배우는데 필요한 준비가 되어있는가를 진단하고 그에 따라 필요한 교정조치를 하는 단계
③ **지도** : 기술지도가 이루어지는 단계를 의미하며 크게 시범과 연습활동으로 구분
④ **평가** : 그 기술훈련을 종합적으로 평가하는 단계
⑤ **피드백** : 연습 중 발견된 오류 혹은 기술지도결과의 평가를 기초로 발견된 문제점의 교정단계

1) 지도 대상이 한정되어 있지 않은 경우

① **목적, 목표의 설정** : 먼저 무엇을 위한 것인지 목적을 명확히 하는 것이다.

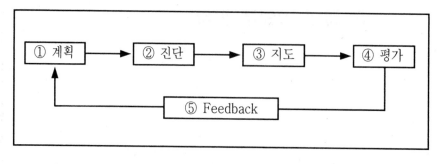

<그림 7-1> 지도기술의 교수-학습 과정

또, 지도를 종료할 때는 무엇이 어떻게 개선되었는지를 구체적으로 알 수 있도록 목표를 설정하는 것이 바람직하다. 막연한 목적이나 애매한 목표로는 시간과 돈을 들여도 헛수고가 되는 일이 많다.

② **기간 설정** : 목표에 도달하는데는 어느 정도의 기간이 소모될 것인가. 1개월일까, 2개월일까, 혹은 반년, 1년일까. 이들의 기간은 목표에 따라 달라지며, 반대로 목표의 설정이 기간에 따라 정해지는 경우도 있다. 신체적 변화를 목표로 설정하는 경우(체중조절, 혈압 관리 등)는 1개월로는 안정된 변화를 기대하기에는 기간이 너무 짧다. 적어도 2개월 이상이 필요할 것이다. 또, 건강 증진을 위해 수영을 배울 경우 어느 정도 수영을 하기 위해서는 개인차도 있지만 1~2개월 정도로는 곤란하다고 본다.

이와 같이 지도 계획을 세울 때, 기간 설정은 목표 설정과 마찬가지로 중요한 일이며, 신중히 검토할 필요가 있다. 민간 스포츠 클럽의 경우, 참가자를 모집해야 하므로 모집여부가 쉬운가 어려운가 하는 점도 고려할 필요가 있다.

③ **참가자 제한** : 계몽이나 소개를 위한 운동 프로그램의 경우는 특별히 참가자를 제한할 필요가 없겠지만, 건강 증진, 건강 개선, 운동 기능의 습득 등 목적이 명확히 있는 경우에는 운동 프로그램의 목표가 개인의 목표와 일치하는 참가자를 모집하는 것이 스포츠교실의 효과를 높이거나 참가자를 만족시키는데 중요하다.

또, 운동을 통해 건강 회복이나 건강 개선을 기대하는 운동 프로그램(혈압 조절, 혈당 조절, 체중 조절 등을 목적으로 하는 것)의 경우는 가능하면 신체적 상태가 같은 사람을 모집하는 것이 바람직하며 성, 연령, 신체적 특징에 따라 프로그램 참가를 제한하는 것이 효과적인 경우도 있다.

2) 지도 대상이 한정되어 있는 경우

건강 진단 등의 결과에 따라 운동능력이 파악된 참가자에게 운동을 지도하는 경우 지도 계획 작성의 순서를 <그림 7-2>에 제시했다. 이것은 건강 증진을 위한 운동 프로그램의 작성 순서로서 최소한의 작업 내용을 나타낸 것이다. 지도 계획을 세울 때 참고가 될 뿐 아니라 계획이 순조롭게 진행되고 있는지를 확인하는 체크 리스트로서 이용할 수가 있다. 지도 대상이 한정되어 있지 않은 경우는 순서 (1)과 (2)가 바뀌게 된다.

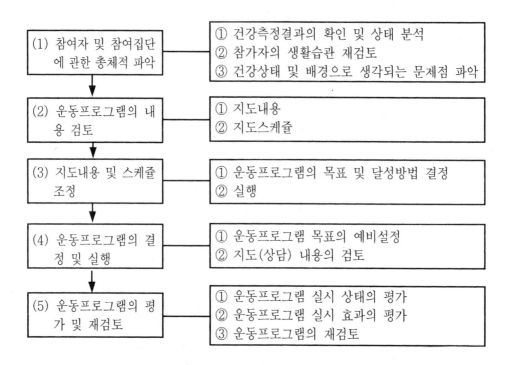

<그림 7-2> 운동지도계획의 작성 순서

3) 어떤 증상으로 인한 건강회복과 개선을 목적으로 운동하는 경우

이 경우는 개별 지도가 바람직하다. 그것은 개인에게 맞는 운동의 질과 양을 결정하여 실천해야 하기 때문이다(운동처방). 이러한 운동처방의 순서를 정리한 것이 <그림 7-3>이다. 목적이나 기간이 달라도 운동처방을 하는 경우에는 이것이 중요한 순서가 된다. 여기서는 개별적인 운동처방을 하는 것이 목적이므로 의학적 체크·건강 측정·체력 진단이 중요시되고 있다. 그로부터 도출된 운동처방에 근거하여, 운동프로그램이 작성된다는 순서로 되어 있다. 이 점이 집단 지도와 크게 다른 점이다.

운동으로 안전하게 효과를 거두기 위해서는 운동처방을 행하는 것이 바람직하겠지만, 의사와의 상담, 측정 기기 설치 및 운동처방사의 확보가 필요하므로 실제로 실시할 수 있는 곳이 제한되는 문제점도 있다.

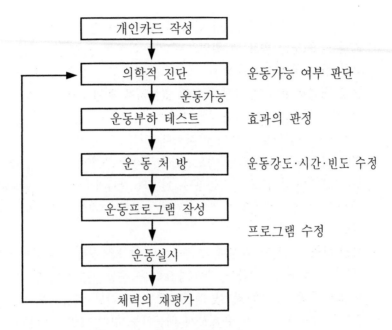

<그림 7-3> 운동처방의 순서

자료: 성동진(1997). **운동처방과 생리학**. 서울: 형설출판사. p. 9. 수정·보완.

2. 지도안(일일 계획) 작성

지도 계획 중에서 최소 단위가 되는 것이 매 시간의 지도안이다. 지도안 양식의
한 예가 <그림 7-4>에 제시되어 있다.

200 년   월   일   요일

최종목표:			지도자명: 보조지도자:
본시의 목표:		참여인원:	실시장소:
시간배분	지도내용		지도상의 유의점
~	~	~	~
준비할 비품·용구 확인:			

<그림 7-4> 지도안 양식의 예

또, 지도안을 작성할 때의 유의점에 대해 아래와 같이 정리할 수 있다.

① **최종 목표(도달 목표)의 확인** : 무엇을 위한 운동 프로그램인지, 그 최종 목표를 항상 확인한다.

② **전체 중에서 본시가 어떤 위치에 있는지를 확인** : 이번 지도는 전체 계획에서 어느 단계에 위치하는지를 확인한 뒤, 현재까지의 진행경과가 순조롭고 예정대로 추진해도 되는지를 검토한다.

③ **이번 시간의 목표** : 이번 지도에서는 무엇을 목표로 하는지, 제한된 지도 시간 동안 어떠한 지도가 가능한지, 현재의 참가자의 상황을 파악하여 현재 상황에 가장 적절한 지도는 무엇인가를 충분히 고려하면서 그날의 지도 목표를 검토한다.

④ **시간 배분** : 지도안 작성시, 효과적으로 시간을 활용하기 위해서도 지도 내용의 시간 배분을 결정하는 것은 중요하다. 운동 지도의 경우, 그 내용은 크게 도입단계(준비운동)·전개단계(주 운동)·정리단계(정리운동)로 나눈다. 이 것들을 주어진 시간에 유효하게 배분하는 것이 바람직하나, 이것들의 시간 배분은 초보자 지도인 경우, 습득 단계에 따라 다소 변화해 간다.

<그림 7-5>과 같이, 준비운동이나 정리운동은 이 경험을 거치면서 적어지고, 그 대신 주운동(근력과 유연성 및 심장혈관계) 시간이 늘어난다. 따라서

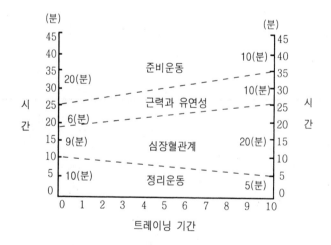

<그림 7-5> 초보자 프로그램의 운동시간 배분

자료: 萩裕美子 編著(1996). **健康·スポツの指導.** 東京: 建帛社. p. 14.

그날의 지도가 어느 단계에 있는지를 확인하면서, 적절한 시간 배분도 검토할 필요가 있다.

1) 지도상의 유의점

지도 내용은 목적에 따라 다르지만, 어떤 지도 내용이든 지도상의 유의점을 미리 열거해 둘 필요가 있다. 지도 중에 일어날 수 있는 문제점이나 문제가 생겼을 경우의 대책과 운동 방법이나 운동 강도에 대해 미리 충분한 예행 연습과 예비 지식을 갖추어야 할 필요가 있다. 또, 집단 지도의 경우에는 예정된 지도 내용에 도저히 따라가지 못하는 사람도 나올 가능성이 있으므로 이러한 경우에 대비하여 대안을 미리 생각해 둘 필요가 있다.

2) 지도 장소의 설비, 비품, 용구의 확인

어디에서 지도할 것인지, 어떠한 설비를 이용할 것인지, 어떠한 용구가 필요한지, 그것들의 수가 충분히 갖추어져 있는지를 미리 확인할 필요가 있고, 지도안에 이들 현황에 대해 기입해 두는 것이 좋다. 운동 지도에 있어서는 설비나 용구의 정비 상황에 따라 지도 내용이 제한되는 일이 있다. 또한, 같은 프로그램을 다시 행하는 경우나 다른 지도자가 지도하는 경우에는 귀중한 정보가 된다.

이상이 지도안을 작성할 때의 유의점이다. 이 지도안 하나 하나가 전체 계획 중 최소 단위이며, 이러한 지도안의 축적에 따라 최종 목표가 달성되어 가는 것이다. 지도안 작성은 매우 어렵고 세밀한 작업이지만 면밀한 계획 아래 이루어진다면 앞으로의 지도 계획의 귀중한 자료가 된다. 또, 한 지도자의 경험을 다른 지도자가 참고할 수 있다면, 정보를 공유할 수 있어 보다 좋은 지도를 위한 참고가 된다.

3. 건강·스포츠 교실의 기획 및 홍보

일반적으로 건강·스포츠 지도는 그룹을 지도하는 경우에 OO교실이라는 명칭으로 실행되어진다. 스포츠 교실(이하 교실)을 기획할 때는 먼저 그 교실에 참가하기를 희망하는 사람이 있는지, 있다면 얼마만큼 있는지를 사전에 조사할 필요가 있다. 참가자가 모이지 않는다면 교실을 개설하는 의미가 없을 뿐 아니라 시간적·경제적으로 낭비만 있을 뿐이다.

또, 참가를 희망하는 사람이 있더라도 교실운영 일시나 기간이 자신과 일치하지 않는다면 의미가 없다. 따라서 교실을 기획할 때는 교실의 목적, 일시, 기간 등의 결정은 신중히 고려할 필요가 있다. 또, 모처럼 좋은 기획을 해도 참가자에게 충분히 홍보가 되지 않는다면 참가자는 모이지 않는다. 교실 개최에 대해 충분히 선전을 할 필요가 있다. 좋은 기획은 가능한 한 많은 사람에게 홍보하여 참여를 유도하는 것이 무엇보다 중요하다. 따라서 효과적인 교실을 기획하기 위해서는 아래와 같은 사항을 기본적으로 이해할 필요가 있다.

1) 주 1회 이상 교실 운영

1주일에 몇 회의 교실을 운영할지는 교실의 목적이나 참가자의 상황에 따라서 다르지만, 적어도 주에 1회는 운영하도록 기획한다. 건강 만들기는 교실에 참가하는 것만으로 효과를 기대할 수 없기 때문에 참가자 스스로가 실천해 갈 필요가 있다. 교실은 그 실천 상황을 체크하는 중요한 역할도 갖고 있다. 또, 1주일 단위로 단기목표를 설정하면 눈앞의 구체적인 목표가 되며, 실천하기 쉬워진다.

2) 1회의 교실마다 새로운 것을 제공

매번 교실의 참여가 기다려지도록 항상 새로운 정보 제공 및 기술을 지도하도록 한다. 또, 참가자 자신이 진보를 느낄 수 있도록 지도 내용을 연구하는 것이 중요하다.

3) 탈락자에 대한 지원

결석을 자주 하는 사람이나 목표를 좀처럼 달성하지 못하는 참가자에게는 개별적으로 상황을 묻거나 때로는 어드바이스나 카운셀링을 할 필요가 있다. 또, 언제라도 참가자가 스스럼없이 지도자의 어드바이스나 카운셀링을 받을 수 있는 분위기를 조성하는 것이 중요하다.

4) 지속적인 운동 실천의 보조

건강 만들기를 위해서는 지속적으로 운동을 실천하지 않으면 안 된다. 그러기 위해서는 기록을 유지하거나 결과를 적절히 평가하여 운동을 지속하게끔 만드는 것이 필요하다. 참가자 자신이 자기가 실천한 내용을 기입하는 방법(셀프 모니터링)은 지속적인 운동을 위한 효과적인 방법이다. 또, 교실 내에 기록표를 게첨하여 기록해 나가는 방법 등도 있다. 지도자나 동료의 격려도 운동을 지속하는 데 매우 효과적이다.

5) 참가자가 납득할 수 있는 기획

지도자가 내린 운동 처방이 자신에게 정말로 가능하고 적절한지를 참가자 자신이 잘 생각할 수 있도록 하는 것이 중요하다. 자신이 없는 것은 결국 실천하지 못하고 실패로 끝나고 만다. 또한, 스스로가 이 운동은 효과가 있다고 느끼거나 운동하는 시간이 기다려진다면 지속되기 쉽다. 따라서 참가자가 충분히 납득하여 자신의 문제라고 받아들일 수 있도록 설명하거나 카운셀링을 하는 것이 중요하다. 그러나 최종 목표는 지도자가 없더라도 자기 스스로 운동을 실천할 수 있도록 하는 것이다.

6) 경과 파악과 중간 평가 실시

1개월 이하의 단기간의 교실일 경우에는 곤란하지만 2개월 이상의 교실인 경우는 정기적인 측정이나 조사를 실시하여 경과를 파악하고 평가하는 것이 중요하다. 목표가 타당하게 설정되었는지, 순조롭게 진행되고 있는지, 효과가 나타나고 있는지 등을 도중에 확인할 필요가 있다. 이 결과에 따라 목표나 구체적인 실시 계획을 수정을 할 수 있다. 교실 운영의 기간이 길어질수록 개인차도 생기는 것을 염두에 둘 필요가 있다. 또한, 일생을 통한 건강 만들기에는 참가자의 라이프 스타일(life style)에 맞는 목표 설정과 실시 계획을 빼놓을 수 없다.

4. 교실 운영상의 유의점

교실 형태에서는 지도 내용, 실시 시간, 실시 기간, 참가 대상을 미리 정해 놓으면 사전 준비를 하기 쉽고 효과적인 지도를 할 수가 있다. 그러나 교실에는 반드시 기간이 있으며 한정된 기간 내에 이루어져야 한다. 현재 민간 스포츠 클럽이나 건강 상담 센터, 기업 피트니스 현장에서는 많은 건강·스포츠 교실을 개최하고 있다. 모두 운동 방법을 배우거나 건강에 관한 지도를 받는 것인데 교실이 종료된다고 해서 완성되거나 달성되는 것은 아니다.

따라서 건강 만들기는 일생을 걸쳐 행해지는 것이라고 생각하면 교실은 그 일부에 지나지 않는다. 이것을 염두에 두고 지도자는 교실을 운영해 나가야만 한다. 평생의 과제인 건강 만들기나 평생 스포츠는 지도자가 없어도 본인이 스스로 실천해 가는 것이다. 교실은 그 계기가 되는 것이다. 또한, 지도자가 없어도 실천할 수 있도록 지도하는 것이 교실이 갖고 있는 또 하나의 커다란 역할이다.

5. 교실 종료 후 관리

교실은 정해진 기간이 지나면 반드시 종료한다. 그러나 참가자의 건강 및 스포츠에 대한 관심이 끝나는 것은 아니다. 오히려 교실 종료가 새로운 출발이라고 할 수 있을 것이다. 중요한 것은 교실 종료 후의 사후 관리가 어디까지 생각되어지고 있는가 이다.

예를 들면, S구청 보건소의 건강증진센터의 건강증진 교실에서는 프로그램이 2개월만에 종료되지만 교실 종료 후에도 건강상담센터의 시설은 1년간 무료로 이용할 수 있도록 되어 있다. 교실 기간 중에 센터 내에 설치되어 있는 운동시설의 이용 방법을 배워 혼자서도 이용할 수 있게 되어 있다. 2개월 동안으로는 건강 만들기에 있어서 눈에 보이는 효과는 기대하기 어렵지만 1년간 계속할 수 있다면 상당한 효과를 기대할 수 있을 것이다.

또한, 민간 스포츠 클럽에서도 교실 종료 후에 일정한 시간이 지나면 참가자가 그 교실 기간 중에 배운 내용을 지속하고 있는지를 조사하거나 신체상태를 체크하여 사후관리에 신경을 써야 한다.

한편, 운동 초보자에게 있어서는 혼자만의 힘으로 실천하고 지속해 나가는 것은 매우 어려운 일이다. 지도자의 격려나 동료의 격려로 인해 조금씩 운동에 매력을 갖고 지속하게 된다. 교실에서의 지도자나 동료는 교실 종료 후에도 큰 영향력을 가지고 있는 존재라고 할 수 있을 것이다.

제 8 장

참가자의 특성

1. 유 아
2. 아 동
3. 청소년
4. 성인 남자
5. 성인 여자
6. 노인

1. 유 아

유아기는 3세부터 6세까지의 시기로서 근육이 급속히 발달하여 근력이 강해지고 스스로 신체를 조절할 수 있게 됨에 따라 자율적이고 독립적인 행동을 하려고 하는 시기이다.

① **신체적 특성** : 유아의 근육은 3~4세쯤에 급속히 발달하여 5~6세가 되면 근육을 구성하는 근 섬유의 굵기가 굵어지고 근력이 강해지며 체중의 약 75%를 차지하게 된다. 근육은 골격과 마찬가지로 신체의 부위와 개인에 따라 차이를 보이게 된다. 머리와 목부분의 근육이 다리부분의 근육보다, 대근육이 소근육보다 더 빨리 발달하며 여아는 남아보다 일찍 발달한다. 또한 여아의 근육은 남아에 비해 지방이 많은 대신 수분이 적으며 근육조직이 작고 가벼우며 짧다.

　호흡수는 맥박수의 1/4정도이고 과격한 놀이를 시켰을 때 호흡수가 평상시의 약 7~10배에 달한다. 6세 유아의 폐활량의 평균치는 1000cc이고, 성인여성의 경우 3200cc로서 1/3정도의 양 밖에 안 된다.

　특히 유아기에는 대뇌보다 소뇌의 발달이 현저하며 운동반응의 잠재력이 크게 증가한다(서울대 체육연구소, 1991a). 유아는 지능과 민첩성·평형성·오관 등은 상당히 발달해 있지만 근력·순환기능·호흡기능 등의 발달은 미숙한 상태이므로 유아의 정신적·신체적 상태를 충분히 고려하여 항상 즐겁고 신나는 놀이나 체계적인 신체활동이 되도록 지도자는 유의하여 프로그램을 작성하여야 한다. 또한 유아는 뼈가 완전히 굳지 않아서 관절부위가 약하기 때문에 무리하게 구부리거나 펴는 동작은 시키지 않도록 한다.

② **심리적 특성** : 모든 사람들과 자신의 생각이 같다고 믿으며 남들과 어울리거나 단체활동이 어렵다. 실제로 이 시기에 "남을 배려하라" 등의 교육은 지나친 요구이다. 따라서 새로운 환경을 두려워하며 거부하고 대집단 활동보다는 소집단 활동을 좋아한다. 어른들의 감정표현에 민감하게 반응하며 자기중심적이며 지적된 결점을 탐탁지 않게 생각하고 받아들인다. 즉 이 시기는 "가장 이기적인 집단"이라는 점을 고려하여야 한다.

③ **사회적 특성** : 유아는 언어발달과 운동능력발달 등을 통해 대인관계가 형성되어 사회성 발달이 촉진된다. 즉, 자기의 의사표시를 어느 정도 할 수 있게 되고 스스로 신체를 조절할 수 있게 됨에 따라 자율적이고 독립적인 행동을

통하여 적극적으로 대인관계를 넓혀 나간다. 그러나 이 시기의 유아는 사회적 경험이 부족하고 가족 외의 타인을 경계함으로 지도자는 또래들과 신체 접촉을 통한 협동적 또는 경쟁적 놀이를 학습시켜 사회성을 발달시켜주어야 한다.

2. 아 동

6세 이후부터 청년기에 들어가지 전까지의 시기인 아동기는 유아의 자기중심적 사고방식에서 점차적으로 탈피하기 시작한다.

① **신체적 특성** : 골격계는 뇌·척수·내장기관 등과 같은 조직을 보호하고 신체의 전반적인 뼈대를 구성하는 것이다. 아동의 골격은 크기·구성성분 등이 계속적으로 변화하는 상태에 있으며, 이러한 골격의 성장은 생장점이 점차 연골로 바뀌게 됨에 따라 완전해진다. 아동의 뼈조직은 부드럽고 유연하며, 상처나 충격에 대한 회복속도가 빠르다. 그러나 너무 심한 타격이나 과도한 중량을 관절에 가하는 경우는 피해야 한다.

　아동기에는 신체적인 발달속도가 대체로 완만하게 이루어지며 근육의 발달은 몸통에서 먼 부위보다 몸통에 가까운 부위에서 더 왕성하게 이루어진다. 일반적으로 아동의 근육은 여리고 뼈에 견고하게 부착되어 있지 못하기 때문에 쉽게 피로해지는 반면, 회복도 빠르다. 따라서 아동의 근육활동에서는 잦은 휴식과 변화 있는 활동이 요구된다. 운동기능은 유아기에 비해서 속도·정확성·안전성 등이 더욱 발달하며, 유아기에서 배운 운동기능을 완성시키면서 새로운 기능을 습득해 가는 시기이다.

② **심리적 특성** : 아동기는 자아개념이 형성되기 시작하는 시기이다. 아동기는 놀이 및 운동기능의 수행을 통해서 얻어지는 성취감·만족감 등의 자신감을 형성하며, 이러한 아동기의 자신감은 성인이 되었을 때의 심리적 건강에 많은 영향을 미친다. 정신적으로 두뇌의 발달에 있어서 거의 성인에 가까워지고, 그 기능도 조직적으로 분화·발달한다.

③ **사회적 특성** : 이 시기에는 생활의 중심이 가정에서 학교로 옮겨감에 따라 아동은 많은 사회적 관계를 형성하게 된다. 특히 사회가 요구하는 도덕적인 판단도 획득해야 하는 시기이다(사회체육지도론 편찬위원회, 1991).

3. 청소년

청소년기는 연령으로 볼 때 일반적으로 13세에서 19세에 해당하는 시기로서 발달과정상 일생 중 가장 중요한 시기이다. 그리고 제2의 성장기로서 신체적·생리적 변화가 급속히 이루어지며, 지적·정서적인 면에서도 현저한 변화를 나타내는 시기이다. 이 시기의 신체적 발달은 정신발달에 큰 영향을 미친다.

① **신체적 특성** : 일생 중 가장 급격한 신체적 발육이 이루어지는 시기는 생후 1년간, 그리고 청소년기의 두 시기이다. 즉, 태어나면서 1년 동안 현저한 신체적 성장이 이루어지다가 아동기에 들어서면 성장속도가 둔화되는데, 이러한 경향은 청소년기에 접어들면서 다시 급성장하는 추세가 된다. 외형적인 신체발달은 물론 내면적 발달에 있어서도 남녀간의 성숙 정도를 보면, 청소년 전기에는 여자들이 남자들의 신장을 능가하는 발달을 보이나 청소년 중기인 고등학교 시절이 되면 남자들의 신장이 증가하기 시작하여 계속적으로 여자들보다 우세한 경향을 보인다. 이와 같이 청소년기의 신체발달은 대체로 여자가 남자보다 빠르게 나타나며 성숙도가 빨리 끝나는 것이 일반적인 경향이다. 또한, 청소년기에는 키·몸무게·가슴둘레 등의 체격발달이 두드러지는데 이는 골격과 근육의 급속한 발달을 수반한다. 특히 상지와 하지의 골격과 근육이 급속하게 발달한다.

청소년기에는 급격한 신체발달과 더불어 운동기능의 발달도 두드러지게 나타난다. 운동기능의 발달은 근육 및 신경계의 발달과 긴밀하게 관계하고 있어서 행동발달과 밀접한 관계를 가지고 있으며, 심지어는 성격발달에도 영향을 미친다.

② **심리적 특성** : 지적 발달을 기초로 자기존재를 파악하면서 인생관을 수립하며, 올바른 도덕관과 가치관을 체득함으로써 자아의식이 명확해지는 한편 독립심·반항심이 두드러지게 나타난다. 구체적으로 청소년기는 어린이에서 어른으로 발달해 가는 과정 중의 한 시기임을 뜻한다. 이때, 청소년의 행동은 이성적이고 객관적이라기 보다는 정열적이며 유아독존적이다.

③ **사회적 특성** : 청소년들은 부모에게 의존된 상태에서 탈피해서 자신의 판단에 따라 독립된 행동을 하려하며 이는 부모에 대한 비판이나 학교, 선생님, 그리고 사회의 규범 및 권위에 대한 반항의 형태를 나타낸다. 교우관계를 통

하여 필요한 사회적 지식과 기술 및 태도를 획득하며 사회적 적응력을 배우게 된다.

4. 성인 남자

성인 남자는 20세 전후부터 60세 전후까지의 시기로서 가장 사회적으로 활발한 활동을 한다.

① **신체적 특성** : 성년기는 청소년기에 이어 계속 강인하고 활발한 신진대사를 나타낸다. 그러나 최근에는 20대 후반 30대 초반부터 신체적·생리적 조직이나 기능이 점차로 감퇴되는 현상이 나타나 문제가 되고 있다. 일반적으로 신체적인 성숙은 성년 초기에 끝나며, 이때는 대부분의 신체기능도 최고의 상태이다. 따라서 피부가 부드럽고 탄력성이 좋으며, 세포의 증식과 조직재생이 정상을 유지한다. 그리고 에너지를 조절하는 능력과 순환기계통의 기능이 충분히 발달되어 있다. 성년기에서도 근력이 최대로 이르는 때는 25세에서 30세이며, 주로 작은 근육보다 큰 근육이 빨리 발달한다. 심장기능과 호흡능력이 뛰어나며 혈관의 구조도 신축성이 있고 환경과 신체적 요구에 대한 변화에 비교적 빠른 반응을 하게 된다.

40세 이후부터는 체력이나 생리적 기능이 저하되기 시작하고 특히 호흡순환 기능이나 감각기능이 현저하게 감소되며 스테미너나 부족이나 반응의 둔화를 느끼는 시기이다. 외관상 머리가 희어지고 가늘어지며 주름이 늘어난다. 이 시기에는 체력이 20대의 최고 절정기에 비하여 약 10%까지 떨어지나 눈에 뜨일 정도는 아니다. 이 시기에는 골격의 정밀도가 감소하고, 척추의 압박을 받게 되므로 요통이 발생하게 되며, 뼈의 칼슘함량이 줄어 골다공증이 잘 발생한다. 또한 관절이 변화되어 일기(日氣)와 관련해서 통증을 호소하기도 한다. 근력이 점차적으로 감소하게 되고 근육세포가 지방질이나 결체조직으로 대체되면서 힘이 감소되고 탄력성을 잃게 되어 늘어진 것 같이 보인다. 일반적으로 비만증이 흔히 나타나게 되며 아울러 혈관의 탄력성이 감소되어 심혈관계 질환에 잘 걸린다.

② **심리적 특성** : 인생 경험의 풍부함과 원숙함의 시기로서 판단력이나 사고력
이 풍부해지고 정신적으로도 안정감이 있다. 자신이 사회의 의사결정자라고
여기며 대인관계의 문제, 말과 행동의 의미, 해석하는 능력과 분별하는 능력,
그리고 비판하는 능력을 가져 어떤 상황이든 쉽게 잘 극복해 나갈 수 있다는
자신감을 갖는다.

③ **사회적 특성** : 이 시기는 사회적으로도 중추적인 입장에서 일할 나이이며 인
간의 발달이 가장 구체화되며 정서적·사회적·경제적으로 독립하는 시기라
고 할 수 있다.

　　또한, 자녀들이 책임감 있고 행복한 성인이 되도록 돕고 늙어 가는 부모들
에 대해 적응하면서 여생을 위한 적절한 재정적 안정을 수립하고 시민적 사
회적 책임을 충실하게 완수한다.

5. 성인 여자

　성인 여자는 20세 전후부터 60세 전후까지를 말하며 성인 남자와는 달리 가족
에게 중추적인 역할을 하는 시기로서 다음과 같은 일반적인 특성을 지니고 있다.

① **신체적 특성** : 여성은 운동부족·과잉섭취 등으로 인하여 체내에 과다한 지
방이 축적되어 비만하게 된다. 남자의 평균 체지방량은 약 15~17% 정도이
며 여자는 25% 정도인데 이 수치를 넘게 되면 고혈압·당뇨병·심장병·신
장염 등의 원인이 된다.

　　임신 중 여성은 합병증의 발생율이 높고 분만시 난산의 위험이 따를 수 있
으므로 이를 예방하기 위해 절대적으로 규칙적인 신체활동과 영양관리·충
분한 휴식과 수면이 필요하다.

　　사춘기를 지나면서 남녀간 근력 및 근지구력에 차이가 난다. 연령이 증가
함에 따라 동일 연령에서 남녀간 근력 및 근지구력의 차이는 12세경부터 나
타나며 여성은 남성의 2/3에 불과하다. 사춘기 이후 성호르몬의 분비가 2차
성징을 나타내도록 하면서 여성호르몬은 여성의 체내 지방질이 남성보다 많
게끔 조절하는 역할을 한다. 이는 동일 체중을 고려할 때 여성이 남성에 비해
상대적으로 약한 근력을 가진다는 것을 시사해 준다. 남성호르몬인 테스토스
테론은 남성의 근육 비대화의 원인이 된다. 이 남성호르몬이 여성에게도 존

재하나 그 양이 너무 적어서 여성에게는 실질적으로 근육크기에 영향을 미치지는 못한다. 그러나 여성은 남성에 비해 유연성·평형감각이 발달되어 있다.

② **심리적 특성** : 반복적인 생활로 인한 정신적 스트레스나 불만의 원인이 될 수도 있다. 가정에서의 다양한 역할로 인한 심리적 압박과 남편, 자식으로부터의 소외감 등으로 여성들은 신체적·정신적 건강을 해치게 된다.

③ **사회적 특성** : 체력이 적절히 뒷받침되지 못하여 건강이 좋지 않은 성인 여자는 매사에 자신감이 없어지고 짜증을 내게 되며 사람들과 어울이는 것을 피하게 된다. 이러한 결과는 가족에게 지대한 영향을 미치게 된다.

6. 노 인

노인이라 함은 연령의 증가에 따른 노화현상에 의해 특징지워 진다. 노화란 시간의 경과에 따른 유기체 내의 세포의 조직, 기관 등의 능률저하에 따른 생체 내에 내재된 필연적 과정으로서 생리적 기능의 저하, 회복력의 저하, 면역성의 약화 등을 초래하는 생체기능의 쇠퇴과정을 말한다. 이러한 노화는 연령증가에 따른 진행, 면역성의 약화, 유전적 요인이나 스트레스, 질병 등의 내·외적 요인에 의한 촉진 및 신체적, 심리적 노화 등의 특성을 지닌다(양재용, 김홍수, 변영신, 1998). 그러나 요즘에는 의학의 발달과 건강관리에 대한 인식의 증가로 60세를 노인으로 분류하기에는 적절하지 않고 70세 이상을 노인으로 분류해도 타당하다고 생각한다.

우리나라도 65세 이상 노령인구가 2000년에 전체 인구의 7%를 넘어 UN이 분류한 '고령화 사회'(Aging Society)로 진입했다. 통계청 '한국의 인구현황' 보고서에 의하면 2000년에 65세 이상 노인인구는 337만 1천명으로 총 인구(4,727만 명)의 7.1%를 차지한 것으로 나타나 있다(임춘식, 2001). <표 8-1>에는 우리나라 노인인구 현황이 제시되어 있다.

1) 신체적 특성

신체적 노화는 인체를 구성하고 있는 세포의 기능이 저하됨으로써 나타난다. 따라서 노인기는 뼈와 근육이 위축되고 신장이 줄어들며 등이 굽어지는 신체적 특징을 가진다. 이러한 신체의 노화현상으로 인하여 노인기에는 현저한 체력의 감소가

〈표 8-1〉 노인 인구 현황

(단위: 천명)

구 분	1960	1970	1980	1990	1999	2000	2001	2020
전 인구	25,012	32,241	38,124	42,869	46,858	47,275	47,676	52,358
65세 이상 노인인구(%)	726 (2.9)	991 (3.1)	1,456 (3.8)	2,195 (5.1)	3,204 (6.8)	3,371 (7.1)	3,543 (7.4)	6,899 (13.2)

자료: 보건복지부(2001). **노인보건복지 국고보조사업 안내**. p. 3.
임춘식(2001). **고령화 사회의 도전**. 서울: 나남출판. p. 32.

수반된다. 또한 신경계는 자극에 대한 반응이 늦어져 스트레스와 외상을 받기 쉽게 되고, 내장은 면역력이 저하되어 감염되기 쉬워지며 소화기의 기능도 저하되기 때문에 충분한 영양의 섭취가 어렵게 된다. 한편 청력과 시력도 저하되어 일상생활을 영위하는데 있어서 불편을 느끼게 된다.

이와 같이 노년기에서는 전반적인 신체기능이 저하되며, 특히 고혈압·당뇨병 및 심장·폐 등에 만성적인 질환을 가진 노인들은 사소한 원인으로도 합병증을 가지게 되어 중증상태에 빠지는 일이 자주 발생한다. 노인은 평상시에는 별 어려움 없이 생활할 수 있으나 그 이상의 활동이 요구되는 상황이 발생하면 충분히 대응할 수 없게 된다. 예를 들면, 일상시 보행에 큰 지장이 없어도 달리면 숨이 차고 힘이 들어 주저앉아 버리는 현상이 일어나는 것이다.

노인기는 노화로 인하여 자연적인 회복기능이 저하되기 때문에 같은 정도의 상처를 받거나, 동일한 운동에 의해 피로해졌을 때에도 노인은 성인보다 회복하는데 더 많은 시간이 소요된다. 노년기에는 노화로 인하여 신체적 적응력이 저하됨으로써 풍요로운 삶을 영위하는데 지장을 받게 된다.

2) 심리적 특성

연령증가에 따른 사회적인 지위와 신체적인 변화는 개인적인 성격특성과 행동특성 및 정서에 있어 다양한 변화를 준다. 중·노년기에 이르면 이러한 성격특성을 바탕으로 하여 그 인생단계에서의 적응양식이 달라지게 된다. 이러한 심리적 노화현상의 직접적인 원인은 건강과 고독, 절대적·상대적 빈곤감이며, 이밖에도 정신기능의 쇠퇴, 흥미와 의욕 및 활동성의 감퇴, 배우자 또는 친구의 죽음이나 자식의 독립으로 인한 고독감·우울감·불안·열등감을 느끼기가 쉽다(최신덕, 1985). 그리고 최근의 일에 대한 기억력도 감퇴되며(서울대학교 체육연구소, 1991a) 사고 능력에 있어서도 주관적으로 되는 경향이 있다.

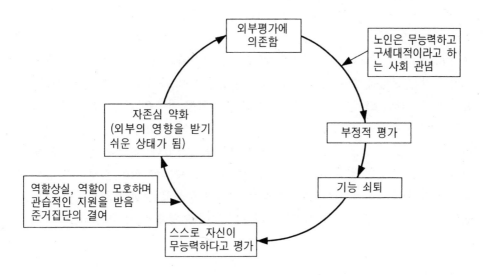

〈그림 8-1〉 노년기 사회적 와해 증후군 체계

자료: 양재용, 김흥수, 변영신(1998). **사회체육개론.** 서울: 형설출판사. p. 235.

〈그림 8-1〉에서와 같이 노년기에는 역할 상실 등으로 인하여 사회적 규준이 없어지고 자존심의 약화 등은 특정한 일의 판단이나 결정에 있어 외부 평가에 의존하게 된다. 이러한 현상은 노인이 그나마 지니고 있던 능력이나 기능을 더욱 쇠퇴시켜 마침내는 스스로 무능력하다고 평가하게 된다. 이러한 구조는 악순환의 연속이며, 어디선가 그 고리를 끊지 않을 경우 악순환의 연속은 계속 된다

3) 사회적 특성

위세나 직업적 지위의 상실 그리고 사회적 역할의 상실 등과 같은 사회적 상실로 인하여 모든 일에 자신감을 잃기 쉬운 시기이다. 또한 청각장애로 인해 타인과의 관계에 있어 그들과 사귀는 것을 피하게 되며 그로 인해 사회에서 격리되어 고

독감을 느끼게 된다(최신덕, 1985).

또, 노인기에 접어들면서 개인은 상대적으로나 절대적인 의미에서 기존 생활과는 다른 사회영역에 속하게 된다. 절대적 의미에서의 다른 사회영역이란 은퇴, 경제적인 주도자로서의 사회적 역할상실을 말하며, 이로 인한 차세대들과의 의견차이, 문화적·정신적 퇴보에 대한 개인지각 등이 상대적 의미에서의 다른 사회영역이라 할 수 있다.

"마음은 항상 20대"라는 말처럼 개개인의 견지에서 볼 때 성인기에서 노인기로의 전환은 분명치 않다. 그러나 사회적 구조나 여러 가지 제도 및 젊은 세대들의 관념 등에 의해 노인들은 여러 가지 심리적·사회적 갈등을 겪게 된다. 특히 오늘날과 같이 급변하는 사회에서 노인의 경험이나 지식, 사고방식 등은 뒤로 물러나 사회에서 별로 쓸모 없는 것이 되고 마는 경우가 종종있다. 이러한 특성에 의해 사회적 문화는 자연히 젊은 세대들에 의하여 주도될 수밖에 없는 실정이다. 그러나 젊은 세대가 숙지해야 할 것은 노인들로 인하여 현재의 문화가 형성되었으며, 자신들 역시 멀지 않아 노인기를 맞게 된다는 것이다(양재용 외, 1998).

제 9 장

운동목적별 지도

1. 체중 조절
2. 성인병 예방
3. 스트레스 해소
4. 골다공증 예방
5. 노인을 위한 운동지도

1. 체중조절

1) 체중조절의 의미

체중조절은 몸무게를 감량하여 날씬해지는 것이라고 오해받기 쉽지만 건강증진을 목적으로 하는 체중조절이란 불필요한 지방이 없는 탄력 있는 몸을 가꾸는 것으로써 단지 체중이 줄어 날씬해지는 것과는 다른 것이다. 따라서 불필요한 지방이 붙어 있는 경우에는 체중은 감소하게 되지만 사람에 따라서는 필요한 근육이 증가함으로써 오히려 체중이 늘어나는 경우도 있다. 즉 체중조절은 체중의 증감이 주된 목적이 아니라 보다 이상적인 몸매(불필요한 지방이 없고, 필요한 근육이 붙어 있는)에 가까이 가는 것이 목적이다. 운동을 통해서 체중이 증가하거나 감소한다고 생각하는 것이 바람직하다.

우리 주위에는 대부분의 사람이 체중감량을 원하고 있지만, 반대로 너무 말라 고민하고 사람들도 적지 않다. 이러한 사람들에게는 적당하고 바람직한 종목을 선택하여 지속적으로 운동을 한다면 순수한 근육이 증가하여 외모도 좋아지고 주어진 작업(일)을 무리 없이 처리할 수 있다. 따라서 체중조절이란 막연하게 체중감량만을 의미하지 않고 이상적인 몸매를 위한 운동목적의 일종이라고 할 수 있다(예, 보디빌딩을 즐기는 남·여).

(1) 체중조절에 대한 잘못된 인식

① 롤러머신, 진동테이블, 전기근육자극기, 파워진동기 등이 지방을 제거한다 : 한마디로 이런 기계장치들의 비만해소 효과는 거의 없다고 보는 것이 타당하다. 왜냐하면 지방의 감소는 지방대사의 기본원리(섭취하는 열량보다 소모하는 열량이 더 많아야 가능함)를 따라야만 가능하기 때문이다. 그러므로 이러한 기계사용은 사용자들의 신체활동 노력이 결여되어 있기 때문에 열량소모가 거의 이루어지지 않는다고 할 수 있다.

② 윗몸 일으키기(sit-up) 운동만으로 복부의 지방제거가 가능하다 : 어느 누구도 신체 특정 부위에 지방을 축적시키거나 임의적으로 제거할 수 없다. 즉, 특별한 부위에 해당되는 운동만으로 결코 그 부위의 지방만을 제거할 수 없다는 것이다. 왜냐하면 운동 중에 소비되는 칼로리는 몸 전체에 저장되어 있는 지방을 소비하기 때문이다. 그러므로 복부의 지방제거는 전신 유산소 운

동과 칼로리 관리를 통하여 제거되는 것이다.

③ **약국이나 광고를 통하여 판매하는 약들은 체중조절에 효과가 있다** : 비만감소를 위한 약들은 식욕을 감소시켜 신기하게 지방을 제거하여 준다고 선전하고 있다. 이 약의 구입자들은 생활양식의 변화에는 관심이 없고 다만 빠른 효과만을 바라는 마음에서 약을 복용하기 때문에 여러 가지 부작용(신경질, 졸림, 신경과민)을 발생시킬 뿐 체중관리 계획에는 바람직하지 않다. 대부분 비만해소를 위한 약들은 약을 복용하는 동안 단식요법을 하라고 권장하는데(물론 이 문구는 조그맣게 인쇄되어 있다) 이러한 약을 복용함으로써 얻는 단시일 내의 효과는 약보다 단식요법에 의한 것이라고 보아야 할 것이다.

④ **금연하면 체중이 증가된다** : 그러나 이것은 모두 아무런 근거가 없는 말이다. 한 조사에 의하면 담배를 많이 피우는 사람일수록 비만자가 많다는 결과가 있다. 그 원인의 주요 관점은 담배를 피우는 사람일수록 건강을 무시하고 무절제한 생활을 하는 경향이 있기 때문에 비만과 연결된다고 생각된다(체육과학연구원, 1994).

(2) 운동과 체중조절

신체활동은 에너지 소비에 많은 영향을 미치며, 체중을 유지하는데 중요한 역할을 할 수 있다. 음식조절로 체중이 감소되면 감소된 양 중에서 많은 부분은 인체의 수분과 근육, 뼈 그리고 인체 내부기관 등의 구성조직으로부터 상실된 것이다(신체지방보다는 신체의 수분과 단백질 성분이 감소된다).

탄수화물이 적은 음식을 섭취하게 되면 체중이 급격하게 감소되는데 이것은 인체의 수분이 손실되기 때문이다. 하지만 체중이 감소된 이유를 모른다면 그러한 결과에 현혹된다. 그러한 음식 섭취형태(탄수화물이 적은)가 끝이 난 다음 정상적으로 음식을 섭취하여 체중이 원래 상태로 돌아가면 증가된 체중은 거의가 지방의 축적으로 인한 것이다. 그 이유는 손실되었던 신체조직을 새로이 복원하는데는 시간이 요구되기 때문이다. 체중이 원상태로 되돌아가면 음식조절을 또 다시 시작하곤 해서 그러한 악순환이 되풀이된다(근육조직의 상실과 지방의 축적). 음식조절을 하다가 중단하고 또 다시 그러한 과정을 반복하게 되면 자신의 건강에 심각한 영향을 초래할 수 있다.

운동 프로그램을 시작하면 근육과 뼈의 무게가 증가한다. 그러므로 신체지방의 손실이 있더라도 체중은 별로 변화가 없을 것이다. 왜냐하면 근육조직의 증가가 신체지방의 손실된 무게를 보충하기 때문이다. 체중의 변화만을 생각할 때 이것은 별로 고무적인 결과가 아니다. 하지만 이것은 올바른 체중조절 방법이라고 하겠다. 신체가 운동 프로그램에 적응하게 되면 근육조직의 증가는 안정 상태를 이루게 되지만 저장된 지방의 사용은 계속된다. 결국에는 이러한 변화가 체중계에 반영될 것이다.

(3) 불필요한 지방을 줄이는 것

운동을 하기 위해서는 많은 에너지가 필요하다. 그러한 에너지원을 신체에 저장되어 있는 지방에서 동원할 수 있다면 운동을 통하여 불필요한 지방을 감소시킬 수가 있다. 이론적으로는 단순하게 설명되지만, 인간의 몸은 그만큼 단순하게 이루어져 있지는 않다. 신체의 지방이 에너지원으로서 동원되기까지는 몇 단계나 되는 에너지 대사과정을 거쳐야만 한다.

그러나 정기적으로 운동을 계속하면 점차적으로 그러한 과정을 거쳐 결과적으로 불필요한 지방을 감소시킬 수가 있다. 신체의 어느 한 부분의 지방만을 없애고 싶어하는 사람들이 많지만 지방은 한 부분에만 집중되어 있는 것이 아니기 때문에 국소적인 운동방법만으로는 지방을 없앨 수는 없다. 따라서 지방을 없애기 위해서는 국부적인 운동보다는 전신 운동을 통해서 가능한 한 많은 에너지 소비를 하도록 노력하는 것이 중요하다.

(4) 근육으로 탄력 있는 몸을 만드는 것

우리 몸은 근육이 어떻게 붙느냐에 따라 스타일이 형성된다고 할 수 있다. 보다 이상적인 스타일이 되려면 필요한 장소에 필요한 만큼의 근육이 붙어 있어야 한다. 근육은 운동 등으로 단련하면 비대해지지만 사용하지 않으면 위축되고 만다. 따라서 운동을 통하여 근육에 자극을 가하고 단련시킴으로써 필요한 근육을 확보할 수 있으며 동시에 그 기능도 높일 수가 있다.

건강한 생활을 지속하기 위해서는 자신의 신체를 자유롭게 움직이거나, 어느 정도의 짐을 들거나, 한참 동안 서 있을 수 있어야 한다. 그렇지만 자동화된 현대 사회에서는 최소한의 근육조차 사용하지 않는 생활을 하고 있다. 그 결과 비만은 물론 체중은 정상이라고 해도 근력이 저하되어 기운과 활력이 없어져 쉽게 피곤해져 오랫동안 작업을 할 수 없다. 이러한 사람들에게는 근육을 단련시켜 필요한 근력을 기르도록 지도할 필요가 있다. 필요한 근육이 붙어 근력이 좋아짐에 따라 몸이 튼튼해지고 결과적으로 몸의 스타일도 좋아진다. 또한 근육량이 증가하면 기초 대사량도 높아진다는 것이 이미 밝혀져 있다. 이것은 휴식시에도 에너지를 적극적으로 소비하게 된다는 것을 의미한다.

(5) 이상적인 체중(ideal weight)

체중조절 프로그램을 계획함에 있어서 첫 번째 단계는 현재의 체중을 측정하고 이상적인 체중을 평가하는 것이다. 손쉽게 표준체중과 비만도를 산출하는 공식은 다음과 같다.

표준체중 = [신장(㎝) − 100] × 0.9(남성), 0.85(여성)
비 만 도 = (실제체중 − 표준체중) ÷ 표준체중

위의 표준체중 방법에 의하여 비만도가 30% 이상일 경우 비만증으로 판정한다. 또한 메트로폴리탄 생명보험회사가 제작한 '신장체중 기준표'를 사용하기도 한다. 이 기준표는 다양한 개개인들을 대상으로 해서 측정한 자료로부터 만들어진 것이다. 그러나 기준표들은 몇 가지 제한점들이 있다.

- 수치들은 신발과 옷을 포함한 신장과 체중을 나타낸다. 사람들이 신발과 옷을 입고서 측정했는가의 여부가 일관성이 없다.
- 자료들은 생명보험에 가입할 여유가 있는 사람들, 즉 주로 청년에서 중년까지의 백인 남성들을 대상으로 한 것이므로 그 기준표들은 다른 집단을 대표할 수 없다.

게다가 이 기준표들의 가장 큰 약점은 축적된 신체지방은 적지만, 근육질인 전문적인 운동선수(예, 보디빌딩 선수)에게 적용했을 때 그들도 비만 체중으로 판정된다는 것이다. 그러므로 자신에게 적합한 체중을 결정짓는 것은 저울의 무게가 아니라 신체에 축적되어 있는 지방의 양이 된다(체중계만으로는 그 사람의 신체지방량을 측정할 수가 없다). 성인 남성의 경우 체중의 12~15%의 지방이 신체에 포함되어 있으면 정상이며, 여성의 경우 18~22%가 된다. 남성의 경우 25%. 여성의 경우 30%이상의 지방이 포함되면 비만으로 간주한다(설정기준에 따라 비만의 분류에 차이가 있을 수 있다). 대부분의 체력관리센타 또는 체육관에서 피지후계(skinfold caliper)를 사용하여 신체지방 정도를 측정하고 있다.

　이외에도 성인의 비만도를 측정하는 방법으로 체중(kg)을 신장(m)의 제곱으로 나누어서 측정된 신체중량지수(Body Mass Index: BMI)를 사용하여 비만지수를 아래와 같이 산출할 수 있다. <표 9-1>에는 신체질량지수에 의한 비만도가 제시되어 있다.

$$신체중량지수(BMI) = \frac{체중(kg)}{신장(m^2)}$$

　예를 들어, 키 160㎝, 체중 65kg의 40세 주부일 경우 표준체중과 신체중량지수는 아래와 같이 계산할 수 있다.

- 표준체중은 (160-100) × 0.85 = 51kg이며,
- 신체중량지수는 $65kg/(1.6)^2$ = 25로 산출되었다.

　따라서 이 주부는 신체중량지수가 25로서 아래 <표 9-1>에 적용하면 정상 체중을 유지하고 있다고 판단할 수 있다.

2) 권장되는 운동

(1) 불필요한 지방을 없애기 위한 운동

　가능한 한 에너지를 많이 소비하는 운동을 권하도록 한다. 에너지 소비량(운동량)은 운동강도×운동시간으로 나타내어지는 면적에 상당한다(<그림 9-1> 참고).
　운동강도가 높아 장시간 할 수 없는 운동보다도 운동강도는 낮지만 장시간 계속할 수 있는 운동이 건강을 증진하고 체중을 조절하는데 있어서 효과적이다. 왜냐

<표 9-1> 신체중량지수(BMI)에 의한 비만의 분류

등 급	남 자	여 자
정 상	24 ~ 27	23 ~ 26
약간 비만	28 ~ 31	27 ~ 32
심한 비만	> 31	> 32

자료: 체육과학연구원(1994). **운동이 성인병을 다스린다.** p. 166.
　　　체육과학연구원(1997). **비만관리를 위한 운동처방 모델 개발.** p. 15. 내용참고.

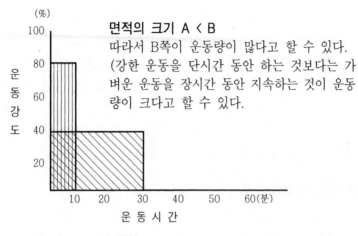

면적의 크기 A < B
따라서 B쪽이 운동량이 많다고 할 수 있다.
(강한 운동을 단시간 동안 하는 것보다는 가벼운 운동을 장시간 동안 지속하는 것이 운동량이 크다고 할 수 있다.

〈그림 9-1〉 운동량 (운동량 = 운동강도×운동시간)

하면 운동 중 혈액에 의해 영양과 산소를 몸속의 근육세포에 보내는데 일정한 시간이 필요하고, 또한 에너지의 연소를 무산소성(無酸素性)에서 유산소성(有酸素性)으로 전환하는데 일정한 시간이 필요하기 때문이다. 예를 들어 체내의 지방을 연소시키는 것을 목적으로 운동을 하는 사람이라면 적어도 15~20분간의 운동시간이 필요하다.

아래 〈그림 9-2〉는 지방의 연소와 운동시간의 관계를 나타내고 있다. 안정시

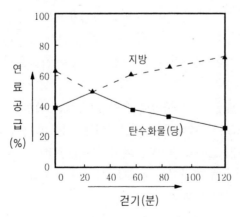

〈그림 9-2〉 지방의 연소와 운동시간

자료: 체육과학연구원(1994). **운동이 성인병을 다스린다.** p. 49.

100 건강·스포츠 프로그램을 위한 지도방법과 리더십

연료공급율은 지방이 당보다 높지만 운동을 시작하면 일정기간 당이 지방보다 높아진다. 지방이 연소되려면 반드시 산소가 공급되어야 하기 때문에 지방이 당보다 연료공급율이 높아지는데는 일정기간이 지나야 한다. 따라서 지방의 연소율을 높이기 위한 운동지속 시간은 최소한 15분, 될 수 있으면 20~30분은 지속되어야 하며 점진적으로 체력수준이 향상됨에 따라 40~60분으로 늘려나가야 한다. 이와 같이 유산소계 운동으로서 불필요한 지방을 줄이는데 효과적인 운동으로는 수영, 에어로빅 댄스, 걷기와 조깅 등을 권할 수 있다.

(2) 탄력있는 몸매를 만들기 위한 운동

근육에 적극적으로 자극을 가하는 운동이 효과적이다. 모든 운동은 근육에 의해 행해지고 있지만 근육을 단련시키는 것이 주된 목적이므로 웨이트 트레이닝이 바람직하다. 또한 웨이트 트레이닝은 각 근육의 부분적인 트레이닝이 가능하며 필요에 따라 프로그램을 구성하여 보다 목적에 부합될 수 있도록 효과적인 운동을 할 수가 있다.

3) 지도상의 유의점

체중조절을 목적으로 운동을 지도할 경우 지방 감소를 위한 전신 지구성의 유산소 운동과 근력을 육성하기 위한 웨이트 트레이닝을 병행하면 보다 효과를 높일 수가 있다. 특히 비만 증세로 체중 감량을 원하는 사람에게는 더욱 효과적이다. 참가자도 동일한 운동을 반복하면 싫증이 나므로 양쪽을 잘 조화시켜 변화를 주는 프로그램을 구성하는 것이 중요하다. 1회의 운동 시간 속에 동시에 편성할지, 1주간의 운동 메뉴에 편성할지는 참가자가 운동에 참가하는 시간을 고려하여 결정하는 것이 좋다.

효과의 측정은 운동에 대한 동기 부여나 운동 지속에는 빼놓을 수 없는 사항이지만, 참가자에게 운동 효과가 나타나는 데는 1개월 이상이 걸린다는 것을 미리 알려 둘 필요가 있다. 또한, 효과를 높이기 위해서는 운동뿐만 아니라, 식생활에도 주의를 기울여야 한다. 경우에 따라서는 강습회나 식단 조사를 정기적으로 실시하는 프로그램을 도입하는 것이 효과적이다.

2. 성인병 예방

오늘날 많은 사람들이 운동 부족으로 오는 갖가지 퇴행성 질병에 고통을 받거나 희생되고 있다. 이렇듯 운동 부족으로 인하여 발생하는 질병을 운동 부족증 (hypokinetic disease)이라 하며, 심혈관계질환, 고혈압, 비만, 뇌졸중, 당뇨병 등 순환기 계통의 만성 퇴행성질환을 일컫는다. 이 질환들은 장기간에 걸쳐 자신도 모르는 사이에 진행되어 그 증후가 나타났을 때는 완전한 치료가 거의 불가능한 치명적인 질환으로서 서구 선진국에서 높은 발생빈도를 보여 사망원인의 수위를 차지하고 있다. 또 우리 나라에서도 지난 20여년 동안 급격히 증가하고 있는 추세이다.

우리 나라에서는 성인병이란 용어를 지난 1970년 전후로 사용하기 시작하였으나 그 유래는 불분명하다. 일본에서는 성인병을 adult disease라 번역하여 사용하고 있으나 영어로는 이러한 병명은 없다.

현대병이라고 하는 성인병은 중년기(40~65세)에 발병하여 사망률이 높고 기능 장애가 심하여 사회활동에 지장을 주는 암, 고혈압, 심장병, 동맥경화증, 뇌졸중,

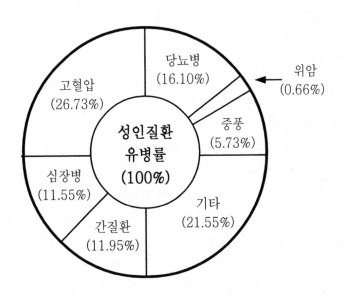

〈그림 9-3〉 주요 성인질환 유병률

자료: 체육과학연구원(1999). **한국의 체육지표**. p. 43. 기초자료로 그림 구성.

간질환, 신부전, 위장염, 관절염, 만성 폐쇄성 폐질환 등의 만성 퇴행성 질환을 뜻한다. 성인병 질환은 그 원인이 불분명한 것이 많으나 그 위험인자(risk factor)가 밝혀지고 있어 예방이 가능한 것으로 알려져 있다. 발병 후 치료보다는 사전에 건강 관리를 통하여 예방하는 것이 무엇보다도 효과적이므로 성인병을 일으키는 것으로 알려진 운동부족, 과도한 스트레스, 지나친 영양섭취, 불건전한 생활 습관, 음주 및 흡연 등의 위험인자를 제거하고 방지하는 것이 중요하다. <그림 9-3>에는 주요 성인질환의 유병률이 제시되어 있다.

1) 성인병 예방이란

성인병에 걸리는 이유 중 하나가 운동 부족이라는 사실이 알려져 있으며, 이는 운동이 성인병 예방에 빼놓을 수 없는 중요한 요소라는 것을 말하고 있다. 한편, 적당한 운동을 통해 이런 증상을 경감시키거나 개선할 수 있다는 것도 밝혀져 있으며 성인병 예방을 위한 운동 지도는 앞으로 점점 더 중요시되어 갈 것으로 생각된다. 여기서 말한 대표적인 위험 인자(risk factor)인 고혈압, 고지혈증, 당뇨병 등은 비만이 원인이 되는 경우가 많으므로 비만을 해소함으로써 그 증상도 함께 경감하고 예방도 할 수 있다. 따라서 성인병 예방을 위한 운동 지도로서는 첫째, 비만이 되지 않도록 할 것, 둘째, 비만인 경우에는 그 비만을 해소하는 것이다. 이에 따라 결과적으로는 고혈압이나 고지혈증, 당뇨병을 예방·개선할 수가 있다. 각각의 위험 인자에 대한 운동 효과를 간단히 정리하면 아래와 같다.

(1) 비만(obesity)

비만은 살이 찐 것을 뜻하지만 정확히 말하자면 체내에 축적된 지방이 정상보다 많은 것을 뜻한다. 일반적으로 인체의 지방량은 남자의 경우 15%, 여자는 25% 정도인데 이보다 많은 양의 지방이 축적되면 과체중 또는 비만이라고 한다. 이러한 비만은 단순히 체중과다에 그치지 않고 당뇨병(diabetes mellitus), 고혈압(hypertension), 심혈관계질환(cardiovascular disease) 및 지질대사의 이상 등과 관련하여 그 사망률이 높다고 보고되고 있다(체육과학연구원, 1997).

비만은, 단순성 비만과 증후성 비만으로 분류된다.

① **단순성 비만** : 비만증 환자의 95% 정도를 차지하고 있으며, 신체를 비만하게 하는 직접적인 원인은 과식과 폭식형태의 식생활 습관과 섭취한 열량이 체내

축적에 있다. 그런데 실제로 비만자와 정상인의 섭취열량을 조사해보면 비만한 사람이 정상보다 결코 많지 않으며, 경우에 따라서는 더 작은 열량을 섭취할 때도 있어 에너지의 과잉섭취보다는 에너지 소비의 부족이 비만을 발생시키는데 더 큰 작용을 할 수 있다.

② 증후성 비만 : 부신피질 호르몬의 과다 분비를 초래하는 갑상선 기능 저하증, 시상하부 질환, 대사성 질환 등으로 인해 발생하는 것.

운동으로 개선이 가능한 것은 95%를 차지하고 있는 단순성 비만이다. 비만은

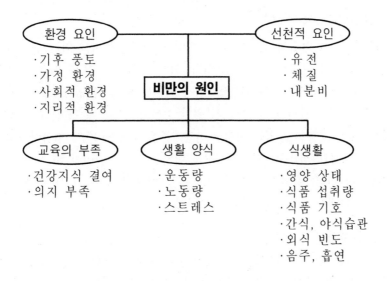

〈그림 9-4〉 비만과 관련된 요인

〈표 9-2〉 남성 비만과 여성 비만의 특징

남성 비만	여성 비만
심혈관 질환의 유병률 및 사망률과 밀접한 관련이 있다.	인슐린 비의존성 당뇨병의 유병률과 밀접한 관련이 있다.
체지방의 중심성 분포를 나타내는 허리와 엉덩이 둘레 비율과 대사성 질환과의 관계는 잘 나타나지 않았다.	허리와 엉덩이 둘레 비율과 대사 질환과의 관계가 보고되고, 컴퓨터 단층 촬영으로 내장지방 역시 대사 질환과 직선적인 관계가 나타났다.

한번 뚱뚱해지면 체내에서 지방이 축적되기 쉬운 대사 상태로 바뀌어 점점 더 뚱뚱해지게 된다. 이러한 대사 이상은 ① 기초 대사가 저하되고, ② 지방 조직 및 간장에서 지방합성효소의 작용이 활발해지고, ③ 췌장에서 분비되는 인슐린의 양이 증대되어 지방합성을 촉진하고 또한, 식욕까지도 촉진하는 작용이 있다는 것은 널리 알려져 있다. 이들 3가지 대사 이상이 비만을 부추기고 있지만, 운동을 통해 이들의 대사 이상을 서서히 정상화시킬 수가 있다. <그림 9-4>에는 비만과 관련된 요인들이 제시되어 있으며, <표 9-2>에는 남성비만과 여성비만의 특징이 제시되어 있다.

(2) 고혈압(hypertension)

고혈압은 모든 성인병의 원인이 되는 위험인자로서, 특히 순환기계통 퇴행성 질환의 근원적인 원인이 되는 만성질환이다. 특히 고혈압은 40대 이후 중년층 이상에서 가장 많은 성인병으로서 뇌출혈, 심장병, 신장병 등의 합병증을 초래하여 높은 치사율을 보이고 관리가 잘 안 되는 원인 질환이기 때문에 큰 문제가 되고 있다.

전 세계적으로 통용되고 있는 고혈압 판정기준은 수축기(최고) 혈압이 140mmHg 이하이고, 이완기(최저) 혈압이 90mmHg 이하를 정상혈압이라 하고, 수축기 혈압이 160mmHg 이상, 이완기 혈압이 95mmHg 이상일 때를 고혈압이라고 한다.

고혈압은, 본태성 고혈압과 이차성 고혈압으로 분류된다.

① **본태성 고혈압** : 본태성 고혈압의 원인은 아직까지 확실히 밝혀져 있지 않다. 다만 여러 가지 위험요인들이 복합작용에 의해 발생했을 것으로 추측하고 있다. 추측되는 원인으로는 유전적 소인, 스트레스, 비만, 과다한 염분 섭취, 알콜 섭취, 운동부족 등을 들 수 있다.

② **이차성 고혈압** : 분명한 질환에 의해 발생하는 고혈압으로, 원인이 되는 질환을 치료하면 정상화될 수 있으며, 신장 질환, 내분비 질환, 혈관 질환, 신경계 질환, 그 외에도 임신중독증, 피임제 등의 약물중독으로도 발병할 수 있다.

운동이 효과적으로 작용하는 것은 본태성 고혈압 환자에 대해서이다. 운동에 의해 개선이 가능한 것은 말초 저항의 저하, 혈액 응고능력의 개선, 체지방량의 저하, 산소 섭취량의 증가 등이 있으며 이들을 통해 혈압을 개선할 수 있는 것으로 알려져 있다.

〈표 9-3〉 세계보건기구(WHO)의 혈압분류표(mmHg)

	저혈압	정상혈압	경계역 혈압	고혈압
최고혈압	100이하	139이하	140~159	160이상
최저혈압	60이하	89이하	90~94	95이상

자료: 국민건강보험공단(2001a). **건강, 삶의 질을 바꾼다: 고혈압편**. p. 10.

(3) 고지혈증(hyperlipidemia)

고지혈증(高脂血症)이란 혈청 중의 지단백질량이 정상 이상으로 증가한 상태를 말한다. 지단백질(lipoprotein)은 콜레스테롤(cholesterol, C), 중성지방(triglyceride, TG), 인지질, 단백질로 구성되며, 이들의 구성비율에 따라 고밀도 지단백질(HDL), 저밀도 지단백질(LDL), 초저밀도 지단백질(very Low−density lipoprotein, VLDL), 중저밀도 지단백질 등으로 구분된다. 콜레스테롤은 세포막의 형성 및 호르몬을 위시한 여러 가지 호르몬을 만드는데 필수 불가결한 요소이다. 콜레스테롤과 중성지방으로 명칭되는 지방질은 동맥의 안쪽 벽에 쌓여지는 누적물의 구성물질이며 이러한 누적은 결과적으로 심장병을 유발한다. 혈액 속의 콜레스테롤 농도는 측정될 수 있으며 단위는 mg/dℓ(100ml의 혈액 속에 있는 콜레스테롤의 양)이다. 미국의 국립보건연구소(National Institutes of Health: NIH)는 혈중 콜레스테롤 농도를 200mg/dℓ 이하로 유지하라고 권장하고 있다. 전문가들은 동물성 지방과 콜레스테롤이 많이 포함된 음식을 먹거나 또는 비활동적인 생활을 하는 것이 혈중의 높은 콜레스테롤 농도와 관계된다고 믿고 있다.

지단백질은 혈중에서 콜레스테롤을 운반하며, 콜레스테롤은 동맥경화증과 관상동맥질환을 유발하는 위험요인으로 밝혀져 혈중 지질과 함께 임상병리학적으로 중요시되고 있다. 특히 고지혈증은 허혈성 심장질환과 관련이 깊기 때문에 주목받고 있다.

최근에는 고밀도 지단백질(HDL)이 많은 사람은 좀처럼 허혈성 심장질환에 걸리지 않으며, 반대로 고밀도 지단백질(HDL)이 적은 사람은 허혈성 심장질환에 걸리기 쉽다는 사실이 보고되고 있기 때문에 고지혈증의 지표에 콜레스테롤의 조성(고밀도 지단백질과 저밀도 지단백질을 포함한 총 콜레스테롤)이 동맥경화지수로 사용되고 있다.

$$동맥경화지수^* = \frac{총\ 콜레스테롤 - 고밀도\ 지단백질}{고밀도\ 지단백질}$$

또한, 운동을 하는 사람은 운동을 하지 않는 사람에 비해 혈청 중성지방(TG)이나 총 콜레스테롤, 저밀도 지단백질(LDL)이 낮고, 반대로 고밀도 지단백질(HDL)이 높다는 것이 알려져 있으며 운동과의 관련이 깊다는 것이 지적되고 있다.

운동 효과로서는 혈관 내에 있는 콜레스테롤이나 중성 지방을 소화하여 혈관 내의 축적을 막거나, 고밀도 지단백질(HDL)을 증가시키는 것으로 알려져 있다. 또한, 고밀도 지단백질(HDL)의 증가는 에너지 소비가 그다지 크지 않은 가벼운 운동에서도 나타났다는 보고도 있다.

〈표 9-4〉 콜레스테롤증의 판정기준

구 분	정상치	경계 수준	위험 수준
총 콜레스테롤	200mg/dℓ 미만	200~239mg/dℓ 미만	240mg/dℓ 이상
저밀도 콜레스테롤	130mg/dℓ 미만	130~159mg/dℓ 미만	160mg/dℓ 이상

자료: 국민건강보험공단(2001b). **건강, 삶의 질을 바꾼다: 고지혈증편.** p. 30.

(4) 당뇨병((diabetes mellitus)

우리 인체에 흡수된 포도당은 혈액을 통하여 인체의 각 부분에 골고루 공급되어 에너지화 되어야 하는데 이 포도당이 췌장의 β(베타)세포에서 만들어지는 인슐린이란 호르몬의 부족으로 각 세포에 들어가지 못하고 혈액 중에 남아돌다가 소변으로 배설되는 만성병을 당뇨병이라고 한다.

이렇게 혈액 속의 포도당이 사용되지 못하고 소변으로 배출되는 상태가 되면 피로가 쉽게 느껴지며 몸이 무겁고 손과 발끝이 자주 저리고 체중이 급격히 저하되는 증상들이 나타나게 된다. 그리고 갈증과 허기를 느껴 물을 많이 마시고 소변량도 많고 식사량도 증가한다.

※ 동맥경화 지수: 혈중 지질(脂質)의 구성 성분의 밸런스 상태에 따라, 동맥경화가 되기 쉬운 정도를 지수로 나타낸 것. 값이 높을수록 동맥경화가 되기 쉽다는 것을 나타내고 있다.

당뇨병이 오래되면 만성합병증이 생겨나는데 가장 심하게 나타나는 곳은 혈관이다. 우리 몸에서 혈관이 가장 많은 곳은 콩팥이기 때문에 콩팥이 제일 심하게 손상을 입는다. 그 다음으로 망막증과 신경증을 수반하는데 이를 당뇨병의 3대 합병증이라고 한다.

당뇨병을 의심케 하는 증상이 있으면 소변에 당검사 테이프를 담가 색깔이 변하는 것으로 뇨당을 파악할 수 있다. 뇨당이 발견되면 혈당검사를 하여 혈당치가 140mg/100mℓ 이상 나오면 당뇨병으로 진단한다.

당뇨병은 아래와 같이 두 가지 형태가 있다.

① **인슐린 의존성 당뇨병(유형 I)** : 주로 소아에서 급성적으로 발병하고 유전적 감수성을 갖고 있는 사람이 바이러스 감염과 같은 환경요인에 노출시 자가 면역기전에 의해 췌장의 β 세포가 파괴되고, 그에 따른 인슐린의 절대적 결핍이 초래되어 발생되는 질환이다.

② **인슐린 비의존성 당뇨병(유형 II)** : 대부분의 성인에게 발병하고 전체 당뇨병이 여기에 속하며 발병원인은 명확히 밝혀져 있지는 않으나 유전적 소인과 환경적 요소가 함께 관여하여 발생한다. 발병을 촉진하는 주된 인자는 비만이므로 비만의 예방과 개선으로 이 당뇨병을 예방할 수 있다.

운동 효과로서는 적당한 운동이 인슐린의 감수성을 높이고 인슐린의 필요량을 저하시키는 데 유효하다고 알려져 있다. 따라서 인슐린 부족을 주사나 약으로 보충하는 대신에 운동이 이용되는 경우도 있다(운동 요법).

2) 권장되는 운동

성인병 예방의 첫째는 비만이 되지 않도록 할 것, 둘째는 비만을 해소하는 것이다. 비만을 해소시키는 운동은 체중조절(불필요한 지방을 없앤다)이 참고가 된다. 그러나 비만인 사람의 경우는 체중이 많이 나가기 때문에 몇 가지 사항에 주의해야 한다. 운동 중에는 운동의 부하가 가해짐과 동시에 자신의 체중도 지탱해야 하므로 같은 걷기 운동이라도 비만인 사람은 불필요한 짐을 지고 걷고 있는 셈이 되어 부하의 부담이 커진다. 이점을 고려하여 같은 유산소 운동이라도 달리기나 에어로빅 댄스보다는 수중에서의 행하는 걷기나 수영, 자전거 타기, 평지에서 달리기 등이 바람직하다. 고혈압 증상을 나타내고 있지 않은 경우에는 웨이트 트레이닝을 추가함으로써 체중조절을 기대할 수 있다.

성인병을 예방하는 운동으로서, 어느 정도의 운동이 좋을 지에 대해서, 1998년에 문화관광부에서 제시한 운동 강도별 목표 심박수가 <표 9-5>에 있다.

① **연령별 적정 심박수** : 심박수가 분당 130회가 되도록 지도한다. 이때의 상태는 운동을 실시하고 있는 동료들과 이야기를 주고받을 정도의 운동 강도이다.
② **운동 시간** : 하루에 운동 시간은 30분 이상으로 처음에는 20~30분 정도로 실시하면서 점차적으로 증가시켜 나가도록 지도한다.
③ **운동 빈도** : 주당 운동 횟수는 3일이 가장 효과적이고, 더 많은 효과를 보기 위해서는 3~5일이 적당하다. 그리고 1주일에 1~2일은 휴식을 취하도록 한다.

<표 9-5> 체력 연령에 따른 운동 강도별 심박수

강도 / 연령	20-29세	30-39세	40-49세	50-59세	60-69세
100%	190회/분	185회/분	175회/분	165회/분	155회/분
90%	175회/분	170회/분	165회/분	155회/분	145회/분
80%	165회/분	160회/분	150회/분	145회/분	135회/분
70%	150회/분	145회/분	140회/분	135회/분	125회/분
60%	135회/분	135회/분	130회/분	125회/분	120회/분
50%	125회/분	120회/분	115회/분	110회/분	110회/분
40%	110회/분	110회/분	105회/분	100회/분	100회/분
적정 심박수	140회/분	130-160회/분	125-150회/분	115-140회/분	110-130회/분

자료: 국민생활체육협의회(2002). **생활체육 지도자를 위한 프로그램지도서Ⅱ**. p. 106.

3) 지도상의 유의점

성인병 예방을 위한 운동 지도는 그 대상자가 중·장년층 이상이므로 충분한 의학적인 체크를 할 필요가 있다. 이것은 예방차원에서 운동을 지도하려고 해도 그 중에는 이미 어떤 질병을 갖고 있는 사람이 참가할 우려가 있기 때문이다. 비만하면서도 그밖에 별다른 의학적인 소견이 발견되지 않는 사람에게는 적극적으로 운동을 지도할 수 있지만 대상자에게서 무언가 의학적 소견이 발견된 경우는 의료기관과의 제휴가 필요하다.

예방이 목적인 경우에는 격일이나, 3일에 한번 정도 실천해도 효과가 있을 것으로 생각되지만 개선이 목적인 경우에는 매일 하는 것이 바람직하다. 따라서 운동의 종류도 매일할 수 있는 것을 선택할 필요가 있다. 계속해 나가지 않으면 효과가 없을 뿐 아니라 비만의 경우, 역현상이 일어날 수 있으므로 충분히 주의할 필요가 있다.

3. 스트레스 해소

스트레스라는 말은 1935년에 한스 셀리에(의학자)가 발표한 논문에 의학 용어로서 처음 사용된 것으로 알려져 있다. 그러나 현대 사회에서는 누구나 알고 있는 가장 대중적인 말이 되었다. 게다가 건강을 위협하는 심각한 사회적 문제이기도 하다. 본래 인간의 신체에는 다소의 장해가 가해져도 원래대로 되돌리려 하거나 좋은 형태로 극복하려는 기능을 가지고 있다(방어와 적응). 이 때에 신체에 어떠한 장해를 주는 것을 스트레스 요인이라 하며 그로 인해 나타나는 다양한 증상을 적응성 증후군이라고 하는데 스트레스 요인이 일과성인 것이라면 적응 증후군은 단시간으로 끝나며 신체에 미치는 영향도 적다. 그러나 스트레스 요인이 장기화되면 적응하지 못하게 되어 마침내는 병적 증상으로 변화하고 만다. 이러한 이유로 스트레스가 건강을 위협하는 것으로서 인식되고 있다. <표 9-6>에 스트레스를 일으키게 하는 요인이 제시되어 있다.

<표 9-6> 스트레스의 종류와 요인

스트레스의 종류	요 인
사회적 스트레스	인간관계, 사회적 지위, 직장환경, 업무내용, 건강문제, 경제문제, 생활환경의 변화
생리적 스트레스	더위, 추위, 소음, 방사선, 악취
화학적 스트레스	약물, 식품첨가물, 담배연기, 배기가스, 광화학적 스모그
생물적 스트레스	세균, 바이러스, 곰팡이, 진드기, 꽃가루

1) 스트레스 해소란

이들 스트레스 요인으로 인해 건강을 해치지 않도록 하기 위해서는 스트레스의 요인을 알고 제거하면 된다. 그러나 스트레스 요인은 사람에 따라 그 종류나 정도가 다르며 게다가 하나의 스트레스 요인에 의한 것이 아니라 복수의 스트레스 요인이 복합적으로 작용하는 경우가 많다. 따라서 원인이 되고 있는 스트레스 요인을 완전히 제거하기란 쉽지 않다. 이러한 경우 현재 놓여 있는 환경에서 벗어나거나, 일상 생활에서 경험하지 않는 것을 실시하거나, 일상 생활에서 사용하지 않은 신체의 여러 부분을 자극하는 운동을 통해서 스트레스를 경감시킬 수가 있다. 스트레스는 신체뿐 아니라 정신에도 영향을 미치며 몸도 마음도 스트레스로부터 해방시킬 수 있다면, 적응 증후군을 장기화하지 않고 단기간에 해결하여 건강을 해치지 않는 범위에서 끝나게 된다. 운동에는 이러한 스트레스 해소에 촉진적 효과가 있어 적극적으로 권장되고 있다. 규칙적인 운동은 스트레스에 보다 효과적으로 대처할 수 있는 대응능력도 강화시키며 불안, 우울증세를 감소시키기도 한다.

- 운동은 외부환경과 일상적 습관의 변화에서 비롯된 긴장감을 해소시키는 전환점이 된다.
- 운동은 노여움, 두려움, 좌절감 등의 좋지 않은 감정을 일소시키는 수단을 제공한다.
- 운동은 스트레스에 대처하는 능력에 대한 자신감을 향상시키고 자기상을 확립하는데 도움을 준다.
- 운동은 생리학적 변화 상태에 맞는 생화학적 변화를 제공한다.

2) 권장되는 운동

스트레스 해소에 있어 신체적 측면과 정신적 측면을 분명히 나눌 수는 없지만 주된 목적이 어느 쪽에 있는지에 따라 운동의 종류가 다를 수 있다.

(1) 신체적 스트레스 해소를 주된 목적으로 하는 경우

신체적 스트레스를 가장 많이 일으킨다고 생각되는 것은 운동 부족과 동일한 자세로 일하는 것이다. 이로 인하여 근육이 쉽게 피로해지거나 피로가 쌓여 요통이나 어깨 결림을 일으킨다. 따라서 이러한 신체적 스트레스를 경감시키기 위해서는 근육에 자극을 주는 스트레칭이나 평소에는 하지 않는 동작을 도입한 체조나 가벼운 스포츠 또는 다소의 부하를 가한 웨이트 트레이닝 등이 효과적이다.

(2) 정신적 스트레스 해소를 주된 목적으로 하는 경우

정신적 스트레스 해소를 위해서는 우선 장소를 바꾸는 것이 효과적이다. 다시 말해 일하는 곳에서 멀리 떨어지거나, 일상 생활로부터 벗어나거나, 일상적인 인간 관계에서 벗어날 필요가 있다. 스포츠 클럽에 나오는 것은 바로 장소를 바꾼다는 차원에서 의미가 있으며, 휴가를 이용하여 바다나 산을 찾는 것도 일상 생활에서 벗어난다는 점에서 효과적이다. 또한, 마음껏 몸을 움직임으로써 기분 전환이 되기도 하고 일상 생활과는 상관없는 친구와 만나거나 하는 것도 정신적 스트레스를 해소하는 데는 매우 유용하다. 따라서 스포츠나 레크리에이션을 통해 재충전하는 것, 야외 스포츠 등으로 자연을 만끽하는 것도 효과적이다. 이러한 적극적인 신체 활동에다가 고요함, 조명, 음악이 곁들여진 이완요법을 추가로 프로그램 안에 넣어 시행하면 더욱 더 효과적인 방법이 된다.

3) 지도상의 유의점

스트레스 해소를 목적으로 하는 경우 가장 기본적이며 중요한 것은 참가자 자신에게 강요당하고 있다는 느낌을 주지 말고 자주적이고 자발적으로 행할 수 있도록 배려하는 것이다. 왜냐하면 스포츠 활동이나 신체 활동 자체가 스트레스 요인이 될 수도 있기 때문이다. 참가자가 쾌적하고 즐겁다고 느껴야 한다. 따라서 지도자는 협박적이거나 의무적으로 해서는 안되며 즐거움을 느끼도록 힘쓰는 동시에 참가자의 반응에도 민감해지는 것이 중요하다.

신체적 스트레스 해소를 위한 스트레칭에서는 형식에 구애받지 말고 스트레치를 하는 부위를 충분히 의식시킬 필요가 있다. 스트레칭의 정도는 본인이 기분 좋다고 느끼는 정도로 하며 오버 스트레칭이 되지 않도록 주의한다. 스트레칭을 충분히 익히고 나면, 다소의 부하를 가한 웨이트 트레이닝을 권하도록 한다.

정신적 스트레스를 해소하는 데는 청각적인 자극(음악 효과), 시각적인 자극(경치, 조도, 색), 새로운 것에 대한 도전(감격, 감동) 등이 마음에 자극을 주어 효과적이다. 프로그램에 이러한 자극을 의식적으로 도입하면 한층 더 효과를 기대할 수 있다. 또, 시간이나 공간으로부터 해방되는 것도 중요하므로 프로그램을 작성할 때나 실제로 지도할 때에 염두에 두는 것이 좋다.

4. 골다공증 예방

1) 골다공증이란

골다공증은 뼈의 밀도가 감소하는 것을 말한다. 즉 골기질의 감소 현상으로 골질량이 현저하게 감소하는 골대상성 질환 중 가장 흔한 것이다. 이것은 골격근이 뼈의 크기나 나이, 인종 또는 성별에 따라서 신체가 필요로 하는 수준에 못 미칠 때 일어난다. 관절염을 제외하고 골다공증은 나이가 든 사람들의 근골격계 부조화를 일으키는 원인이 된다. 그리고 이와 같은 현상은 40~50대 이후의 여성들에게서 특히 많이 관찰되는 것으로 흔히 갱년기성 골다공증이라고도 한다.

뼈(bone)는 세포나 다른 신체 조직같이 계속적으로 성장하고 재복구 된다. 즉 골조직은 항상 부러지고 새로운 뼈가 생성되는 과정을 갖는다. 또한 이와 같은 기전으로 1년 내내 전체 골격근의 30% 이상이 재형성된다. 칼슘은 뼈를 강하고 질기게 할뿐만 아니라 혈액을 응고시키고 근육, 신경, 뇌가 정상적인 기능을 하도록 하는데 본질적인 요소로서 작용을 한다. 신체 내에 칼슘이 많이 부족하면, 골다공증 질환을 가질 확률이 높다고 한다.

또한, 칼슘은 근육이나 혈액 등의 대부분의 세포에 일정량 존재하며 생리적으로 중요한 작용에도 관여하고 있다(기능 칼슘). 이 기능 칼슘은 생명을 유지하기 위해서는 빼놓을 수 없는 것으로 항상 일정량을 보유할 필요가 있으며 그렇기 때문에 부족한 경우에는 저장고인 뼈로부터 보충하는 구조로 되어 있다. 이러한 구조 때문에 뼈에 쌓여 있는 칼슘이 어떠한 원인으로 용해되어 양적으로 감소된 상태가 되어 있는 것을 골다공증이라고 한다.

골다공증의 원인은 확실하지는 않지만, 몇 가지 인자가 거론되고 있다. 내분비 인자로서 호르몬 불균형, 영양적 인자로서 칼슘 섭취 부족, 물리적 인자로서 근력 저하에 따른 골자극의 약화 등이 있다. 또, 병석에 누운 상태나 중력의 영향을 받지 않는 상태에 있으면 뼈에서 칼슘이 방출된다는 것도 알려져 있다. 이것으로 보아 뼈에 대한 자극의 유무가 뼈의 강도를 규정하는 하나의 원인이며 운동 자극이 유효한 것으로 보인다. <그림 9-5>에는 여성에 있어서 골다공증에 의한 골절의 발생율이 제시되어 있다.

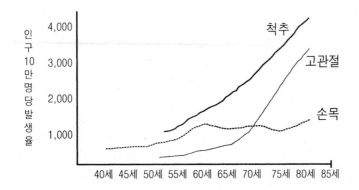

<그림 9-5> 여성에 있어서 골다공증에 의한 골절의 발생율

자료: 문화체육부(1996). **성인병과 운동처방.** p. 39.

2) 권장되는 운동

저항운동이 근육만 강화시키는 것이 아니라, 뼈조직도 강하게 한다는 연구결과들이 밝혀지고 있어 여성들, 특히 골밀도가 떨어져있는 골다공증 환자들에게 관심의 대상이 되고 있다.

골다공증 예방과 치료에 도움을 주는 저항운동으로는 등장성 운동, 웨이트 트레이닝, 도구를 이용한 저항운동, 등척성 운동이 있으며 이중에서 12~15개의 운동종목을 선택하여 실시하는 것이 좋다.

웨이트 트레이닝으로는 1RM(1 Repetition Maximum)의 30~40% 운동강도로 각 종목마다 8~12회 정도 반복하는 것을 2~3세트 실시하도록 한다. 여기에서 1RM이란 웨이트 트레이닝시 개인이 완전한 자세를 유지하여 1회 들어 올릴 수 있는 무게를 의미하여 운동빈도로는 일주일에 3~5회로 하고 1회 정도는 유산소성 지구력 운동을 추가하여 실시하면 이상적인 운동 프로그램이 된다. 또한 칼슘 대사를 생각하면 일광을 쏘이는 것도 중요하므로 실내 스포츠보다도 옥외 스포츠가 바람직하며 하이킹, 달리기, 등산, 줄넘기 등이 효과적이다.

3) 지도상의 유의점

최근 간편한 골밀도 측정기가 개발되어 저렴한 가격으로 제공되고 있다. 이러한 기계들의 이용은 동기를 부여한다는 점에서 효과적일 뿐만 아니라 안전하게 운동을 지도하기 위해서도 필요한 것이다. 비만과는 다르게 눈으로 보아서는 운동 효과를 전혀 알 수 없다는 점에서도 효과적인 이용이 요구된다.

골다공증의 예방을 위해서는 운동도 중요하지만 충분한 칼슘 섭취가 전제되어야 한다는 인식을 해야 한다. 즉 운동을 지도하기에 앞서 칼슘을 충분히 섭취하도록 지도한다. 또한, 참가자는 골다공증의 운동 효과를 실감할 수 없기 때문에 골다공증 예방만을 목적으로 해서는 운동을 계속하기가 어렵다. 지도자는 참가자가 즐겁게 운동을 지속할 수 있도록 끊임없이 연구하고 노력해야 한다.

그리고 운동을 계속하지 않으면 효과가 없다는 것, 매일 매일의 축적이 중요하다는 것, 연령이 높아짐에 따라 위험도가 높아진다는 것, 젊을 때부터 시작하면 예방율이 높아진다는 것 등을 설명하는 것도 중요하다. 어떠한 운동 습관이 익혀지면 결과적으로 예방이 가능한 문제이기도 하므로 가능한 한 습관화하기 쉬운 운동 종목을 지도하는 것이 좋다.

한편 골다공증 여부를 간편하게 짐작할 수 있는 방법은 체중과 연령을 대입시켜 자신이 어디에 속하는지 알아내는 것이다. 아시아 여성들을 대상으로 골다공증의 위험도를 3단계로 분류한 자가측정법이 <표 9-7>에 제시되어 있다. 예컨대 65세 여성이라도 체중이 40kg이라면 고위험 여성이며, 80세 여성이라도 체중이 80kg이라면 저위험 여성에 속한다. 고위험 여성에 속할 경우 반드시 골밀도 검사를 받아야 하며 약물 등 전문적 치료가 필요하다. 중간 위험도의 경우 골밀도 검사와 함께 운동과 고칼슘 식품 등 생활요법이 권장된다.

또 골다공증의 발생률에서 주목해야 할 내용은 키와 체중이 많이 나가고 골격이 우락부락하게 큰 여성, 평소 육체노동이나 운동을 많이 하는 여성에게는 골다공증 발생률이 적고, 반대로 날씬한 체형을 지니고 젊었을 때 다이어트로 살을 빼고 멋으로 커피와 담배, 술을 즐기는 여성에게 발생률이 높다는 것이다.

5. 노인을 위한 운동 지도

1) 노인의 특징

노년기가 되면 체력의 저하로 운동기능이 둔화되고, 심폐기능과 면역능력이 저

〈표 9-7〉 골다공증 위험도 측정표

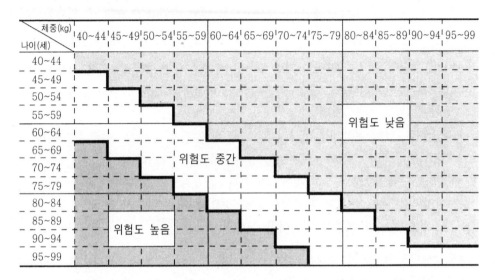

자료: 홍혜걸(2002.7.2). **국민건강 업그레이드: 골다공증을 이기자①.** 중앙일보. 49면.

하되어 쉽게 병에 걸리고 주위환경에 대한 적응력이 저하된다.

이와 같은 신체기능의 노화현상은 완전하게 방지할 수는 없지만, 체력을 향상시키려는 등의 적절한 노력에 의해 확실하게 늦출 수가 있으며, 건강한 노년기 생활을 영위할 수 있다.

나이가 들어감에 따라 체력이 저하되는 것은 근기능의 저하와 최대 산소 섭취량의 저하로 인한 것이다. 그러나 근력 트레이닝은 고령이 되어 실시해도 효과가 있고 또한 최대 산소 섭취량의 증가에도 기여한다는 점이 지적되고 있다.

노인들이 운동에 참여했을 때는 신체의 생리적인 효과뿐 아니라 친구가 생겨 즐겁기도 하고 새로운 것에 도전하는 등, 사회·심리적으로도 큰 효과를 창출하는 것이다. 또한, 운동을 함으로써 체력적으로도 자신이 생기면 일상의 생활에도 활력이 넘쳐 긍정적인 사고와 행동을 하게 된다.

2) 권장되는 운동

나이가 많아지면 생리적 예비력이 저하되는데, 이는 안전 기준이 낮고 무리해서는 안 되는 신체라는 것을 의미한다. 따라서 운동을 처방하거나 지도하는 사람은 노인의 경우, 약간의 무리한 운동이 생각하지도 않던 결과를 초래할 수 있다는 것을 특히 염두에 둘 필요가 있다.

- 적당히 수정된 운동 형태로 처방해주어야 한다: 골관절염 등과 같은 퇴행성 관절 질환은 노인 집단의 공통된 질환이다. 노인들을 위해서 적당히 수정된 운동 형태가 개발되어야 한다.
- 최소 한도, 전혀 무게가 실리지 않은 운동에 중점을 두어야 한다: 즉, 자전거 타기, 수영, 의자 운동과 마루 운동 같은 것들이 적당하다.
- 개별적인 운동 형태를 갖는 것이 중요하다: 참가자의 편견과 편애를 조절할 뿐만 아니라 활동의 변화를 추구하는 것도 중요하다. 스트레칭이나 걷기 등의 운동도 필요시 개별 처방을 행하여야 한다.

운동 강도는 개인차가 크다는 점도 고려하여 심박수 100~120회/분의 가벼운 운동이 바람직하다. 고령자의 운동으로는 유산소 운동을 주로 하며 웨이트 트레이닝을 할 때도 부하를 가볍게 하여 산소를 흡수하며 천천히 하는 것이 바람직하다.

체조나 스트레칭은 여러 가지 동작을 원활하게 할 수 있도록 근육에 자극을 가하거나 관절의 가동도 매끄럽게 하는 것이 목적이다. 이것들은 앞으로의 생활을 안전하고 쾌적하게 보내기 위한 중요한 요소이다. 체조나 스트레칭은 하루에 잠깐씩이라도 매일 해야 효과적이다.

스스로 자신의 몸을 웬만큼 자유로이 움직일 수 있게 되면 적극적으로 스포츠에 도전할 것을 권한다. 자신에게 맞는 스포츠를 찾아 즐기는 것, 스포츠를 통해 친구가 생기는 것, 인생의 즐거움이나 보람을 찾는 것은 건강한 생활을 영위하는데 중요한 것이다. 스포츠에는 그것들을 촉진하는 작용이 있다. 신체적인 효과뿐 아니라 이러한 심리적, 사회적 효과를 크게 활용할 필요가 있다.

3) 지도상의 유의점

우선 개인차가 크다는 것을 염두에 두고 지도를 할 필요가 있다. 또, 의학적 체크는 물론 그 날의 건강 상태에 대해서도 수시로 체크할 필요가 있다. 체크 방법으로는 혈압 및 맥박 측정과 함께 안색이나 동작에도 주의를 기울이는 것이 중요하다. 또한, 대화를 통해 신체의 상태를 묻거나 운동중 신체의 상황을 잘 관찰하는

것이다. 그러한 가운데 혹시 평소와는 다른 모습을 발견하게 되면 신속히 중지하
도록 한다.

체조나 스트레칭은 매일 해야 효과를 기대할 수 있으므로 집에 가서도 할 수 있
는 간단하고 단순한 것을 지도할 필요가 있다. 또한, 포스터나 카드를 배포하는 것
도, 집에서 운동을 계속할 수 있도록 촉진하는 데 유효한 방법이다.

인체(人體) 장기(臟器)의 무게

인체 내부 장기들은 몸무게에 비교하면 무게가 그리 많이 나가지는 않는다. 비교적 무거운 장기는 뇌(腦)와 간(肝)으로서 대략 1.4kg 정도씩이다.

그럼에도 우리가 뇌의 무게를 별로 느끼지 못하는 이유는 뇌 전체가 두개골 안에서 뇌척수액에 잠겨있기 때문이다. 즉 물에 떠 있는 부력(浮力)으로 인해 무게를 느끼지 못한다.

간은 사람마다의 크기 차이가 다양한데, 간경화가 심하게 진행되었다면 최대 3분의 1까지 무게가 줄어들고, 반대로 알콜성 지방간의 경우에는 1.5배 정도까지 크기가 커진다.

그밖에 폐는 450g, 심장은 340g 이며, 갑상선은 19g 정도이다. 남성의 고환은 15g으로 가볍다. 한편 신축성을 자랑하는 위(胃)의 경우, 여성은 보통 자신의 주먹크기, 남성은 발 크기 정도지만, 음식물이 들어가면 2ℓ 주전자 크기로 늘어난다.

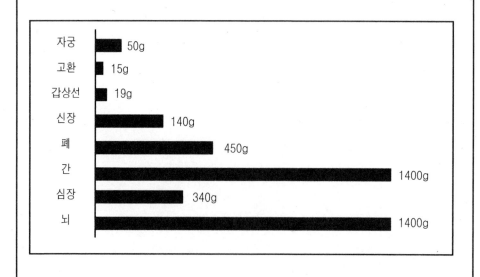

제 10 장

운동종목별 지도

1. 수중 운동
2. 에어로빅 댄스
3. 웨이트 트레이닝
4. 걷기와 달리기 운동

1. 수중 운동

1) 프로그램의 특징

물은 우리 인간에게 편안함을 준다. 따라서 수중운동은 그 환경이 물이 되므로 즐거워진다. 물이라는 환경 속에서 움직이면서 움직임에 대한 자연스러움을 습득하면 지상에서 느낄 수 없는 편안함과 안전함을 느낄 수 있게 된다. 그러나 이러한 자연스러움을 습득하기 위해 수영에 도전했다가 번번히 실패하였거나 장비를 이용하는 방법을 선택하여 이미 체험하였을 것이지만, 어떤 사람은 수영에 도전하다가 물만 먹고 포기한 경험이 더러 있을 것이다. 물에서의 좋은 느낌은 생각보다 쉽게 체험할 수도 있다. 단지 물에서 리듬에 맞추어 걷기, 뛰기 등의 단순한 동작에서부터 시작하여 점프, 그리고 여러 종류의 킥과 복합적인 동작에 접근해 가면 물이 주는 여러 혜택을 고루 느낄 수 있게 된다. 물론 수영과 같이 기술 숙달에 많은 시간과 노력이 들지 않는다. 단지 바른 신체정열을 유지하기 위해 노력하며, 어느 근육이 수축되는지에 집중하여 음악에 몸을 맡기면 되는 것이다.

물 속에서는 체중이 부력에 의하여 감소되므로 운동으로 인한 관절이 받는 충격을 줄여주며, 넘어짐에 의한 운동상해가 없다. 또한 같은 칼로리를 소모하는 운동일지라도 지상에서의 운동에 비해 강도 높은 운동도 견디기에 더욱 수월하다.

요즘 인기있는 대표적인 수중운동은 아쿠아로빅(aquarobic)이다. 아쿠아로빅 (aquarobic)은 물(aqua)과 에어로빅(aerobics)의 합성어로, 물 속에서 하는 체조이다. 즉 물에서 생기는 저항과 부력 등을 이용해 음악에 맞추어 유산소 운동을 하는 것이다. 기본동작은 걷기, 뛰기, 달리기, 틀기, 차기, 밀고 당기기 등으로, 맨손 체조처럼 간단한 동작을 물 속에서 하는 것만으로 큰 운동효과를 얻을 수 있다는 데서 출발하였다.

아쿠아로빅은 유럽에서 시작되었으며 1960년대 미국으로 전파되어 점차 발전해 왔으며, 한국에는 1990년 초에 보급되었다. 근력과 유연성, 심장근육, 혈관계, 호흡순환계 등의 고른 발달과 각종 사고로 인한 상해의 회복, 노화예방 및 지연, 스트레스 경감 및 해소, 적정 체중유지, 정신적 스트레스와 긴장해소 등에 효과가 있는 것으로 알려져 있다.

관절염이 있거나 산전·산후 또는 수술 후 회복중인 사람, 척추에 문제가 있는 사람, 너무 살이 쪄서 신체활동에 제약이 많은 비만자, 중년부부에게 특히 적당한 운동이다. 땅 위에서 하는 운동과 비교할 때 힘이 덜 들어 장기간 할 수 있으며, 또한 열량 소모량은 적으나 지방 소모량은 약 2배에 가까워 다이어트에도 효과가 크다.

이 수중운동은 물 속에서 하는 운동이지만 수영을 전혀 못하는 사람도 할 수 있으며, 수영처럼 힘들지 않고 특별한 기술도 필요하지 않아 누구나 쉽게 혼자서도 할 수 있다는 것도 이 운동의 장점이다. 물 속에서 발이 닿는 곳에서도 할 수 있지만, 부력 보조기구인 조끼를 이용해 깊은 물 속에서 하는 수중에어로빅(DWA:deep water aerobics)도 있다.

운동방법은 기본운동을 충분히 하여 피부체온을 높인 다음 시작하고, 운동이 끝난 다음에는 근육의 피로를 줄이기 위해 정리운동과 스트레칭을 꼭 해주는 것이 좋다. 현기증이나 오한 증세가 있으면 바로 물밖으로 나와야 하며 만성질환, 고혈압 등 심장계통에 질환이 있을 경우에는 의사와 상의하는 것이 바람직하다.

이처럼 물 속에서 걷고 차고 뛰는 동작이 주를 이루는 운동을 통틀어 수중운동이라고 하며, 그 움직임의 형태에 따라 아쿠아로빅·수중에어로빅·수중발레·수중조깅 등이 있다. 이것은 1980년대부터 미국에서 수영을 못하는 비만 중노년층으로부터 각광받기 시작했으며, 국내에 수중운동이 본격적으로 보급되기 시작한 것은 1997년 7월 한국체육과학연구원이 수중에어로빅을 발표하면서부터이다.

이러한 수중 운동의 특성을 아래와 같이 정리할 수 있다.

① **전신 운동이다** : 아쿠아 에어로빅계의 운동은 그 대부분이 전신 운동이다. 하반신도 사용하지만, 상반신도 사용한 운동이라는 점이 조깅 등의 육상 운동과는 다른 특징이다.

② **부력을 이용한다** : 물 속에 잠겨 있는 물체는 '아르키메데스의 원리(Archimedes' principle)'에 의하여 물 속에 잠긴 부피만큼의 무게에 해당하는 상향의 힘, 즉 부력을 받게 된다. 개개인의 체지방이나 폐속의 공기의 양에 따라 부력이 약간씩은 다르지만 부력이 클수록 충격에 의한 무리가 적을 수 있다. 부력은 몸이 뜨는 것을 돕기 때문에 체중을 하체가 느끼지 않도록 하여 물 속에서 점프하거나 뛰는 것을 편하게 이룰 수 있도록 해준다. 또한 지상에서 중력으로 인해 관절이 겪어야하는 부담을 피할 수도 있다. 따라서 물 속에서는 더욱 높게 멀리 뛰거나, 이동할 수 있으며 안전하게 관절 운동을 할 수 있다. 즉, 허리깊이 정도의 수심에서는 체중의 25~30% 정도, 가슴 깊이는 50%, 목까지 잠기는 깊이에서는 10% 정도로 체중의 느낌을 덜

받게 된다. 그러나 오히려 깊이 잠겼을 때에는 부력 때문에 움직임의 조절이 편안하지 않다. 따라서 수중운동시에는 가슴 깊이 정도가 적당하다고 본다.

만약 중력중심(엉덩이 부분)과 부력중심(가슴부분)이 수직으로 이어진다면 물에서 비교적 안정된 자세를 취할 수 있게 된다. 이 수직선이 이루어지지 못하면 몸의 신체정렬이 흐트러지게 될 것이다. 부력은 이와 같이 자세에 변형을 줄 수 있는데, 부력이 큰 사람들은, 특히 가슴이나 엉덩이에 지방이 많은 사람들은 허리가 구부러지는 자세를 취하기 쉬워진다. 이것은 허리에 스트레이트로 작용하게되므로 복부와 엉덩이에 힘을 주어 자세를 바르게 하기 위해 주의해야 한다. 그리고 이러한 노력은 자연스럽게 복부와 엉덩이의 근력운동이 될 수 있을 것이다.

③ **저항이 크다** : 물은 공기보다 밀도가 크기 때문에 수중동작은 저항을 많이 받게 된다. 물의 3차원적인 저항은 자연상태의 웨이트 트레이닝의 기계가 되어준다. 수중에서의 동작은 반대편으로 저항을 유발해 상대 근육의 균형적인 발달을 꾀할 수 있게 해준다. 즉, 주동근뿐만 아니라 길항근까지 동시에 운동시킬 수 있는 장점을 지닌다. 예를 들어, 선 자세에서 다리를 옆으로 올리고 내리는 동작을 수행할 때에는 대퇴의 바깥쪽 근육과 안쪽 근육이 동시에 운동이 되는 것이다. 이러한 저항의 크기는 움직임의 속도와 근육의 힘에 따라 달라지게 되며, 손이나 발의 모양에 따라서도 달라질 수 있다. 이러한 저항 크기의 조절로 운동강도를 조절할 수 있는 것이다.

뉴턴의 운동법칙 중 작용 반작용의 법칙은 저항을 이용하여 수중운동을 재미있게 응용할 수 있는 항목이다. 다리의 힘이 가해지는 방향에 대해 즉, 작용에 대해 반작용의 힘으로 우리는 반대편으로 몸이 기울어지게 된다. 이것을 팔의 반대되는 작용에 의해 보상해 줌으로써 신체정렬을 이루며 자연스럽게 동작을 반복하여 취할 수 있게 된다. 예를 들어 다리를 뒤로 접었다가 차는 동작이라면 팔은 어떤 동작을 취해주어야 할까? 그냥 허리에 손을 얹고 동작을 취한다면 몸이 앞뒤로 휘청거릴 것이다. 이 때 그에 반대되도록 팔을 앞으로 접었다가 뒤로 밀어주는 동작을 취해준다면 우리는 보다 더 수월하고 재미있게 이 동작을 반복할 수 있게 되는 것이다. 과학적인 사고를 가지고 수중운동 동작을 구성함으로써 바른 신체정렬을 이룰 수 있으며 근육의 균형있는 발달을 꾀할 수도 있는 것이다.

④ **수압을 받는다** : 앞에서 언급했듯이 물 속에 들어가면 인체가 지상에서 느끼

는 중력은 부력에 의해 상쇄된다. 이러한 중력의 상실은 인체에 생리적 변화를 유도하게 된다. 중력의 영향으로 발 쪽으로 쏠려있던 체액이 물 속에서는 중력의 상쇄로 말초부위에서 심장부위로 이동하게 된다. 또한 물의 깊이가 30cm 깊어짐에 따라 22mmHg의 압력이 증가하게 되므로 수압에 의해 체액이 조직 사이를 이동하며 재분배된다.

이러한 이유 때문에 머리를 수면 위로 내놓고 물 속에 머무는 자세는 체액이 흉부로 몰리게 하는 이유로 작용하고, 더불어 이러한 갑작스러운 체액의 이동은 흉부의 정맥혈압(central venous pressure)을 증가시킨다. 또한 심박출량(cardiac output)과 일회박출량(stroke volume)도 증가된다.

물의 깊이에 따라서도 심박출량의 변화를 볼 수 있는데, 지상에서 선 상태에서는 약 5.1ℓ/min이던 심박출량이 엉덩이, 가슴, 그리고 목 부위까지 입수하였을 때는 약 5.7, 7.4, 8.3ℓ/min으로 증가한다고 한다. 그리고 심박출량의 증가는 폐모세혈관(pulmonary capillary)의 혈류를 증가시키고, 이와 같은 물에 대한 생리적 반응으로 심박수는 낮아지며, 호흡은 아주 깊어지게 된다. 자연스러운 서맥효과를 누릴 수 있으며, 따라서 정신적인 안정감을 맛볼 수 있게 될 것이다.

물 속에서는 신체의 말초부위에서도 혈장의 변화가 일어나는데, 수압에 의해 조직사이(interstitial)의 체액이 혈관 안으로 이동하게 되며 이러한 혈장량의 증가는 혈액의 흐름을 원활하게 하여 혈액순환에 도움을 줄 수 있는 것이다.

⑤ **수온의 영향을 받는다** : 수온에 대해 살펴보면 27~28℃의 수온이 수중운동을 즐기기에 쾌적한 수온으로 들 수 있겠다. 이 수온에서는 적절한 운동강도

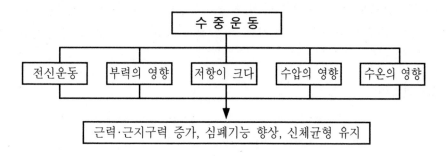

〈그림 10-1〉 수중운동의 특성

에 의해 체온이 상승하더라도 지상에서처럼 땀흘림에 의한 불쾌감없이 시원하고 상쾌한 느낌을 유지할 수 있을 것이다. 참고로 29~32℃는 장애인들의 운동에 적당하다고 하는데, 35℃ 이상의 수온에서 15분 이상 운동을 하게되면 피로감을 느끼며 무력감을 느끼기 쉽게 된다고 한다.

2) 지도 프로그램 작성의 요점

(1) 수 심

수중 운동의 형식으로는 수영장 벽을 잡고 하는 것, 선 자세로 하는 것, 떠서 하는 것 등 3가지를 생각할 수 있다. 수영할 수 있는 사람(물에 대한 공포심이 없는 사람)을 제외하면, 수심은 운동 효과나 즐거움 이전의 중요한 문제이다. 수심이 깊어지면 그만큼 큰 부력을 받게 된다. 다시 말해, 그만큼 신체가 불안정해지는 것이다. 일반적으로 수중운동계에서는 가슴 깊이가 적당한 것으로 알려져 있다.

(2) 보조구

보조구를 사용함으로써 엑스사이즈의 운동 부하를 조정할 수가 있다. 풀의 수심이 너무 깊은 사람에게는 수영장 바닥으로 수심을 조절하거나, 스쿠버 다이빙에서 사용하는 웨이트 벨트를 사용하면 몸을 안정시킬 수 있다. 물갈퀴, 패들(paddle), 미트 등도 부하를 높이는 데 이용할 수 있으며, 반대로 강도가 높은 운동을 하는 데 지장이 있는 사람은 킥 보드(kick board)나 부이(buoy), 헬퍼 등의 부양 기구를 이용하면 운동에 도움이 된다.

(3) 음 악

음악은, B.G.M.(배경 음악)이나 이완작용의 효과뿐 아니라 음악에 맞추어 운동을 구성할 수도 있다. 곡의 빠르기는 직접 실제로 해 보고 무리가 없음을 확인할 필요가 있다.

(4) 게임성

건강 증진을 위한 운동이므로 유산소 운동이라는 것이 전제된다. 그러기 위해서는 재미있고, 지속성, 반복성을 가진 게임을 준비하여 운동량을 확보해야 한다. 이로써 엑스사이즈 프로그램에 변화를 가져올 수가 있다.

3) 지도상의 유의점

(1) 지도방법

• 물의 깊이는 가슴선에 이르게 한다.
• 수중동작은 천천히 실시하도록 한다.
• 동일한 동작을 여러 번 반복하여 근육의 유연성을 기르도록 한다.
• 동작은 호흡과 같이 하여 심폐지구력을 기르게 한다.
• 물에 들어가기 전에는 반드시 스트레칭이나 빨리 걷기 등으로 준비운동을 한다.
• 식사 후에는 적어도 30분이 지난 후 수중운동을 실시한다.

(2) 운동 강도 측정

육상 운동에서는 칼보넨 산출법을 이용하여 그 사람에게 적합한 목표 심박수를 설정하는데, 같은 운동을 수중에서 하면 수압이나 부력의 영향으로 심박수는 육상보다도 13% 정도 감소한다고 한다. 그렇기 때문에 수중 운동에서는 칼보넨법으로 구한 목표 심박수에서 13%를 뺀 값이 이용되게 된다. 일반인의 안정시 심박수를 65~75회/분으로 보면 대강 목표 심박수는 <표 10-1>과 같이 제시할 수 있다.

그러나 심박수의 감소(서맥)에 대해서는, 수영이나 잠수 등 얼굴을 차가운 물에 담근 경우에 일어나는 잠수 반사(diving reflex)로 보고되고 있지만, 얼굴을 담그는 것을 전제로 하지 않는 수중 운동에 대해서는 이것을 의문시하는 연구자도 있다. 목표 심박수는 어디까지나 표준일 뿐이며 맥박의 잘못된 계산이나 측정 오차

<표 10-1> 연령별 목표심박수 기준표

연 령	60%강도	70%강도	80%강도
20~29	122~130	133~141	144~152
30~39	117~125	127~135	137~145
40~49	112~117	121~129	130~138
50~59	107~115	115~120	123~131
60~69	101~110	109~117	116~124
70~	96~104	102~110	109~117

<목표 심박수 산출 방법> (칼보넨 산출법에 의함)
　　목표 심박수 = 0.87 × (안정시 심박수 + (220 - 연령 - 안정시 심박수) × X%)
　　　　　　　　X는 운동 강도를 나타내며, 대상자에게 맞추어 설정한다.

등을 고려하면 일정한 폭을 가지고 파악하는 것이 좋을 것으로 판단된다. 디지털적인 사고로 수치를 엄밀히 파악하는 것은 이 경우 그다지 의미가 없다. 오히려, 경쟁이 아니므로 무리하지 말고 힘들면 쉬도록 지시하고, 옆 사람과 여유있게 이야기를 나눌 수 있을 정도를 기준으로 정하여 본인이 판단하도록 하는 것이 바람직하다.

또한, 수중 운동에서는 지시대로 바르게 운동이 되고 있는지를 확인할 필요가 있다. 이것은 운동 강도와 깊이 관련되어 있어, 지도자는 참가자가 물의 저항을 바르게 받고 있는지를 확인해야 한다. 이를 위해서라도 지도자는 참가자 한 사람 한 사람에게 관심을 기울이고, 말을 걸고, 필요하다면 물에 들어가 함께 운동을 하는 것도 좋다.

(3) 운동 강도의 조정

수중에서의 동작은 물의 특성을 이용함으로써 육상에서 보다 복잡한 동작이 가능해진다. 또한 운동 강도의 조정은 비교적 쉽고 각자가 자유롭게 할 수 있다는 이점이 있다.

물의 저항은 운동 방향에 대한 신체 각 부분의 위치를 바꾸어 표면 저항을 크게 하거나 작게 함으로써 조정할 수 있다. 구체적으로, 팔 동작을 예로 들면, 주먹 쥐기−손바닥을 둥글게 하기−손바닥 펴기 등으로 저항을 조절할 수 있다. 또, 팔꿈치를 굽혀 팔을 움직이면, 모멘트*가 바뀌어 힘의 크기를 가감할 수 있다. 다리 동작도 마찬가지로 생각할 수 있다.

4) 모델 프로그램 소개

시간	50분	참가대상	30대의 초보자
목표	순환계 기능 향상을 위한 체력육성		

※ 모멘트: 지레에 있어 힘의 크기에 저항점에서 힘점까지의 거리를 곱한 것을 그 힘의 그 지점에 관한 모멘트라 한다. 일반적으로는 힘의 모멘트 = 힘의 크기 × 길이로 표시한다.

(1) 준비운동(20분)

준비 운동은 다음의 주운동에 대비하여 신체의 상태를 준비하고 부상이나 사고를 예방할 목적으로 행한다. 그 내용은 체온을 상승시키기 위한 워밍업과 많이 사용되는 신체 부위의 근육의 신장, 관절의 가동 범위 증대 등을 위한 스트레치가 중심이 된다. 스트레칭은 근육이 아프지 않을 정도로 편안한 상태에서 10초 이상 실시하도록 지도한다. 특히 대근군의 스트레치에는 충분한 시간을 할애해야 한다. 단, 스트레칭을 수중에서 하는 경우는 따뜻해진 체온을 떨어뜨리지 않도록 단시간에 해야한다. 더욱 중요한 것은 평상시와는 다른 수중에서의 운동이므로 주운동에 대비하여 물의 감각을 충분히 익히는 것도 준비 운동 속에 넣어야 한다.

또한, 참가자의 수영 능력도 배려해야 한다. 어떤 참가자는 얼굴을 물에 담그는 것에 강한 거부감을 갖는 사람이나, 혹은 머리를 적시는 것에 혐오감을 갖는 사람도 있다. 수영에 자신이 없는 사람은 물과 친숙하지 않고 수중에서의 신체 균형이나 운동강도 문제를 고민하게 된다. 스컬링*의 기술은 신체의 안정과 밸런스를 유지하기 위해, 또는 이동의 보조를 위해 사용되는 중요한 기술이 되므로, 처음에 지도해 둔다.

(2) 주운동(25분)

건강증진 운동으로서 순환계 기능 향상을 위한 프로그램이므로 유산소 운동이 되도록 한다. 그리고 운동강도는 급격히 높이지 말고 서서히 높여 가도록 한다. 크게 이동을 동반하는 운동이나 점프를 동반하는 운동은 착지 때 발이 미끄러지지 않도록 주의시키고 손을 사용하여 균형을 잡도록 지시한다.

(3) 정리 운동(5분)

주운동 후에 하는 부드러운 운동으로 피로 회복을 촉진시키는 것을 목적으로 한다. 제자리 걸음을 하거나 스컬링*을 해서 움직임을 멈추지 않도록 한다. 또한, 근육의 긴장을 풀면서 이완시키도록 한다. 수중에서는 체온의 저하가 빠르게 진행되므로 체온이 너무 떨어지지 않도록 주의해야 한다.

※ 스컬링(sculling): 손바닥으로, 허리 옆에서 바깥 쪽으로 엄지 손가락 안쪽부터 물을 밀어 내고, 밀어낸 손을 안쪽으로 되돌린다. 손은 ∞모양으로 움직인다. 손목의 각도에 따라 진행 방향을 바꿀 수 있다.

a. 양다리를 어깨 넓이보다 약간 넓게 벌려 어깨를 물 속에 잠기게 하고 무릎을 약간 구부려 선 다음 손바닥을 정면을 향하게 펴서 양팔을 뻗친다. 다리는 고정시킨 채 상체만 회전한다.

b. 어깨넓이로 다리를 벌린 후 어깨까지 물 속에 잠기게 하여 다음 무릎을 약간 구부리고 손바닥이 바닥을 향하게 하며 앞뒤로 움직인다. 손바닥은 항상 바닥을 향하게 한다.

c. 수영장 벽을 어깨 넓이로 잡은 후 양다리를 모아서 발전체(뒤꿈치까지)를 벽에 붙인 후 허리와 대퇴부를 천천히 편다.

d. 한쪽 다리의 무릎을 굽혀서 같은 쪽의 손으로 발끝을 잡은 후 엉덩이까지 잡아 당긴다.

  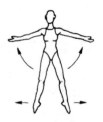

e. 양손을 자유형 스타일로 저으며 대퇴부를 높이 들어 올려서 천천히 큰 걸음으로 걷는다.

f. 양다리를 가지런히 모으고 약간 무릎을 굽힌 후 손은 차렷자세로 선다. 가볍게 뛰어 오르며 양다리를 좌우로 벌린다. 동시에 손을 넓게 펴서 손바닥으로 물을 밀어 올린다.

〈그림 10-2〉 수중운동의 기본 동작

2. 에어로빅 댄스

1) 프로그램의 특징

(1) 특징과 형태

에어로빅댄스는 미국의 K.H.쿠퍼의 의학적인 임상실험의 자료를 기반으로 1968년에 본격적으로 실시되었으며, 1972년 미국의 재키 소렌슨(Jackie Sorensen)에 의하여 본격적인 안무가 시작되었다. 한국에서는 1974년 2월에 YMCA 초청으로 쿠퍼가 내한, 대학 교수와 체육 전문가들이 참가하여 뉴 에어로빅 워크숍(New Aerobic Work shop)을 개최하였다. 에어로빅댄스는 즐겁게 운동시켜 주는 신체 적성운동으로, 웃으면서 때로는 소리치고, 뛰고, 달리고, 당기고, 흔들면서 음악에 맞추어 각자의 감정과 기분을 신체운동으로 표현하게 되어, 리듬과 함께 피로와 권태를 잊게 한다. 그리하여 심장·혈관계에 내구력을 주고 근육에 힘과 신축성을 가지게 함으로써 신체조직의 전반적인 기능을 원활하게 유지시켜 항상 힘찬 정력과 여유 있는 에너지를 몸에 지니고 활동할 수 있게 한다.

에어로빅댄스는 춤의 기술을 습득하는 것이 목적이 아니며, 움직임을 통해서 혈액순환을 촉진시켜 점차적으로 맥박을 상승시키도록 유도하는 것이다. 자신의 심장과 맥박 관계를 개발시키고 아름다운 균형미를 추구하기 위해서는 운동의 강도와 지속시간을 단계적으로 조절해야 하며, 달리기·걷기·줄넘기·수영·자전거타기 등을 선택하여 대신할 수 있다.

에어로빅댄스의 안무도 일정기간이 지나면 싫증을 느끼고 쇠퇴됨으로 새로운 동기유발을 시키는 안무가 계속 개발되고 있다. 예를 들자면 무용의 스텝을 응용하였다 하여 "댄스로빅", 재즈의 스텝과 동작을 응용하여 "재즈에어로빅" 또는 "펑크 에어로빅", 컨츄리 댄스의 동작을 응용하여 "컨츄리 에어로빅"을 만들었으며, 그밖에 권투의 글러브를 끼고 팔에 부하를 주면서 권투의 스텝과 모션을 응용한 "권투 에어로빅" 등으로 이름을 붙여 다양하게 독특한 움직임들을 응용한 에어로빅을 창출해 내고 있다. 그리고 이미 일반화 되어있는 스텝에어로빅, 튜브 에어로빅, 슬라이드 에어로빅 등 이외에도 여러 가지 에어로빅의 형태가 개발되고 있다.

한마디로 에어로빅댄스는 그 형태나 종류가 정형화되어 있는 것이 아니며, 음악과 함께 에어로빅 운동의 효과를 거둘 수 있는 모든 종류의 움직임과 기구가 동원되어 응용되고 있다. 이것은 에어로빅 운동을 쉽고 보다 흥미롭게 접할 수 있도록 만들어 주는 동기유발의 역할을 충분히 하고 있다.

(2) 목적은 건강 및 체력 증진

① **체력을 증진한다** : 산소를 섭취하고 소비하는 능력이 증대하므로 일상생활의 여러 가지 활동을 활발하게 수행할 수 있고, 특히 손발의 피로나 심장의 심한 고동과 가슴의 두근거림 등이 적어진다.

② **미용효과가 있다** : 몸에 필요한 근육을 적당히 강화하고 여분의 지방을 운동 에너지원으로 사용함으로써 체중조절의 효과를 기대할 수 있다. 또한 올바른 자세를 유지하고 민첩한 동작이 습관화되므로 아름다운 인상을 줄 수 있다.

③ **성인병 예방에 효과가 있다** : 관상동맥질환, 심근경색, 고혈압, 고지혈증 등의 성인병은 주로 심장이나 혈관계의 노화나 대사이상에 의하여 발생되는데, 에어로빅댄스는 이와 같은 성인병 예방에 적합한 운동이다.

④ **요통증, 견관절주위염, 견비통 등의 증세에 예방효과가 있다** : 어깨나 허리 등 평소에 별로 쓰이지 않는 근육을 대상으로 움직임을 가하면 스트레칭 효과로 인한 근육이나 관절이 유연해져 근육증강에도 도움이 되고 요통증이나 견비통을 예방한다.

⑤ **스트레스 해소에 도움이 된다** : 음악에 맞추어 몸을 마음껏 움직이는 것이 정신적 긴장을 풀어주어 스트레스 해소에 도움이 된다.

(3) 지도자의 존재

지도자가 미리 만들어 놓은 프로그램에 맞추어 참가자가 따라하는 운동이며 운동 효과나 운동의 즐거움은 대부분 지도자에 의해 좌우된다. 참가자에게 항상 안전하고 효과적이며 즐거운 프로그램이 제공되고 있는지 어떤지는 지도자의 프로그램 구성 능력과 지도의 실천력에 달려 있다고 말할 수 있다. 이것은 스스로가 시범자가 되어 참가자에게 동작을 보여주고 참가자가 그 자리에서 동작을 따라하기 때문이다. 요컨대, 지도자의 동작이 모델이 되는 것이므로 당연히 그 동작은 명확해야 한다. 또한, 프로그램의 구성에 있어서는 연속된 운동의 과정에서 동작을 익혀 모방할 수 있도록 해야 하므로 동작이 변화할 때 적절히 지시하는 것이 중요하다.

(4) 변화가 있는 운동 양식

프로그램에는 다양한 다리 운동(스텝)에 팔 운동을 조합시킨 전신 운동으로 구성되어 있으며 일정 시간 운동이 끊이지 않고 계속된다. 프로그램 속에서 동작은 변화해 가지만, 일정 동작이 몇 번이고 반복된다는 점이 유산소 운동의 트레이닝 효과를 겨냥한 특징이라 할 수 있다.

(5) 제한된 장소에서 여러 명이 참가할 수 있는 운동

많은 사람이 동시에 충분한 운동량을 얻을 수 있는 효과적인 운동을 할 수가 있다. 단, 여러 명이 너무 좁은 장소에서 하면 위치 이동이 어렵게 되므로 제자리에서 스텝을 밟는 일이 많아진다. 그러면 발끝으로 착지할 것을 강요하는 것이 되므로 같은 부위에 지나치게 부담이 가지 않도록 스텝의 종류나 반복 회수를 고려하여 프로그램을 구성할 필요가 있다.

(6) 음악에 맞춘 운동

기본적으로 음악의 박자에 맞추어 운동을 하므로 운동이 즐거워지고 운동을 계속하게 된다는 이점이 있다. 프로그램의 흐름에 따라 그에 적합한 곡조와 빠르기를 갖춘 음악이 사용된다. 또한, 음악의 박자에 따라 동작의 반복 횟수나 신체의 가동 범위가 바뀌므로 운동 강도를 바꿀 수 있는 요인도 되어 음악이 하는 역할은 크다.

(7) 누구나 함께 할 수 있는 운동

다른 스포츠 종목만큼 성별이나 연령에 따른 구별이 필요 없고, 어린이부터 어른까지 남녀가 함께 운동을 즐길 수가 있다. 즉, 같은 프로그램이라도 방법에 따라 어려울 수도 있고 쉬울 수도 있으므로, 참가자가 자신의 능력에 맞추어 운동 강도를 어느 정도 조절할 수 있다는 것이다.

또한, 운동의 성과를 평가받거나, 승부를 겨루는 것이 아니므로 우열 의식을 갖지 않고 참가할 수 있다. 나아가 운동 그 자체는 한 사람이 하는 것이면서, 많은 사람이 동시에 시간을 공유함으로써 공동체 의식이 생기고 운동을 계속하게 되는 동기가 되기도 한다.

2) 프로그램 작성의 포인트

(1) 기본 구성

에어로빅댄스 프로그램은 1회가 45분~90분간으로 구성되어 있지만, 60분간으로 구성된 경우도 매우 많다. 주로 워밍업(준비 운동)으로 시작되어, 메인 엑스사이즈(주운동·유산소 운동)가 있고, 쿨링다운(정리 운동)으로 끝나는 구성으로 되어 있다. 이것은 대부분의 에어로빅댄스 프로그램에 공통된 것이다. 또, 근력강화 운동을 첨가하는 경우, 주운동 실시 전, 실시 중, 실시 후에 삽입할 수 있는데, 프로그램에 따라 다르지만, 가장 일반적인 것은 주운동 속에 포함시키는 방법이다

<그림 10-3>에는 일반적인 에어로빅댄스 프로그램의 진행 순서가 제시되어 있다. 각각의 구성 부분의 목적과 포인트는 아래와 같다.

① **준비운동** : 신체의 모든 기능을 운동에 적합한 양호한 상태로 만들며, 주운동의 효과를 높이기 위한 것이다. 동시에 그 날의 컨디션을 파악하여 운동을 하기 위한 심리적인 준비를 하는 것이기도 하다. 다시 말해, 호흡 순환기계나 근골격계에 대해 과도한 스트레스를 주거나, 장해를 일으키지 않도록 신체조건을 준비하는 것이다. 구체적으로는 다음의 내용을 고려할 필요가 있다.

    A. **준비운동의 강도** : 주운동의 내용, 참가자의 체력, 연령 등에 따라 다르지만, 일반적으로는 몸이 따뜻해지고, 땀이 배어나오는 정도의 강도를 표준으로 한다.

    B. **BPM(음악의 빠르기)와 시간** : 동작은 천천히 매끄럽게 할 수 있고 일정한 리듬에 맞춘 간단한 것이 바람직하다. 천천히 걷는 정도의 빠르기(130BPM 전후)의 음악을 사용하여 5~10분간 정도 한다.

    C. **워밍업에 적당한 운동** : 에어로빅댄스는 대근군을 사용한 리드미컬한 운동이 기본이므로, 주운동에 대비하여 주요 관절의 가동범위를 충분히 사용할 수 있도록 해 둔다. 또한, 비교적 간단한 동작으로 하여 참가자가 쉽

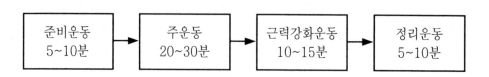

<그림 10-3> 에어로빅댄스 프로그램 진행 순서(60분)

게 따라할 수 있도록 할 필요가 있다. 이것은 심리적인 긴장을 가능한 한 피하고, 그날의 기분이나 컨디션을 잘 파악하기 위해서, 그리고 해방감을 만끽하며 운동을 즐기기 위한 배려이다.

   D. **프로그래밍 기본** : 워밍업은, 근온, 체온을 적당히 상승시키기 위해 하는 것이므로, 처음에는 대근군을 사용한 간단한 동작을 비교적 천천히, 작게 움직이도록 하고 서서히 전신을 고르게 사용하도록 한다. 팔 동작은 다리 동작에 비해 자연스럽고 무리없는 동작을 첨가하도록 한다.

② **주운동** : 심박수를 일정 시간, 적절한 목표치 내로 유지하고, 많은 산소를 체내에 흡수하면서 하는 유산소 운동(에어로빅)이다. 목적은 전신 지구력 즉, 호흡 순환기계의 기능 향상이며, 그를 위해서는 몇 가지 조건을 충족시키지 않으면 안 된다. 미국 스포츠 의학협회(ACSM, American College of Sports Medicine, 1990년)는 운동기준을 <표 10-2>와 같이 제시하고 있다.

   A. 주운동의 강도 :

     a. **벨곡선** : 주운동에서는 낮은 강도에서 서서히 강도를 높여 목표로 하는 운동 강도를 일정 시간 유지한 뒤, 자연스럽게 강도를 낮추어 가는 식의 변화 패턴이 바람직하며 이 커브를 벨곡선이라고 한다<그림 10-4> 참고. 목표 심박수는 참가자의 체력 수준에 따라 설정해야 하며 대다수의 참가자가 최대 능력의 80%를 넘지 않도록, 강도를 설정하는 것이 바람직하다.

<표 10-2> ACSM(1990)의 운동기준

구 분	내 용
① 운동 양식	· 대근군을 사용하는 운동 · 어느 정도 지속적으로 행할 수 있는 운동 · 리드미컬한 유산소 운동
② 운동 강도	· 최대심박수가 60~90% · 최대산소섭취량 또는 예비심박수의 50~85%
③ 운동 시간	· 유산소 운동을 20~60분 지속
④ 운동 빈도	· 주 3~5일

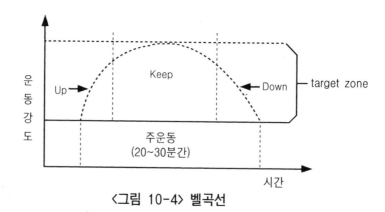

〈그림 10-4〉 벨곡선

b. **적당한 운동강도의 유지** : 운동중의 〈고통스러운 느낌〉은 그 사람의 운동강도를 상당히 정확하게 반영하고 있다. 초보자는 항상〈조금 힘들구나〉하고 느끼는 정도가 최적이다. 체력이 있는 사람은 〈상당히 힘들다〉고 느낄 때까지 수행해도 좋다. 심장에 적절하고 위험이 없는 맥박수는 1분에 20~30대가 평균 150~160, 40~50대가 130~140, 60세 이상이 110~120이다. 단, 개인차가 크므로 유의해야 한다(김원중, 조정호, 1997).

c. **운동강도의 파악과 체크** : 맥박수의 측정은 요골 동맥이나 경동맥에 손가락 3개를 살짝 대고, 10초간 재서 그 6배로 한다(〈그림 10-5〉 참고).

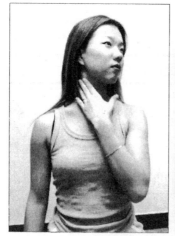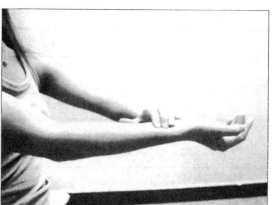

〈그림 10-5〉 촉진을 통한 심박수 측정부위

- **경동맥 측정법**–맥을 측정하기 위해서는 그림과 같이 인지, 중지, 약지 세 손 가락을 붙여, 손가락 끝으로 가볍게 누르듯이 하여 측정한다. 단, 경동맥으로 맥박수를 측정할 때에는, 너무 세게 누르지 않도록 한다.

B. **BPM과 시간** : 스텝의 종류에 맞추어 유산소성 대사가 효율적으로 이루어질수 있는 음악의 빠르기(140~160BPM)가 바람직하며, 일반적인 프로그램에서는 20~30분간 정도가 좋다.

C. **운동의 포인트** :

- · 대근군을 적극적으로 움직인다.
- · 지속적으로 움직인다.

D. **프로그래밍의 기본** : 기본적인 흐름은 벨곡선이며, 다음의 3단계로 나누어 생각하면 된다.

a. Up: 서서히 강도를 높힌다.

b. Keep: 목표로 하는 강도를 유지한다.

c. Down: 서서히 강도를 낮춘다.

E. **강도를 변화시키는 요인** :

a. 신체 중심의 이동

b. 근육의 참가량 증감

c. 근육의 활동량 증감

d. 동작의 빠르기나 반복 횟수

③ **근육 컨디셔닝** : 바른 자세를 유지하기 위해서 근력은 중요하며 또한, 건강증진을 위한 운동을 무리 없이 행하기 위해서는 근지구력도 필요하다. 따라서, 프로그램 도중에 필요하다고 생각되어지는 근육에 부하를 가하는 운동을 행한다.

A. **강도(부하)에 대한 생각** :

- · 8~12회 정도 반복했을 때 근육이 피로해 지는 부하가 효과적이다.
- · 적절한 자극이 가해지도록 한다(자신의 체중, 핸드 웨이트, 고무 밴드를 효과적으로 이용한다).
- · 등장성, 등척성, 등속성 등 다양한 활동 양식을 도입한다.
- · 관절의 가동 범위를 충분히 사용한다.

B. **BPM과 시간** : 리듬이 쉽고, 120BPM 전후의 느린 것으로 10~15분 정도 실시한다.

  C. **근육 컨디셔닝에 적당한 운동** : 자세의 유지 및 장해 예방을 위해 중요한 운동이나, 가능한 다양한 근군을 동원하는 운동, 즉, 복근 운동이나 팔굽혀 펴기, 스쿼트(squat) 등이 적당하다.

  D. **프로그래밍의 기본** : 제한된 시간 내에는 먼저 복근 운동을 우선적으로 실시한다. 다음에 다양한 근군을 동시에 활동시키는 운동을 도입하는 것이 좋다. 다시 말해 강화하려는 근육의 부위를 이해하여 적절한 부하가 가해지도록 자세나 폼을 선택하며, 실시할 때에는 무리하거나, 반동을 주지 말고, 근육에 의식을 집중하여 동작을 컨트롤하면서 천천히 실시하도록 한다.

④ **정리 운동** : 몸의 모든 기능을 안정된 상태로 되돌려, 피로를 남기지 않고, 심신을 이완시켜 기분 좋게 운동을 마친다. 또, 주요 근육을 스트레칭 시켜, 유연성 유지 및 향상에 도움을 주도록 한다.

  A. **BPM과 시간** : 편안하게 이완할 수 있는 음악을 사용하여 5~10분 전후로 실시하는 것이 좋다.

  B. **정리운동에 적합한 엑스사이즈** : 정적인 스트레치가 적당하며 반동이나 힘을 들이지 말고 천천히 근육을 펴, 아프다고 느끼지 않는 범위에서 최저 10초간, 가능하면 20~30초간, 호흡을 멈추지 말고 실시한다.

  C. **정리운동 프로그래밍** : 주운동이나 근육 컨디셔닝에서 사용한 근육, 일상 생활에서 긴장하기 쉽고, 유연성이 저하하기 쉬운 근육, 또한, 요통 예방에 관련된 근육을 선택하여 스트레칭한다. 구성 방법으로서는 긴장을 풀고, 심신을 모두 이완할 수 있도록 천천히 부드러운 흐름으로 실시하는 것이 필요하다. 따라서, 위치를 바꾸지 않고 안정된 자세로 실시할 수 있도록 하여, 명확하고 알기 쉬운 동작을 차례대로 실시한다.

(2) 다양한 프로그램의 고려

① **수준별** : 운동 강도(체력 수준)와 기술적 난이도(기술 수준)로 나눌 수 있다. 전자는 운동 시간의 길이에 따라 구별하는 방법(30분, 60분, 90분 등)과 운동강도(낮은 부하, 높은 부하, 고·저의 혼합, 휴식)에 따라 구별하는 방법이 있다.

② **목적별** : 체지방율을 낮추고 싶다거나, 전신 지구력을 향상시키고 싶다는 등,

체력의 한 요소에 초점을 맞추어 프로그램을 만드는 방법이다.

③ **대상자별**: 고령자, 중년자, 어린이, 임산부 등 특정한 대상자에 맞추어 프로그램을 만드는 방법이다. 각각의 신체적 특성이나 실시상의 주의 등을 충분히 파악하고 전문가와 상담한 뒤, 프로그램을 만들도록 한다. 실시할 때 유의점은 다음과 같다.

  A. **고령자** : 운동 능력에 있어서 개인차가 크므로 스스로 운동을 조정할 수 있도록 다양한 방법을 소개한다. 참가자를 관찰하여 피로 상태를 확인하면서 실시하고 경쟁심을 부채질하는 듯한 지도는 피한다. 또한 커뮤니케이션을 중요시하고 즐거운 분위기로 운동한다.

  B. **중년자** : 운동의 건강에 대한 효용을 충분히 인식시키고 운동 강도, 시간, 빈도에 대해서도 이해한 뒤 운동을 하도록 지시한다.

  C. **어린이** : 운동은 어린이의 건전한 발육·발달에 있어 중요한 자극이다. 다시 말해 어린이의 신체는 운동을 통해 얻을 수 있는 다양한 자극에 순응하면서 발달한다. 어린이의 성장 과정 단계에 따른 특징을 이해하고 적절한 운동 자극을 가하는 것이 필요하다.

  D. **임산부** : 임신중의 운동이 가져오는 효과는 여러 가지지만, 개인차가 크고, 또한 운동 능력이나 운동 습관 등의 영향도 있다. 임산부의 운동 지도는 담당 의사의 동의를 얻은 후, 충분한 의학적 검진을 실시한 다음 경험이 풍부한 지도자에 의해 이루어지도록 한다.

(3) 포인트 시스템(Point system)의 도입

에어로빅댄스는 여성의 심폐지구력을 비롯한 체중조절, 미용, 근육발달에 효과적이다. 특히 심폐지구력을 발달시키는데는 비교적 낮은 강도로 장시간에 걸쳐 수행하는 운동이 적합하다. 이러한 조건을 충족시키면서 비용의 부담이 적고 일상생활에서 쉽게 접할 수 있는 종목은 걷기, 달리기, 줄넘기, 에어로빅댄스, 수영 등으로서 쿠퍼(K. H. Cooper)가 개발하여 최근 선진국에서 각광받고 있는 '포인트 시스템'을 우리 나라 실정에 맞추어 조절한 프로그램에 따라 운동을 실시하도록 한다(국민생활체육협의회, 1992).

① **포인트 시스템의 개요** :

  A. 포인트 시스템은 모든 운동 종목을 운동시간별, 운동강도별로 포인트로

〈표 10-3〉 심폐지구력 수준 및 목표 포인트

심폐지구력 수준	1주일에 획득해야 할 목표 포인트
매우 우수	41이상
우 수	27~40
보 통	16~26
열 등	8~15
매우 열등	8미만

자료: 국민생활체육협의회(1992). **국민체력향상프로그램: 요약집**. p. 131.

환산한 자료에 기초하여 운동프로그램을 작성하는 시스템이다. 이와 같은 운동프로그램에서는 심폐지구력 수준에 따라 1주일에 획득하여야 할 포인트가 정해진다. 획득해야 할 포인트는 다음과 같은데, 이는 몇 주간의 운동프로그램이 모두 끝나는 단계에서 1주일에 획득해야 할 목표가 된다. 어떠한 운동을 실시하든지 이 정도의 포인트를 획득해야 운동의 효과를 얻을 수 있다. 운동검사를 하지 않았으나 어느 정도 심폐지구력에 자신이 있는 사람은 '주당 27포인트'를 목표로 설정한다.

B. 운동프로그램에서 제시되어 있는 목표시간은 그 주의 초기가 아닌 말기에 달성되는 것이다.

C. 하나의 운동프로그램에서 최종목표 수준에 도달하면 각 운동종목의 포인트에 관한 자료에 기초하여 스스로 더 높은 단계의 프로그램을 처방한다.

② **포인트 시스템의 특성** :

A. 운동프로그램이 체계적으로 구성되어 있으므로 큰 부담없이 자신의 심폐지구력 수준을 향상시켜 나갈 수 있다.

B. 연령대별로 프로그램이 다르게 제시되어 있으므로, 자신의 연령에 맞는 프로그램에 참여할 수 있어 효과를 극대화시킬 수 있다.

③ **포인트 시스템에 기초한 에어로빅댄스의 예** :

이는 성인 여성을 위한 에어로빅댄스 프로그램에서 프로그램의 첫주에서는 주당 3회, 1회에 15분 운동함으로써 1주일에 9포인트를 얻는다. 그후 단계가 진행됨에 따라 주당 획득해야 할 포인트를 점차적으로 증가시켜 마지막

〈표 10-4〉30세 미만을 위한 에어로빅댄스 프로그램

주(週)	운동시간(분)	목표심박수	운동빈도(주당)	주당포인트
1	15:00	110~120	3	9.0
2	21:00	110~120	3	12.6
3	21:00	120~130	3	12.6
4	27:00	120~130	3	16.2
5	27:00	130~140	3	16.2
6	36:00	130~140	3	21.6
7	36:00	140~150	3	21.6
8	45:00	140~150	3	27.0

자료: 국민생활체육협의회(1992). **국민체력향상프로그램: 요약집**. p. 132.

단계인 8주째에는 주당 3회, 1회에 45분을 운동하여 1주일에 27포인트를 획득하는 수준에 이르도록 프로그램이 구성되어 있다.

3) 지도상의 유의점

(1) 지도의 목적

지도자는 참가자의 목적에 맞는 안전하고 효과적인 프로그램을 제공할 필요가 있다. 프로그램을 바르게 전달하도록 스스로 본보기가 되는 것이 중요하며, 나아가 참가자가 계속해서 운동을 하려는 의욕이 생기도록 동기를 부여하도록 한다.

(2) 지도의 포인트

① 참가자가 동작을 따라할 수 있도록 명확한 동작을 보여준다.
② 엑스사이즈를 이해할 수 있도록 알기 쉽게 설명한다.
③ 동작을 따라 할 수 있도록 조금 앞서 동작을 지시한다.
④ 즐기며 할 수 있도록, 커뮤니케이션을 도모하면서 실시한다.
⑤ 안전하게 실시되고 있는지 관찰하고, 수정한다.

(3) 지도의 테크닉

① 지도자의 자세 :
　A. 대면지도(對面指導) : 참가자와 마주 보며 실시한다. 거울이 없는 장소나

넓은 장소에서 실시하는 경우에 특히 적합하다. 단, 전후 좌우가 반대가 되므로 지시법이나 동작법에 주의할 필요가 있다.

　　B. **배면지도(背面指導)**: 참가자에게 등을 보이게 하고 실시한다. 거울이 있는 장소에서의 지도에 적합하며, 동작이 전해지기 쉽다는 이점이 있다. 단, 거울을 통해 시선을 마주치는 등의 커뮤니케이션이 필요하다.

② **큐잉(cuing)**: 운동의 이해를 위한 설명 및 주의, 다음 동작 지시를 큐잉이라고 한다. 큐잉에는 말을 사용하는 방법과 몸 동작, 손짓 등의 동작과 시각적으로 전하는 방법이 있다.

③ **음성 사용법**: 무리없는 자연스런 친근감을 갖게 하는 음성으로 명확하게 실시하며, 단조로워지지 않도록 음성의 질이나 크기, 음악과의 밸런스에도 주의한다.

④ **공간 사용법**: 참가자를 공평하게 지도하거나, 그룹으로서의 일체감을 느끼게 하기 위해, 또한, 자연스런 커뮤니케이션을 위해서도 지도자가 서있는 위치나 공간의 사용법을 연구할 필요가 있다.

4) 지도자의 역할

(1) 지도자의 책임

지도자는 넓은 시야와 지적인 통찰력을 가지고 참가자가 어떤 것을 원하는지 파악하여 지도하는 데 효과적으로 활용하는 것이 중요하다.

프로그램의 내용에 있어서는 안전하고 효과적일 것, 운동을 계속할 수 있도록 동기 부여와 만족감을 주는 것이 지도자로서의 책임이라고 할 수 있을 것이다. 또한, 환경 정비, 프로그램 수준의 결정, 참가자의 타입 파악, 초보자에 대한 배려, 참가자의 컨디션 확인, 복장이나 신발의 확인, 수분 섭취 권장 등을 사전에 배려하는 것도 필요하다.

(2) 지도자의 인격

지도자는 참가자에게 신뢰할 수 있고 의지할 수 있는 항상 안정된 정서의 소유자이어야 한다. 그리고 자신과 타인을 모두 소중히 생각하는 마음을 구체적으로 표현하는 능력을 익혀 둘 필요가 있다. 구체적인 방법으로서는 인사, 태도, 표정, 몸가짐, 말투 등에 주의를 기울이는 것이다. 지도자는 사회인으로서의 예의를 지키면서 자기 수양을 게을리 하지 말고 자기의 능력을 지도에 최대한 발휘할 수 있도록 항상 준비를 갖추고 있는 것이 중요하다. 이러한 하루 하루의 노력을 통해 유능하고 매력적인 지도자가 되어 가는 것이다.

(3) 참가자의 질서 배려

에어로빅댄스 체육관에는 눈에 보이지 않은 서열이 있다. 즉, 오래된 회원이나 운동기능의 수준이 높은 참여자가 앞줄에 위치하게 된다. 만약 이러한 질서를 무시하고 초보자나 외부에서 온 회원이 앞줄에 서서 운동하게 되면 눈총을 받거나 언어 폭력을 당하는 수가 있다. 따라서 지도자는 이러한 위계질서를 파악하여 참여자의 위치를 정해 주어 수업분위기가 명랑하고 부드러운 가운데 이루어질 수 있도록 리더십을 발휘해야 한다.

5) 에어로빅 댄싱과 운동상해

에어로빅 댄싱은 달리기, 두발 모아 뛰기, 무릎 들기, 회전 및 비틀기 등의 움직임과 무릎을 중심으로 한 상하의 진동 운동이 연속되는 동작들로 구성되어 있기 때문에 무릎과 발목부위가 가장 상해를 일으키기 쉽다. 특히, 에어로빅 댄싱이 달리기 중심의 프로그램이 아니라, 하지의 진동 운동과 상체를 많이 움직이거나 충격이 많은 동작들로 구성된 프로그램은 이러한 상해를 초래하기 쉽다(배근아, 1993).

에어로빅 댄싱에 참여하고 있는 여성 726명을 대상으로 충격 정도에 따른 상해 발생에 대한 설문지 조사에서 전체적으로 잠재적인 상해 위험을 내포하고 있었으며 강한 충격뿐만 아니라, 약한 충격에서도 상해가 발생되었다(Janis, 1990). 전체 설문 대상자의 35%가 상해 경험이 있었으며 지도자들 중에는 53%가 상해 경험이 있는 것으로 평가되었다. 1년 이상 에어로빅 댄싱을 해 온 피검자의 26~28%가 상해 경험과 치료를 받은 경험이 있으며 이 중에서 적어도 한번 이상 상해를 입었다고 응답한 사람은 49%였으며, 주요 상해 부위는 무릎(25%), 요추 부위(13%), 발목(12%) 순이었다.

전문가들은 공통적인 상해의 가능한 이유들을 다음과 같이 제시하고 있다. 운동하는 마루바닥 상태, 신발의 결함, 사지 동작의 불균형, 근력 약화, 유연성 부족, 불충분한 준비 운동, 주운동으로의 빠른 전환 등이다(Rothenberger, Chang, Cable, 1988).

이와 관련하여 1980년대 초 우리 나라에 에어로빅댄스가 보급되기 시작되면서 폭발적인 인기와 함께 전국적으로 많은 에어로빅 체육관이 우후죽순격으로 난립하였다. 그러나 자격있는 지도자 양성체계와 지도자의 운동 상해에 대한 인식 부족, 적절한 장비(신발 등)와 신체 동작을 고려하지 않은 콘크리트 바닥 또는 카페트 위에서 운동으로 인한 많은 운동 상해가 에어로빅댄스 보급에 치명적인 장애로 작용하여 그 인기가 급속히 감소하는 현상을 보이기도 했다.

따라서 운동 상해를 방지하기 위해서는 지도자의 운동 상해에 대한 지식의 습득과 회원에게 주의사항 전달, 운동장소의 탄력 있는 마루바닥으로의 교체가 시급하다고 할 수 있다.

더불어 신발 양 옆면의 보조가 좋은지를 살펴보고 또한 신발의 안정성 역시 고려되어야 한다. 충격을 잘 흡수하며 신발의 바닥은 신발과 바닥의 접촉이 이루어져서 안전한 발돋음대로써의 역할을 할 수 있도록 충분히 넓어야 하며 활발한 동작을 하더라도 발꿈치의 흔들림을 최소화시킬 수 있도록 뒤축 부분이 견고해야 한다.

3. 웨이트 트레이닝

1) 프로그램의 특징

최근 들어 웨이트 트레이닝은 아주 인기 있는 건강증진 방법으로 각광받고 있다. 이렇게 된 까닭은 경기에 참가하는 운동선수들의 숫자가 증가하는 등의 여러 가지 원인에서 기인한다고 볼 수 있지만 가장 주된 원인은 일반대중들이 신체단련의 필요성을 인식하게 된 것에 있다고 할 수 있다. 사람들이 여러 가지 다른 이유에서 웨이트 트레이닝을 하겠지만 근육을 발달시키고 또한 신체의 지방을 감소시켜 외모를 보기 좋게 만들기 위해 많은 사람들이 웨이트 트레이닝을 한다.

또한 지난 수십년간 운동선수들 사이에서 웨이트 트레이닝에 대한 인식이 상당히 달라진 것은 매우 흥미로운 사실이다. 1950년대나 1960년대 초반까지만 해도 미식축구와 같이 근력이 중요한 경기에서 코치들은 자신들의 선수들이 무거운 무게로 운동하는 것을 원하지 않았다. 왜냐하면 무거운 무게로 운동을 하게 되면 근육이 너무 과도하게 발달되어서 경기력이 감소될 것으로 생각했기 때문이다. 1980년대가 되어서야 비로소 테니스, 골프, 농구 야구와 같은 종목의 코치들은 선수들에게 웨이트 트레이닝을 하도록 허용했다. 그들은 선수들이 웨이트 트레이닝을 하면 '감각'을 잃어버리게 될 것이라고 믿었기 때문이다.

하지만 선수들의 근력증가가 경기력 향상의 주요 원인이라는 사실이 모든 종목에서 증명되면서 잘못된 생각(근육이 너무 발달, 감각손상)은 사라지게 되었다. 근력의 증가와 경기에서의 승리가 밀접한 관계있는 것으로 확인되면서 대부분의 프로팀과 대학의 경기 담당 부서는 선수들의 근력과 순발력의 증가를 주된 임무로 하는 웨이트 트레이닝 코치를 고용하고 있다. 일례로 텍사스 레인저스(Texas Rangers)에서 활약하고 있는 박찬호 선수를 포함한 미국의 메이저 리그에서 활약하고 있는 마크 맥과이어, 제프 배그웰, 후안 골살레스, 그레날렌 힐, 그리고 알렉스 로드리게스는 사각의 다이아몬드 구장에서만이 아니라 웨이트 트레이닝 체육관에서도 최고가 되고 싶어한다. 야구처럼 뛰어난 기술을 요하는 스포츠에서 모든 선수들은 근력, 유연성, 민첩성, 그리고 신체적 컨디션 조절로 야구 실력을 극대화하기 위하여 웨이트 트레이닝을 비시즌기와 시즌기에도 실시하고 있다.

또한 스포츠로 등장한 보디빌딩(Body Building)은 웨이트 트레이닝에 대한 흥미를 불러일으키는데 많은 기여를 했다. 전 세계 보디빌딩 챔피언이었던 아놀드 슈왈츠제너거(Arnold Schwarzenegger)가 연예계에서 성공하고, 한국의 유명한 영화, TV, 가수들의 보디빌딩 붐은 일반인의 관심을 집중시키는데 상당한 역할을 하였다.

이와 같이 웨이트 트레이닝에 참가하는 사람들이 가장 많이 증가한 분야는 건강·스포츠 분야 계층(자신들의 건강 증진 및 흥미를 목적으로 운동하는 사람)이다. 예전에는 시합에 참가하는 선수들만이 경기에 대비해서 역기 운동(weight lift)을 하였지만 요즘은 자신의 신체 단련을 위해 누구나 역기 운동을 하는 것으로 보편화되어 있다. 일반 대중들의 근력 운동에 대한 관심의 증가로 인해 지난 30년 동안 전국에서 헬스클럽과 웨이트 트레이닝 체육관의 숫자가 급격히 늘어났다.

웨이트 트레이닝은 많은 기구 생산 판매업자들이 구매자의 돈을 목표로 하는 거대한 산업으로 발전되었다. 하지만 웨이트 트레이닝에 관한 여러 가지 면의 이해가 부족한 실정이다. 또한 많은 헬스클럽들이 회원수를 증가시키기 위해 자신들의 체육관과 기구사용에 대한 효과를 과장하며, 근거없는 선전을 하고 있다.

따라서 여기에서는 근력발달에 관한 잘못된 생각을 교정하고 정확한 이론 및 원칙을 소개할 것이다. <표 10-5>에는 전국의 체육시설업 현황에 제시되어 있는데 그중 헬스클럽은 총 체육시설업의 10.2%를 차지하고 있다.

〈표 10-5〉 체육시설업의 업종별 현황

종 목	업소수	비율(%)	종 목	업소수	비율(%)	종 목	업소수	비율(%)
계	41,984	100	종합체육시설	198	0.5	무도장	65	0.1
골프장	154	0.4	수영장	580	1.4	무도학원	1,361	3.2
스키장	13	0.1	체육도장	9,131	21.7	**헬스클럽**	**4,274**	**10.2**
요트장	1	0.1	볼링장	965	2.3	에어로빅장	2,298	5.5
빙상장	24	0.1	테니스장	227	0.5	당구장	20,	48.8
승마장	16	0.1	골프연습장	2,090	5.0	썰매장	471	0.3
자동차경주장	1	0.1					123	

자료: 문화관광부(2002). **전국 등록·신고 체육시설업현황.** p. 11.

(1) 웨이트 트레이닝의 효과

① **근력/근비대** : 웨이트 트레이닝 프로그램의 가장 뚜렷한 효과는 근육이 강해지고 또한 부피가 증대되는 것이다. 이러한 효과는 성별, 유전적인 요소와 어떤 방법으로 연습하는가에 따라 다르게 나타난다. 여성들은 웨이트 트레이닝을 하더라도 남성들만큼 근육의 크기를 증가시킬 수 없다. 하지만 괄목할만한 근력의 증가를 이룩할 수 있다. 이러한 사실은 남자와 같은 형태의 굵은 우람한 근육을 원하지 않는 많은 여성들을 안심시킬 수 있다. 이것은 근육의 발달 한계를 결정하는 남성 호르몬인 테스토스테론(testosterone)이 여성(여성호르몬은 estrogen)에게도 있지만 그 양이 아주 적기 때문에 근육의 부피에 실질적인 영향을 미치지 못하기 때문이다.

웨이트 트레이닝을 실시한 후 남녀의 근력 증가를 비교한 연구를 보면 여성들도 남성들처럼 상당한 근력의 증가를 가져올 수 있다. 하지만 남성의 경우 근육의 부피가 여성의 경우보다 거의 두배 정도로 증가했다. 이러한 결과는 여성들의 경우, 근력의 증가만큼 근육의 부피가 증가되지 않고서도 근력을 발달시킬 수 있다는 이론을 지지한다.

② **근육의 탄력성/자세/재활(rehabilitation)** : 웨이트 트레이닝 프로그램을 실시하면 근육의 외양이 더욱 단단해져 보이며 근육이 수축되지 않은 상태에 있더라도 약해 보이거나 물렁해 보이지 않는다. 이러한 변화를 일컬어 근육의 탄력성(muscle tone)이라 한다. 웨이트 트레이닝은 또한 느슨하고 약해

진 근육을 강화시켜서 인체의 각 부분을 보다 효율적으로 배열(aligning)시
킴으로써 좋은 자세를 유지하는데 도움이 된다. 그 외에도 부상당한 근육이나
관절의 치료에 웨이트 트레이닝을 이용하면 기능을 회복하는데 도움이 된다.

③ **신진대사(metabolism)** : 근육의 조직에는 휴식시에도 신진대사가 일어나고
있다(지방조직은 신진대사가 일어나더라도 극히 소량이다). 그러므로 더 많
은 근육조직을 소유하고 있다면 나이가 증가하더라도 휴식시의 신진대사량
은 높게 유지된다. 연령의 증가와 함께 얼마 정도의 근육조직이 손실된다는
것은 과학적으로 잘 증명되고 있다(25세 이후에 매 10년마다 약 3~5%감
소). 또한 성장을 위한 에너지의 필요성이 감소하므로 신진대사를 더욱 감소
시키게 된다.

하지만 대부분의 성인들은 감소된 신진대사에 맞게끔 그들의 식욕이 감소
되지 않는다. 그러므로 중년의 성인들이 나이를 먹을수록 신체지방이 더욱
많아지는 현상을 쉽게 이해할 수 있다. 웨이트 트레이닝 프로그램은 나이의
증가와 함께 감소하는 근육조직의 손실을 최소화시키며 또한 휴식시에 더 많
은 칼로리를 태울 수 있도록 함으로써 비만을 방지하는데 도움이 된다.

④ **유연성/관절의 가동성증대/골다공증 예방** : 많은 사람들은 웨이트 트레이닝
이 유연성을 감소시킨다고 믿고 있지만, 동작을 올바르게 연습한다면 웨이트
트레이닝은 유연성을 증가시킬 수 있다. 모든 동작을 관절의 전범위에 걸쳐
서 운동하는 것이 중요한데 그 이유는 동작의 범위 내에서 근육이 수축할 뿐
만 아니라 스트레치도 되기 때문이다. 웨이트 트레이닝은 또한 관절의 인대
와 건대 및 근육을 강화시키므로 관절의 안정성을 향상시키는 효과도 있다.
또한 뼈에 적당한 자극을 주어 골다공증을 예방하는 효과도 있다.

⑤ **지구력(endurance)** : 웨이트 트레이닝을 통해서 근력을 증가시키게 되면 근
지구력 또한 증가된다. 최대 근력이 증가하면 예전에 운동하던 무게는 가볍
게 느껴질 것이므로 더 많은 횟수를 반복해서 운동할 수 있게 될 것이다. 그
결과 물건을 들어올리기가 쉬워지며 일상생활의 활동이 덜 피로하게 된다.

⑥ **심리적인 효과** : 웨이트 트레이닝을 하면 명백한 생리적인 효과 외에도 여러
가지 심리적인 효과를 거둘 수 있다. 신체적으로 보기가 좋으면 자신감(self-
esteem)을 가질 수 있다. 웨이트 트레이닝을 하는 사람들은 운동하고 있는
자신의 근육이 충만되어 지는 것 같은 느낌을 즐긴다. 이러한 근육의 충만감
은 자신의 신체에 대해 유익한 일을 하고 있다는 것을 입증하는 것이라고 생

각될 수 있다. 그 밖에도 웨이트 트레이닝은 좌절과 긴장을 완화시키는데도 효과적인 분출구의 역할을 한다. 장기간의 트레이닝 프로그램으로 신체가 적응되면 여러 가지 방면으로 긍정적인 결과를 가져올 수 있다. 예를 들면 증가된 근력과 지구력, 신체지방의 감소와 근력의 탄력성 및 근육 형태의 증진 등은 웨이트 트레이닝의 심리적인 효과에 많은 영향을 미칠 것이다. 자신의 신체가 보기 좋고 또한 자신감을 갖게 되면 심리적으로도 좋은 결과를 가져올 수 있을 것이다(장경태, 이정숙 역, 1993).

(2) 웨이트 트레이닝의 장·단점

① **장점** : 부하를 자유롭게 바꿀 수 있으므로, 그 사람의 체력에 맞는 부하로 운동할 수가 있다. 또한, 지도 목적에 맞게 부하를 결정하기가 쉽다. 예를 들면, 낮은 부하는 병상에서 일어난 후 체력 회복이나 고령자의 건강 증진에 적합할 것이며, 성인병 예방에도 효과적으로 이용할 수 있다. 그리고 중간 정도의 부하는 체중조절이나 골다공증 예방 등에도 사용할 수 있다. 낮은 부하를 이용한 프로그램이 확실하게 효과가 보임에 따라 차츰 강한 부하를 이용한 프로그램으로 옮겨감으로써 체력이 증진해 가는 기쁨을 느끼게 하여 스트레스 해소의 효과도 올릴 수 있다.

   즉, 건강을 위해 실시하는 웨이트 트레이닝에서는, 그 목적에 맞추어 부하를 변화시키고, 또 체력발달에 맞추어 조금씩 부하를 늘려가기가 쉽다는 것이 큰 특징이다. 게다가 부하가 얼마만큼 늘었는지가 수량적으로 확실히 나타나므로 체력의 증진을 명확하게 자각시킬 수 있는 프로그램이라고 할 수 있다.

② **단점** : 역기나 아령 등 부하가 되는 기구가 필요하다. 직접 모래 주머니를 만들어 사용하거나 주변에 있는 무거운 책 등을 이용해도 되기는 하지만, 다루기가 어렵고 정확하게 부하를 추가하기 위해서 역기나 아령과 같은 전용 기구가 적합하다. 그러나 잘못 사용하면 매우 위험하다. 예를 들면, 역기가 손에서 미끄러져 흘러내려서 발을 찧거나 하면 쉽게 골절을 일으키고, 가슴 위에 역기가 떨어지면 심장에 타격을 가하여 생명을 잃을 수도 있다.

   최대 근력에 가까운 무거운 역기로 스쿼트(squat)나 벤치 프레스 등을 할 때는 반드시 보조자가 옆에 있을 필요가 있다. 안전하게 트레이닝 하는 방법을 숙지하고 이를 준수하지 않으면 프로그램에 참가할 자격이 없다는 것을 철저히 알려야 한다. 역기나 아령 대신에 부하를 실을 수 있는 머신은 그 점에서는 비교적 안전하다. 그러나 기계 설비는 매우 비싸고 전용 설치 장소를 만들지 않으면 안 된다. 또한, 머신은 역기나 아령과는 다르게 근육 하나 하나를 트레이닝 하도록 만들어져 있기 때문에 인체의 동작이 몇 개의 근육 협조에 의해 이루어진다는 것을 간과할 수도 있다.

2) 근육 수축운동의 형태

근육의 수축에는 기본적으로 세 가지 형태가 있으며, 첫째 등척성(等尺性, isometric), 둘째 등장성(等張性, isotonic), 셋째 등속성(等速性, isokinetic) 수축이 있다. 웨이트 트레이닝 프로그램에서는 이와 같은 세 가지의 수축 형태를 이용하지만, 일반적으로 등장성 수축 형태를 이용한다.

① 등척성 수축(isometric contraction) : 등척성 수축은 근육의 길이에는 아무런 변화가 없으나 근육에 장력(tension)이 가해진다. 등척성 수축은 근육이 고정된 바(bar)와 같이 부하를 움직일 수 없으므로 관절 운동이 일어나지 않는다. 즉, 근육이 수축할 때 장력은 있으나 외관상 근육의 길이는 변화가 없으므로 정적 수축(static contraction)이라고도 한다. 예를 들면 운동하는 사람이 벤취 프레스에서 마지막 횟수(repetition)를 힘이 다 빠진 상태에서 더 이상 바벨을 위로 올리지 못하고 부들부들 떨고 있는 경우는 근육이 등척성 수축을 하고 있는 상태라고 볼 수 있다.

1950년대에 등척성 수축 운동은 아주 인기가 좋았다. 두 명의 독일 연구자들(Hettinger & Muler)이 짧은 시간 동안의 등장성 수축 운동만으로도 근력을 상당히 발달시킬 수 있다는 결과를 발표했다. 그러나 그들의 연구를 자세히 살펴보았을 때 어떤 결론은 과장되었음이 발견되었다.

여러 가지 방법의 등척성 운동 프로그램이 있지만, 일반적으로 최대 근력(한 번에 최대로 들어올릴 수 있는 무게)의 약 2/3의 부하로서 6~10초 동안 근력을 발휘하며, 각 근육부위마다 5~10회를 반복하며, 1주일에 5회 이상 실시할 수 있다. 등척성 수축운동의 장·단점이 <표 10-6>에 있다.

② 등장성 수축(isotonic contraction) : 등장성 수축은 근육의 길이가 변하면서 장력(tension)을 발생시키는 것을 말한다. 또한 장력이 발휘될 때 근육의 길이가 변하기 때문에 동적 수축(dynamic contraction)이라고도 한다. 등장

〈표 10-6〉 등척성 수축(isometric contraction)운동의 장·단점

장 점	단 점
·장소에 구애받지 않고 행할 수 있다 ·시간이 많이 소요되지 않는다 ·부상당한 근육의 회복에 이용할 수 있다 ·동작 범위 중 어려운 지점(sticking point)을 극복하는데 활용할 수 있다 ·기구나 장비의 구입비용이 들지 않는다	·근력의 증가는 운동된 관절의 각도에서만 가능하다 ·노력의 정도를 판단할 수 없다 ·향상의 정도를 판단할 수 없다 ·전신의 모든 근육을 운동시키기 어렵다 ·혈압이 급상승할 우려가 있다

성 수축에는 단축성 수축(concentric contraction)과 신장성 수축(eccentric contraction)이 있다. 단축성 수축은 근수축시 근육의 길이가 짧아지는 것을 말하며, 신장성 수축은 근수축이 근육의 길이가 길어지는 것을 말한다. 등장성 수축 운동시에는 근육이 짧아질 때(단축성)와 길어질 때(신장성) 모두 같은 근육 부위를 운동시킨다는 것을 이해하는 것이 중요하다. 예를 들면 역기(barbell)나 아령(dumbbell) 등의 프리 웨이트(free weight, 봉의 양쪽 끝에 무게가 달려 있는 것)로 운동할 때 역기를 들어올리면서(단축성 수축: 근육의 길이가 짧아진다), 상완이두근을 수축시킨다. 한편 처음의 동작으로 역기

〈표 10-7〉 등장성 수축(isotonic contraction)운동의 장·단점

장 점	단 점
·노력의 수준을 결정할 수 있다(운동강도) ·향상의 상태가 관찰되고 기록될 수 있다 ·동작하는 전 범위에 걸쳐 근력을 발달시킬 수 있다 ·근육의 부피증가에 보다 효과적이다 ·인체의 주요 근육부위를 운동시키기가 비교적 쉽다 ·등척성 수축운동보다 심리적으로 동기를 유발할 수 있다	·안전: 초보자에게 등척성 수축운동보다 위험성이 많다 ·근육의 통증, 쓰라림(soreness)과 부상의 위험이 높다 ·등척성 수축운동보다 운동시간이 많이 소요된다

를 내릴 때도 역시(신장성 수축: 근육의 길이가 길어진다) 상완이두근을 운동시킨다

전통적인 등장성 수축 운동의 형태는 역기, 아령과 잡아 당기(pulleys)는 형태의 중량운동을 사용하고 있다. <표 10-7>에는 등장성 수축운동의 장·단점이 제시되어 있다.

③ **등속성 수축(isonkinetic contraction)** : 등속성 수축은 새로운 운동형태로서 특수화된 등장성운동형태이다. 등척성 수축(isometric contraction)은 항상 100% 최대근력사용과 훈련된 관절각도에서만 근력이 증가한다는 단점이 있다. 등장성 수축(isotonic contraction)은 역기를 부하로 사용하면 저항은 부하의 전 범위에 걸쳐서 근육의 길이와 당기는 각도에 따라 변하기 때문에, 비록 저항이 단지 한번 들어올릴 수 있는 것이라 하더라도, 수축은 대부분의 운동범위 중 최대하(sub maximal)로 정의되어야만 한다. 등장성 수축형태의 들기는 운동범위가 가장 약한 지점에서 최대가 될 것이다.

등속성 수축(isokinetic contraction)은 등척성 수축과 등장성 수축 운동의 약점을 제거하고 장점을 활용하도록 시도하고 있다. 등속성 수축은 근수축속도가 일정하고 근육의 길이가 짧아지는 운동이다. 저항이 근력에 적응되도록 정확하게 조절된 운동기구만을 사용하여야만 된다. 등속성 수축 훈련기구로는 노틸러스(Nautilus), 미니 짐(Mini-Gym), 사이벡스(Cybex) 등이 있다. <표 10-8>에는 등속성 수축운동의 장·단점이 제시되어 있다.

<표 10-8> 등속성 수축(isokinetic contraction)운동의 장·단점

장 점	단 점
·운동 동작의 전범위에 걸쳐 최대 근력을 발달시킨다	·기구의 구입비용이 매우 비싸다
·한 가지 운동으로 상반되는 근육을 단련시킨다(시간적으로 보다 효과적이다)	
·부상당한 근육을 재활시키는데 사용된다	
·빠르게 움직이는 동작의 근력을 증대시키는데 효과적이다	·일반 체육관에서 사용하기가 어렵다(보급이 잘 안되어 있다)
·근육의 쓰라짐, 통증을 감소시킨다	

3) 웨이트 트레이닝과 휴식

일반적으로 웨이트 트레이닝은 최대근력의 65~70%의 근력으로 부하(무게)를 사용해서 트레이닝을 한다. 이것은 운동을 연속해서 약 10~15회 반복할 수 있는 운동량이다. 이때, 사용되는 에너지 시스템은 무산소계(anaerobic system)이다.

운동을 계속하면 그 이상 무게를 들 수 없게 되는데 그 이유는 근육 내의 젖산 (lactic acid)을 비롯한 피로 물질이 축적되어 ATP의 재합성을 방해하기 때문이다. 소모된 체력을 회복하기 위해서는 다음 단계는 휴식이 필요하다. 휴식이란 근육 내에 축적된 피로 물질을 제거함과 동시에 손실된 영양소와 산소를 체외에서 보강하는 기간이다.

한편, 트레이닝 후에 일정 시간 동안 휴식하면 체력 수준이 한동안 운동하기 이전보다 잠시 높아진다. 이것을 초과회복(超過回復, super compensation)이라고 부르는 상태이다. 트레이닝에 의해 소모된 체력은 그 후의 충분한 휴식과 영양 보충에 의해 서서히 회복되어 트레이닝 전의 수준에 도달하는데 여기서 머무는 것이 아니라 다시 일정 시간 향상을 계속한다. 그리고 어느 수준에 도달하면 서서히 저하되어 최종적으로 트레이닝 전과 같은 상태로 머무르게 된다.

따라서 항상 초과회복기를 겨냥하여 트레이닝을 하면 체력은 연속적으로 상승된다. 또한 근육의 비대현상(肥大現狀)은 트레이닝에 의해 손실된 영양소가 휴식기간에 보충되어 집중하고, 손상된 근세포가 재합성 되어 근섬유가 두꺼워짐으로써 발생한다. 초과회복을 겨냥한 트레이닝을 계속하면 근비대가 계속되어 체력향상으로 연결된다.

격렬히 사용한 근육의 재합성에는 아미노산이 필요하기 때문에 휴식기간에는 충분한 양의 단백질을 섭취할 필요가 있다. 트레이닝에서 초과회복까지의 휴식기간은 사람에 따라 다르고, 트레이닝의 양에 따라서도 차이가 있기 때문에 일률적인 평균치는 없지만 일반적으로 48~72시간 정도이기 때문에 주 2~3회 트레이닝하

<그림 10-6> 트레이닝 후 근섬유 비대 현상까지의 경로

자료: 안종철(1999). **파워 웨이트 트레이닝.** 서울: 삼호미디어. p. 22.

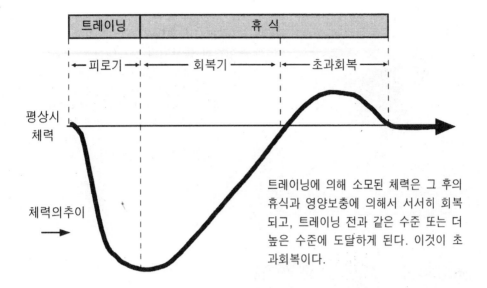

〈그림 10-7〉 초과회복까지 체력의 추이

자료: 안종철(1999). **파워 웨이트 트레이닝**. 서울: 삼호미디어. p. 23.

는 것이 효과적이다. 〈그림 10-6〉에는 트레이닝 후 근섬유 비대 현상이 발생하기까지가 도식화되어 있으며, 〈그림 10-7〉에는 트레이닝 후 초과회복까지의 체력에 대한 추이가 제시되어 있다.

4) 지도 프로그램 작성의 포인트

① **준비운동을 실시한다** : 부하가 가볍다고 해도, 자신의 체중 이외의 부하가 가해지므로 근육에는 큰 부담이 된다. 근육이나 힘줄, 관절을 상하게 하지 않도록 미리 준비운동을 하는 것이 중요하다. 체육관에서 준비운동의 일환으로 스트레칭을 하는 것이 많이 도입되고 있다. 스트레치에 의해 근육의 혈류량을 증가시키고, 유연성을 높이고 나서 트레이닝에 들어가는 것이 부상을 예방할 수 있다. 본격적인 웨이트 트레이닝에 앞서, 강한 부담을 줄 신체 부위는 충분히 스트레치를 할 필요가 있다(〈그림 10-8 ①~⑦〉 참고).

또한, 초보자일 경우 동작에 대한 용어와 순서의 이해가 어렵기 때문에 운

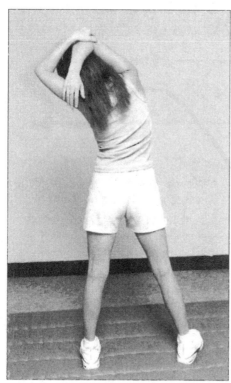

〈그림 10-8①〉 상완과 등부위의 스트레칭

한쪽 팔꿈치를 머리뒤로 구부리고 다른 한쪽 손으로 팔꿈치를 끌어 당기면서 상체를 같은 방향으로 구부린다. 팔꿈치에서 늑골부위까지 세게 당겨지는 것을 느끼면서 20~30초간 실시한다. 한쪽이 끝나면 다른 한쪽도 똑같이 실시한다.

〈그림 10-8②〉 어깨의 스트레칭

양손을 뒤로 돌려 한쪽 손으로 다른 한쪽 손목을 잡고 끌어당기면서 머리도 같은 방향으로 기울인다. 머리에서 어깨까지 세게 당겨지는 것을 느끼면서 20~30초간 실시한다. 한쪽이 끝나면 다른 한쪽도 똑같이 실시한다.

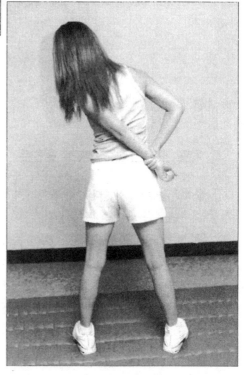

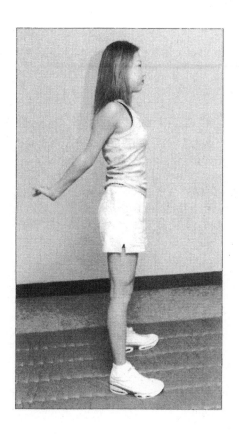

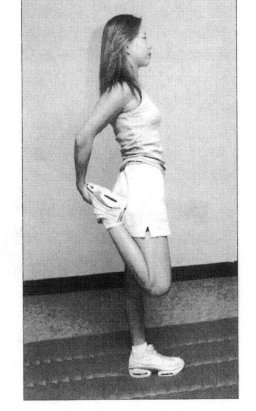

〈그림 10-8③〉
어깨와 가슴의 스트레칭

양손을 등뒤에서 합장한 후 위로 올리
듯 실시한다. 가슴은 앞으로 내미는 듯
이 한다. 어깨에서 가슴으로 세게 당
겨지는 듯한 기분을 느끼면서 20~30
초간 실시한다.

〈그림 10-8④〉 대퇴부의 스트레칭

한쪽다리를 뒤로 구부리고 손으로 발끝을 잡고
위로 당긴다. 대퇴부의 앞쪽이 세게 당겨지는
것을 느끼면서 20~30초간 실시한다. 한쪽이 끝
나면 교대한다.

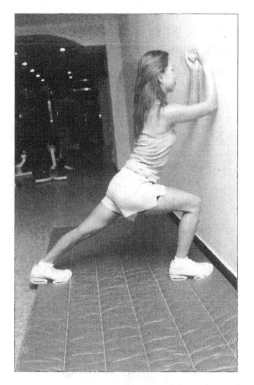

〈그림 10-8⑤〉 하퇴부의 스트레칭

벽에서 약간 떨어진 거리에서 상체가 벽에 닿을 정도로 기울인다. 허리를 앞으로 미는 듯 하면서 앞쪽발의 무릎을 굽히고 뒤쪽발의 무릎은 곧게 뻗는다. 뒤쪽발의 장딴지가 세게 당겨지는 것을 느끼면서 20~30초간 실시한다. 한쪽이 끝나면 교대한다.

〈그림 10-8⑥〉 등과 하지의 스트레칭

한쪽발을 뻗은 채로 앉아 상체를 구부려 뻗은 발의 발끝을 끌어 당긴다. 손이 발 끝에 닿지 않을 경우에는 무리하지 말고 그대로 손끝이 발목근처에 가까이 한다. 등과 다리의 뒤쪽이 세게 당겨지는 것을 느끼면서 20~30초간 실시한다. 한쪽이 끝나면 교대한다.

〈그림 10-8⑦〉 둔부의 스트레칭

똑바로 누운 자세로 한쪽무릎을 구부려 가슴으로 끌어안는다. 둔부가 세게 당겨지는 것을 느끼면서 20~30초간 실시한다. 한쪽이 끝나면 교대한다.

<표 10-9> 웨이트 트레이닝 프로그램 운동처방 양식

WORKOUT PROGRAM

Name	Sex	Age	Weight	Blood Sugar	Blood Pressure	Day

Memo

EXERCISE PRESCRIPTION

WARMING UP - Bar Stretching			
Body Stretching			
Aerobics			
Model	Time	Kcal	Rep
Treadmill			
Stationary Bike			
Step Walking			

WEIGHT TRAINING			
Model	Set	Kg	Rep
Chest Press (M)			
Butter Fly (M)			
Flat Bench Press			
Incline Bench Press			
Lat Pull-down			
Chin			
Dumbbell or Barbell Pull-over			
Seated Cable Row (M)			
Bent-over Barbell Row			
T-bar Row			
Shoulder Press (M)			
Seated Dumbbell Press			
Dumbbell Side Lateral Raise			

Model	Set	Kg	Rep
Front Raise			
Cable Side Lateral Raise			
Shrug			
Upright Row			
Lying Triceps Extenson			
Barbell french Press			
Bench Dips			
Straight-bar Press down			
Revers Grip Push Down			
Standing Barbell Curl			
Alternating Dumbbell Curl			
Incline Dumbbell Curl			
Preacher Curl			
Concentration Curl			
Arm Curl (M)			
Hammer Curl			
Wrist Curl			
Basic Sit-up			
Squat, Calf Raise			
Leg Curl (M)			
Leg Extension (M)			

동처방전을 참가자에게 제공할 필요성이 있다. <표 10-9>에는 서울시내 P 헬스클럽의 웨이트 트레이닝 프로그램 운동처방 양식이 소개되어 있다.

② **트레이닝 부위, 종목, 부하의 강도, 횟수, 세트 수, 빈도의 결정** : 웨이트 트레이닝에 의해 어떠한 효과를 얻으려고 하는가에 따라 트레이닝 부위, 종목, 부하의 강도, 횟수, 세트 수, 빈도를 정하는 것이다. 예를 들면, 스쿼트를 30RM (Repetition Maximum)의 강도로 20회, 3세트, 주 3일 했다고 하면, 그 의미는 다음과 같다. 역기를 메고 한번에 최대 30회의 스쿼트를 할 수 있는 무게지만, 한번에 20회의 스쿼트를 하였다. 이것을 1세트로 하여, 중간에 휴식을 취하고, 3세트를 하고, 주 3일간의 빈도로 트레이닝했다는 것을 의미한다.

　부하의 무게가 무거워지면, 횟수는 적어질 수밖에 없고, 부하를 가볍게 하면 횟수를 늘릴 수 있을 것이다. 부하가 무거운 경우는 근육과 근력을 발달시키는데 유효하며, 횟수가 많은 경우는 에너지 소비를 크게 하여 지구력을 증대시키게 된다. 트레이닝의 필요를 느끼고 있는 신체 부위에 중점을 두는 것은 당연하지만, 그 이외의 부위도 소홀하지 않도록 한다. 하반신이 약해진 사람이 하반신만을 단련시키는 트레이닝을 하고 상반신의 트레이닝을 전혀 하지 않았다고 가정할 때, 하반신이 강해져 무거운 물건을 쉽게 운반할 수 있게 되었다고 해도, 단련하지 않은 상반신에 많은 부담이 가해지게 되어, 요통이나 어깨의 통증 등이 새롭게 생기게 된다.

　신체 각부의 근육이 균형 잡혀 있을 때, 효율적인 기능 발휘가 가능하므로 그런 의미에서 프로그램 작성시에 전신 근육의 균형을 고려해야 한다. 앞에서 설명했듯이, 웨이트 트레이닝을 통해 건강을 증진하고자 할 경우는 그 내용에 따라 처음에는 부하를 약하게 하고, 중간 정도의 부하, 차차 강한 부하로 조금씩 늘려 가는 것이 효과적이다. 따라서 적당할 것이라고 예상되는 부하보다도 약한 부하부터 시작하여, 그 부하에 완전하게 적응했다고 판단될 때 서서히 부하를 늘려나가도록 해야 한다.

③ **부하를 가한 후의 근육은 반드시 쉬게 한다** : 몇 가지 종목을 합친 것을 1세트(set)로 하고 그것을 여러 세트 행하는 것이 서킷 트레이닝(circuit training) 방법으로서 일반적으로 행해진다. 1세트 안에서의 종목의 구성은, 상반신 다음에는 하반신을 하고, 다음에 또 상반신을 하는 식으로 가까운 부위의 운동을 연속해서 하지 않는 것이 바람직하다. 이와 같이 행하는 이유는 주동근이 작용하는 부위의 근육은 일종의 협력근으로서 많든 적든 협동하여 작용하므

로 피로가 중복될 가능성이 있기 때문이다. 다른 부위를 트레이닝하고 있는 동안 그 전에 트레이닝한 신체 부위의 근육을 쉬게 할 수가 있다.

근육은 단련 후 쉬는 동안 원래의 상태로 회복되는데, 회복 후 원래의 상태보다도 훨씬 기능이 향상되게 된다. 이 초과회복 현상이 우리들이 기대하는 트레이닝 효과이며, 쉬게 하지 않고 같은 근육을 계속해서 움직이게 하면 피로가 극도로 누적되어 장해를 일으키기도 한다.

처음에 실시하는 종목은 특별히 발달시키고 싶은 신체 부위에 관한 것도 좋지만 가능하면 소근육 부위보다는 대근육 부위를 먼저 하는 것이 좋다. 소근육 부위의 트레이닝부터 시작하면, 소근육이 지쳐 다음에 이것들의 근육을 포함하는 대근육군의 트레이닝을 할 때에 지장을 일으키기 쉽기 때문이다. 세트와 세트 사이에는 반드시 휴식을 취하는 것이 바람직하다. 그러나 너무 긴 휴식은 트레이닝의 효과를 약화시키는 경우가 있으므로 주의해야 한다.

④ **목적별 프로그램 작성**

　a. 낮은 부하를 사용: 병상에서 일어난 후 체력을 회복시키거나 고령자가 체력을 유지·증진 시키려고 웨이트 트레이닝을 할 때는 아주 약한 부하부터 시작해야 한다. 연속해서 30회 정도를 들어올릴 수 있을 정도의 가벼운 부하로 시작해야 한다. 30회 연속해서 들어올릴 수 있는 무게라는 것은 최대 근력의 1/3 정도 밖에 안 되는 것이다. 부하를 가볍게 하고, 세트 수도 무리하지 않게, 피로를 느꼈을 때는 그 날의 트레이닝을 종료한다는 마음 자세이어야 한다. 1주일에 2~3일 정도의 빈도로도 충분하다.

　　병후 회복 단계에 있는 사람이나 고령자는 일반적으로 하반신이 약해져 있는 경우가 많다. 하반신을 중심으로 하면서 전신을 움직이는 프로그램을 생각하는 것이 좋다. 질병으로 약해진 체력이라면, 회복 과정은 트레이닝에 의해 눈에 보일 정도로 빨리 회복된다. 체력 회복에 맞추어 무게, 세트 수 등을 중간 정도 수준으로 점차 레벨을 높여 갈 수가 있다. 예를 들면, 처음에 어떤 부하로 트레이닝을 시작했을 때, 연속해서 30회밖에 들어올리지 못했던 것이 35회, 40회로 차츰 횟수가 증가해 간다. 이 경우 부하를 늘려, 처음과 같이 30회를 겨우 할 수 있을 정도의 무게로 중량을 올린다. 고령자는 체력을 증진하기 보다는 현재의 체력을 유지시켜 나간다는 것을 염두에 두어야 한다. 고령자는 몸에 가해지는 부하의 자극에 대한 순응성이 좋지 않으므로 트레이닝의 효과를 너무 기대하여 부하를 급격히 늘리면, 오히려 장해를 가져 올 수 있다. 그러나 고령자이지만, 약간의 트레이닝 효과는 나타나므로 늘 같은 부하로 트레이닝을 하는 것은 몸에 있어 부하가 상대적으로 가벼워지는 셈이 된다. 점진적인 트레이닝 효과를 노리면서 조금씩 부하를 늘려 가는 것도 삶의 보람으로 느껴질 것이다.

병후나 고령자 등 하반신이 약해져 있는 사람이 역기 등을 사용하면 몸이 불안정해져 위험이 따른다. 스쿼트(squat, 대퇴근 발달)나 카프라이즈(Calf Raise, 종아리 발달)와 같은 하반신 트레이닝을 할 때는 역기가 아니라 아령을 한 손에 들고, 다른 손으로는 책상이나 기둥 등을 붙잡고 하는 것이 좋다(<그림 10-9>). 그래도 불안한 경우에는 동적인 트레이닝이 아니라, 정적인 트레이닝(등척성 트레이닝)을 먼저 해야 한다.

등척성 트레이닝은 고정되어 있어 움직이지 않는 것에 힘을 가하는 방법으로써 큰 나무나 기둥, 철봉, 벽 등 무엇이든 이용할 수 있으므로 편리하다. 또한, 동작을 동반하지 않으므로 몸의 균형이 깨지는 일도 없다. 그러한 의미에서 체력이 극도로 약해져 있는 사람에게 매우 안전한 트레이닝이라고 할 수 있다. 다만, 이 방법은 근력을 증강시키는 데는 효과적이지만 에너지 소비가 적기 때문에 에너지 소비를 주목적으로 하는 성인병 예방에는 적당한 방법이 아니다.

그리고 어떤 관절의 각도에서 등척성 트레이닝을 하면, 그 관절 각도의 부분 외에는 트레이닝 효과가 없다. 그렇기 때문에, 등척성 트레이닝을 할 때는 무릎 관절 각도를 몇 단계로 바꾸어 실시하여, 무릎의 가동 범위 전부에 걸쳐 각근력을 높여 나가지 않으면 안 되는 불편함도 있다. 그러나 앞서 말한 것처럼 매우 안전한 트레이닝 방법이기 때문에 병후의 회복 등에는 등척성 트레이닝에 의해 어느 정도 하반신의 근력을 기른 다음, 역기나 아령을 사용하여 동적인 트레이닝으로 바꾸는 방법을 생각해야 한다.

<그림 10-10>은 높이를 조절할 수 있는 철봉을 이용하여 하반신을 단련시키는 등척성 트레이닝의 방법을 나타낸 것이다. 철봉의 높이를 낮게 하여 그 아래 쪼그리고 앉아 어깨를 철봉 아래에 대고 역기를 밀어 올리는 것처럼 천천히 힘을 가한다. 척추에 부상을 입을 수 있으므로, 절대로 급격히 힘을 가해서는 안 된다. 최대의 힘을 발휘했다고 생각되는 시점에서, 6~10초간 그대로 힘을 유지한다. 힘을 주고 있을 때 호흡을 멈추지

말고 조금씩 숨을 내쉬어야 한다. 무릎을 깊이 구부린 높이로 트레이닝 한 뒤, 몇 단계로 철봉의 높이를 높여 가며 트레이닝을 실시한다. 역기를 사용하는 모든 운동은 이렇게 높이를 조절할 수 있는 철봉을 이용하여 트레이닝을 할 수가 있다.

등척성 트레이닝은 근육 속의 혈액 순환이 나빠지므로 근육의 유연성을 잃기 쉽다. 트레이닝 종료 후에는 충분히 스트레치를 하여 혈액 순환이 잘 되게 하는 것도 중요하다. 성인병은 운동 부족이 직·간접적인 원인이 되어 일어나는 것이 많지만, 신체적으로는 그리 허약한 상태가 아닌 경우도 있다. 즉, 상당히 무거운 부하라도 힘들이지 않고 쉽게 들어올리는 사람도 있다. 그러나, 이 경우에는 오히려 부하를 가볍게 하고 대신 횟수를 늘리거나, 세트 수를 많게 하여 에너지 소비가 커지는 프로그램을 생각해야 한다. 세트 간에 몇 분간의 짧은 휴식을 포함하여 최저 30분 이상은 트레이닝을 계속하는 것이 바람직하다.

b. 중간 정도 이상의 부하를 사용 : 체중조절이나 골다공증 예방을 위해 웨이트 트레이닝을 하는 경우에는 뼈나 근육에 어느 정도 힘을 가할 수 있는 중간 정도의 부하를 선택하는 것이 바람직하다. 연속해서 들어올릴 수 있는 횟수가 15회 이하가 될 정도의 중량이 적당하다. 연속해서 15회를 들어올릴 수 있는 무게란, 최대 근력의 1/2 정도에 해당된다. 체중조절은 단지 살을 빼는 것뿐 아니라, 신체의 근육에 탄력을 주고, 균형 잡힌 체형을 만드는 것이라고 한다면 운동량을 많게 하여 에너지 소비를 많게 하고, 강한 근력 발휘를 하는 트레이닝에 의해 근육을 탄력 있는 상태로 발달시키는 것이 프로그램 작성의 포인트가 된다.

가슴의 근육을 발달시키기 위해서는 벤치 프레스(bench press)가 적합하다. 복부를 쳐지지 않고 탄력 있게 하기 위해서는 윗몸 일으키기(sit-up)를 해야 한다. 둔부의 탄력을 위해서는 스쿼트 등이 프로그램의 중심이 된다. 뼈에 적당한 부하가 가해짐으로 인해 뼈의 대사를 촉진시켜 골다공증을 예방할 수 있다. 단, 주의할 것은 처음부터 강한 부하를 가할 것이 아니라, 어느 정도의 기간을 들여 서서히 부하를 늘려가야 함은 말할 것도 없다. 그렇지 않으면, 골절을 예방해야 할 트레이닝에 의해 골절을 일으킬 수도 있기 때문이다. 또한 아름다운 체형 만들기를 위해서 웨이트 트레이닝을 실시하는 여성의 경우 과도한 가슴운동(bench press 등)을 실시할

〈그림 10-9〉 아령을 이용한 운동

아령을 잡지 않은 손을 벽에 댄 자세로 천천히 무릎을 굽혔다 폈다 하여 스쿼트를 실시한다. 마찬가지로 발꿈치를 상하로 올렸다 내렸다하여 카프 라이즈를 실시한다.

〈그림 10-10〉 철봉을 이용한 등척성 훈련

철봉을 밀어 올리듯이 천천히 힘을 준다. 6~10초간 최대로 힘을 준 후 힘을 뺀다.

경우 풍만한 가슴이 오히려 적어질 수 있다는 점을 고려하여 지도하여야 한다.

⑤ **정리운동을 반드시 실시한다** : 웨이트 트레이닝에 의해 부하를 가한 근육이나 힘줄 등에는 대사 산물이 축적되기 쉽고, 근육의 유연성을 잃고 혈액 순환이 잘 안 된다. 웨이트 트레이닝을 마쳤을 때에는 반드시 스트레칭을 통해 혈액 순환이 잘되게 하여 다음날 피로하지 않도록 한다.

5) 웨이트 트레이닝을 실시할 때 주의사항

① **호흡을 중지해서는 안 된다** : 웨이트 트레이닝을 할 때는 항상 호흡이 멈추어서는 안 된다. 가급적 가슴이 넓어지는 동작(예, 벤치 프레스시 역기를 내릴 때, 스쿼트시 쪼그려 앉을 때)에 숨을 들여 마시고 힘을 쓸 때 숨을 내 쉰다. 그러나 이러한 동작의 구분이 어려울 때는 호흡을 규칙적으로 유지하도록 한다. 숨을 멈춘 상태에서 힘을 주면 혈압이 올라가기 때문에 고령자나 고혈압자와 같이 혈관이 약해져 있는 사람에게는 뇌졸중을 일으킬 수가 있기 때문에 매우 위험하다. 따라서 지도자는 초보자를 지도할 때 호흡조절법을 알려주어야 한다.

② **동작의 스피드는 천천히 한다** : 빠른 스피드의 동작은 신경계의 트레이닝으로 민첩성을 향상시키기는 하나, 운동량으로 보면 효과는 그리 크지 않다. 되도록 이면 천천히 동작함으로써 근육에 투입되는 시간을 길게 하는 것이 효과가 크다. 일반적으로 2초간 들어올리고, 내릴 때는 그 이상의 시간을 들여 천천히 내려야 한다. 단, 목적에 따라서 빠른 동작이 효과가 있는 것도 있지만, 그 경우라도 몸에 부상을 입지 않도록 주의를 요한다. 특히 동작의 처음이나 끝에 빠르고 강한 힘이 들어가면 부상을 입기가 쉽다.

③ **폼을 바꾸지 말고 항상 똑같은 동작이 되도록 한다** : 피곤해지면 반동을 이용하여 들어올리려는 경우가 발생하기 쉽다. 하지만, 지금까지와 다른 근육의 힘이 가해지기 때문에 목적하는 근육의 피로도나 발달을 알기 어려워진다.
　게다가 반동 동작은 스피드가 빨라지므로 앞에서 설명했듯이 근육이나 힘줄, 관절 등에 장해를 일으키기 쉽다. 전문적인 선수로서 근육의 모양을 다듬기 위해 실시하는 트레이닝이 아니라면, 역기를 드는 손의 간격도 일정하게 하고, 쥐는 법도 동작을 하는 도중에 바꾸지 않도록 하는 것이 좋다.

④ **역기를 메고 앉아서 일어나는 경우에는 등을 구부리지 않는다** : 척추를 앞으로 구부린 채 역기를 메고 일어서면, 척추 사이에 있는 연골의 추간판이 뒤쪽으로 돌출하기 때문에 추간판 헤르니아를 발생시키는 일이 있다. 무거운 부하를 들 때는 절대로 척추를 구부려서는 안 된다. 예방 차원에서 허리에 역도 벨트를 착용하고 등과 복부 양쪽에서 압박을 가하여 척추를 보호하여야 한다.

⑤ **관절의 가동 범위를 최대한으로 움직인다** : 가동 범위 중 일부만 움직이면, 그 이외의 범위에서는 트레이닝 효과를 크게 기대할 수가 없다. 또한 관절의 가동 범위를 최대한 사용하지 않을 경우 관절의 동작범위가 줄어들어 유연성이 감소될 수 있다. 따라서 근육의 사용 범위를 넓히거나, 유연성을 높이게 하기 위해서는 트레이닝 동작의 범위에서 최대한으로 크게 움직여야 한다.

⑥ **바닥이 불안정한 상태에서 실행하지 말 것**: 푹신한 매트 위나, 불안정한 신발을 신고 트레이닝을 하면 발밑의 안정성을 잃어 위험하다.

⑦ **기구의 정비, 정돈에 신경 쓴다**: 역기의 맞물림쇠 등을 확실하게 조여서 사용하고, 사용 후에는 수건 등으로 땀을 닦아 제자리에 정리해 두어야 한다. 체육관 내에 난잡하게 방치해 두면, 사고가 발생할 가능성이 커진다.

⑧ **무거운 부하를 사용할 경우에는 반드시 보조자가 있어야 한다**: 벤취 프레스 등의 중량을 사용하는 동작에는 반드시 보조자나 지도자가 위치하여야 한다. 만약 동작 중 힘이 부족하여 위로 올리지 못할 경우 역기가 가슴을 압박하여 질식사(窒息死)할 경우도 있다. 또한 체육관 곳곳에 볼록 거울을 설치하여 트레이닝하는 사람들의 동작을 확인할 수도 있다.

6) 모델 프로그램

① 스트레칭(준비운동, <그림 10-8>) ② 스쿼트(둔부·다리, <그림 10-11①>) 20회 ③ 벤치 프레스(흉부·어깨·상완, <그림 10-11②>) 20회 ④ 벤트 오버로우(등·어깨·상완, <그림 10-11③>) 20회 ⑤ 카프라이즈(종아리, <그림 10-11④>) 20회 ⑥ 스탠딩 프레스(어깨·상완, <그림 10-11⑤>) 20회 ⑦ 싯업(복부, <그림 10-11⑥>) 20회 ⑧ 스트레칭(정리운동, <그림 10-8>)	1세트

〈그림 10-11①〉 스쿼트(squat, 대퇴근 발달)

역기를 어깨에 메고 앉았다 일어난다. 등을 절대로 굽히지 말아야 한다. 위험물이 있는 근처에서는 하지 않는다. 가능하면 보조자가 트레이닝하는 사람의 뒷편에 위치하여 자세가 불안정하게 되면 즉시 역기를 잡고 도와주어야 한다. 하반신(다리와 허리)이 약한 사람은 〈그림 10-9〉의 방법과 같이 아령을 들고 하는 것이 좋다.

〈그림 10-11②〉 벤치 프레스(bench press, 대흉근 발달)

벤치에 똑바로 누워 가슴위로 역기를 상하로 움직인다. 가능하면 보조자가 트레이닝하는 사람의 머리쪽에 서서 역기를 들어올리기가 어렵게 되면 즉시 역기를 잡아 도와주도록 한다.

〈그림 10-11③〉 벤트 오버 로우잉(bent over rowing, 광배근 발달)

무릎과 허리를 구부린채로 역기를 상하로 움직인다. 등뼈와 허리에 통증을 일으키기 쉬우므로 주의하여 천천히 들어올렸다 내린다.

〈그림 10-11④〉 카프 라이즈(calf raise, 종아리 발달)

역기를 어깨에 메고 발꿈치를 상하로 움직인다. 5cm정도의 각목 위에서 발꿈치가 각목에 닿지 않도록 하면서 발목의 가동범위를 크게 하면 좋다. 다만, 하반신이 약한 사람은 〈그림 10-9〉의 방법과 같이 아령을 들고 하는 것이 좋다.

〈그림 10-11⑤〉 스탠딩 프레스(standing press, 어깨와 삼두근 발달)

역기를 가슴위치에 들고 위아래로 움직인다. 들어올릴 때 상체를 이용하여 반동을 이용하거나 내
릴 때 힘을 주면 허리에 통증을 유발할 수 있다. 발의 넓이는 어깨 넓이가 이상적이다.

〈그림 10-11⑥〉 싯업(sit-up, 복근 발달)

벤치에 똑바로 누어 무릎을 구부린채로 상체를 일으켜 세운다. 무릎을 구부리지 않으면 허리에 통
증을 유발할 우려가 있다.

- 이 프로그램은 병후 회복이나 고령자, 성인병 예방 등을 위해 약한 부하를 사용하여 실시하기 위한 것으로 만들어 졌다. 체력 향상에 따라 부하의 중량을 늘리고 세트 수를 늘려 나간다.
- 저렴하고 간편하게 행할 수 있다는 점에서, 프리 웨이트(역기, 아령 등)를 사용하고 있다.
- 여기에 제시된 6종목을 실시함으로써 신체 전체의 주요 근육을 트레이닝할 수 있다.
- 부하의 중량은 연속해서 30회가 가능한 정도의 중량(30RM)으로 한다.
- 트레이닝 종목을 여러 세트 행하고, 처음과 끝에 스트레칭을 포함하여 30~50분 정도가 되도록 만들어져 있다.
- 주 2~3일을 트레이닝의 표준으로 한다. 성인병 예방을 위해서는 매일 하는 것이 바람직하다.
- 체중조절이나 골다공증 예방을 위하여 실시할 경우, 부하를 15RM정도로 한다.

※ RM(Repetition Maximum): 역기나 아령을 한번에 최대로 들어올릴 수 있는 횟수를 말한다.

7) 주요 근육 부위의 운동을 위한 동작

신체의 주요 근육 부위별 운동 동작은 매우 다양하다. 따라서 웨이트 트레이닝 기구의 조건이나 운동목적에 따라 알맞은 동작을 선택하여야 한다. <표 10-10>에는 주요 근육별 동작이 소개되어 있다.

〈표 10-10〉 주요 근육 부위의 운동 동작

가슴(CHEST-Pectorals)	어깨(SHOULDERS-Deltoid)
· Bench press · Dumbbell bench press · Seated chest press · Pec deck fly · Push-up · Incline/Decline press · Cable crossovers · Flys	· Military press · Behind the head press · Alternate dumbbell press · Seated dumbbell press · Seated Side lateral · Seated machine press · Standing row · Front lateral
삼두근(BACK OF ARM-Triceps)	이두근(FRONT ARM-Biceps)
· Dips · Lying triceps extension · Pulley push-down · Dumbbell triceps extension	· Barbell curl · Pulley curl · Machine curl · Standing dumbbell curl
등 윗부분(UPPER BACK-Trapezius)	등 중간부분(MID-BACK-Lats)
· Shoulder shrug · Behind the head press · Bent-over dumbbell raise	· Chin-ups · Lats machine pulldown · Seated pulley rowing · T-bar rowing · Bent arm pullover
둔부(BUTTOCKS-Gluteals)	
?Deep squat ?Lunges	종아리(CALF-Gastroc)
대퇴 앞부분(FRONT THIGH-Quadriceps)	· Calf raise · Seated calf machine toe raise
· Squat · Leg press(machine) · Knee extension(machine)	대퇴 뒷부분(BACK THIGH-Hamstring)
	· Hamstring curls(machine)

8) 용어 해설

(1) 그립

바를 잡기 위한 그립(grip)에는 손의 모양에 따라 크게 오버 그립, 언더 그립, 리버스 그립, 섬레스 그립, 혹 그립으로 나눈다.

① **오버 그립(over grip)** : 바를 위에서 잡아 손바닥이 아래로 향하도록 잡는

방법이다. 이 방법은 프레스나 스쿼트 등의 동작에 사용하며, 균형감각을 요구하고 언더 그립과 함께 가장 일반적인 그립의 형태이다.

② **언더 그립(under grip)** : 바를 아래쪽에서 잡아 손바닥이 위로 향하도록 잡는 방법이다. 이 방법은 바벨 컬과 같은 동작에 사용된다.

③ **리버스 그립(reverse grip)** : 한 손은 오버 그립, 또 한 손은 언더 그립을 잡는 방법으로서 데드 리프트(dead lift)와 같은 운동에 많이 사용한다. 특히, 지면에 위치한 무거운 중량을 들어올릴 때 사용한다.

④ **섬레스 그립(thumbless grip)** : 다섯 손가락을 전부 모아서 잡는 방법으로서 엄지손가락이 바를 돌려 잡지 않는 방법을 말한다. 운동을 손쉽게 하기 때문에 상급자들이 많이 사용하는 경향이 있으며, 리스트 컬(손목 운동), 치닝(매달리기), 벤치 프레스 등에 사용한다.

⑤ **훅 그립(hook grip)** : 엄지손가락을 집게손가락과 가운데 손가락으로 누르면서 잡는 방법이다. 무거운 바벨을 들 때 사용되는 방법으로 훅 그립에 의한 리버스 그립은 데드 리프트에서 가장 효과적이다.

(2) 동작

웨이트 트레이닝은 매우 다양한 동작들로 이루어진 종목들이 많이 있다. 따라서 기본적인 동작 용어를 이해하는 것은 보다 장기적인 훈련 측면에서 매우 유익하다.

① **프레스(press)** : 올리거나 압박한다. Bench press, Decline press/Incline press, Leg press 등.

② **레이즈(raise)** : 일으키거나 들어올린다. Dumbbell lateral raise, Leg raise, Standing calf raise 등.

③ **익스텐션(extension)** : 관절 각도를 늘리거나 편다. Triceps extension, Wrist extension, Leg extension 등.

④ **풀(pull)** : 잡아 당긴다. Lats machine pulldown 등.

⑤ **로잉(rowing)** : 노를 젓듯이 젓는 동작. Seated rows, Upright rows, Bent-over rows 등.

⑥ **컬(curl)** : 감아 올린다. Barbell/Dumbbell curl, Leg curl, Wrist curl 등.

⑦ **스쿼트(squat)** : 구부리는 동작을 의미한다. Front squat, Back squat 등.

⑧ **쉬럭(shrug)** : 움츠린다. Shoulder shrugs 등.

4. 걷기와 달리기 운동

1) 프로그램의 특징

인간만이 두 발로 서고 걷고 달릴 수 있는 직립 보행자이기 때문에 걷기와 달리기는 우리 인간에게 가장 원초적인 운동이라고 할 수 있다. 혹자는 걷는 것이 무슨 운동이 되느냐고 반문할지 모르겠지만, 하루에 10~16㎞를 걷는 골프장 캐디가 일반 주부들보다 HDL(고밀도 지단백질)의 수치가 훨씬 높으며 동맥경화가 발생할 가능성이 거의 없고, 고혈압인 사람이 몇 개월간의 지속적인 걷기로 정상혈압을 유지할 수 있었으며, 만성변비 환자들이 하루 30분 걷기로 3개월만에 66% 이상 완치되었다는 사례들은 걷기의 효과를 잘 입증하는 것들이라고 하겠다(김원중, 조정호, 1997). 이러한 걷는 운동의 지속적인 실천으로 체력이 향상되고, 또 어느 정도 체중이 감소되었다면 자신의 운동 프로그램에 약간의 달리기를 포함시켜 차차 달리기 프로그램으로 전환한다면 더욱 큰 효과를 기대할 수 있을 것이다.

건강 증진을 위한 걷기와 달리기 운동

건강을 증진하기 위해서는 심장이나 폐의 기능을 효율적으로 하고, 많은 산소를

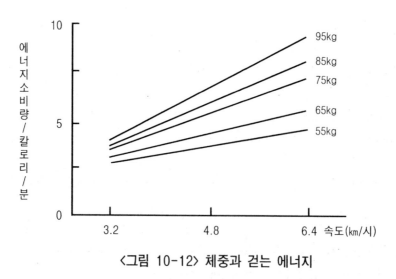

〈그림 10-12〉 체중과 걷는 에너지

자료: 성기홍, 이동수, 장지훈, 이택상(2001). **걷기는 과학이다**. 서울: 도서출판 한미의학. p. 120

체내에 흡수할 필요가 있다. 다시 말해, 다리의 근육을 주로 움직이는 걷기나 달리기 등의 전신 운동이 건강을 유지하고 체력을 증진하는데 있어서 지름길이다. 또한, 교통 기관의 발달에 따라 걷는 양의 부족이 심화되고 있는 현재, 생활 속에 적극적으로 도입할 필요가 있는 운동종목이다.

걷기는 가장 기본적인 운동이며, 운동이 부족한 사람이나 앞으로 운동을 시작할 사람에게 손쉬울 뿐만 아니라 안전성으로 보아서도 무리가 없는 운동방법이다. 위에서 언급하였듯이 달리기의 전단계로서 걷기부터 시작하면 좋다. 특히, 과다한 체중을 유지하고 있는 비만자나 60세 이상인 사람에게 가장 좋은 운동이라고 할 수 있다. <그림 10-12>에는 몸무게에 따른 칼로리 소비량이 제시되어 있다.

달리기는 가장 전형적인 유산소 운동이며, 첫째, 걷기 운동으로 어느 정도 체력이 단련되면 운동강도를 높이기 위해 서서히 달리기-걷기-달리기-걷기식의 여유있는 편안한 속도와 호흡으로 번갈아 행한다. 둘째, 일정기간이 지나면 심폐지구력이 더욱 향상되어 걷기운동을 병행하지 않고 일정하게 달리기를 계속하는 것이다.

그러나 달리기도 다른 신체운동처럼 어느 정도의 기술이 요구된다. 달리기에 경험이 많은 사람의 달리는 모습은 자연스럽고 쉬워 보인다. 달릴 때의 신체 각 부분의 부드럽고 자연스러운 조화는 움직임의 효율성을 나타내며 특별한 비법이란 없다(오랜 기간 동안의 숙련으로 이루어진다).

또한, 건강증진 차원에서 적극적으로 달리기를 실시할 경우, 그저 달리기만 하면 되는 것이 아니라, 참가자의 건강상태나 운동량을 고려하면서, 무리하지 않고 여유있게 실시하도록 지도하여야 한다. 물론 맨 처음 시작하기 전에 건강상태의 확인, 지속시간과 빈도, 효과적인 스피드와 자세, 그리고 준비운동과 정리운동이 필수적으로 뒤따라야 한다.

2) 걷기와 달리기 운동의 효과

① **산소 운반능력 향상** : 걷기와 달리기는 호흡순환기능을 무리없이 효과적으로 자극하여, 그 능력을 개선하는데 가장 적합하다.

② **비만을 해소한다** : 걷기와 달리기는 적은 비용으로 단시간에 무리 없이 다량의 에너지를 소비하여 비만을 예방하는데 아주 적합한 운동이다.

③ **성인병을 예방한다** : 걷기와 달리기는 지방의 연소를 촉진하여 콜레스테롤의 축적을 방지하는 효과가 있다.

④ **하체를 단련한다** : 운동이 부족하면 하체가 약해진다. 최근 증가하고 있는 요통증도 운동부족으로 인하여 근육이 약해졌기 때문이다. 걷기나 달리기를 하면 몸의 유연한 움직임에 의하여 하체의 근육을 단련하는데 아주 좋은 자극을 주게 된다.

⑤ **스트레스를 해소한다** : 걷기나 달리기를 하는 동안 옆 동료와 대화를 하고, 한바탕 땀을 흘리고 난 다음의 상쾌감은 정신적인 스트레스를 해소하여 내일의 의욕을 북돋아 준다. 또한 달리는 과정에서 명상상태가 불안과 초조를 해소하고 정신적인 안정을 되찾는 역할을 한다.

3) 걷기와 달리기 운동의 특징

보행, 주행이라는 두 가지 운동을 역학적으로 보면, 양발중 한쪽 발이 항상 지면에 닿아 있는 것이 보행이고, 양발이 모두 공중에 떠 있는 순간이 있는 것이 주행이다. 운동 양식에서 보면, 걷기는 보행에, 달리기는 주행에 속한다.

일반인의 보행은, 일반적으로는 70~90m/분의 속도로, 보폭은 60~80cm, 케이던스(cadence, 1분당 보행수)가 110~120보/분이다. 의식적으로 걸어도, 속도는 100~130m/분, 보폭도 1m정도까지밖에 안되고, 그 이상 걸으려고 하면 달리는 동작이 된다. 속도에서 보면, 걷기 운동은 천천히 달리는 것과 그다지 차이가 없는

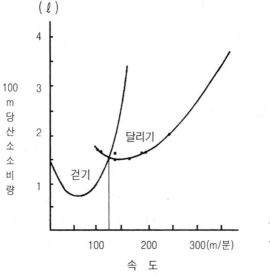

<그림 10-13>
걷기와 달리기의
산소소비량 비교

정도의 보행이며, 달리기는 주행이라 해도 빠르게 걷는 것과 그다지 차이가 없는 정도의 주행이라고 할 수 있다. 보행과 주행을 산소 소비량과 속도의 관계로 비교해 보면 <그림 10-13>과 같다. 운동중의 산소 소비량은 그 운동의 강도를 나타내는 객관적 지표이며, 에너지 소비량은 산소 소비량으로 나타내어진다. 다시 말해, 120~130m/분이라면 걷기와 달리기가 거의 같아진다. 그 이상의 스피드로는 걷기가 곤란해지고, 달리는 쪽이 산소 소비량이 적어지는 경향이 있다. 즉, 걷는 속도를 빠르게 하면, 에너지 소비량은 달리기와 같은 수준, 또는 그 이상까지 증가시킬 수가 있다. 운동 강도로 바꾸어 말하면, 빠른 스피드로 걷는 쪽이 천천히 달리는 것보다도 운동 강도는 커지고, 주관적으로도 그만큼 힘든 운동이 된다. 즉 120~130m/분 정도의 속도로는 걷기보다 달리는 쪽이 편하게 운동을 계속 할 수가 있다.

일반적으로 걷기, 달리기 모두 각각 산소 섭취량을 최소한으로 유지하는 경제 속도라는 것이 있다. 보행의 경우는 75m/분, 달리기의 경우는 150m/분 전후가 된다. 건강증진을 위한 적절한 속도는 개인의 연령이나 체력에 따라서도 차이가 있다. 걷기의 경우, 보폭에 따라 다른 경우가 있는데, 대략 60~120m/분 정도로 걷는 것이 적당하다. 달리기의 경우는 대략 90~150m/분 정도로 조절해서 달리는 것이 적당하다.

4) 걷기와 달리기 운동의 실천 방법

참가자가 자신의 체력에 맞는 프로그램을 만들어 가는 경우, 준비운동, 주운동, 정리운동이라는 구성에 입각하여 생각하는 것이 중요하다. 또한, 이러한 운동을 안전하게 실시하고 운동효과를 극대화하기 위한 기준을 정리하면 아래와 같다.

(1) 걷 기

① **자세** : 평소보다 보폭을 7~8cm 더 벌려 등을 펴고, 약간 빠르게 걷도록 한다<그림 10-14>. 허리나 등을 구부린 자세로 걷는 습관이 붙으면 등이 굽거나, 요통 등을 일으키는 원인이 된다.

· 발꿈치부터 착지하여, 체중을 발꿈치에서 발끝으로 부드럽게 이동시켜, 엄지 발가락으로 지면을 누르듯이 걷는다.

· 옆으로 흔들리거나 상하 움직임을 적게 하여, 어깨의 힘을 빼고 리드미컬하게 걷는다.

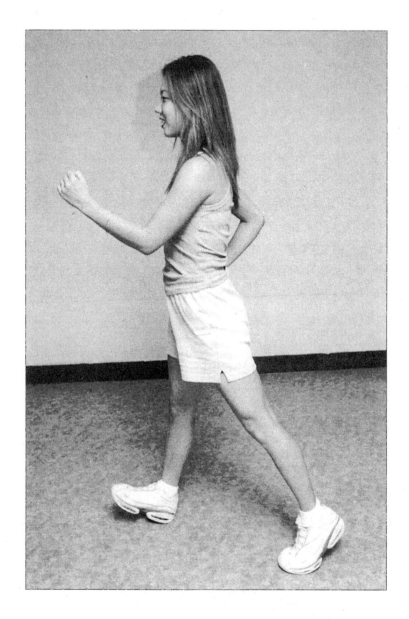

〈그림 10-14〉 바람직한 걷기 동작

〈표 10-11〉 걷기 프로그램의 목표시간과 거리

(25~29세 기준)

수 준	I	II	III	IV	V
1일 거리(km)	9.4~10.8	10.8~11.4	11.4~12	12~13.3	13.3~14
최고속도(km)	6.4	8.9	9.4	11.4	12
빈도(회/주)	2~3	3~4	4~5	5~6	6~7
운동시간(분/회)	20~30	30~45	45~60	60~90	90~120
주당 거리(km)	20.3~33	33~45.7	45.7~63.5	63.5~81.3	81.3~99.1

자료: 성기홍 외(2001). **걷기는 과학이다.** 서울: 도서출판 한미의학. p. 180.

· 허리를 많이 흔들지 말고 고관절부터 움직이고, 가슴을 내밀듯이 한다.
· 보폭을 넓히고, 무릎을 펴고, 똑바로 앞으로 발을 내디디면서 걷는다.
· 보폭은 신장에 따라 차이가 있다.

② **속도** : 자기에게 맞는 속도(심박수 120회/분 정도를 표준으로 한다)로 걷는 것이 중요하며, 속도를 높임으로써 강도를 높일 수 있다. 속도는 케이던스(cadence, 1분당 보행수)와 보폭으로 조절할 수 있다(〈표 10-11〉 참고).

(2) 달리기

① **자세**: 달리기 운동에서 가장 중요한 사항은 동작이 크거나 비효율적인 달리기 스타일은 피하여야 한다. 몸이 위 아래로 과도하게 움직이거나 손과 팔이 너무 높이 올라가거나 또는 흔드는 손이 자신의 몸 중심부를 지나가지 않도록 한다.

· 어깨·팔꿈치·손목에 불필요한 힘을 주지 않는다.
· 상체의 균형을 잡으면서, 팔을 자연스럽게 흔든다.
· 얼굴을 정면보다 약간 아래를 향하고, 턱을 당긴다.
· 무릎의 힘을 뺀 상태로 지면을 딛고, 발바닥 전체로 지면을 찬다.
· 허리를 중심으로 해서, 몸 전체를 이용하여 조깅을 한다.

② **속도**: 자신에게 맞는 속도로 달리는 것이 중요한데, 개인에게 맞는 스피드를 아는 방법으로서 심박수와 주관적 운동 강도가 있다. 심박수가 목표 심박수

<표 10-12> 달리기 프로그램의 목표시간과 거리

단계	운동거리(km)		목표시간(분:초)		평균속도(초/100m)		빈도(회/주)
	남	여	남	여	남	여	남·여
1	1.2	1.2	13:00	15:00	65.0	75.0	
2	1.2	1.2	16:00	14:00	60.0	70.0	
3	2.0	1.6	18:30	17:00	55.5	63.8	
4	2.4	2.0	20:00	19:00	50.0	57.0	
5	2.8	2.4	22:30	22:00	48.2	55.0	
6	3.2	2.4	23:30	23:00	44.1	50.0	
7	3.6	2.8	25:30	24:30	42.5	52.5	3~5
8	4.0	3.2	27:00	27:00	40.5	50.6	
9	4.4	3.6	30:00	29:00	40.9	48.3	
10	4.8	4.0	32:00	31:00	40.6	46.5	
11	5.2	4.4	36:00	33:00	41.5	45.0	
12	5.6	4.8	40:00	36:00	41.4	45.0	

(THR; Target Heart Rate)의 범위 내에 있을 것, 주관적 운동 강도로는 약간 힘든 정도를 표준으로 하면 된다. 중요한 것은 남과 비교하지 말고, 자신에게 맞는 스피드로 달리기를 하는 것이다.

③ **호흡법**: 자신의 자세에 맞는 호흡의 리듬을 익히는 것이 이상적이지만, 일반적으로는 4보마다 호흡하는 것을 권하고 있다. 또, 장시간 운동을 실시하려면, 입, 코를 모두 사용한 호흡이 좋다.

5) 걷기와 달리기 운동의 지도를 위한 모델 프로그램

(1) 프로그램 실시 전

① **목표 심박수의 의미와 산출 방법**: 건강증진을 위한 운동 강도는 안전성·유효성의 양면에서 그 사람의 최대 능력의 60~70%가 적당하며, 이 범위를 목표 심박수라고 한다. 이 범위 안에서 운동을 계속함으로써, 적절한 생리적 효과를 얻을 수 있으며, 안전성의 면에서도 적절하다.

목표 심박수(THR; Target Heart Rate)란 순환기 계통에서 각 개인이 안전하고 충분한 운동효과를 거둘 수 있는 운동수준(운동강도)을 의미한다. 목

표 심박수는 자신의 최대 심박수의 60~70% 수준에서 결정된다. 자신의 최
대 심박수는 인간의 최대 예측 심박수인 220회/분에서 본인의 연령을 뺌으
로서 알 수 있다. 예를 들면 나이가 46세인 사람의 최대 심박수는 1분당 174
(220-46=174) 맥박이 된다.

　이 사람의 안정시 심박수가 72회이며, 70%의 운동강도로 목표를 설정했
을 때 목표 심박수는 다음과 같이 산출할 수 있다.

목표 심박수 = (최대 심박수−안정시 심박수)운동강도(%) + 안정시 심박수
즉, (174 − 72) 0.7 + 72 = 143회/분이다.

② **운동전의 맥박 측정**:
- 측정 방법을 설명한다<그림 10-5>.
- 실제로 10초간 측정한다.
- 1분간의 맥박수가 100 이상인 경우는, 몸의 상태를 체크하여 무리하지
  않도록 지도한다.

③ **연습 프로그램에 대한 설명**: 내용에 대해 설명하고, 운동 강도 50%가 어느
정도의 스피드인지를, 개인이 몸으로 느낄 수 있도록 지시한다.

④ **준비운동**:
- 주운동에 대비하여 준비를 하는 단계로서, 다리의 근육을 중심으로 10~15
  분간 정도는 스트레칭이나 체조 등으로 충분히 몸을 풀어 둔다.
- 천천히 걸으면서, 팔을 돌리거나, 다리를 차내는 등으로 체온을 상승시킨
  다. 또 달리기의 경우에는 천천히 달린다. 이때, 자세에 대해 설명한다.
- 준비운동 후의 맥박수를 10초간 측정하여 컨디션을 체크한다.

(2) 프로그램 실시

≪걷기≫

① **시험적으로 걷기(test walking, 5분간)**: 보폭에 따라 영향이 있으므로, 사전
에 키에 따라 2개의 그룹으로 나누어 둔다. 페이스 메이커에 맞추어 걷는다.
이때, 각 그룹 모두 지도자가 페이스 메이커가 된다.
(A그룹: 신장 175cm이상 대략 90m/분의 스피드)
(B그룹: 신장 175cm이하 대략 75m/분의 스피드)

② **자연스럽게 걷기(free walking, 5분간)**: 시험 보행 후에 맥박을 측정하고, 참가자가 운동 강도 50%로 걷도록 스피드를 조절시킨다.

③ **자연스럽게 걷기(5분간)**: 맥박 측정 후, 적절한 스피드를 유지하며 걷게한다.

④ **정리운동을 위한 보행(1~3분간)**: 서서히 스피드를 떨어뜨리도록 지도한다.

≪달리기≫

① **시험적으로 달리기(5분)**: 지도자가 페이스 메이커(대략 100m/분)가 되어, 그에 맞추어 달린다.

②, ③, ④: 걷기와 동일하게 지도한다.

(3) 프로그램의 실시 후

① **정리운동**: 준비운동보다 약간 여유 있는 리듬으로, 이완시키면서 호흡을 고르고, 사용한 근육을 푼다. 스트레칭은 반동을 이용하지 말고, 아프지 않을 정도로 10~15분간 실시한다.

② **회복시의 맥박 측정**: 자연스럽게 걷거나 달린 후, 5분 후의 맥박수가 120회/분 이하, 10분 후의 맥박수가 100회/분 이하인지 아닌지를 확인하고, 그 의미(적절한 운동강도로 실시했는지 어떤지를 안다)에 대해 설명한다.

6) 운동강도의 이해

운동강도는 절대적 강도와 상대적 강도의 2종류가 있다. 예를 들어 누구나 1분간에 80m의 속도로 걸어야 한다면, 이것은 절대적 강도가 된다. 이러한 획일적 운동강도의 선택에는 문제가 있다. 왜냐하면 1분간에 80m의 속도로 달린다는 것은 어떤 사람에게는 약한 운동강도가 될 것이고, 또는 어떤 사람에게는 강한 운동강도가 될 수 있기 때문이다. 적당한 운동강도는 개인의 연령, 체력, 건강상태 등에 따라 달라야 한다. 왜냐하면 운동능력은 개인에 따라 다르기 때문이다. 따라서 개인의 운동능력에 적합한 운동강도를 선정하는 방법은 상대적 운동강도의 선정방법이 바람직하다.

상대적 운동강도를 선정하는 방법으로 개인의 최대산소섭취량(最大酸素攝取量, VO_2 max)을 기준으로 하는 것이 가장 바람직하다. 왜냐하면 최대산소섭취량은 운동강도를 단계적으로 높여 가는 과정에서 완전히 피로에 이르러 더 이상 운동을 지속할 수 없을 때의 산소섭취량을 나타내기 때문에 개인의 심폐지구력을 평가하는 지표가 될 수 있다. 따라서 최대산소섭취량의 몇 %로 운동을 하느냐 하는 것은 그 사람의 운동강도를 결정하는데 가장 신뢰성이 높은 것이 된다.

그런데 최대산소섭취량 측정은 장비가 갖추어진 실험실에서 하여야 하기 때문에 경비가 많이 들고 불편도 따른다. 다행히 산소섭취량과 심박수의 변화는 <그림 10-15>와 같이 직선적으로 밀접한 상관관계가 있기 때문에 산소섭취량을 측정하는 대신에 누구나 쉽게 측정할 수 있는 심박수를 이용하여 운동강도를 정하는 것이 편리하다.

통계적으로 최대산소섭취량의 40~85%는 최대심박수의 약 55~90%에 상응한다. 따라서 운동강도 결정은 최대산소섭취량의 몇% 대신 간접적으로 최대 심박수의 몇%를 이용할 수 있다. <그림 10-15>는 최대산소섭취량의 %와 최대 심박수의 % 관계를 나타내고 있다.

7) 지도상의 유의점

(1) 안전에 관한 사항

① 의학적 확인 : 운동은 신체에 효과적인 동시에 위험성도 있다. 의학적 확인은

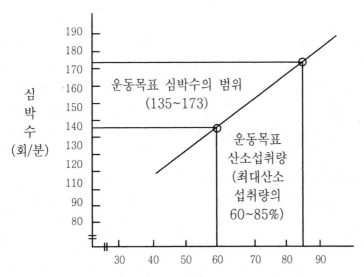

<그림 10-15> 산소섭취량과 심박수의 변화

자료: 체육과학연구원(1994). **운동이 성인병을 다스린다**. p. 44.

〈표 10-12〉 산소섭취량과 심박수의 관계

최대 심박수의 %	최대산소섭취량의 %
50	28
60	42
70	56
80	70
90	83
100	100

운동에 의한 사고를 방지하는 것이 목적이며, 정기적으로 운동을 실시하는 경우에는 사전에 확인을 받는 것이 바람직하다. 또, 운동하는 날의 컨디션이 다음과 같은 경우에는 운동을 중지하는 것이 좋다.
· 식욕부진, 수면부족, 피로감, 가슴을 조이는 듯한 느낌이 있는 경우, 심장이 두근거리는 경우
· 체온이 37℃ 이상인 경우
· 안정시의 심박수가 100회/분 이상인 경우
· 혈압이 최고 혈압 160mm/Hg, 최저 혈압 95mm/Hg 이상인 경우
· 부정맥 혹은 안정시 심전도에서 이상 소견이 발견되는 경우
② **운동 장소** : 걷기와 달리기에 좋은 장소를 선택하는 것은 중요하다. 평평한 노면이 좋다. 왜냐하면 표면이 울퉁불퉁하고 고르지 않으면 몸의 균형을 잃게 되어 부상을 초래할 수 있다. 복잡한 교통과 그로 인해 발생되는 매연을 피해야 한다. 차가 다니는 지역을 달릴 때는 항상 다가오는 차량 쪽으로 향한다. 저녁이나 이른 새벽에 달릴 때에는 도로변의 가로등이 켜져 있는 지역을 선택한다.
③ **운동을 하는 시간대** : 자기의 일상생활에서 무리 없는 시간대가 적절하다. 기본적으로는 공복시나 식사 직후는 피하고 날씨가 안 좋은 날은 무리하지 않는 것이 좋다.
④ **수분 섭취** : 운동시에 적당히 수분을 보급하는 것은 탈수증상을 방지한다. 또한, 열중증을 예방하고, 체온이나 심박수의 상승을 억제하며, 피로감을 줄이는 것이므로, 충분히 수분을 섭취하도록 한다. 단, 한번에 다량의 물을 마시

면 운동중 불쾌감을 수반하므로 조금씩 여러 번에 걸쳐 나누어 마시는 것이 좋다.

⑤ **장해 예방** : 달리기는 유익한 신체활동이지만 부상을 초래할 수 있다(정강이의 부상; shin splints), 무릎의 아픔, 근육의 쓰라림, 근대의 염증(tendinitis), 심지어는 뼈의 손상(fracture) 등이 달리기를 하는 사람들에게 흔히 나타난다. 운동의 시작 전·후 항상 유연성운동(stretch)을 실시한다. 더 오랫동안 더 멀리 달릴 수 있게 되면 즉, 자신의 능력이 증가하면 할수록 준비운동과 정리운동시에 더 많은 양의 스트레칭을 하여야 한다.

또한, 과도하게 달리는데서 오는 하체의 장해가 있다. 예방을 위해, 개인의 수준에 맞는 적절한 운동강도, 시간, 빈도를 선택하고, 적절한 신발을 착용하는 것이다.

(2) 복장·신발

많은 사람들은 추운 날씨에 너무 많은 옷을 입는 경향이 있다. 운동을 하게 되면 신체가 열을 발산하게 되므로 평상시보다 옷을 적게 입어야 한다. 동상으로부터 손가락과 귀를 보호하기 위해서는 장갑과 모자(stocking cap)가 필요하다. 나이론 또는 면과 폴리에스테르의 원료로 만든 지퍼가 달려있는 바람막이 자켓이 달리기에 아주 적합한 옷이다.

더운 날씨에는 햇볕을 반사하는 흰색 또는 밝은 색깔로 옷을 가급적 적게 입는다. 운동으로 체중을 감소시킬 목적으로 고무로 만든 자켓이나 바지(일명 땀복)를 입는 사람이 있는데 이것은 절대 삼가하여야 한다. 그 이유는 신체의 지방이 연료로 사용되어서 체중이 감소되는 것이 아니라 땀의 분비로 인해 인체 내의 수분이 상실되는 것이다. 이러한 형태의 복장은 열기를 바깥으로 배출시키지 않고 가두어 두므로 심각한 건강상의 문제나 심한 경우에는 사망을 초래할 수 있다(장경태, 이정숙 역, 1993).

신발은 자기 발에 꼭 맞는 것을 선택하는 것이 중요하다. 테니스화 같은 종류는 신발의 앞부분이 딱딱하며, 뒷축이 너무 낮고 달리기를 할 때 신발 양쪽 측면의 보조기능이 부족하다. 요즘은 유명 브랜드에서 달리기에 적합한 신발을 생산하고 있으므로 선택이 폭이 넓어 졌으나, 반드시 양쪽 신발을 모두 신어보고 구입하는 것이 현명하다. <그림 10-16>에는 걷기와 달리기에 적합한 신발이 그림으로 제시되어 있다.

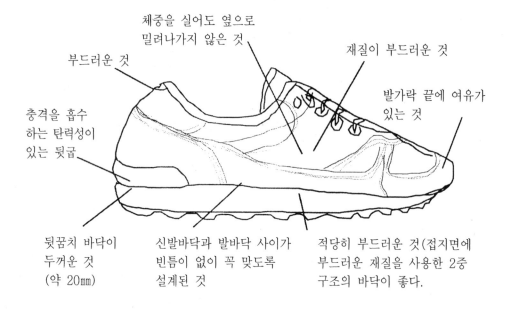

체중을 실어도 옆으로
밀려나가지 않은 것

재질이 부드러운 것

부드러운 것

발가락 끝에 여유가
있는 것

충격을 흡수
하는 탄력성이
있는 뒷굽

뒷꿈치 바닥이
두꺼운 것
(약 20㎜)

신발바닥과 발바닥 사이가
빈틈이 없이 꼭 맞도록
설계된 것

적당히 부드러운 것(접지면에
부드러운 재질을 사용한 2중
구조의 바닥이 좋다.

〈그림 10-16〉 걷기와 달리기에 적합한 신발

8) 기타 지도상의 유의점

• 연습 프로그램이 단조로워지지 않도록 걷기나 달리기의 즐거움을 포함하여 설명한다.

• 항상 무리하지 않을 것을 강조한다. 참가자의 안색이나 동작, 자세 등을 관찰하여 피로도를 체크해 둔다.

• 필요에 따라 참가자에게 지시를 하게 되지만, 너무 자세한 지시는 하지 않는다.

• 프로그램은 실내·실외를 불문하고, 항상 전체적으로 지도자의 눈이나 음성이 미치는 범위에서 실시한다.

• 기후가 나쁠 때는 가급적 실내에서 행한다. 기후가 좋지 않은 상태에서 운동을 실시하면 운동에 대한 의지를 약하게 만들 수 있다.

• 저녁이나 이른 새벽에 달릴 때에는 눈에 잘 띄는 색깔의 옷을 입고 또한 반사되는 장비를 착용하도록 한다(야광색이 있는 신발, 장갑, 유니폼 등).

제 11 장

경기스포츠를 위한 트레이닝 지도

1. 경기 스포츠와 트레이닝

흔히 경기 스포츠라고 하면 학교의 운동부, 실업팀, 그리고 프로팀을 생각할 수 있지만, 요즘은 건강·스포츠 차원에서도 경기 스포츠가 행하여지고 있다. 예를 들면 각 지방자치단체에서 운영하는 스포츠 교실의 어린이 축구교실, 여자 축구 교실, 그리고 각 직장의 종목별 동호인 팀들은 전문 스포츠팀의 조직과 기량을 지니고 있기 때문에 전문적인 체력 트레이닝과 기술을 연마하지 않으면 안 된다.

경기 스포츠에는 한 사람의 기록에 의한 승패를 결정하는 경기가 있고, 두 사람이 승부를 겨루는 경기, 그리고 팀을 이루어 승부를 결정짓는 스포츠가 있다. 이와 같이 다양한 스포츠 종목이 있지만, 어떤 종목이든지 간에 상대에게 이기는 것이 목표가 될 수 있다. 상대에게 이기기 위해서는 상대보다도 체격, 기술, 작전, 그리고 심리적인 면에서 앞서야 한다. 따라서 본 장에서는 경기 스포츠 트레이닝에 대한 효과적 지도법의 요점을 설명하고자 한다.

2. 트레이닝의 정의

트레이닝(training)이라는 용어는 최근 스포츠 과학화에 힘입어 일선 체육 지도자들에 의해 크게 클로즈업되고 있으며 이의 합리적인 실천을 위해 노력하고 있음은 주지의 사실이다. 그러나 트레이닝이란 무엇인가? 바람직한 정의를 내리는데 있어서 의견이 다양하다. 협의(狹義)로서의 트레이닝은 '근력, 지구력, 유연성 등 신체의 가역적 능력을 높이기 위한 것이며 이들의 능력은 트레이닝을 중지했을 때에는 그 효과가 중단된다'고 할 수 있다. 그러나 광의(廣義)로는 '경기력을 향상시킬 목적으로 계획적인 강화훈련을 통하여 체력, 기술, 의지력을 개발하는 일련의 과정이다'라고 정의할 수 있다. 또한, 경기력은 일반적으로 체력(기초체력, 전문체력), 기술, 시합전략, 영양, 관중 등 여러 가지 요인에 의해 영향을 받는데 선수를 대상으로 한 트레이닝에는 이러한 모든 요인이 포함된다.

3. 트레이닝의 구조

지난날의 체력증강을 위한 트레이닝은 스포츠 자체 활동을 통한 방법으로 기능의 반복연습과 기술면에서 보충하고자 노력하였다. 그러나 현대 트레이닝 과학의 발전은 신체형성은 물론 스포츠 기능이나 그것을 구성하는 여러 요소에 대해서 과학적 이해와 트레이닝 자체의 내용을 충실하게 하고, 목적을 명확하게 함으로써 트레이닝 효과를 최대한으로 상승시키고 있다. 그러므로 현대 트레이닝은 신체형성을 위한 것을 기초로 하고 계획성이 있어야 하며, 내용은 항상 과학성을 지니고 있어서야 한다. 이러한 특성을 고려하여 현대 트레이닝의 공통점과 구조를 <그림 11-1>과 <그림 11-2>와 같이 제시할 수 있다.

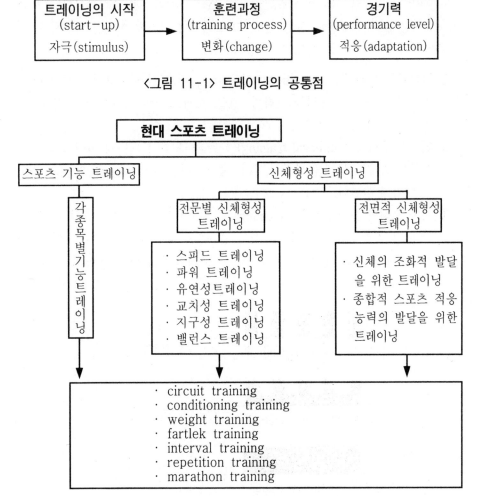

<그림 11-1> 트레이닝의 공통점

<그림 11-2> 현대 트레이닝의 구조

자료: 김태홍, 이장우(1991). **체력육성을 위한 트레이닝 방법론**. 서울: 형설출판사. p. 24.

4. 트레이닝의 분류

트레이닝의 종류를 구별함에 있어 정해진 방식은 없으나 현대 트레이닝은 형식과 내용에 따라 각각 다음과 같이 분류할 수 있다.

1) 형식상으로 본 분류

트레이닝의 양식을 이해하는데 있어서는 우선 트레이닝과 휴식사이의 관계로부터 구분하는 것이 가장 이해하기 쉽다. 즉 트레이닝 사이에 어떠한 방법으로 휴식을 취하는가에 따라 구분된다<그림 13-3> 참고.

① **레피티션 트레이닝(repetition training)** : 트레이닝과 트레이닝 사이에 완전한 휴식을 취하는 형태를 말하며, 기술, 스피드, 웨이트 트레이닝 등이 이에 속한다.

② **인터벌 트레이닝(interval training)** : 트레이닝과 트레이닝 사이에 불완전한 휴식을 취하는 형태를 말하여, 육상 종목에서 지구력 향상을 위한 트레이닝이 여기에 속한다.

③ **지속 트레이닝(continuity training)** : 트레이닝을 시작해서 끝날 때까지 휴식을 거의 취하지 않고 대개 1회의 연습으로 끝나는 트레이닝 양식이다. 여기에는 유산소성 지구력 트레이닝, 서킷 트레이닝(circuit training) 등이 있다.

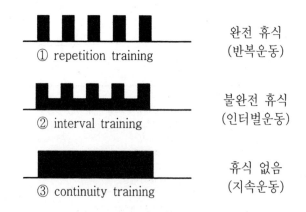

① repetition training	완전 휴식 (반복운동)
② interval training	불완전 휴식 (인터벌운동)
③ continuity training	휴식 없음 (지속운동)

<그림 11-3> 휴식방법에 의한 트레이닝 구분

2) 내용상으로 본 분류

① **기술 트레이닝** : 스포츠의 기술을 향상시키기 위한 것이며 기술은 생리학적으로 보면 신경전달의 경로가 고정된 것이므로 반복 연습에 의하여 고정화시킴으로서 가능하게 된다.

② **근력 트레이닝** : 대부분의 스포츠에서는 근력이 필요한데, 스포츠 자체로서는 근력증강의 부하가 불충분한 경우가 많다. 따라서 보강운동으로 근력 트레이닝이 중요하다.

③ **지구력 트레이닝** : 인터벌 트레이닝, 서킷 트레이닝 등으로 지구력 향상을 시킬 수 있다.

④ **유연성 트레이닝** : 유연성은 관절의 가동성으로 볼 수 있으며, 관절, 건, 근 등이 관련되며 유연체조의 경우는 유연성 발달을 목적으로 한다.

⑤ **조정력 트레이닝** : 일반적으로 눈, 발, 손 따위를 동시에 사용하여 상대편에 대응하는 재빠른 동작을 수반하는 구기운동(ball game)을 위하여 이용되는 트레이닝 방법이다. 예를 들면, 지그재그 달리기(zigzag run), 왕복 달리기(shuttle run) 등을 말한다.

⑥ **전면적인 트레이닝** : 위에서 말한 여러 가지 요소 중에서 어느 것에도 치우치지 않고 전면적(all round)인 신체육성을 목적으로 하는 것으로 보통 서킷 트레이닝이 대표적이다.

5. 트레이닝의 원칙

① **과부하(過負荷)의 원리** : 신체가 외부의 강한 자극에 대해 적응하려면 견디기 어려울 정도의 강한 자극이 필요하다는 원리를 말한다. 즉, 트레이닝 효과를 얻기 위해서는 일정량 이상의 부하를 이용하여 트레이닝을 할 필요가 있다.

② **점진성(漸進性)의 원리** : 점증부하(progressive load)의 원리라고도 하며 이는 트레이닝의 처방요건에 따라 운동의 질과 양을 점진적으로 증가해 가는 것을 뜻한다. 신체에 대하여 부하(훈련)를 너무 급속히 증가시키면 부상이나 질병의 원인이 되기 쉬우나 적당한 자극을 주면 기능이 향상된다. 이러한 점진성의 원리를 손쉽게 이용하는 것이 웨이트 트레이닝이다.

③ **계속성(繼續性)의 원리** : 트레이닝은 계속적으로 하지 않으면 효과가 오르지 않는다. 이 원리에 따르면 1개월 동안 트레이닝 후 중단하든지, 혹은 6개월 간 트레이닝 후 6개월 동안 트레이닝을 중단하면 증가된 근력이나 지구력이 점차 원래의 상태로 감소된다. 따라서 체력증진을 위한 트레이닝은 지속적으로 실시되어야 한다.

④ **개별성(個別性)의 원리** : 모든 사람은 체격과 체력이 각각 다르다. 따라서 체력이 강한 사람에게는 강한 트레이닝 방법을, 체력이 약한 사람에게는 약한 트레이닝 방법을 처방하여 개별성을 인정하는 것이 트레이닝의 효과를 증가시킬 수 있다.

⑤ **자각성(自覺性)의 원리** : 트레이닝은 자각성이 있는 계획아래 실시하는 것이 효과가 높다는 것이다. 즉, 자신의 컨디션을 생각하고 트레이닝의 목적에 따라서 운동을 실시하는 것이 효과적이다. 또한 어느 특정한 부위의 발달을 위해서 운동하고 있을 때 그 운동부위에 신경을 집중하여야만 효과가 발생한다.

⑥ **특수성(特殊性)의 원리** : 특수성의 원리란 모든 스포츠 활동에서 그 활동의 특수성이 존재하기 때문에 그 운동의 특성에 따라야 한다는 것이다. 인체에 어떤 형태의 저항을 가하게 되면 그 저항에 따른 특수한 반응 또는 적응이 일어난다.

조깅, 수영, 자전거 타기 등의 유산소 운동을 하게 되면 심장과 혈관계에 적응현상이 일어난다(심폐지구력 증가). 그러나 단거리 달리기와 같은 무산소 운동을 하면 특수한 적응 현상은 단거리 속력의 증가일 것이다. 만약 근력을 발달시키려면 그러한 특수한 반응을 얻기 위해서는 특수한 형태의 트레이닝을 하여야만 한다. 따라서 이러한 특수성의 원리를 잘 이해해서 신체에 가해진 저항과 트레이닝의 형태에 따라 인체가 어떻게 적응하는가를 인식하고 각 스포츠 활동에 알맞은 트레이닝 프로그램을 선택하여야 한다.

6. 트레이닝 계획의 체계화

1) 트레이닝 계획 구성의 순서

① **목표 설정** : 계획 작성에 있어 가장 먼저 해야 하는 것은 목표를 설정하는 것

이다. 개인 스포츠라면 개인의 목표를, 팀 스포츠라면 팀의 목표를 설정한다. 목표는 주로 습득하려는 체력이나 기술에 착안하여야 하며, 이와 함께 컨디션 조절 및 트레이닝에 수반되는 피로에 관한 문제도 고려됨이 마땅하다. 그리고 이들의 목표를 일정한 영역에 의하여 분류하면 다음과 같다.

- 신체적 능력의 극대화 : 트레이닝의 정의에서도 언급한 바와 같이 체력의 계획적인 강화훈련을 통한 운동능력의 극대화에 일차적 목표가 있다. 스포츠 현장에서 뿐만 아니라 일상생활에서 행동력의 기본이 되고 있는 신체적 기능을 극대화한다는 목표는 트레이닝 계획 중에서 가장 핵심을 이루고 있다.
- 운동기술의 극대화 : 운동기술의 극대화는 스포츠의 성패를 좌우하는 가장 큰 요소로 트레이닝 계획 중 선수와 지도자가 이루고자 하는 기본 중심이 된다. 왜냐하면 스포츠를 위한 트레이닝의 계획은 곧, 운동기술의 향상을 기본 목표로 삼고 있기 때문이다.
- 정신적 능력의 극대화 : 인간의 정신적 요소를 외면하고서는 결코 신체적 능력의 극대화와 운동기술의 극대화를 생각할 수 없다. 여기에서 다시 강조하고 싶은 것은 이들 목표에는 서로가 유기적 관련성을 갖게 하여 어느 목표라도 다른 목표와 떨어져서는 안되고 서로 보완·일치하도록 입안해야 한다. 물론, 모든 면이 같은 수준으로 발달, 향상되지는 않겠지만 목표를 세울 때는 옳다라고 인정이 되면 강조해야 할 점을 명확히 표시해야 한다.

② 트레이닝 주기의 설정 : 일반적으로 트레이닝의 주기는 주간 프로그램을 기본단위로 한다. 그러나 주간 프로그램이 기본이지만, 운동은 습관적으로 실시해야 하기 때문에 장기간에 걸친 계획을 수립해야 한다. 그리고 일반인의 트레이닝 주기는 대개 12주로 일단 한정하는 것이 합리적이다. 왜냐하면, 운동의 효과는 적어도 12주간 실시하였을 때 나타날 수 있다는 생리적인 측면과 4계절이 완연한 경우에 이와 같은 계절적 특성을 고려해 넣어 그 주기를 규정할 수도 있기 때문이다.

일반적으로 트레이닝의 주기는 다음과 같이 3개 기(期)로 구분하고 있다.

ⅰ) 준비기 : 최고의 컨디션을 지향하면서 트레이닝을 하는 기간
  · 전면적 체력의 향상과 종목별, 개별적 체력 향상을 위한 훈련을 중지한다.

- 트레이닝의 질과 양을 크게 부하한다.
- 운동기술의 정도를 높인다.
- 의지력을 강화한다.

ii) 시합기: 최고의 컨디션 유지와 최고의 운동성과를 위해 트레이닝하는 기간
- 훈련을 중요시 한다.
- 종목별, 개별적 체력 향상을 위한 훈련을 실시한다.
- 트레이닝의 질을 높이고 양을 줄인다.
- 의지력의 안정을 도모한다.

iii) 이행기: 적극적인 휴식을 취하며 트레이닝의 효과를 유지하면서 시합기
와 준비를 연결하는 기간
- 전면적 체력의 향상을 중요시 한다.
- 트레이닝의 질은 비교적 약하게 하고 양은 최대한으로 늘린다.
- 의지력을 기른다.
- 트레이닝에 대한 지적 이해를 높인다.
- 체력요소에 따른 개별적 수준을 진단한다.

③ **중간 목표, 월간 목표, 주간 목표, 1일 목표의 설정**: 연간 목표가 결정되고,
피크 기간이 프로그램 안에 설정되면, 다음으로 그것들을 달성하기 위해, 중
간 목표를 설정하고, 계획의 진행 상태를 점검할 수 있도록 해 두는 것이 바
람직하다. 일반적으로 선수가 트레이닝을 할 때 하나의 구체적인 실현 가능
한 목표가 있으면 트레이닝을 진행하는 데 표준이 된다. 그러므로 1개월, 1
주일, 1일의 목표를 보여 주고 선수가 그 목표를 향해 트레이닝에 힘쓰게 만
드는 것도 필요하다.

④ **트레이닝 내용의 선택**: 목표를 달성하기 위해서 선수가 익혀야 할 트레이닝
의 내용을 선택한다. 즉, 트레이닝을 통해 어떠한 기술, 전술, 체력, 지식, 태
도를 획득해 나갈지를 결정한다. 선수 한 사람 한 사람에게 맞는 또는 각 팀
에 맞는 내용을 선택하여 트레이닝 프로그램을 구성해 갈 필요가 있다. 어떤
요소가 어느 정도 필요한지, 우선 리스트 업(list-up)해 보면 파악하기 쉽다.

⑤ **트레이닝 내용의 배열**: 다음으로 리스트 업된 요소를 연간 계획 속에 넣어 배
열한다. 일반적으로 시즌 스포츠는 시즌 전, 시즌 중, 시즌 후로 크게 나뉘어
있다. 각 시즌마다 목표가 있고 트레이닝 내용도 그것을 근거로 정해진다. 또,
시즌 중에는 트레이닝을 해야 할 내용이 많아지므로 시간 배분에 대한 연구

가 요구된다. <그림 11-4>에 팀 스포츠의 시즌 중 요소별 시간 배분의 예가 소개되어 있다.

시즌마다 배열된 내용은 다시 1개월, 1주일 단위를 기준으로 나누어지며, 구체적인 트레이닝 방법이나 훈련이 정해진다. <표 11-1>은 기초 체력향상을 목표로 한 주간 스케줄의 예이다. 1일의 트레이닝 내용은 정해진 시간 안에 그날의 목표를 달성하기 위해 필요한 내용을 적절한 방법에 의해 행해야 한다.

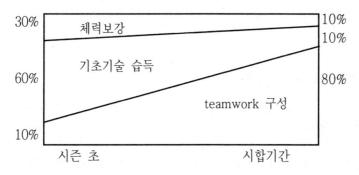

<그림 11-4> 팀 스포츠의 시즌 중 트레이닝 요소별 시간배분

<표 11-1> 기초체력 향상을 위한 주간계획의 예

트레이닝 내용	월	화	수	목	금	토	일
지구력		☆		☆		☆	
근 력	☆		☆		☆		
스피드	☆	☆				☆	
순발력	☆		☆	☆		☆	
유연성	☆		☆		☆		
조정력		☆		☆		☆	

2) 트레이닝 내용의 구성

합리적이고 생리·심리적인 측면에서 살펴 볼 때 트레이닝 내용은 좀 더 세밀하게 나누어 구성할 수 있으며 트레이닝 내용은 보통 3단계 또는 4단계로 나누어지

며 그 구성내용은 다음과 같다. 우선 3단계로 나누어지는 경우 트레이닝 내용은
① 준비운동, ② 주운동, ③ 정리운동으로 하며 4단계의 경우는 ① 개요의 소개,
② 준비운동, ③ 주운동, ④ 정리운동으로 구성된다. 위의 구성형태 중 어느 것을
사용하는가 하는 문제는 부과된 트레이닝 과제와 내용, 트레이닝 시기, 특히 선수
들의 트레이닝 상태의 수준 등에 따라 결정된다. 그룹지도의 방법을 채택할 경우
초심자들에게는 트레이닝 목표를 설명하여 주고 올바르고 바람직한 성취방법을 가
르쳐 줄 필요가 있기 때문에 개요설명이 포함된 4단계로 구성된 훈련내용이 바람
직하며 3단계로 구성된 트레이닝 내용은 숙련된 선수들에게 시합이 임박하여 훈련
방법으로 적합하다.

7. 트레이닝 지도의 원칙

1) 지도의 원칙

지도란 목적을 향해 가르치고 이끄는 것이다. 지도자는 자신이 가지고 있는 지
식을 충분히 활용하여, 선수에게 필요한 정보를 정확하게 전달하고 선수의 의욕을
고취시키도록 해야 한다.

지도를 할 때는, 일반적으로 다음과 같은 단계로 진행시켜 나간다.

제1단계 : 말로 설명한다 - 어떠한 기술을 배울 것인지, 왜 필요한지, 그 기
술의 이점은 무엇인지를 설명하고, 이야기를 주고받음으로써 선수를 이해시
키고, 배우고 싶다는 마음을 갖게 한다.

제2단계 : 시범을 보인다 - 그 방법을 실제로 시범하여 선수에게 보여 준다.
그때, 기술을 습득할 때의 핵심에 대해 알아듣기 쉽게 설명을 덧붙이고 질문
이 있으면 받는다.

제3단계 : 연습을 시킨다 - 실제로 선수에게 연습을 하게 한다. 잘못하고 있
는 경우는, 어디가, 어떻게 잘못되었는지를 알기 쉽게 설명한다. 선수가 잘할
수 있도록 격려하고 연습을 반복시킨다. 잘했을 경우에는 칭찬해 주어, 더욱
더 향상되도록 한다.

제4단계 : 확인한다 - 발전 모습을 관찰하고 그 기술의 이점이나 필요성에

대해 물으면서 선수의 기술에 대한 이해도 및 완성도를 확인해 간다.

2) 지도의 형태

지도의 형태에는 크게 나누어 다음과 같은 것이 있다.

① **맨투맨 지도** : 맨투맨 지도는 한 명의 지도자가 한 명의 선수를 맡아 전임으로 지도에 임하는 방법으로 많은 개인 종목에서 볼 수 있는 형태이다. 지도자는 집중적으로 한 명의 선수를 지도할 수 있으므로 효율적으로 성과를 올릴수가 있다. 그러나 두 사람간의 신뢰 관계에 균열이 생기거나 하면 지도가 매끄럽게 전개될 수 없게 된다.

② **복수 지도** : 복수 지도는 한 명의 지도자가 복수의 선수를 맡아 지도자가 중심이 되어 선수를 같은 방법으로 지도해 나가는 형태이다. 이 방법은 선수의 기능이나 체력 등이 같은 수준인 경우는 효과적인 지도 형태가 된다. 그러나 개인차가 큰 집단에 있어서는 지도 효과를 올리기 어려운 경우가 있다.

③ **그룹 지도** : 그룹 지도는 하나의 집단을 몇 개의 그룹으로 나누어 지도해 나가는 형태이다. 그룹을 나누는 방법에 따라 기계적 그룹 지도와 유기적 그룹 지도로 나눌 수 있다. 기계적 그룹은 그룹을 나눌 때 선수의 능력과는 상관없이 기계적으로 나누는 방법으로 편의적으로 나누어져 생긴 그룹을 말한다.

　유기적 그룹은 목표를 달성하기 위해 의도적으로 조직된 그룹이다. 선수의 능력에 근거하여 그룹 편성이 이루어지며, 그룹 내에서는 지도자와 선수의 역할과 책임이 명확히 되어 있다. 그리고 서로의 신뢰와 협력 관계 위에 지도가 이루어진다. 이 방법은 지도 효과를 크게 기대할 수 있는 형태이다.

④ **그 밖의 지도법** – 선수끼리 서로 지도하는 방법: 선수를 지도할 수 있는 것은 지도자로 한정되어 있는 것은 아니다. 선수끼리 서로 지도하는 것도 가능하다. 같은 종목의 선수나 같은 포지션의 선수끼리 서로 기술면에서의 착오나 잘못된 플레이에 대해 서로 지적하고, 해결, 수정해 나가는 것은 학습 효과가 높은 것으로 알려져 있다. 또한, 이 방법은 팀 내의 커뮤니케이션을 활발히 하고 팀웍을 형성하는데도 효과가 있다. 따라서 이 방법을 잘 도입하는 것도 필요하다.

3) 지도 양식

선수를 지도를 하는 데 있어, 그 양식에는 다음과 같은 3가지 유형이 있다.

① **명령형** : 명령형은 모든 판단을 지도자가 하며 선수는 지도자의 명령에 충실히 복종하는 양식이다. 이 유형은 과거의 스포츠 지도에 있어 가장 많이 쓰여온 방법이며 현재도 흔히 볼 수 있다. 선수의 자발성을 높이려는 목적에서 선수에게 호소하는 형태로의 명령은 효과적인 수단이 될 수 있다. 또한 팀웍 형성이나, 과제 해결, 궤도 수정을 목적으로 한 명령도 효과적인 수단이 된다. 그러나 선수를 인간으로서가 아니라 비인간적인 취급을 하면 지도자와 선수의 인간 관계가 잘 이루어지지 않게 되며 지도가 불가능해지는 경우도 있다.

② **방임형** : 방임형은 지도자의 판단을 매우 적게 하고 가능한 한 지시하는 일 없이 선수들의 자발성을 존중하여 지도하는 양식이다. 기능 수준이 높은 선수나 그 지도자, 예를 들면 국제급 선수나 지도자 수준으로 각각 서로의 역할을 충분히 이해하고 분담할 수 있는 경우는 이 방임형이 통용된다. 그러나 일반적으로 선수들에게 적절한 지시를 내리지 못해 선수가 당황하는 일도 생기므로 이 양식을 도입할 경우 신중하게 생각하여야한다.

③ **협동형** : 협동형은 명령형과 방임형의 중간형으로 양쪽의 장점을 겸비한 것이다. 모든 판단을 지도자가 하는 것이 아니라 선수들에게도 그 능력에 맞추어 판단하게 하여 실행시키도록 지도해 가는 양식이다. 이 협동형은 선수들에게 판단력과 실천력을 익히게 하여 동기를 유발하고, 능동적으로 대처하는 자세를 갖게 할 수 있다는 특징이 있다. 그 특징을 살리기 위해서 지도자는 선수들에게 목표에 도달하는 방법이나 내용을 충분히 지도해야 한다. 또한, 선수는 스스로의 책임으로 협력하여 트레이닝을 해 나가는 자발성이 필요하다.

제 **12** 장

스포츠의 운동
심리학적 측면

1. 스포츠·운동심리학
2. 특수한 영역들
3. 스포츠·운동심리학이 스포츠
   지도자에게 의미하는 것

1. 스포츠·운동심리학

최고 수준의 스포츠 지도자가 되기 위해서는 스포츠와 운동이 이루어지는 심리학적인 측면을 이해할 필요가 있다. 그 이유는 이러한 운동심리학에 대한 이해는 지도자가 선수나 참가자를 지도할 때 다각적인 시각에서 접근할 수 있는 정보를 제공할 수 있기 때문이다.

스포츠와 운동에 대한 연구는 심리적인 변수들과 스포츠를 비롯한 여러 신체활동 측면들이 상호작용을 조사한다. 예를 들면 우리는 과도한 걱정으로 숨이 가빠지는 등 특정한 심리적인 변수들이 운동선수의 성적에 영향을 미칠 수 있다는 것을 알고 있다. 반대로 운동과 스포츠에 참여하는 것이 개인의 심리에 영향을 미칠 수도 있다. 즉 운동에 참여함으로써 스트레스를 줄이고 운동을 성공적으로 마치면 자신감을 얻을 수 있다. 스포츠와 운동의 심리를 연구하는 학자들의 공통적인 영역은 다음과 같다.

① 동기, 불안, 공격성향, 자신감과 같은 참가자들의 심리상태, ② 통솔, 응집과 같은 단체적인 요소, ③ 수행 향상, ④ 건강과 행복의 증진, ⑤ 심리적인 성장과 발전의 촉진 등이다(Kremer & Scully, 1994).

1) 잘못된 인식

스포츠·운동심리학의 내용과 목적에 관하여 잘못된 인식들이 많이 있는데, <표 12-1>에 제시되어 있다.

물론 각 항목들이 사실적인 면들도 있다. 하지만 개별적으로 보면 그러한 생각

<표 12-1> 심리학에 대한 잘못된 인식들

- 스포츠·운동심리학은 오직 뛰어난 운동선수가 되도록 가르치는 것에만 관심이 있다.
- 심각한 심리적인 문제가 있는 선수만이 심리학자를 필요로 한다.
- 스포츠 심리학자들은 정신적인 문제가 있는 운동선수들을 위해서만 일한다.
- 스포츠 심리학자가 선수의 긴장을 풀어줄 수 있다.
- 스포츠·운동운동심리학은 오로지 오직 엘리트 선수들만을 위한 것이다.
- 스포츠·운동심리학의 개념은 선수들을 코치하는 것에만 적용될 수 있다.

들은 전반적으로 이 분야를 잘못 표현한 것이다. 또한 전체적으로 보아 스포츠 및 운동심리학의 작은 부분만을 설명하고 있는 것이다.

스포츠·운동심리학을 엘리트, 또는 매우 경쟁적인 운동선수에게만 관련시킬지도 모르지만 실제로 이 분야는 개인과 신체활동의 환경에 대한 광범위한 영역을 다루고 있다. 초보자에서 엘리트, 젊은이에서 노인까지 광범위한 사람들이 스포츠와 운동에 참여하고 있다. 더욱이 스포츠와 운동은 오락적인 것부터 고도로 경쟁적인 것까지 다양한 배경 속에서 이루어지고 있다. 따라서 스포츠·운동심리학은 대부분의 사람들이 생각하고 있는 것보다 훨씬 광범위하고 다양하다고 할 수 있다 (김도균 역, 2001).

2) 연구와 응용 스포츠·운동 심리학

스포츠 연구와 운동심리학은 이론의 개발, 수정, 실험과 관련된다. 그 목표는 스포츠와 운동의 심리 현상에 대한 우리의 지식을 높이기 위한 것이다. 운동 집중도의 예를 들어보면, 심리학자들은 개인이 장기간 운동 프로그램에 집중하지 못한 이유를 설명하는 이론 중 가장 타당성이 있는 것을 결정하기 위해서 여러 이론을 실험해 왔다. 그 중 자기효과이론이 있는데, 그 이론은 운동을 성공적으로 마치려는 개인의 기대 심리를 보면 그가 운동에 계속 참여할지의 여부를 예측할 수 있다고 한다. 즉 멈추지 않고 20분을 뛰겠다는 등, 그 목표를 성취하려는 마음이 크면 목표를 이루기 위해 끝까지 노력할 가능성이 높다. 이러한 스포츠·운동 심리학의 분야는 이론 스포츠 및 운동심리학 또는 순수 스포츠·운동 심리학(Kremer & Scully, 1994)으로도 불려져 왔다.

"응용 스포츠·운동심리학은 운동선수와 신체활동 참여자들의 성과와 개인적인 발달을 돕기 위해서 스포츠와 운동에 적용될 수 있는 심리학적인 이론과 기술들을 밝히고 이해하는 데에 초점을 맞추고 있다"(Straub & Williams, 1993, p.1).

스포츠·운동심리학에 대한 이러한 접근법은 스포츠에서 발생하는 공통적인 질문과 문제들에 대한 해답을 개발하는 데에 그 초점을 맞추고 있다. 예를 들면 전술한 자기효과에 관한 예와 같이 응용 스포츠 심리학자들은 개인의 성과에 대한 기대심리를 증가시켜 그 목표를 계속적으로 추구하도록 하는데 관심을 둔다. 응용 스포츠·운동심리학의 또 다른 영역은 성과 향상, 운동 참여의 증가, 긍정적인 청소년 스포츠 환경의 조성, 부상당한 선수들이 회복되는 동안 그들을 돕는 과정 등을 포함한다. 팀이 사회적인 환경 또는 운동 환경을 향상시키는 것도 응용 스포츠 심리학의 관심 중의 하나이다. 즉 단결을 강화하고 불평이나 비난과 같은 부정적인 의사전달을 줄이며, 훈련하는 사람과 선수에게 동기를 부여할 수 있는 지도력을 향상시키고, 운동 프로그램에 더욱 집중하도록 하는 것을 포함할 수 있다. 응용 스포츠 심리학자는 스포츠와 운동 환경에 관련된 코치, 선수, 행정지도자, 트레이너, 부모와 같은 사람들과 상의할 수도 있다. 또한 스포츠 또는 운동에 있어 심리학적인 문제를 다루는 개인이나 단체와 함께 일할 수도 있다. 한편 스포츠 심리학자가 관심을 가질 수 있는 질문은 다음과 같은 것들이 있다.

- 운동선수의 불안을 줄일 수 있는 최선의 수단은 무엇인가?
- 운동선수에게 동기를 부여할 수 있는 최선의 지도형태는 무엇인가?
- 어떻게 하면 단결할 수 있는 스포츠 환경을 조성할 수 있는가?
- 어떻게 하면 운동 집중도를 개선할 수 있는가?
- 어떻게 스포츠의 불규칙한 식습관을 최소화할 수 있을까?
- 부상당한 선수가 회복하도록 동기를 부여할 수 있을까?
- 선수들이나 운동하는 사람들이 포기하는 이유는 무엇인가?

2. 특수한 영역들

연구와 응용 스포츠·운동심리학은 상반되는 것, 즉 완전히 반대되는 것이 아니며 계층적인 것도 아니다. 이들간에는 계속적인 상호작용이 존재한다. 예를 들면 스포츠 선수와 운동하는 사람에 대한 실제적인 개입은 이론에 의해 그 방향이 정해진다. 그러므로 스포츠심리학에 대한 연구는 스포츠 선수와 운동하는 사람에 대해 실제적으로 개입할 수 있는 확고한 근거를 마련해 준다.

마찬가지로 응용 스포츠·운동심리학은 스포츠 및 운동 심리학자들의 연구에 대해 정보를 제공하고 안내자 역할을 해주며 중요한 질문들에 대한 해답을 밝혀준다. 이렇게 연구와 응용 스포츠심리학이 중복됨으로 인해 학자들은 여섯 가지 특수한 영역을 통해 스포츠와 운동을 연구하는 접근법에 관심을 갖게 된다. 그 여섯 가지 특수한 영역은 인지, 발육, 건강, 수행 향상, 정신 생리학, 사회학이다. 이러한 영역들은 스포츠심리학 서적에서 기술되는 것들이다. 하지만 스포츠·운동심리학의 내용을 이러한 범주로 나누는 것은 다소 임의적이며 그 초점이 중복될 수 있다.

1) 스포츠·운동 인지심리학

스포츠·운동 인지심리학은 환경에 대한 개인의 인식과 독특한 행동에 관한 것이다. 스포츠와 운동에 참여하는 사람들은 "찾고, 여과하고, 선택적으로 행동하며 의미를 만들어 낸다"(Straub & Williams, 1984, p.7). 운동선수와 운동 참여자는 자신의 환경과 행동을 지속적으로 해석하고 그러한 인지에 근거하여 행동한다고 말할 수 있다. 그래서 스포츠 인지심리학자들이 관심을 가지는 것은 스포츠와 운동에 있어 주의와 집중, 동기 부여, 이미지, 자기효과, 인지와 감정 등이다. 예를 들면 응용 스포츠·운동 인지심리학자들은 성과 향상을 위한 기술로서의 이미지를 연구할 수 있다. 그들은 또한 개인이 어떻게 성공을 정의하는지, 예를 들어 우승, 아니면 개인적인 기량 향상을 성공으로 정의하는 지와 같은 문제와 자기효과의 영향 또는 운동성과에 있어 성공에 대한 기대심과 운동습관 등에 관심을 가진다.

2) 스포츠·운동 발달심리학

스포츠·운동 발달심리학은 그 성장 또는 원숙한 정도가 다른 그룹사이의 차이점과 유사점을 기술하고 설명하고자 한다. 비록 원칙적으로는 청소년 스포츠에 관한 것이지만 실제로 스포츠·운동 발달심리학은 모든 연령층의 스포츠 및 운동 참여자들과 관련된 문제를 다루고 있다(제6장의 프로그램과 발달심리학을 참고하기 바람). 즉 청소년뿐만 아니라 노인과 모든 사람들을 대상으로 다루고 있다. 우리 사회의 수명이 계속 증가하고 피트니스와 신체 활동의 중요성이 강조되면서 더 많은 노인들이 운동과 스포츠에 참여하게 될 것이며, 또한 현재 참여하고 있다. 그래서 긍정적인 청소년 스포츠 환경을 유지하는 만큼 노인들이 건강 스포츠에 지속적으로 참여하도록 하는 방법을 이해하는 것이 중요하다. 그 외에도 스포츠·운동 발달심리학자들이 관심을 갖는 다른 주제들은 스포츠를 통해서 도덕적인 성장을 촉진하는 문제, 즉 옳은 것과 그른 것의 구별과 청소년 프로그램에서 선수의 자긍심을 높이고 노인과 아이들의 운동 집중도를 높이며 노인들의 심리적인 행복에 운동이 미치는 영향 등의 문제를 포함한다.

3) 건강심리학

건강심리학은 건강을 증진하고 유지하며 스포츠와 운동 참여자들이 그 참여를 통해 이익을 얻도록 지원해주고 선수들과 운동 참여자들이 높은 수준의 심리적인 건강을 유지하도록 도와주며, 또 부상에서 회복하는 것을 도와주며, 운동을 통해 정신적인 그리고 신체적인 건강을 증진하도록 하는 문제를 다룬다(Rejeske & Brawley, 1988). 건강심리학의 주요 전제는 운동과 스포츠의 참여는 건강한 심리상태로 이어질 수 있다는 것이다. 이것은 신체적인 건강과 정신적인 건강의 상호 연결을 강조하는 전체론적인 접근방식을 포함한다. 건강심리학은 여러 측면에서 볼 때 때로는 운동심리학 혹은 재활심리학으로 불리워져 왔다.

건강심리학자들은 신체 장애를 줄이고 치료 환경을 개선하기 위해 응용심리학적인 지식에 관심을 가진다. 부상과 심리 상태의 관계는 건강심리학자들에게 더 관심이 있는 분야이다. 예를 들면 건강심리학자들은 부상당한 선수들이 부상으로 인해 소속 팀에서 제외되어 있다는 정신적인 충격에 대처할 수 있도록 도움을 주고 부상의 고통을 이겨낼 수 있는 방법을 개발하여 재활 기간 동안 동기부여와 자신감을 높이기 위한 심리적인 전략을 수행한다. 목표의 설정과 이미지 훈련법이 부상당한 선수들의 재활에 효과적인 도움이 되어 왔다(Heil, 1993). 스포츠와 운동에서 부상에 대한 스트레스 영향에 초점을 맞춘 이 연구를 통해 스트레스를 많이 받는 운동선수와 운동 참여자들이 부상을 당할 확률이 높다는 사실이 밝혀졌다(Andersen & Williams, 1988). 이러한 연구가 암시하는 중요한 사실은 건강심리학자가 도움을 주면 운동 부상의 확률을 극소화할 수 있다는 것이다.

또한 건강심리학자들은 스포츠와 운동의 정신적 이익에 관심을 갖는다. 예를 들면 연구를 통하여 운동이 기분의 상승, 우울증의 감소, 불안의 감소, 스트레스의 감소, 자기 존중심의 증가, 정신적인 건강과 관련이 있다는 사실이 밝혀졌다.

건강심리학자들이 관심을 갖고 있는 또 다른 분야는 체력 고갈, 알코올과 마약 남용, 불규칙한 식습관과 같은 스포츠와 운동 환경에서 발견되는 정신적인 문제들이다.

4) 수행 향상

수행 향상에 관한 전문가들은 스포츠와 운동에 있어서의 실제적인 문제에 관심을 갖는다. 그것은 종종 선수와 운동을 즐기는 사람 그리고 스포츠 지도자들이 그들의 잠재력 한계까지 지속적으로 운동할 수 있게 해주는 심리학적인 기술을 개발하도록 도와주는 것을 포함한다. 예를 들면 연습에서는 잘하지만 경기 상황에서는 긴장하는 선수를 생각해 보자. 이 선수는 갑자기 신체적인 기술을 잃지는 않았지만 머리 속에 실수할 것을 생각한 나머지 부진한 결과를 가져올 수 있다.

수행 향상에 관한 전문가들은 스포츠와 운동 상황에 있어 사람들을 돕기 위한 방법으로 종종 심리 기술 훈련(PST)을 사용한다. PST는 불안을 조절하고 자신감을 높이며 집중력을 높이고 또 주의를 적절하게 집중하며 의사 소통과 단결이 잘 이루어지도록 한다(Martens, 1986). 일반적으로 PST에서 사용하는 기술들은 이미지 트레이닝법, 긴장 완화, 목표 설정, 긍정적인 생각 등을 포함한다. 이러한 기술들은 경쟁적인 운동선수와 운동을 즐기는 사람 모두에게 도움이 된다. 예를 들면 이미지 트레이닝은 경쟁하거나 혹은 오락으로 즐기는 농구선수가 자유투를 잘 던질 수 있도록 도움을 줄 수 있다. 긍정적인 생각은 조깅을 할 때 더 오래 달릴 수 있도록 하며 또한 서로 경쟁하는 레이서들이 레이스에서 추월 당했을 때 아무렇지 않다는 마음을 유지할 수 있도록 해준다.

5) 스포츠·운동 정신생리학

이 전문 분야는 심리적인 변수와 신체적인 변수 사이의 상호관계를 연구한다. 이 분야에서 연구되는 생리적인 과정은 심장 박동수, 혈압, 근력을 포함한다. 이러한 생리적인 지표들이 자신감, 주의 집중, 불안, 동기 부여와 같은 심리적인 상태에 영향을 주는 것으로 생각된다(Kremer & Scully, 1994).

또한 신체적인 상태는 심리적인 과정과 감정 상태를 반영한다. 예를 들면 심장 박동수가 늘어나면 불안하다는 표시이다. 정신생리학적 심리학은 마음과 몸의 상호작용을 구체화하며 스포츠와 운동의 심리적인 과정과 생리적인 과정의 상호작용과 그 상호관계를 강조한다. 스포츠·운동 정신생리학에는 정신적인 이미지 과정과 관련하여 근육의 반응을 연구하는 것 등이 있다.

6) 스포츠·운동 사회심리학

집단 역학은 스포츠·운동의 사회심리학의 영역 안에 있다. 스포츠·운동의 사회심리학은 집단 구성원 사이의 상호작용에 영향을 주거나 받는 심리적인 과정을 다룬다. 이것은 스포츠와 운동 환경에서 긍정적인 사회 작용이 이루어지도록 돕는 노력을 포함한다. 스포츠·운동의 사회심리학에서 관심을 갖는 영역은 팀 단결, 지도 행위, 집단 생산성, 커뮤니케이션 등이다. 최근 스포츠와 운동의 사회 심리학자들은 스포츠 환경 자체에 초점을 두었으며 스포츠와 운동 환경에서 성, 인종, 성적 향상에 관련된 문제들을 연구하여 왔다.

3. 스포츠·운동심리학이 스포츠 지도자에게 의미하는 것

스포츠·운동심리학을 이해하는 것은 스포츠 지도자에게 다양한 도움을 줄 수 있다. 예를 들면 스포츠와 운동 환경에서 참가자의 행동에 대한 통찰력을 가지게 되면, 스포츠 지도자는 더욱 많은 능력을 지니게 되고 다양한 참가자의 욕구에 부응하는 적합한 프로그램을 개발할 수 있게 될 것이다. 스포츠·운동심리학의 혜택 중 중요한 또 한가지는 긍정적인 스포츠 및 운동 환경을 조성하는 능력이다. 이러한 목표를 달성하려면 그 환경에 참여하는 모든 사람들의 총체적인 노력이 필요하다. 또한 적절한 지식을 갖춘 스포츠 지도자의 지혜로운 지도력이 필수적인 요소가 된다.

제 13 장

리더십과 스포츠

1. 리더십의 개념
2. 리더십과 헤드십
3. 리더십과 관리
4. 스포츠 리더십

1. 리더십의 개념

제갈공명의 지도자론

제갈공명이 말했다. "통솔자의 기량에도 대소의 차이가 있다. 인간의 선악을 가려내고, 화근을 미리 알고 이를 예방할 줄 알면 사람들이 잘 따른다. 이런 인물은 10인의 통솔자가 될 수 있다.

아침 일찍부터 밤늦도록 열심히 일하고, 말 한마디 한마디에서 사람의 마음을 헤아리고, 다른 사람이 무엇을 바라고 있는 가를 알아내고, 신의가 있고, 조신(操身)한다면, 이런 사람은 1백인의 통솔자가 된다.

일을 처리하는 데 있어서 강직하면서도 생각은 용의주도하고 용감히 잘 싸운다면, 이런 인물은 1천인의 통솔자가 될 수 있다.

은연 중에 위엄이 있으면서도 마음속에 열의를 품고 있으며, 사람들의 고생이며 허기를 살펴 준다면, 이런 사람은 1만인의 통솔자가 될 수 있다.

유능한 사람을 채용하고 매일 조심하고 성실 관대하며 정치싸움에 휘말리지 않는다면, 이런 사람은 10만인의 통솔자가 된다.

두루 아랫사람들을 인자하게 다스리고, 그 신의에 이웃나라까지도 심복하며, 변화에 잘 적응하고 모든 일을 깊이 통찰하고, 모든 사람을 한 가족처럼 여기는 사람이 바로 천하의 통솔자가 된다.

리더십(leadership)의 개념 정의는 리더십을 활용하는 목적과 시각에 따라, 그리고 리더십을 적용하는 환경 차이 때문에 통일된 개념의 정의가 쉽지 않다. 스톡틸(Stogdill, 1974)은 "리더십을 정의하는데 있어서 연구하는 학자 수만큼이나 그 개념 정의도 다양하다"라고 하였다. 이와 같은 학문상의 개념 차이는 연구자 개인의 시각 차이에서 오는 결과이기도 하지만, 그 주원인은 연구하고자 하는 현상의 선택 차이, 그리고 연구과정에서 수집한 자료의 해석 차이인 경우가 많다. 또한 실제 사회에서 사용하고 있는 리더십을 단순한 자의적(字意的)의미로 보면, 지도력, 통솔력, 지휘권, 감독, 선도력 등 매우 다양한 용어 형태로 표현하고 있다. 그러나 아무리 리더십의 개념 정의와 표현형태가 다양하다할지라도 이들을 두루 관통하는 공통 분모가 있기 마련이며, 그것은 리더와 추종자의 역할관계, 리더와 추종자의 특성과 상호작용, 권한 등을 함축하는 내용이다(오윤진, 1994).

일반적으로 리더십은 한 개인이 다른 구성원에게 이미 설정된 목표를 향하여 정진하도록 영향력을 행사하는 과정으로 정의하고 있으나(Koontz & O'Donnell, 1976), 이러한 활동과 관련된 적극적인 강화(positive reinforcement), 목표설정(goal setting), 집단간 관계 관리(managing intergroup relations) 등에 관한 실제적이고 효과적인 리더십의 활동을 연구하고 이해하기란 너무나 광범위한 연구분야라고 할 수 있을 것이다.

이와 같이 리더십에 내포되고 있는 기본적 개념들은 다음과 같이 요약할 수 있다.

첫째, 리더십은 목표와 관련된다. 즉 조직이나 집단이 달성하고자 하는 미래상으로서의 목표를 전제로 행동이 전개되는 과정이며 조직관리의 필수불가결한 요소이다.

둘째, 리더십은 지도자(leader)와 추종자(follower)간의 관계이다. 리더는 그가 통솔하는 조직이나 집단 전체의 목표와 그 자신의 권위에 입각하여 추종자의 행동에 영향을 미친다.

셋째, 리더십은 공식적 계층제의 책임자(formal leadership)만이 갖는 것은 아니다. 즉 집단 내의 타구성원의 행동을 자극하고 영향을 미치는 과정이라면 동료간 또는 말단에 있는 자(informal leadership)도 행사하기도 한다. 이는 조직책임자의 직권력(職權力, headship)과 구별되어야 한다.

넷째, 리더십은 리더가 추종자에게 일방적으로 행동을 강요하는 것이 아니라 어디까지나 상호작용 과정을 통해서 발휘되는 것이다.

다섯째, 리더십은 리더의 권위(authority)를 통해서 발휘되는 것이다. 리더가 타인의 행동을 유도하고, 인도하며, 조정·통합할 수 있는 능력에 따라 발휘되는 것이다. 이러한 권위는 공식적·법적으로 부여된 지위뿐만 아니라 전문가적인 기술능력과 기타 여러 가지 지도자의 자질과 특성에 내재하는 것이다. 지도자의 권위가 그 추종자들에 의하여 수용(acceptance)되는 정도와 그가 리더십을 발휘하는 정도간에는 밀접한 상관관계가 있다.

여섯째, 리더십은 소속집단 및 조직 내에서 분화된 여러 가지 직능을 수행한다. 그 중에는 지도자에 관한 요인, 추종자에 관한 요인, 그리고 상황적 집단들이 영향을 미친다.

다음 <표 13-1>에는 스포츠 조직과 군대의 조직이 가장 비슷한 점이 많다고 가정하고 외국군 사관학교 리더십 교재에 나타난 리더십의 정의가 소개되어 있으며, <그림 13-1>에는 리더십이 조직의 목표달성에 미치는 영향력이 도식화되어 있다.

<표 13-1> 리더십의 정의

미국 육군 리더십 교범	"임무완수를 위하여 목적과 방향을 제시하고 동기를 부여함으로써 부하에게 영향력을 발휘하는 과정(the process of influencing others to accomplish the mission by providing purpose, direction and motivation)"
미국 육사 리더십 교재	"조직체에서 임명된 리더가 부여된 목표를 달성하기 위하여 부하의 행동을 동기화시키는 과정(the process of influencing human behavior so as to accomplish the goals prescribed by the organizationally appointed leader)"
미국 공사 리더십 교재	"조직체의 목표를 달성하기 위하여 그 조직체에 대하여 영향력을 발휘하는 과정(the process of influencing an organized group toward accomplishing its goals)"

자료: 신응섭 외(2000). **리더십의 이론과 실제.** 서울: 학지사. p. 17.

<그림 13-1> 리더십의 영향력

자료: 이강옥, 송경용, 노언필(2001). **21c 리더십의 새로운 패러다임.** 서울: 무역경영사. p. 6.

2. 리더십과 헤드십

리더십(leadership)과 헤드십(headship, 職權力)을 어떠한 기준에 의하여 구별하느냐 하는 문제는 양자간에 그 한계성을 어디에 두느냐 하는 문제와 관련된다. 리더십을 아주 넓게 해석한다면, 헤드십은 그 안에 포함된다. 그러나 리더십의 개념을 보다 명확히 이해하려면 단순한 관료적(官僚的) 상사(上司)로서의 헤드십을 배제시킬 필요가 있다. 헤드십은 공식적인 조직의 관료제적 직위만을 근거로 발휘된다. 반면에 리더십은 그러한 직위와는 관계없이 일정한 리더 자체의 권위를 근거로 하여 이루어진다. 따라서 헤드십은 일방적이고 강제적인 성격을 갖는데 비하여 리더십은 상호적이고 자발적인 성격을 갖는다고 볼 수 있다.

깁(Gibb, 1969)은 헤드십을 다음과 같이 설명하고 있다.

첫째, 헤드십은 전제적(專制的) 집단체제에서만 생기는 것이고, 따라서 구성원의 자발적인 리더 권한 인정은 기대할 수 없다.

둘째, 집단의 목표는 리더 자신의 이익을 위한 것이고, 이러한 집단의 목표를 결정하는데 있어서 구성원의 참여는 없으며, 리더와 구성원과의 정서적 유대관계가 매우 적다.

셋째, 리더와 구성원과의 관계는 일정한 거리가 존재하며, 리더는 이러한 간격을 유지함으로써 구성원에게 그의 지배력을 강화한다.

넷째, 리더와 구성원과의 관계는 처벌 등의 강제적 지배력에 의해 이루어지는 분위기가 형성된다.

테리(Terry, 1960)도 리더십과 헤드십을 구별함에 있어서, 리더십은 목표를 달성하는데 있어 구성원의 자발성을 유도하여 분발시키며, 작업의 방법을 알려주면서 구성원을 감화시키는 태도를 취한다. 또한 모든 일은 리더가 책임을 지려하고 구성원에 대하여 실수 등을 전가시키지 않는다고 한다. 이와 반대로 헤드십은 구성원의 희생의 댓가로 목표를 달성하려 하며, 이를 위하여 구성원을 강행시키려 한다. 아울러 구성원에게 위협과 강제로 공포감을 유발시키며, 실수한 부분은 그 책임을 전가시키려 한다고 설명함으로써 양자를 구별하고 있다. <표 13-2>에는 리더십과 헤드십의 차이점이 제시되어 있다.

3. 리더십과 관리

리더십과 관련된 개념상의 논쟁점 중에서 또 하나의 중요한 주제는 리더십과 관

〈표 13-2〉 리더십과 헤드십의 비교

리더십(leadership)	헤드십(headship)
· 자발적	· 강제적
· 인간적	· 비정서적
· 집단적	· 개인적
· 리더와 구성원이 상호작용적	· 구성원은 리더의 목표달성을 위한 도구
· 리더가 책임을 진다.	· 리더는 책임을 지지 않는다.
· 구성원의 실수를 전가시키지 않는다.	· 구성원에게 책임을 전가한다.

리의 구분에 관한 것이다. 일반적으로 리더십과 관리라는 것이 서로 확연히 구분되는 개념인 것으로 더 널리 알려져 있다. 리더십은 감성적인 요소가 더 많이 개입되는 과정인 반면, 관리는 이성적인 요소가 더 많은 것으로 구분된다. 그래서 카리스마적 리더라든가 영웅적 리더라는 말은 많이 들어보았겠지만, 카리스마적 관리자 또는 영웅적 관리자라는 말은 별로 들어보지 못했을 것이다. 또 리더십이란 말을 들으면 '모험, 역동성, 창조, 변화, 비전' 등과 같은 단어가 연상이 되면 반면, 관리라는 말을 들으면 '효율성, 계획, 규정과 절차, 사무, 통제' 등과 같은 단어가 머리에 떠오른다.

관리 이론가들은 전통적으로 관리의 목적을 '관리의 대상자들은 설정된 기준과 절차에 맞추어서 잘 가동되도록 하는 것'이라고 보았다. 관리 이론가들은 직접적인 대면 상황에서 관리자와 부하들 간의 상호 작용 문제에 관해서는 거의 관심을 기울이지 않았다. 이러한 직접 대면 상황에서의 상호 작용 문제는 리더십의 문제라고 본 것이다. 이러한 관점이 리더십과 관리라는 개념을 서로 구분되는 개념으로 보게 만드는 것이다(신응섭 외, 2000).

또, 리더십과 관리는 다음과 같이 구분할 수 있다. 리더십은 옳은 일을 찾아서 행하도록 올바른 방향을 제시하는 것이고 관리는 주어진 일을 옳게 행하도록 그 방법을 제시해 주는 것이다. 그리고 리더십은 자기 자신이 자신을 지도하고 타인을 지도하는 것이다. 관리는 타인을 지도할 뿐이다. 그래서 관리자는 자신은 설사 틀린 방향으로 가더라도 타인만을 잘 관리하면 된다. 주어진 일을 옳게 행하게 하는 것이 우선되기 때문이다. 그렇지만 지도자는 자신을 잘 다스리지 못하면 다른 사람이 따르지 않을 것이기 때문에 영향력을 행사할 수 없게 된다. 즉 리더십은 관리하는 행위가 아니라 정신적 창조이며, 관리는 물질적 창조이다.

관리는 손익결과에 관심을 둔다. 즉 내가 어떤 일을 어떤 방법으로 가장 잘 성취할 수 있을 것인가에 관심을 둔다. 그러나 리더십은 보다 중요한 문제를 다룬다. 즉 내가 성취하려고 하는 일은 도대체 무엇인가를 다룬다. 관리하는 것은 성공의 사다리를 어떻게 효율적으로 올라가느냐의 문제이고 리더십은 그 사다리가 올바른 벽에 걸쳐져 있는가를 결정하는 것과 관계된다.

〈표 13-3〉 리더십과 관리의 비교

Leadership	Management
for self : 자기지도 for others : 타인지도	for others : 타인지도
• DO RIGHT THINGS • 옳은 일을 찾아내어 행하는 것 • 어디로 갈 것인가? • 1990년대 이후 필수 능력	• DO THINGS RIGHT • 주어진 일을 옳게 행하는 것 • 어떻게 도달할 것인가? • 1980년대까지의 필수 능력

자료: 한국스피치 & 리더십센터(2001). **21세기의 지도자는 누가 될 것인가?** www.speech1.co.kr.

리더십과 관리의 차이를 좀 더 쉽게 구분하기 위해 쉬운 예를 들어보면, 길이 없는 정글을 큰칼을 가지고 잡목이나 잡초를 쳐서 길을 만들면서 나아가는 한 집단의 사람들을 상상해 보자. 그들은 문제를 해결하는 일꾼들, 즉 생산자에 해당된다. 그들은 정글 속의 잡목을 제거하며 앞으로 나아가고 있다. 그 뒤를 관리자가 따르면서 칼날을 갈아주고 방침과 절차를 개발하고, 능률개선 프로그램을 수립하며, 새로운 기술을 도입하고, 작업계획과 보상 프로그램을 짜고 있다. 그러나 리더는 가장 높은 나무 위에 올라가서 전체 상황을 살핀 후 "길을 잘못 들었네"라고 외친다(한국스피치 & 리더십센터, 2001).

4. 스포츠 리더십

스포츠 조직 내에서 조직의 목표를 달성하고 집단 성원의 욕구를 충족시키기 위한 지도자의 지도행위인 리더십은 많은 스포츠 전문가들의 주된 관심사였다.

스포츠나 운동상황에서의 리더에는 단장, 감독, 코치, 강사 등이 있다. 특히 스포츠 현장에서 선수를 직접 지도하는 코치의 리더십은 스포츠 문헌 연구에서 많이 거론되고 있는 것 중의 하나이며 효율적인 코칭 리더십이 코치, 선수, 스포츠 관계자들 사이에 중요한 문제로 대두되고 있다. 특히 코치들이 행하는 리더십 행동 유형은 선수들의 스포츠 수행이나 선수들의 심리적 또는 감성적 반응에 중요한 영향을 끼치는 것으로 되어 있으나 운동경기 상황에서의 체계적인 리더십 연구는 불과 20여년에 지나지 않는다(이기철, 2001).

또, 스포츠팀은 심리학이나 경영학에서 이용되어 온 일반적 리더십 이론을 적용할 수 없는 어떤 스포츠 그 나름대로의 고유한 특성을 소유하고 있으며 스포츠 리더 행동을 분석하는데 사용되는 스포츠 상황에 적합한 도구의 개발은 미흡한 실정이다.

리더십은 리더 개개 인물의 특성을 다룬다고 생각하기 쉽다. 그러나 리더십은 리더 자신뿐만 아니라 리더가 영향력을 발휘하는 상황, 그리고 리더의 지휘를 받는 구성원까지도 모두 포함하는 복잡한 관계를 의미한다. 그래서 스포츠심리학에서는 "설정된 목표를 달성하도록 개인과 집단에 영향력을 행사하는 행동과정"(Barrow, 1977, p. 232)이라는 리더십의 정의를 흔히 사용한다.

리더는 집단이나 팀이 어디로 가고 있는지를 알아야하고 또 방향을 제시하여 목적지에 도착하도록 도움을 주어야 한다. 리더십이 있는 코치는 비전이나 동기유발을 제공하려고 노력할 뿐만 아니라 비전이 현실화되도록 노력한다. 코치, 교사, 건강·스포츠 전문가들은 지도자로서 목적을 달성시키기 위해 각 참가자들에게 최고의 기회를 찾아주려고 노력해야 한다. 리더는 개인적 성공이 팀 성공을 성취하는데 도움이 된다는 것을 보증하려고 노력해야한다(이순천, 정상택, 박상범, 김진구, 조국래 역, 1998).

제 14 장

리더십 이론

. 특성이론
2. 행동이론
3. 상황이론
4. 최근이론

리더십이라는 문제에 관한 논의는 유사 이래로 계속 있어 왔지만, 오랜 기간 동안 사변적인(경험이나 실천을 바탕으로 하지 않고 오로지 이론이나 사유에 의한 상태인 수준에 머물러 있는 것)수준에 머물러 있었다. 리더십 연구에 관한 진일보된 시각의 접근은 19세기 중반의 Carlyle(1841)의 『영웅과 영웅 숭배』라는 저서에서 나타나기 시작했다.

그는 이 저서에서 역사는 소수의 뛰어난 위인들에 위해서 만들어지며, 그러한 위인들은 보통 사람들과는 다른 훌륭한 자질이나 특성을 타고난다고 보았다. 그리하여 그는 유럽의 과거 역사에서 뛰어난 인물들이 지녔던 특성을 찾으려는 시도를 하였다.

뒤를 이어 리더십의 과학적인 연구의 발전은 20세기에 들어서면서 심리학의 발달과 더불어, 특히 태도나 성격, 지능 등을 측정하는 기법이 가용하게 되면서 본격적으로 이루어지기 시작하였다(신응섭 외, 2000).

지금까지 리더십에 관한 연구는 리더가 다른 구성원에 비해 무엇이 다른가에 대해 이를 예측하고, 설명하고, 이해하기 위한 많은 연구가 있었는데 이를 크게 나누어 세 가지 유형의 리더십으로 분류할 수 있다. 이 이론들에는 특성이론(特性理論, trait theory)·행동이론(行動理論, behavioral theory)·상황이론(狀況理論, contingency theory) 등이 있다. 또한 스포츠 상황에서 리더십에 관한 이론은 대부분 경영학과 일반심리학에서 발달한 리더십을 근거로 하고 있다.

이들 각 이론들은 제각기 많은 특징을 갖고 있으며 효율적인 리더십의 규명에 많은 도움을 주었으나 동시에 각 이론이 지니는 한계점도 존재하고 있다. 따라서 앞으로의 이론적 접근방안도 이러한 모든 이론을 통합하는 방향으로 전개되어야 할 것이다.

이상에서 설명한 세 가지 이론을 상호비교하면 <표 14-1>과 같다(추헌, 1995).

1. 특성이론

1) 특성이론의 특징

리더십이론 중에서 특성이론(特性理論, trait theory)은 효율적인 리더가 비효율적인 리더와 명확하게 구별되는 몇 가지 특성과 자질을 갖고 있다고 가정하고

〈표 14-1〉리더십 이론의 비교

이 론	연구모형	특 징
특성이론 (1930 ~1950년대)	개인의 특성 → 리더와 비리더 구별	리더와 비리더를 구별할 수 있는 특성이나 특징이 분명히 존재한다.
행동이론 (1950 ~1960년대)	리더 행동 → 성 과 종업원유지	리더십의 가장 중요한 측면은 리더의 특성이 아니라 리더가 여러 상황에서 실제로 하는 행동이다. 성공적 리더와 비성공적 리더는 그들의 리더십유형에 의해 구별된다.
상황이론 (1970년 이후)	리더 행동 → 성 과 만 족 기타변수 ↑ 상황요인:과업, 개인적특성, 집단의 성격	리더의 유효성은 그의 유형뿐만 아니라 리더십 환경을 이루는 상황에 의해서도 결정된다. 상황에는 리더나 하위자들의 특성, 과업의 성격, 집단의 구조, 강화의 유형 등이 포함된다.

있다. 이 이론은 제1차 세계대전 초에 미국심리학협회가 실시한 연구결과에서부터 대두되기 시작하였는데, 이 심리학위원회는 육군선발시험(Army Alpha Test of Intelligence)이라는 기법을 개발하여 미 육군의 선발심사업무를 지원하였다. 전쟁이 끝난 후 산업부문에 이 기법을 적용·발전시켜 인사평가측면을 활성화시키기에 이르렀다.

이러한 특성이론은 종래 리더십 연구의 주류를 이루었다. 이 접근법의 특징은 선천적이든 후천적이든 리더의 일련의 공통적인 특성을 규명하는 것이었다. 이 이론에 따르면 리더가 고유한 개인적인 특성만을 가지고 있으면 그가 처해 있는 상황이나 환경에 관계없이 항상 리더가 될 수 있다는 것이다. 따라서 모든 사람이 리더의 자질을 구비하고 있지 못하기 때문에 그러한 특성을 가진 사람만이 리더가 될 수 있다는 것이다.

특성이론가들은 리더가 구비하고 있는 공통적인 특성을 규명하는데 온갖 노력을 기울여 왔다. 바나드(Barnard, 1946)는 리더의 자질로서 먼저 안정적 상황에서 냉정·침착성이 필요하다고 강조하고, 오늘날과 같이 불안정·격변·불확실성 상황에서는 크게 두 가지 리더십 특성으로 나누고 있는데, 첫째 기술적인 면으로 체력(physique)·기술(technology)·지각(perception)·지식(knowledge)·기억력(memory)·상상력(imagination) 측면에서 개인적 우월성을 가져야 하고, 둘째로 정신적인 면에서는 결단력(determination)·지구력(persistence)·인내력(endurance)·설득력(persuasiveness)·책임감(responsibility)·용기(courage)와 같은 측면에서의 탁월성을 가져야 한다는 것이다.

또한 데이비스(Davis, 1959)는 성공적인 지도자에 관련된 일반적 특성으로서 지성(intelligence), 사회적 원숙성과 원만(social maturity and breadth), 내적 동기부여(inner motivation), 인간 관계적 태도(human relations attitudes)를 들고 있다.

2) Stogdill의 연구

스톡딜(Stogdill, 1974)은 1949년부터 1970년 사이에 여러 가지 조직관리에 관한 연구논문집에서 리더의 효과성, 리더와 추종자간의 관계, 효율적인 리더십과 비효율적인 리더십, 고위층과 하위층의 리더십 등을 조사하고 그 속에서 리더의 특성을 <표 14-2>와 같이 제시하였다.

<표 14-2>를 좀더 상세히 설명하면 신체적 특성, 사회적 특성, 지적 능력, 개성, 과업 요인, 사회관계적 요인 등으로 설명할 수 있는데 아래와 같다.

① **신체적 특성** : 이 요인은 대개 연령, 신장, 체중, 외모 등이 지적되고 있다. 신체적 특성은 리더십 발휘의 역량과 밀접한 관계가 있으며, 조직 구성원에게 주는 인상에도 중요한 작용을 한다고 볼 수 있다. 그러나 현실적으로는 리더십 연구에 있어서 신체적 특성은 크게 중요하게 생각하지 않고 있지만, 의도적으로 신체적 특성의 중요성을 소홀히 취급할 필요는 없다.

② **사회적 배경** : 사회적 배경이라는 것은 리더의 가계(家系)에 있어서 사회적으로 어떤 위치와 경력을 조상이 소유했었느냐 함을 의미한다. 리더의 부친이 대기업주였다면, 이것이 리더의 사회적 배경이 된다. 사회적 배경에는 넓게 보아 경제적 배경도 포함된다. 따라서 사회적 배경은 곧 사회·경제적 배경이라 해도 무방하다. 사회가 덜 전문화되고, 민주화 정도가 약할수록 사

〈표 14-2〉 리더의 특성

특 성	빈도	특 성	빈도
1. 신체적 특성		· 지배성	31
· 활동성 · 정력	24	· 정서의 안정, 통제력	14
2. 사회적 배경		· 독립성 · 비동조성	13
· 교육 정도	14	· 독창성 · 창조성	13
· 사회적 지위	19	· 자신감	28
3. 지능 · 능력		5. 일에 관계되는 특징	
· 지 능	25	· 성취욕구	21
· 지 식	12	· 책임욕구	17
· 화 술	15	· 과업지향	13
4. 인격 · 성격		6. 사회적 특징	
· 적 응	11	· 관리능력	16
· 공격성 · 자기주장	12	· 사회성 · 대인관계의 기교	35

자료: Stogdill, R. M.(1974). *Handbook of leadership.* New York: The Free Press. pp.74~75
에서 요약.

회 · 경제적 배경은 리더의 지위를 향상시키는 데 큰 작용을 한다.

③ **지적 능력** : 지적 능력은 일반적으로 지능이라는 말로 이해되고 있다. 이를 세분하면 판단력, 결단력, 지식수준, 화술과 같은 부류를 포함한다. 지적 능력 면에서 리더가 부하들보다 우수하다는 것은 여러 연구결과에서 제시되고 있으며, 특히 Stogdill은 리더의 지위와 지능 테스트 점수간의 상관관계를 분석한 결과, 리더십과 지적 능력과의 관계는 정적(正的) 상관관계가 있다고 하였다.

④ **개성** : 리더의 개성 내지 성격에 포함되는 요소는 매우 다양하다. 리더의 자신감, 창의성, 민첩성, 독립성, 인내력, 객관성, 추진력, 직무에 대한 열의, 환경 적응성, 신념 등 리더의 개성에 내포되는 범위는 극히 광범위하다. 그러나 이러한 요인들을 모든 리더가 다 갖추어야 하는 것은 아니다. 리더와 부하들의 특성, 조직 내 직위의 높고 낮음에 따라 필요로 하는 성격요인이 다르게 나타난다.

⑤ **과업 요인** : 과업요인(task-related characteristics)은 리더가 업무를 수행함에 있어서 갖고 있는 성취욕구, 책임감, 과업에의 지향 등을 의미한다.

리더가 솔선하여 일에 대한 높은 성취의욕과 책임의식을 가지면, 자연적으로 과업지향적인 태도가 형성된다. 과업지향적인 태도는 목표달성에 적극적이며, 업무추진력도 왕성하여 직면하는 장애요인을 극복하는데 인내심과 집요함, 강한 동지의식을 갖도록 한다.

⑥ **사회관계 요인** : 이 요인은 주로 대인관계기술을 내용으로 한다. 이것은 사회성과 유사하며, 보다 넓은 의미인 관리능력(supervisory ability)에도 포함된다. 리더가 지나치게 목표달성을 의식한 나머지 과업지향적인 리더로 인상지어지면 대인관계를 경시하기 쉽다. 목표달성을 성공적으로 행하기 위해서는 과업뿐만 아니라 대인관계에도 관심을 가져야 한다. 리더는 대인관계의 기술을 적극적으로 개발하여 부하들로 하여금 충성심을 유발시켜야 하며, 조직의 응집력을 강화시키도록 해야 한다(오윤진, 1994).

3) 스포츠 상황에 특성이론의 적용

스포츠 상황에서도 특성이론의 견해에 따라 성공적인 지도자의 특징을 규명하려는 시도가 있었다. 그러나 많은 연구들이 지도자의 성격특성과 리더십의 효율성과의 관계가 매우 미약하거나 공통적인 특징이 없다는 사실이 발견되었다. 이러한 연구의 초점들은 코치들 사이, 또는 코치와 코치들이 아닌 사람들 사이의 특성의 차이를 규정지으려고 했다.

예를 들면 한 연구(Ogilvie & Tutko, 1966)에서 훌륭한 코치는 강인한 성격을 갖고 있고, 권위적이며, 융통성이 없고, 상황을 장악하며, 외부의 압력에 버틸 의지가 있으며, 독단적인 사고를 하며, 감정 억제적이고, 현실적인 태도를 갖는다고 주장하였다. 하지만 이러한 스포츠 리더의 특성을 뒷받침해 주는 구체적인 증거가 제시되지 않았고, 이 코칭 프로 파일을 지지할 수 있다는 증거를 제시하지 않았다.

또한, 스와츠(Swarts, 1973)의 연구에서는 미국 중서부 5개주 대학 미식축구 헤드코치를 대상으로 연구한 결과 성공적인 코치와 성공적이지 못한 코치 사이의 리더십 유형에 차이가 없다는 것이 발견되었다. 밴더(Vander, 1972)의 연구에서도 코치의 특성에 관한 결론을 내지 못했다. 이와 같은 사실은 특정상황에서의 성공적인 지도자가 다른 상황에서도 반드시 성공적인 지도자가 된다는 것을 부정하는 것이다. 즉, 일반화가 결여되어 있다.

결론적으로 스포츠 상황에서 스포츠 리더가 갖는 공통적인 성격 특성을 찾으려는 연구는 리더의 몇 가지 특성만을 발견하는데 그쳤으며, 일반화할 수 있는 연구 결과는 제시하지 못했다. 따라서 학자들은 특성론적 접근을 너무 단순해서 리더십 연구에 적절하지 못함을 인식하고 행동특성을 연구하기 시작하였다.

2. 행동이론

1) 행동이론의 특징

리더십의 행동이론(行動理論, behavioral theory)은 리더가 무엇을, 어떻게 행동하는가에 초점을 두고 있으며, 여러 가지 면에서 특성이론과 차이가 있다. 행동이론가들은 개인의 성과 혹은 집단의 성과에 영향을 미치는 리더의 행동이 어떤 것인가를 연구하는데 관심을 갖고 있다. 반면에 특성이론가들은 리더의 성과에 관련되는 지능 혹은 자신감과 같은 리더의 자질을 어떻게 측정할 수 있는가를 연구하는데 관심을 두는 것이다.

이들 두 이론은 방법과 가정에서 차이가 있다. 왜냐하면 행동이론가들은 리더의 행동은 성과에 영향을 미치며 관찰 가능한 행동이라고 가정하고 있으나, 특성이론가들은 리더를 효율적으로 만드는 것은 리더의 특성이라 가정하여 리더의 행동에 관한 면을 고려하지 않고 있다. 다시 말하면 행동이론가들은 리더가 성과를 위하여 어떻게 행동하는가에 대해 알아야 한다고 주장하는 반면, 특성이론가는 리더의 행동을 측정할 필요가 없다고 주장하고 있다. 결국, 두 이론간에는 보다 미묘한 차이가 있다. 특성이론에서 볼 때 리더는 후천적인 것보다는 선천적인 것으로 가정하고 있으며, 행동이론에서는 행동이 변하게 되면 리더는 만들어지거나 개발될 수 있다고 가정하고 있다.

2) 리더의 행동 연구

리더 행동 연구는 크게 두 갈래의 범주로 나눌 수 있는데, 하나는 기술연구(記述研究, descriptive research)이고, 다른 하나는 설명연구(說明研究, explanation research)이다. 기술연구는 리더가 어떤 식의 행동 패턴을 보이며, 어떤 행동을 가장 많이 하는가 등과 같이 리더의 행동을 객관적으로 관찰하여 있는 글대로 기술하는 것이다. 이런 연구는 제3자에 의한 직접 관찰이나, 리더 자신의 일지(diary) 기록, 또는 면접을 통하여 이루어진다. 리더 행동 관찰연구(behavior observation research)에서는 리더의 행동 또는 활동을 단순하게 기술하는 것뿐만 아니라 역할, 기능, 관행 등의 측면에서 범주로 분류하여 정리하기도 한다. 또 리더가 직무상 하도록 요구되는 행동이 무엇인가를 기술하게 하는 방식으로 리더의 행동을 기술하는 직무 기술연구(job description research)도 이 분야의 연구에 속한다.

설명연구에서는 성공적인 리더와 그렇지 못한 리더를 구분해 주는 리더 행동이 무엇인가를 밝혀 내려고 하는 연구로서 리더 행동연구에서 주류가 되는 분야이다. 20세기 후반에는 효과적인 리더 행동 패턴이 무엇인가를 찾아내려는 연구들이 매우 활발하게 나왔다. 이 연구들은 대부분 질문지를 이용한 연구들인데, 리더의 행동과 부하의 만족도 또는 리더 행동과 업무성과와의 상관관계를 알아보는 연구들이 주종을 이룬다.

3) 리더십의 유형

리더십 유형에 대한 연구에서 처음 등장한 것이 리피트와 화이트(Lippitt & White, 1958)가 행한 연구로서 권위적·민주적·자유방임적 리더십으로 구분하는 방식이었다. 이런 형태로 구분하는 주요한 기준은 리더가 의사결정을 할 때 어떻게 행동하느냐이다.

조직의 모든 의사결정을 리더 혼자서 행하게 되면, 권위적(authoritative) 리더라고 하며, 반대로 의사결정의 권한을 조직 구성원들에게 대폭 이양하는 리더를 민주적(democratic)인 리더라고 한다. 그리고 구성원은 일개인으로 존재할 뿐이고 리더 또한 자기의 역할을 완전히 포기한 상태의 리더를 자유방임형(laissez-faire, free reign) 리더라고 한다.

① **권위형(權威型) 리더십** : 리더는 그 추종자(follower)의 의견을 들으려 하지 않으며, 조직의 목표와 그 운영방침 및 상벌을 리더가 독단적으로 결정하고, 리더 자신이 조직의 기능을 독점하려고 한다.

② **민주형(民主型) 리더십** : 조직의 계획과 운영방침은 리더의 조언에 따라 집단구성원의 토의를 거쳐 결정하며, 업적이나 상벌은 객관적 자료에 의하여 평가하고 수여한다.

③ **자유방임형(自由放任型) 리더십** : 리더는 조직의 계획이나 운영상의 결정에 관여하지 않고, 수동적 입장에서 행동하며, 조직구성원들에게 모든 일을 방임해 버린다.

이상과 같은 세 가지 리더십 유형의 특징을 비교해 보면 〈그림 14-1〉와 같이 요약·정리할 수 있다. 이 그림에서 보면 민주적 리더십하에서 조직구성원의 사기와 생산성이 가장 높은 것으로 나타나 있다.

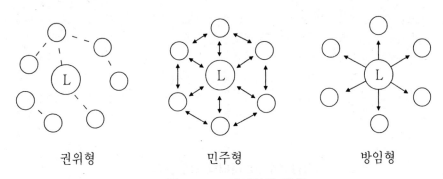

권위형   민주형   방임형

〈그림 14-1〉 리더십의 유형

자료: Sappington, L. B., & Browns, C. G.(1962). The skills of creative leadership. In W. Lazer, & E. J. Kelly (Eds.), *Managerial marketing: Perspectives and viewpoint*(2nd ed.). Homewood, Ill.: Richard D. Irwin. p. 350.

이러한 리더십 유형을 근거로 하여 탄넨바움과 슈미트(Tanenbaum & Schmidt, 1958)는 권위적 리더와 민주적 리더를 양극으로 하여 〈그림 14-2〉과 같은 광범위한 리더 유형을 제시하고 있다.

그림에서 보는 바와 같이 의사결정과정에서 리더의 권한 영역과 부하의 자유 재량 영역이 어느 정도인가에 따라서 리더 중심적인 권위적 리더십과, 부하 중심적인 민주적 리더십을 하나의 연속선상에 놓고서 각 특징을 열거하고 있다. 연속선상의 권위적인 극단에 있는 리더의 행동은 독단적이며 조직의 과업수행에만 집착하고, 반대로 민주적인 극단에 있는 리더의 행동은 부하들에게 많은 재량권을 주고 인간관계적인 면에 치중하고 있다.
성이나 행동의 영향력을 증가시키거나 감소시키는 상황적 측면, 즉 조정변수(moderator variables)를 말한다.

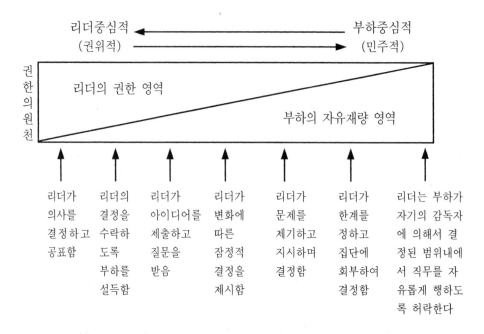

<그림 14-2> 리더행동의 연속선

자료: Tanenbaum, R., & Schmidt, W. H.(1958, March‒April). How to choose a leadership
   pattern. *Harvard Business Review*, p. 58.

4) Ohio 주립대학 연구

오하이오대학의 경영학자들은 집단의 효율성과 관련이 있는 "배려(consideration)
와 구조주도(initiating structure)"라는 두 리더의 행동을 발견하였다. 배려는 리
더가 부하들의 복지와 안녕, 지위, 공헌 등에 관심을 가져주는 행동을 말하며, 구
조주도는 리더가 부하들의 역할을 명확히 정해주고 그들에게 기대하는 것이 무엇
인지를 알려주는 행동을 말한다. 따라서 배려가 높은 리더는 구성원들 사이에 화
목한 분위기를 형성하고, 성원의 감정을 중시하며, 상호신뢰를 보이는 행동을 보인
다. 이에 반하여 구조주도가 높은 리더는 집단의 목표성취를 위해서 지도자가 지
시하고, 계획하고, 새로운 생각을 실천하는 행동을 보인다. 이러한 행동을 보이는
지도자는 목표에 대한 행동과 통솔력을 강조한다. 이 두 가지 지도자 행동은 독립
적이면서 상호보완적이라고 할 수 있으며, 특히 훌륭한 지도자는 배려와 구조주도
행동이 모두 높게 타나는 경향이 있다.

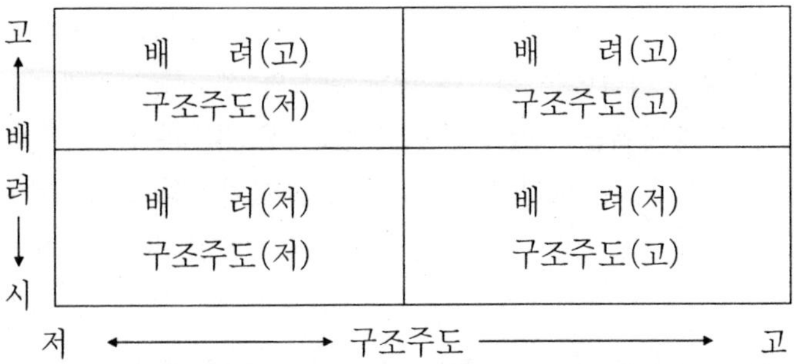

배　려(고)　구조주도(저)	배　　려(고)　구조주도(고)
배　려(저)　구조주도(저)	배　　려(저)　구조주도(고)

〈그림 14-3〉 배려와 구조주도적 리더십 행동 유형

5) Managerial Grid 이론

매니지얼 그리드(管理格子, managerial grid)이론은 블레이크와 모우톤(Blake & Mouton, 1964)이 오하이오 주립대학의 배려, 구조주도적 리더십의 연구를 발전시켜, 어떠한 방향에서 리더의 행동유형을 개발하는 것이 가장 효과적인가 하는

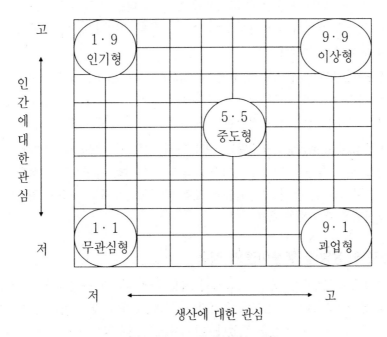

〈그림 14-4〉 매니지얼 그리드

자료: Blake, R. R., & Mouton, J.S.(1964). *The management grid.* Houston: Gulf Publishing Company. p. 10.

것을 연구하여 제시한 이론이다. 매니지얼 그리드 이론은 리더의 행동을 <그림 14-5>에서 보는 바와 같이 횡축에는 생산에 대한 관심의 정도를 파악할 수 있도록 9등급으로 나누고, 또 종축에는 인간에 대한 관심의 정도를 파악할 수 있도록 역시 9개의 등급으로 나누고 있다. 따라서 이론적으로는 81가지의 리더유형이 있는 것으로 이해할 수 있는데, 이 중에서 기본적인 리더유형으로서 다섯 가지를 들 수 있다 .

① **무관심형**(impoverished : 1·1형) : 생산과 인간에 대한 관심이 모두 낮아서 리더는 조직구성원으로서 자리를 유지하기 위해 필요한 최소한의 노력만 한다.

② **인기형**(country club : 1·9형) : 인간에 대한 관심은 매우 높으나 생산에 대한 관심은 매우 낮다. 리더는 부하와의 만족한 관계를 위하여 부하의 욕구에 관심을 갖고, 편안하고 우호적인 분위기를 이끈다.

③ **과업형**(task or authority-obedience : 9·1형) : 생산에 대한 관심이 매우 높으나 인간에 대한 관심은 매우 낮다. 리더는 일의 효율성을 높이기 위해 인간적 요소를 최소화하도록 작업 조건을 정비하고 과업수행능력을 가장 중요하게 생각한다.

④ **중도형**(middle of the road or organization man : 5·5형) : 리더는 생산과 인간에 대해 적당한 관심을 갖는다. 그러므로 리더는 과업의 능률과 인간적 요소를 절충하여 적당한 수준에서 성과를 추구한다.

⑤ **이상형**(teamwork : 9·9형) : 인간관계적인 면과 생산적인 면에 모두 관심을 갖는 유형으로서, 일반적으로 최고의 리더십 유형으로 인식되고 있다. 이러한 리더는 조직 구성원들과 조직의 공동목표와의 조화를 강조하고 상호신뢰를 추구하는 유형이다

6) 스포츠 상황에 행동이론의 적용

리더십 연구는 1940년 후반 성공적인 지도자의 보편적 특성에서 그 지도자의 보편적인 행동으로 관심의 초점이 옮겨졌다. 즉 지도자가 갖고 있는 성격특성보다는 실제 행동을 찾는데 촛점을 두었다. 위에서도 설명하였듯이 이러한 행동이론은 어떤 사람이라도 훌륭한 지도자의 행동을 학습함으로써 누구든지 지도자가 될 수 있다고 가정한다. 따라서 특성이론과는 달리 지도자는 태어나는 것이 아니라 만들

〈표 14-3〉 고등학교 하키 선수들이 인식하고 있는 코칭 행동

행동범주	행동기술
경쟁적 훈련	훈련, 수행 동기유발
주 도	새로운 방법으로 문제해결
팀 운영	팀 구성원의 협동 및 단결
유대형성	운동 이외의 사교활동
대표활동	타인과의 접촉에서 팀을 대표하기
조직적 의사소통	팀의 운영과 조직
인 정	좋은 성격에 대해 칭찬하기
분 발	팀의 분발유도

어진다는 관점이다.

이와 관련하여, 160명의 청소년 하키 선수들에게 코치의 구체적인 행동에 대해 자문한 결과, 8개의 코칭행동 범주들이 나타났다(Danielson, Zelhart & Darke, 1975).

〈표 14-3〉은 8개의 코칭행동의 범주와 행동을 타나내고 있는데, 하키코치들의 행동은 지배적이고, 공격적이며, 권위적이기보다는 의사교환적인 행동을 나타냈다.

이외에도 코칭행동을 분석한 결과 선수들이 선호하는 코칭 스타일도 나타났다. 여러 연구 결과들을 살펴보면 코치의 행동 중에서 선수들이 가장 선호하는 것은 훈련과 지도, 사회적지지 칭찬해 주기 등이다. 또한 기능이 뒤떨어지거나 나이가 어린 선수일수록 개인 지향적인 행동을 하는 코치를 선호하는 경향이 있다. 선수가 가장 원하는 코치의 행동은 잔소리 안 하는 것, 유머감각이 있을 것, 선수를 개인적으로 지도할 것, 전문지식을 갖출 것, 팀 분위기를 이끌 것 등의 순서라는 결과도 있다(Murray & Mann, 1993). 선호하는 코칭행동을 분석하면 다음과 같은 바람직한 코칭행동 지침을 구할 수 있다(정청희, 김병준, 1999).

① **잔소리를 안 하는 코치** : 코치가 잔소리를 너무 많이 하는 것을 선수들은 좋아하지 않는다. 어떤 과제를 할 때나 실수를 했을 때 한 두 가지 핵심 사항만을 찾아내 수정해 준다. 이 때 수정해야 할 사항을 간략히 말로 설명해 주고 간단히 바른 동작과 틀린 동작을 보여주고 바로 연습하게 한다.

② **유머감각이 있는 코치** : 유머로 분위기를 이끌 수 있지만 자주 사용하지 않

도록 주의한다. 특히 유머 때문에 특정 선수가 개인적으로 마음의 상처를 받지 않도록 신경을 쓴다.

③ **개인지도를 많이 하는 코치** : 선수 개개인은 다양한 개성과 능력을 갖고 있다. 코치는 선수가 무엇을 필요로 하는지를 잘 파악해서 형평성을 해치지 않은 범위 내에서 선수에게 필요한 것을 제공해 준다. 특정 선수에게 많은 관심을 기울이면 다른 선수들이 불만을 나타낼 수 있다. 그러나 팀 내에서 코치가 왜 그런 행동을 하는가를 충분히 이해시킬 필요가 있다.

④ **전문지식이 풍부한 코치**: 코치가 되기 위한 필요한 지식에는 해당 스포츠 기술과 전략뿐만 아니라 동작의 원리, 운동 생리학, 심리학 등의 지식이 필요하다. 특히 개인적으로 그 운동을 잘 하는 것과 그 운동을 잘 지도하는 것을 동등하게 취급하지 않아야 한다. 마찬가지로 뛰어난 선수가 반드시 훌륭한 코치가 되는 것은 아니다. 코칭 직책을 수행하는데 필요한 전문 지식과 경험을 갖고 있는가가 더 중요하다.

⑤ **팀 분위기를 이끄는 코치** : 코치는 개개 선수를 잘 다루어야 할 뿐만 아니라 선수들 사이의 관계도 원만하게 이끌어야 한다. 다시 말해 "팀 성격"도 파악해야 한다는 것이다. 선수들 사이에 반목과 갈등이 심할 경우 설득이나 중재 등의 방법을 통해 이를 해소하여야 한다.

또, 성공적이거나 성공적이지 못한 대학 여자농구 코치의 리더십 유형 비교 (Callaway, 1982), 리더십 유형과 팀 성공(Incing, 1974), 대학 미식축구 코치 리더십 유형(Swartz, 1973) 등이 있다. 코치의 어떤 행동들이 스포츠 상황에서의 승패에 관련성이 높다고 생각하기 때문이다. 스포츠 상황에서 보면, 비록 코치가 경쟁적 시즌 동안에 많은 리더십 행동을 나타낼지 모르지만, 스포츠 문헌에서 가장 많이 언급하는 두 가지의 리더십 행동이 과제지향과 인간관계지향이다. 더군다나 코치들은 권위적인 또는 민주적인 리더십 유형을 지니고 있는 것으로서 방송매체에 많이 나타났다. 그러나 지도자로서 코치들의 모든 행동이 과제지향 행동과 인간관계지향 행동 차원의 범주로 분류할 수 있겠는가 하는 문제가 제기되어 특정한 상황에 적합한 지도자 행동 차원을 고려할 필요가 생겨났다.

3. 상황이론

1) 상황이론의 특징

리더십 특성이론과 행동이론은 어떤 이상적인 리더십 형태를 발견하려고 하였지만 리더십의 유효성 측면을 충분히 설명하지는 못하였다. 비록 어떤 한가지 형태가 유효한 것이라 할지라도 상황이 바뀌면 유효성도 달라진다는 것을 예측하지 못한 것이다.

따라서 어떤 상황에서나 효과적으로 적용될 수 있는 하나밖에 없는 리더십 유형이란 없다는 것을 인식하고 리더십의 유효성을 상황과 연결시키려는 상황이론이 등장하게 된 것이다.

상황이론에서는 주어진 상황하에서 리더에게 가장 효과적인 특성과 행동을 결정해 주는 상황국면을 찾아내는 것에 관심을 가지고 있다. 상황국면이란, 리더의 특

탄넨바움과 슈미트(Tannenbaum & Schmidt, 1973)는 효율적인 리더십은 리더·부하·상황, 그리고 그들간의 상호관계에 따라 좌우된다고 보고 상황이론에서 고려되고 있는 중요한 상황적 요소들을 다음과 같이 지적하고 있다.

① **리더의 행동적 특성** : 리더의 행동에 작용하는 리더의 성격, 욕구, 동기, 과거의 경험과 강화작용 등을 포함한다.

② **부하의 행동적 특성** : 부하의 행동양식에 영향을 주는 부하 자신의 성격, 욕구, 동기, 과거의 경험, 그리고 강화작용을 말한다.

③ **과업과 집단구조** : 과업의 내용과 명백성, 집단의 규범, 구성원간의 신분서열, 응집성 등 리더의 행동과 효과에 영향을 주는 과업의 성격과 집단요소들을 포함한다.

④ **조직체요소** : 리더의 권력기반, 규율과 절차, 준거조직구조, 기술, 의사결정상의 시간적 압박 등 리더의 행동과 효과에 영향을 주는 조직체의 요소들을 말한다.

대체적으로 볼 때 상황이론에서 언급하는 상황의 개선은 하급자(추종자)와 관련된 연구들이 주종을 이루고 있다. 즉 하급자들의 호의성을 높이고, 의사결정과정에 적절히 참여시키고, 하급자들의 목표설정에 길잡이가 되며, 그들의 성숙도를 높일 수 있는 능력을 기르는 것이 바로 리더십 개발 방안의 주요 관심사가 되고 있음을

시사해 준다(추헌, 1995).

2) Fiedler의 상황모형

리더가 처해 있는 상황의 호의성(好意性)을 높일 때 리더십은 촉진된다는 맥락에서 연구된 것이 리더십 유효성의 상황모형(contingency model of leadership effec-tiveness)이다.

리더십 상황이론 중에서 최초로 널리 알려진 피들러(Fiedler, 1967)의 상황모형은 동료를 평가하는데 있어서 아주 관대한 리더가 차별적인 리더보다 높은 생산집단을 갖는데 얼마나 더 적합한지를 알아보기 위한 연구를 하였다. 이 연구의 핵심은 LPC(Least Preferred Co-workers)척도에 대한 평가이다. 그것을 기입하는 사람은 같이 작업했던 다른 사람들을 생각하면서 직무수행시 가장 애로를 느꼈던 사람 즉, 가장 싫어하는 동료작업자를 평가한다.

평가자는 8등급으로 표시된 문구에 따라 그 해당되는 척도로 그 사람을 묘사한다. <표 14-4>에는 LPC척도 문항의 몇 가지가 예시되어 있다.

피들러는 리더에게 호의적인가의 여부를 결정하는 상황은 세 가지 요소로 구성된다고 하였다.

① **리더와 구성원관계(leader-member relations)** : 리더가 구성원들과의 관계를 좋게 유지하느냐, 않느냐에 따라서 상황이 리더에게 호의적이냐의 여부를 결정해준다.

<표 14-4> LPC척도의 예문

쾌활한 사람	8 7 6 5 4 3 2 1	쾌활하지 못한 사람	점 수
친절하고 다정한 사람	8 7 6 5 4 3 2 1	불친절하고 다정하지 못한 사람	
험담을 잘하는 사람	1 2 3 4 5 6 7 8	너그럽고 관대한 사람	
-	-	-	
-	-	-	
-	-	-	
-	-	-	

② **과업구조(task structure)** : 과업의 구조가 높으면 리더가 부하의 과업수행을 감독하고 리더십을 발휘하기가 훨씬 쉬어진다. 과업구조가 높다는 것은 표준화된 과업절차가 존재하여 리더가 업무수행에 관한 결정을 쉽게 할 수 있을 때를 말한다. 과업의 구조화정도는 목표의 명확성(goal clarity), 목표에 이르는 수단의 다양성(goal-path multiplicity), 의사결정의 특정성(decision making specificity) 등을 통하여 측정된다.

③ **리더의 직위권력(leader's position power)** : 리더의 직위권력으로서 구성원들로 하여금 명령을 수용하게 만든다. 이렇게 하려면 리더는 구성원들에게 보상과 제재(制裁)를 가할 수 있어야 하고, 그만한 직위권력이 뒤따라야 한다. 왜냐하면 권위와 보상 및 제재권력을 갖는 공식적인 직위의 리더가 일단 상황에 호의적이기 때문이다.

피들러의 연구결과를 <그림 14-5>에서 살펴보면 상황이 리더에게 호의적이거나 비호의적인 상황, 즉 리더와 구성원의 관계·과업구조·직위권한이 매우 높거나 낮은 곳에서는 보다 과업지향적·구조주도적 리더가 적합하다. 여기에서 '상황의 호의성'(favorableness of the situation)이란 상황이 리더로 하여금 자기 집단에 대해 그 영향력을 행사할 수 있게 하는 정도라고 할 수 있다.

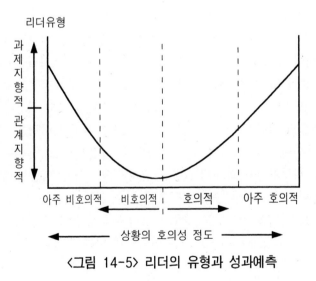

<그림 14-5> 리더의 유형과 성과예측

자료: Luthans, F.(1981). *Organization behavior* (3rd ed.). Tokyo: McGraw-Hill Kogakush Co., Ltd. p. 423.

이와 관련하여 리더와 상황의 적합성 관계를 예를 들어보면, 대학이나 사회에서는 업무지향적 리더보다 관계지향적 리더가 보다 효과적이다. 왜냐하면 대학에서의 강의는 대부분 비구조화되어 있고 교수들은 학문적 자유를 강하게 추구하므로, 관리직의 직원들은 관계지향적이어야 한다.

그러나 군대조직에서는 관계지향적 리더보다 과업지향적 리더가 더 효과적일 수 있다. 평화시에는 군대가 극히 구조화되어 있으므로 직무지향적 리더가 효과적이라 할 수 있으며, 전시에는 급박한 업무 등이 비구조화된 것이므로 직무와 관계지향적을 적절히 배합하는 리더가 효과적이라 할 수 있다.

특히 전시에는 전반적인 상황이 비호의적이기 때문에 자칫 과업지향적인 리더 행동만이 능사일 줄로 이해되지만, 실제로는 관계지향적인 리더 행동이 필요하다. 전쟁상황 일수록 리더의 일관된 과업지향적 행동은 비인간적으로 오해되기 쉬워 명령지시에 불복하는 부하들이 나타나는 상황이 될 수 있기 때문이다(오윤진, 1994).

3) 스포츠 상황에 상황이론의 적용

상황이론이 스포츠 상황에서도 적용되는지를 규명한 연구가 있다. 하지만 상황이론은 스포츠 팀의 고유한 특성을 반영하지 못하고 있다는 의견이 많은 학자들에 의해 제시되고 있다.

비록 피들러를 비롯한 상황이론이 스포츠 상황에서 경험적인 지지를 크게 얻지는 못했다고 하더라도 효과적인 리더십 스타일이 주어진 상황에 부합되어야 한다는 주장은 호소력이 있다. 예를 들면, 기술수준에 따라 리더 스타일이 달라질 필요가 있다. 기술수준이 뛰어나며 과제지향적인 선수에게는 관계지향의 리더 스타일이 더 좋은 것이다. 반면, 기술수준이 부족하고 지속적인 지도와 설명이 필요한 선수에게는 과제지향의 리더가 더 효과적이다. 그렇다고 뛰어난 실력을 갖춘 선수에게 피드백이나 설명이 필요 없다는 의미는 아니다. 마찬가지로 기술수준이 뒤떨어지는 선수에게도 따뜻한 배려와 다정다감한 관계가 필요하다. 훌륭한 코치는 과제를 완수할 뿐만 아니라 화목한 분위기도 조성할 수 있어야 한다.

선수의 성숙도와 리더십 스타일도 신중히 고려해야 할 필요가 있다. 셀라두라이와 캐론(Chelladurai & Carron, 1977)은 연령층에 따라 적합한 리더십 스타일을 초·중·고·대학으로 나누어 제시하고 있다. 초·중등 학생에게는 과제지향이 낮고 관계지향이 높아야 한다. 고등학교 선수에게는 과제지향과 관계지향 모두가 높은 것이 효과적이다. 한편, 대학생에게는 관계지향이 낮고 과제지향이 높은 것이 효과적이다. 특히, 어린 선수일수록 관계지향의 리더십이 심리적인 발달이나 수행에 도움이 된다는 점에 주목할 필요가 있다. 권위적인 행동이 주가 되는 한국 코치들의 리더십 스타일은 어린 선수에게 적합하지 않은 스타일이다(정지혜, 2000).

4) Reddin의 다차원 이론

(1) 2차원적 리더십 유형

레딘(Reddin, 1970)은 '과업지향'(task orientation; TO)과 '인간관계지향'(relationship orientation; RO)이라는 두 가지 차원을 결합시켜 <그림 14-6>과 같이 기본적 유형을 표시하였다.

이 이론에서는 리더행동의 두 가지 측면에 대해 깊은 관심을 보이고 있다. 즉 리더십 유형의 분류기준인 과업지향적 행동과 인간관계지향적 행동은 동일선상이 아니라 별개의 축으로 나타내야 할 두 가지 차원이라고 규정하였다. 그리고 여기에 유효성(effectiveness)이라는 또 하나의 차원을 추가하여 리더십에 관한 3차원적 이론을 제시하였다. 그 내용을 요약해 보면, 이들은 먼저 과제지향적 행동과 인간관계지향적 행동을 기준으로 하여 지도자행동을 네 가지의 기본적인 리더십 유형

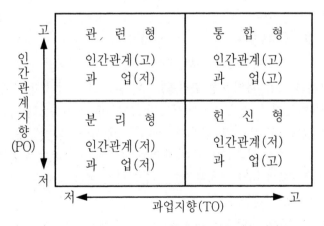

<그림 14-6> 2차원적 리더십 유형

자료: 추헌(1995). **경영조직론.** 서울: 박영사. p. 747. 수정·보완.

으로 분류하였는데, 이것은 오하이오주립대 연구팀의 구조주도(initiating structure)
와 배려(consideration)에 대응하는 개념이다. 그리고 그들은 과업지향적 행동과
인간관계지향적 행동을 다음과 같이 정의하고 있다.

① **과업지향적 행동(task orientation behavior)** : 리더가 부하들의 역할을 조
직화하고 그 역할의 범위와 한계를 설정해 준다.

② **인간관계적 행동(relationship behavior)** : 리더와 부하간에 의사소통 경로
를 개방하고 사회정서적인 지원(socioemotional support)을 하며, 심리적인
위안을 제공하고 바람직한 행동을 조장함으로써 리더 자신과 부하들 사이에
개인적인 관계를 유지하려고 노력하는 행동이다.

또한 위의 <그림 14-6>에서 나타난 리더십의 기본유형에 따른 행동과 상황의
조건이 유효한 경우와 그렇지 않은 경우를 살펴보면 다음과 같다.

① **낮은 인간관계와 높은 과업유형(헌신형)** : 이 유형은 리더가 목표달성을 위
한 명확한 방법을 갖고서 부하들에게 그 방법이 유용한 것으로 비춰질 때 유
효한 상황이라고 할 수 있다. 반면에 리더가 성과달성에만 관심이 있고, 자신
이 생각하는 방법을 부하들에게 강요하고 있는 것으로 비춰지면 유효하지 못
한 상황이라 할 수 있다.

② **높은 인간관계와 높은 과업유형(통합형)** : 이러한 타입의 리더 행동은 부하
들에게 사회정서적인 지원을 하고 목표설정이나 조직편성에 있어서 조직의
욕구를 만족시키는 행동으로 보일 때 효과적인 상황이다. 그러나 리더의 행
동이 진심이 결여된 대인관계를 행하고 조직이 필요로 하는 이상으로 조직편
성에 집착한 것으로 보여지면, 이 때의 리더 행동은 비효과적인 상황에 처한다.

③ **높은 인간관계와 낮은 과업유형(관련형)** : 이 유형의 리더 행동은 부하들을
전적으로 신뢰하는데서 오며, 그러면서도 목표달성을 촉진하는데 기본적으로
관심을 갖고 있다는 것으로 인식될 때 알맞은 상황이다. 반면에 무조건 부하
와의 인간관계가 깨질 것을 염려하여 과업의 추진도 망설이고 우유부단하다
면 리더가 업무수행에 대한 관심부족으로 인식되어 이런 상황은 리더 행동이
비효율적인 것으로 나타난다.

④ **낮은 인간관계와 낮은 과업유형(분리형)** : 과업수행에 관한 의사결정을 거의
부하들에게 위임하고 있으므로, 이 때의 조직상황은 리더의 사회정서적 지원

을 필요로 하지 않는다. 얼핏 보기에는 이러한 행동은 무력한 것으로 보일 수 있으나, 조직 전체가 리더의 사회정서적 배려를 필요로 하지 않을 때는 오히려 효과가 있다. 그러나 조직상황이 리더의 지원을 필요로 함에도 불구하고 계속해서 과업수행이나 사회정서적 지원을 하지 않을 경우에는, 리더가 무관심한 것으로 인식되어 매우 비생산적인 경우가 된다(오윤진, 1994).

(2) 3차원적 리더십

3차원적 이론은 리더십 유형이 상황이나 환경에 적합할 경우에 유용하다는 것을 기본전제로 하기 때문에 이론적용을 위해서는 상황변수를 파악할 필요가 있다.

상황변수로는 보편적으로 리더 자신, 부하들, 상사, 동료, 조직의 특성, 직무의 특성, 조직의 내적 변수 및 외적 변수 등을 들 수 있다. 이러한 상황변수는 각각 중요성을 가지고 있지만, 3차원적 이론에서는 부하들을 중요한 상황요소로 보고, 대표변수로서 부하들의 성숙도(maturity)를 들고 있다. 여기서 성숙도란 '높지만 달성 가능한 목표를 설정하는 능력, 기꺼이 책임을 맡거나 책임을 맡을 수 있는 능력 및 개인이나 집단의 교육수준 혹은 경험'으로 정의된다. 따라서 이 이론에서는 리더의 과업행위, 인간관계 행위와 함께 부하의 성숙도를 결합하여 3차원으로 구성하고 있다.

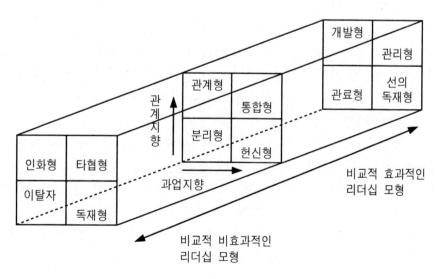

〈그림 14-7〉 3차원적 리더십 유형

이들 여덟가지 리더 유형의 특징은 다음과 같다.

① **이탈형**(deserter) : 수동적·소극적 평가를 받는 리더십 유형
② **인화형**(missionary) : 인화와 조화에 흥미를 갖는 리더십 유형
③ **독재형**(autocrat) : 과업에만 흥미를 갖는 리더십 유형
④ **타협형**(compromiser) : 무능한 의사결정자로 평가받으며 장기계획이 없고 목전의 문제만을 해결하려는 리더십 유형
⑤ **관료형**(bureaucrat) : 규칙과 절차만 따르는 리더십 유형
⑥ **개발형**(developer) : 신뢰성있는 평가를 받으며 직원을 개발시키는데 관심이 많은 리더십 유형
⑦ **선의의 독재형**(benevolent autocrat) : 반발을 사지 않고 업무를 수행시킬 수 있는 방법을 아는 리더십 유형
⑧ **관리형**(executive) : 훌륭한 동기를 유발시킬 수 있을 뿐만 아니라 직원의 개인차를 인정하고 팀웍에 의한 관리를 하는 리더십 유형

(3) 스포츠 상황에 다차원 이론의 적용

위에서 설명한 다차원 리더십 이론은 산업이나 군대와 같은 비 스포츠 상황에서 부터 시작되었다. 그러나 현재까지 위의 리더십 유형이 신체활동이나 스포츠 상황의 적용에 구체적이지 못하다. 셀러두라이(Chelladurai, 1978, 1990)는 스포츠 상황에 맞게 리더십 유형의 다중모델을 개발했다. Chelladurai의 리더십 유형은 상호작용적 과정으로써 리더십을 개념화시켰다. 즉, 그는 스포츠에서 지도자의 효과는 지도자와 선수들 사이의 상황적 특징에 대한 분담이라고 주장했다. 따라서 효과적인 리더십은 상황의 제약과 선수들의 특징에 따라 변하거나 변할 수 있다고 했다<그림 14-8>참고.

Chelladurai에 따르면 수행과 운동 만족은(그림에서 7번) 지도자의 세 가지 행동 형태에 달려 있다. 즉 요구된 행동(4번), 선호하는 행동(6번) 그리고 실제 행동(5번) 등이다. 상황(1번), 지도자(2번) 그리고 구성원들(3번)이 세 가지 종류의 행동을 이끈다. 이 세 가지를 선행이라고 부른다.

다차원 리더십 모형의 핵심 내용은 세 가지의 리더십 행동(요구된 행동, 실제행동, 선호하는 행동)이 일치할수록 수행만족에 긍정적인 영향을 미친다는 것이다. 즉, 리더의 실제행동이 선수들이 선호하는 행동, 주어진 상황에서 요구되는 행동과

더욱 가까울수록 팀의 수행이 더 좋아지고 선수들의 만족도가 더 높아진다.

① **요구된 지도자 행동** : 상황은 지도자가 어떠한 방법으로 행동하기를 요구한다. 다른 말로 표현한다면, 조직적인 체제 자체는 행동을 요구하는 것이며 또 사람들은 설정된 규범에 순응하도록 기대되어 진다. 요구된 지도자 행동은 팀 내에서 지도자가 해야만 할 행동, 즉 지도자가 자신의 직책을 수행하기 위해서 당연히 해야만 할 행동을 의미한다. 예를 들면, 지도자는 동료 지도자, 관중, 언론매체를 대할 때 자신이 해야 할 구체적인 행동이 있다.

② **선호하는 지도자 행동** : 집단의 구성원들은 구체적인 지도자 행동에 대한 선호도를 가지고 있다. 선호하는 지도자 행동이란, 선수들이 선호하거나 바라는 코칭행동을 말하는데, 연령, 성, 경력, 기술수준에 따라 선호하는 행동이 달라질 수 있다. 예를 들어, 어떤 선수는 승리하거나 잘 하는데 중점을 두는 반면, 다른 선수들은 사람들과의 유대관계를 더 중시할 수 있다.

③ **실제적 지도자 행동** : 지도자가 실제로 행하는 행동으로서 성격, 능력, 경력에 따라 달라지며, 주어진 상황이 무엇을 부과하느냐에 따라 크게 달라진다. 이와 같은 세 가지 코칭행동이 일치하는 정도에 의해 수행결과와 선수만족이 영향을 받게 된다(일치도가 높아질수록 수행과 만족수준이 높아진다).

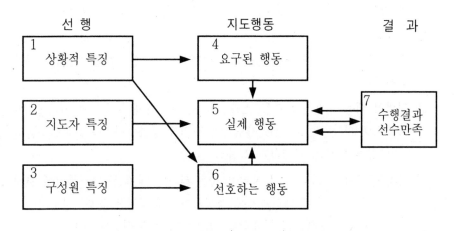

〈그림 14-8〉 다차원 스포츠 리더십 모형

Chelladurai, P.(1990). Leadership in sports: A review. *International Journal of Sport Psychology*, 21, pp. 328-354.

④ **수행과 만족** : 수행과 만족은 적합성, 부합, 요구되고, 선호하고, 그리고 실제적인 지도자 행동 등에 의해 영향을 받는다. 이것들은 서로 독립적인 것이 아니다. 예를 들면, 만약 선수들이 과제지향적이라면 만족과 수행이 둘 다 증가될 것이다.

(4) 다차원 스포츠 리더십의 측정

Chelladurai와 Saleh(1980)는 다차원 리더십 모형을 검증하기 위한 방안의 하나로 스포츠 리더십 척도(Leadership Scale for Sports: LSS)를 개발하였다. LSS는 스포츠 리더십 연구에 가장 널리 적용되고 있다. LSS에서 제시한 리더십 행동 요인에는 훈련과 지도, 민주적 행동, 권위적 행동, 사회적 지지, 긍정적 피드백 등이 있다. 또한, 선수가 선호하는 리더행동, 선수가 지각한 코치의 리더행동, 코치 자신이 생각하는 행동을 측정할 수가 있으며 5점 척도로서 모두 40문항으로 구성되어 있다. 스포츠 리더십 척도의 다섯 가지 리더행동을 정의하면 다음과 같다(정청희, 김병준, 1999).

① **훈련과 지도** : 강한 훈련을 시켜 선수의 기량과 수행을 향상시키는데 목적을 둔 지도자의 행동이다. 따라서 지도자는 선수에게 기술이나 시합 전략을 중점적으로 지도하고, 선수들 사이의 노력을 조정하는 등의 역할을 한다. 훈련과 지도 성향이 높은 코치는 이 영역에서 높은 점수를 보인다.

② **민주적 행동** : 민주적 행동 스타일을 갖고 있는 코치는 팀 목표 설정, 훈련방법 결정, 시합전략과 전술에 관한 의사결정을 할 때 선수들의 참여를 극대화시킨다.

③ **권위적 행동** : 권위적 행동 스타일의 코치는 대개 선수들과 거리를 두며, 단독적으로 의사결정을 하고 지도자의 권위를 강조한다. 따라서 선수들의 의견을 반영하는 것은 기대하기 힘들다.

④ **사회적 지지**: 사회적 지지 성향이 높은 리더는 개개 선수의 복지에 관심을 갖고 선수들과 따뜻한 대인관계를 형성하려는데 중점을 둔다. 지도자는 선수들이 잘 하거나 못하는데 구애받지 않고 선수들을 배려해 준다.

⑤ **긍정적 피드백**: 긍정적 피드백 성향이 높은 지도자는 선수의 경기 내용이나 행동이 좋을 경우 항상 칭찬을 한다. 긍정적인 피드백은 수행결과에 수반되는 것이며 운동 상황을 벗어나지는 않는다. 따라서 긍정적 피드백은 운동과

직접 관계되며, 사회적 지지가 대개 운동 상황을 떠나서도 나타나는 것과는 대조적이다.

한편, 한국에서 LSS를 사용하여 지도자의 행동을 알아본 연구에 의하면 선수들은 지도자의 권위적인 행동을 자신이 원하는 것보다 훨씬 많이 한다고 인식하고 있으며, 훈련과 지도행동 및 사회적 지지를 지금보다 더 받기를 원하는 것으로 나타났다(문성철, 1994; 박정근, 이석준, 김학신, 1995). 이러한 결과는 한국의 스포츠 지도자들은 권위적이며 선수에게 자율성을 거의 주지 않는다고 볼 수 있지만 스포츠 리더십은 특정문화의 영향을 받으며 서구에서 발견된 스포츠 리더십 연구가 우리에게 그대로 적용되기에는 무리가 따를 수 있다는 것을 알 수 있다(신지숙, 2001).

그리고 LSS는 현재까지도 리더십 연구에 가장 흔히 쓰이는 척도이지만 초기 LSS의 문항은 경영학 분야의 리더십 척도들로부터 추출된 것으로써 5가지 요인이 결정적인 코치의 행동을 구분하지 못한다는 비판을 받고 있으며(Duda, 1998), 하위 척도에 구조적으로 문제가 있다는 사실이 밝혀졌다(Serpa, 1990).

(5) 다차원 스포츠 리더십의 연구

다차원 리더십 모형을 근간으로 다수의 연구가 이루어졌고 흥미 있는 결과도 발견되었다. 이들 연구들은 지도자의 행동에 영향을 미치는 선례나 상황에 관심을 두었고 다른 연구자들은 지도자 행동의 결과에 초점을 두었다. 즉 어떻게 리더십이 구성원들의 수행과 만족에 영향을 미치는가에 대해 관심을 가졌다. 지도자 행동 상황에 영향을 미치는데 대한 연구는 다음과 같은 많은 것을 생산해 냈다(이순천 외, 1998).

- 연령이 높아지고 운동 경력이 많아질수록 권위적인 리더행동을 선호한다. 따라서 대학의 코치들은 고등학교 코치보다 더 권위적인 스타일을 채택한다.
- 남자들은 여자들보다 권위적 코칭 스타일을 선호한다. 그래서 코치는 남학생들에게는 직접적이고 많은 양의 피드백을 제공한다. 하지만 여자들은 민주적인 코칭 스타일을 좋아한다. 따라서 코치나 집단의 지도자들은 여자들에게 참가할 수 있는 기회를 제공해 준다.
- 선수의 동기에 따라 선호하는 리더행동이 다르다. 과제를 달성하려는 동기가 높은 선수는 훈련과 지도행동을 선호하는 반면, 소속감과 유대관계를 중시하

는 선수는 사회적 지지를 선호한다.

• 기술수준이 높은 선수는 민주적 코칭 스타일로 긍정적인 피드백을 받기를 원한다. 따라서 선수들의 기술수준에 따라 리더십 스타일을 조정할 필요가 있다.

• 미국, 캐나다, 영국의 선수들은 그들이 좋아하는 코칭 스타일이 크게 다르지 않다. 일본 대학 선수들은 캐나다 선수들에 비해 사회적 지지나 독재적 행동을 선호하고 그들의 코치가 더 독재적이다라고 받아들인다. 따라서 문화적 배경이 리더십 선호에 영향을 미친다.

• 배구와 같은 상호작용이 높은 팀에서 경기를 하는 선수들은 볼링과 같은 스포츠에 참가하는 선수에 비해 권위적인 스타일을 좋아한다. 따라서 종목에 따라 코칭 스타일을 다르게 적용할 필요가 있다.

Chelladurai(1990)에 따르면, 코치가 집단 구성원들의 선호도에 맞게 지도 스타일을 이끌면 최적 수행과 만족을 얻을 수 있다고 주장했다. 어떻게 스포츠 지도자가 행동을 하는지에 대한 결과를 조사하기 위하여 Chelladurai의 모델을 사용해 본 결과 연구자들은 다음과 같은 것을 발견하였다.

• 만약 선수들이 선호하는 리더행동과 리더의 실제행동이 다를 경우 선수의 스포츠 만족도가 저하된다. 특히 훈련 지도 및 긍정적인 행동에 차이가 있으면 만족감을 갖지 못한다.

• 운동만족과 리더십 차이의 관계는 스포츠 종목에 따라 변한다. 예를 들면, 농구 선수들에게 만족감을 준 리더십이 레스링 선수나 육상 선수들에게 만족감을 줄 수 있다고 예측할 수 없다.

• 긍정적 피드백, 사회적 지지, 그리고 민주적 결정은 일반적으로 선수들간에 높은 만족과 관련되어 있다.

• 사회적 지지의 빈도와 팀 성적 사이에는 부정적인 관계, 즉 사회적 지지의 빈도가 높을수록 팀 수행이 떨어지는 경향이 발견되었다. 이러한 관련성이 높은 사회적 지지가 팀이 저조한 수행을 초래한다는 인과관계로 여겨서는 안 된다. 오히려 수행이 저조한 팀일수록 동기수준을 유지하기 위해 사회적 지지가 더 필요할 것이다.

4. 최근 이론

1) 카리스마적 리더십

카리스마(charisma)란 사전적 의미로서 '신에게서 부여받은 천부적 재능' 또는 '남을 끌어당기는 강한 개성(매력), 특수한 통솔력, 교조적인 지도력'을 뜻한다. 사회학자 막스 베버(Max Weber, 1947)가 직책이나 전통 등의 권위에 의거하지 않고, 구성원들이 특별한 자질을 갖춘 리더라고 자발적으로 추앙함으로써 갖게 되는 영향력이라는 의미로 사용했다. 카리스마적 리더에 관한 주제는 정치학이나 사회학 분야에서 정치 지도자, 사회 운동가, 종교 지도자 등과 관련해서 논의되어 오다가, 1980년대에 들어서서 심리학 및 조직행동학의 리더십 분야에서 본격적으로 논의되기 시작했다.

근래에 들어와서 카리스마적 리더십 연구에 선도적 역할을 한 학자는 하우스(House, 1977)로서 그는 카리스마적 리더가 어떤 방식으로 행동하며, 보통 사람들과는 어떻게 다르며, 어떤 상황에서 카리스마적 리더가 출현할 가능성이 가장 많은가에 대한 이론을 제시하였다.

카리스마적 리더는 뛰어난 개인적 능력으로 구성원에게 심대하고 막중한 영향을 미칠 수 있고 그 영향으로 구성원이 탁월한 업적을 성취할 수 있게 한다. 카리스마적 리더십 이론은 카리스마적 리더와 비카리스마적 리더와의 차이점을 파악하는데 중점을 둔다.

일반적으로 구성원들은 카리스마적 리더에게 동일시하며 그 리더에게서 강한 정서적 매력을 경험하는 것으로 알려져 있다. 카리스마적 리더와의 동일시 과정은 대개 친하지만 비카리스마적 리더와의 동일시 과정보다 빠르고 더 강렬하다. 카리스마적 리더의 속성은 잘 이해되어 있지 않으나, 개인적 매력, 극적이고 설득력 있는 연설 능력, 강한 열정 및 확신 같은 특성들이 포함되는 것으로 나타나 있다(House, 1977).

(1) 카리스마적 리더의 특징

카리스마적 리더는 비카리스마적 리더에 비하여 ⅰ) 현상(status quo)에 반대하며, ⅱ) 장래에 대한 『이상화된 비전』(idealized vision)을 가지며, ⅲ) 개인적 위험과 대가를 무릅쓰며, ⅳ) 현존질서의 초월을 위하여 비인습적 수단을 활용하는데 노련하며, v) 과업환경에 극히 민감하며, vi) 목표를 강력히 명시하며, vii) 정예주의·창업가 정신을 추구한다.

(2) 구성원에게 영향을 미치는 과정

카리스마적 리더가 구성원에게 영향을 미치는 과정은 다음과 같다.

① 리더는 조직의 보다 나은 미래를 현재에 연결시키면서 부하에게 지속의식을 갖게 하는 매력적 비전을 명시한다.

② 구성원에게 높은 성과기대(performance expectations)를 알리고 이를 달성할수 있다는 확신을 표시하여 구성원의 자존심과 자신을 제고시킨다.

③ 언행을 통하여 새로운 가치관을 전하고 행동으로 본받도록 한다.

④ 자기희생을 하며 용기와 비전에 대한 확신을 표명하기 위한 비관례적 행동을 취한다(김규정, 1997).

2) 변환적 리더십

변환적 리더십 이론(transformational leadership theory)은 극적인 변화의 도전에 대처하기 위하여 조직이 전통적인 지도방식을 변환시키는 것이 중요성을 띠게 됨에 따라 대두되었다.

변환적 리더십은 카리스마적 리더십을 기반으로 하므로 중첩되는 측면이 있지만 순수한 카리스마적 리더는 극단적으로 존경을 받고, 구성원들로 하여금 무조건적으로 복종하고 신뢰하게 하는 지휘자(House, 1977)인 반면에 변환적 지도자는 구성원들로 하여금 더욱더 자율적, 자기 지시적, 자아 실현적이고, 이타적이 되도록 하는 지도자라고 할 수 있으며 이러한 차이로 인하여 두 가지 형태의 지도자는 요구되는 상황이 각기 달라진다. 예컨대 비정상적인 육체적·감정적 노력을 요구하는 상황이나 위기가 항상 존재하는 전투 상황 같은 경우에는 독재적인 카리스마적 지도자가 적합한 반면에, 급변하는 불확실한 상황에 대한 적응력과 업무에 대한 창의력이 요구되고 구성원들의 자발성과 책임감이 요구되는 상황에서는 변환적 지도자가 가장 적합할 수 있을 것이다(신응섭 외, 2000).

번즈(Burns, 1978)에 의하면, 변환적 리더십은 하나의 과정이기 때문에 반드시 리더와 구성원의 관계만이 아닌 동료들간이나 혹은 하위 리더들간의 영향력 과정도 포함된다. 즉, 변환적 리더십은 조직 내의 어느 위치에 있는 사람들에게서도 발휘될 수 있는 것이다. 결론적으로 변환적 리더십을 발휘하는 리더들은 구성원들간의 동기적 반응을 유도하고 구성원들이 저항하거나 순응하거나에 따라 끊임없는 상호 과정을 통해 구성원들의 행동을 변화시킨다.

제 15 장

스포츠 리더십의 구성요인과 지도자 고찰

1. 스포츠 리더십의 구성 요인
2. Guus Hidink의 리더십
3. 국내 스포츠 지도자
4. 국외 스포츠 지도자

승패가 명확하게 드러나는 스포츠 상황은 다른 어느 상황보다 리더의 역할이 중요하게 여겨진다. 최근에 우리나라가 경제위기를 경험하고 회복하는 과정에서 골프, 야구, 축구에서 세계적인 수준의 기량을 보이는 선수들이 나타나 국민에게 신선한 활력을 제공하게 되자 훌륭한 스포츠 지도자에 대한 관심이 커졌다. 이러한 현상은 스포츠 심리학 분야가 지금까지 수행된 리더십 연구가 서구 의존적이라는 점을 고려할 때 매우 희망적인 현상이라고 여겨진다. 따라서 본 장에서는 스포츠 리더십을 구성하는 요인과 실제 스포츠 현장 지도자의 리더십 사례를 고찰하고자 한다.

1. 스포츠 리더십의 구성요인

리더는 길러지는 것이 아니라 타고나며, 상황이 달라져도 리더가 된다는 위인이론(The Great Man Theory of Leadership)을 더 이상 믿는 학자는 없을 것이다. 특정 상황에 처했을 경우 어떤 사람들은 자신의 행동 스타일이 빛을 발하는 경우가 있다. 즉 평범한 사람이라도 때나 장소와 상황이 맞으면 갑자기 리더로 부상하기도 한다. 이러한 리더와 상황과의 상호작용에 기초한 이론을 대폭발 이론(Big Bang Theory)이라고 한다. 상호작용에 의한 대폭발이 일어날 때 리더뿐만 아니라 리더의 영향을 받는 구성원을 스타일도 중요한 영향을 미친다. 즉 구성원들은 그들의 성격이나 요구가 다르며, 동일한 리더행동에 대해 상이한 반응을 보인다.

이와 관련하여 리더십이 효과적으로 발현·유지되려면 <그림 15-1>과 같이 리더의 자질·리더십 유형·지도의 상황적 요인 그리고 구성원의 특성 등 네 가지 요인으로 구성되어야 한다.

1) 리더의 자질

신체적으로 건강하고 숙달된 전문적 기능과 지식을 갖추어야 하며 출충한 봉사정신과 뚜렷한 직업의식 그리고 원만한 인간성과 함께 올바른 도덕적 가치관을 지녀야 한다. 또한 생활인으로서의 자기각성과 리더로서의 동기유발 촉진을 위한 노력을 경주하여야 한다.

리더가 어떤 특성을 갖고 있다고 해서 반드시 훌륭한 리더가 되는 것은 아니다.

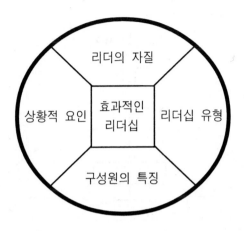

〈그림 15-1〉 스포츠 리더십의 구성요소

하지만 훌륭한 리더는 필요조건적인 몇 가지 공통적인 특성을 갖고 있다. 훌륭한 리더가 공통적인 특성으로서 Martens(1978)는 지능(↔무지), 적극성(↔소극성), 자신감(↔무능감), 설득력(↔설득력 부재), 융통성(↔경직성), 내적동기(↔외적동기), 성공성취 동기(↔실패회피), 내적 통제(↔외적 통제), 높은 자의식(↔낮은 자의식), 낙관주의(↔비관주의) 등을 들고 있다. 이러한 특성들은 훌륭한 리더가 되기 위한 필수요건이 된다.

이와 관련하여 우리나라의 스포츠 지도자를 리더십 연구의 대상으로 하는 최근의 연구 중에서 삼성경제연구소(1997)가 제시한 스포츠 리더십 모형은 국·내외 유명 스포츠 지도자의 특성을 종합적으로 분석한 결과를 바탕으로 하여 제시하였다. 이 모형에 따르면 스포츠 지도자는 연습상황에 맞추어 팀을 이끌다가 경기상황이 되면 팀을 승리로 이끌기 위해 체제를 전환하게 되는데, 스포츠 현장에서 발견되는 이러한 지도자의 행동은 경제분야의 지도자에게 많은 시사점을 주고 있다. 삼성경제연구소의 스포츠 리더십 모형은 VICTORY로 대표되는 7개 요인으로 스포츠 리더십을 설명하고 있다. 구체적으로 이 모형에서 다루는 요인은 비전(Vision), 분석(Intelligence), 배려(Consideration), 신뢰(Trust), 직관력(Outlook), 결단력(Resolution), 승부욕(Yearning) 등 스포츠 지도자에게 필수적으로 요구되는 7가지 특성을 나타내는 영문 첫 글자를 모은 것이다.

이 모형은 이성적 요소와 감성적인 요소를 모두 포함하고 있으며 신뢰가 중심이

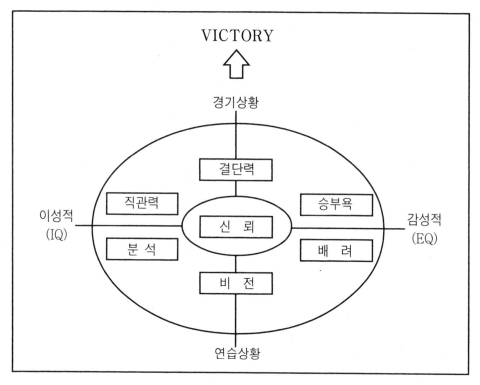

〈그림 15-2〉 VICTORY모형의 7가지 리더십

자료: 삼성경제연구소(1997). **스포츠와 경영: 이기기 위한 리더십.** 연구보고서.

〈표 15-1〉 VICTORY모형의 7가지 리더십 요인

요 인	설 명
비 전	지도자가 명확한 비전을 제시하여 지도자와 선수가 목표를 공유하는 것
분 석	지도자가 항상 분석하고 학습하며, 팀 구성원의 역할을 명확히 정의하는 것
배 려	팀의 성취수준이 높아질도록 선수 개개인을 사려 깊게 배려해 주는 것
신 뢰	리더십의 가장 근본이 되는 것으로 선수의 신뢰와 존경
직관력	축적된 경험을 바탕으로 상황을 정확하게 판단하는 지도자의 능력
결단력	주변을 의식하지 않고 기로의 순간에 과감한 판단력으로 팀을 이끄는 추진력
승부욕	팀 구성원 사이의 이길 수 있다 또는 해낼 수 있다는 신념과 분위기

자료: 정청희, 김병준(1999). **스포츠 심리학의 이해.** 서울: 도서출판 금광. p. 171.

되어 연습상황과 시합상황에 따라 리더십 요인이 적절하게 배치된다는 특징을 지니고 있다. 그리고 경험적으로 수긍할 수 있는 구성개념들의 구조를 <그림 15-2>와 같이 내포하고 있다. 또 이 모형은 어떤 특정한 이론적 기틀에 치우치지 않고 리더십의 전반적이고 공통적인 특성들을 구성하고 있으며, 광범위한 코칭의 이해를 돕고 있음을 발견하였다(신지숙, 2001)

2) 리더십 유형

집단의 과제수행과 집단구성원의 욕구충족을 위해서 리더십의 유형은 중요한 요인이다. 리더십 유형에는 권위적·성취지향적·지도자 중심적·단절적 의사소통·신속한 생산성 등으로 특징지워지는 전제형(autocratic leader), 인간주의적·과정 중심적·참여자 중심적·원만한 의사소통·구성원의 창의성과 협동의 유인 등으로 특징지워지는 민주형(democratic leader) 그리고 최소한의 지도자 임무만을 수행하고 구성원에게 최대한의 활동 및 의사결정 권한을 부여하는 자유방임형(permissive leader) 등이 있다. 위의 세 가지 지도 유형은 각기 독특한 특징을 지니고, 상황에 따라 장단점을 갖고 있다. 그러나 일반적으로 전제형보다는 민주형과 자유방임형의 지도방법이 효율성과 문제해결능력 면에서 바람직한 유형으로 평가받고 있다.

또한, 하우스(House, 1971)는 리더십 유형을 지시적 리더십·지원적 리더십·참여적 리더십·성취지향적 리더십 등의 네 가지로 구분하였는데, <표 15-2>와 같이 정리할 수 있다.

3) 상황적 요인

상황적 요인에서 가장 중요한 사항은 과제의 내용이다. 과제가 전문적이냐, 신속성을 요구하느냐, 책임 소재를 요구하느냐에 따라 상황이 결정된다. 또 다른 상황적 요인으로는 과제의 종류를 들 수 있는데, 예를 들면 활동 종목의 유형이 상황을 좌우한다. 그밖에도 개인 스포츠·팀 스포츠·전통·팀의 규모 등은 지도 상황에 포함된다. 따라서 리더십은 과제의 내용이나 종류에 따른 상황적 요인에 의해 구성되고 좌우된다고 할 수 있다.

이밖에도 상황적 요인에는 리더가 스포츠 조직체 내에서 어떤 직급의 수준에 있

〈표 15-2〉 리더의 행위의 특징과 유효한 상황조건

리더십 유형	득 점	상황조건
지시적	• 팀의 훈련목표와 개인별 목표치를 분명하게 지시한다. • 구성원은 의사결정에 참여할 수 없다	• 조직이 흩트려져 있는 경우 • 구성원이 리더에게 기술·훈련 등을 의존 할 때
지원적	• 우호적이고 친밀감이 있다 • 구성원의 의사표현을 촉진한다	• 팀이 극히 구조화된 경우 • 구성원간의 상호작용이 중요할 때
참여적	• 구성원의 의견을 묻고 의견 제안을 활용하지만 최종 결정은 리더가 한다 • 구성원 스스로가 프로그램을 구성하도록 허용한다	• 프로그램이 흥미가 있고 도전감을 유도할 수 있는 경우 • 구성원들이 지식과 정보를 갖고 있을 때
성취지향적	• 도전해볼 만한 목표를 설정하는 것을 강조하고, 구성원이 최대한 능력을 발휘할 것을 기대한다 • 결과에 대한 책임을 질 수 있는 구성원의 능력을 신뢰한다	• 대부분 참여적 리더십 상황과 동일하다. 다만 구성원들이 복잡한 전술이나 프로그램을 수행할 수 능력이 있을 때

는가가 중요하다. 최고 리더의 수준에서는 전략적 결정을 내리는 것인 경우가 많기 때문에 이 직급의 리더에게는 개념적 기술이 가장 중요한 것이 된다. 전략적 결정 사항의 질적 수준은 궁극적으로 그 결정을 내리는 사람의 개념적 기술 수준에 의해 좌우된다. 물론 이러한 결정을 내리는데는 다소간의 전문적 수준의 기술도 필요하고, 사람들을 접촉하고 정보를 수집하며 구성원들에게 결정 사항을 잘 실행하도록 만들기 위한 대인관계 기술도 상당히 필요하다.

중간 직급의 리더들이 하는 주요 역할은 기존의 구조를 잘 유지하고 상부에서 수립한 정책과 목표를 실행에 옮기는 방안을 발전시키는 것이다. 따라서 이들에게는 세 가지 기술이 동등하게 중요하다. 하위직 리더들은 정책을 실행에 옮기고, 기존의 조직 구조 내에서 결정한 프로그램이 중단 없이 잘 가동되도록 할 책임을 맡고 있다. 하지만 소수로 구성된 스포츠 팀에서 리더는 주로 감독 또는 코치라는 직위가 주어진다. 따라서 이들이 팀의 전술 및 체력 훈련 그리고 때에 따라서는 일반적인 팀 운영까지 책임지고 있음을 감할 때, 이 수준의 리더는 세 가지 종류의 기술을 부족함 없이 갖추어야 한다. 즉 멀티 리더십(multifarious leadership)을 소유하여야 한다. 〈그림 15-3〉에는 직급 수준에 따라서 리더에게 요구되는 기술의

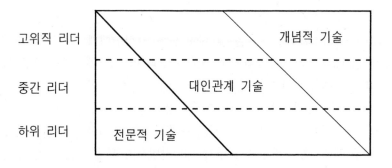

〈그림 15-3〉 리더의 직급에 따른 상대적 기술의 중요도

상대적 중요도가 도식화되어 있다.

4) 구성원의 특성

스포츠 활동 참가자의 특성은 매우 다양해서 참가자 개인은 연령·성·교육수준·과거 운동경험·사회경제적 지위·가족관계 등에 따라 다양한 활동 참가의 욕구와 동기 그리고 활동능력을 갖는다. 리더십 유형은 참가자(선수) 개개인의 흥미·능력·경험·개성·연령 등을 고려하여 결정되어야 한다.

이와 관련하여 리더는 구성원의 저조한 성과의 원인을 판단함에 있어 리더는 두 가지 방향으로 생각할 수 있다. 즉 그 원인을 구성원의 결함(예컨대, 노력 부족, 또는 능력 부족)에서 찾을 수도 있고(내부 귀인: internal attribution), 외부적 요인(예컨대 너무 어려운 과제, 지원 부족, 정보 부족, 또는 불운)에서 찾을 수도 있다(외부 귀인: external attribution).

구성원의 저조한 성과에 대해 외부 귀인을 할 경우, 리더는 더 쉬운 과제를 부여하고, 자원과 지원을 증가시켜 주고 정보를 제공해 주며, 불운에 대해 위로를 해주는 등 상황을 변화시키는 조치를 취할 것이다. 내부 귀인을 할 경우 그것이 능력 부족에서 귀인한다고 생각하면 리더는 보다 상세하게 가르쳐 주고 구체적으로 감독을 하며, 더 쉬운 과제를 맡도록 조치를 취할 것이다. 내부 귀인에서도 주원인이 노력 부족이나 책임감 부족에서 나온 것으로 생각한다면 리더는 경고를 하거나 처벌을 내릴 수도 있고, 구성원에 대하여 감독을 강화할 수도 있으며, 다른 동기유발

방법을 강구할 수도 있다

또, 그린(Greene, 1979)은 순종을 잘 하지 않은 구성원에게 리더는 훈련 성과나 팀에 대한 공헌도가 낮은 구성원에게 대하는 것과 비슷한 방식으로 행동한다는 연구결과를 제시하였다. 구성원이 규칙이나 지시에 순종하지 않을 경우 리더는 더 처벌적이고, 덜 지시적이며, 덜 배려적이고, 덜 참여적으로 행동할 가능성이 높다. 이러한 행동은 구성원에게 규칙이나 지시에 순종하도록 압력을 가하거나, 그것이 이루어지지 않을 경우 그 구성원을 고립시키고 처벌하기 위한 시도로 볼 수 있다 (신응섭 외, 2000).

훈련성과가 낮거나 비순종적인 구성원에 대한 리더의 전형적인 반응들이 그다지 효과적인 방법이 아닐 수 있다는 점을 고려해 볼 필요가 있다. 즉 강제, 압력, 적대감을 수반하는 방법의 사용은 적절한 지시와 지도를 해가면서 지지적이고 문제해결적인 방법을 사용하는 것에 비해 덜 효과적이라고 할 수 있다.

2. Guus Hidink의 리더십

거의 50년 동안 월드컵에서 한번도 승리한 적이 없는 한국이 2002년 월드컵대회에서 유럽의 축구 강호인 폴란드, 포르투칼, 이탈리아, 스페인을 누르고 준결승전에 진출하였다. 이렇게 한국 축구를 세계 4강에 진출하게 한 사람은 '벽안의 이방인'인 네덜란드 출신의 명장 거스 히딩크 감독(1946. 11. 3. 출생)이었다.

히딩크가 2001년 1월 처음 한국에 왔을 때 우리의 축구는 동맥경화증에 걸려있었다. 유교사상에 물든 연공서열 시스템이 라커룸, 식당, 심지어 경기장에까지 지배하고 있었다(대한매일, 2001). 선배는 선배끼리 후배는 후배끼리 식사를 하고 숙소에서도 같은 방을 사용하지 않았고 선배들과의 대화는 극히 드물어 팀워크란 거의 없었다고 한다.

이러한 과거의 낡은 시스템을 히딩크는 실적위주의 시스템으로 바꾸었다. 그러나 곧바로 히딩크의 지도방식이 효력을 내지는 못하고 국제경기에서 연속 패배를 하는 수모를 겪었다. 언론들은 그의 해임을 요구했다. 히딩크는 여기에 개의치 않고 자기 방식을 고집했고 선수들에게는 자신감을 불어넣었고 생각하는 축구를 하도록 격려했고 자신이 장담한 말은 항상 현실로 증명하였다.

1) 히딩크 감독의 카리스마

대표팀 선수들이 히딩크를 '카리스마의 화신'이라 부를 만큼 그는 선수들로부터 자신의 위엄과 권위를 지도자로서 팀을 장악하고 있었다. 스포츠에서 팀 전력은 물리적 종합이 아니라 이를 뛰어 넘는 화학적 결합으로 설명된다. 지도자의 카리스마가 부족하면 엄청난 에너지를 뿜어내는 선수들끼리의 화합적 결합은 기대할 수 없다(고진현, 2002). 외국인 감독으로서 치명적인 약점은 문화적 이질감으로 선수들과 '물과 기름'처럼 섞이기 힘들다는 점이다. 그러나 히딩크는 뚝심과 배짱으로 선수들의 지도하여 자신의 열렬한 추종자로 변화시켰다. 이러한 히딩크의 카리스마를 정리하면 크게 네 가지로 요약된다.

첫째, 히딩크는 감언이설로 선수들의 환심을 사기보다 엄격한 지도방식을 선택하였다. 즉 달콤한 당근보다는 채찍을 사용한 것이다. 예를 들면 김병지, 안정환 선수들의 스타의식을 잠재우고 오로지 훈련에만 몰두하게 하였다. 그의 지도방식은 미국 메이저리그의 전설적인 감독 빈 레오 듀로서의 명언인 '사람 좋으면 꼴찌!(The nice guy finish the last)'라는 말을 생각나게 한다.

둘째, 모든 선수에게 공평한 기회를 부여하는 '열린 지도철학'이 선수들의 마음을 사로잡고 있었다. 대표선발 기준에서 학연, 지연, 명성은 철저히 배제되었다. 선수들은 '흘린 땀은 결코 배반하지 않는다'는 진리가 통용되는 환경에서 훈련하게 되었고 자연스럽게 경쟁의식이 싹텄을 뿐 아니라 세대교체가 이루어지게 되었다. 즉, 고참급 대표들도 열심히 하지 않으면 안 된다는 사실을 감지하고 최선을 다했다. 이러한 분위기는 팀 전력에 상상을 초월하는 시너지 효과를 발생시켰다.

셋째, 고도의 심리적 기교를 응용하는 지도법으로 최적의 동기를 유발하고 자기가 지도하는 선수에 대하여 강한 책임감을 지니고 있었다. 엄한 아버지의 모습을 보이다가 때로는 자애로운 어머니의 모습으로서 선수들의 품에 안은 고도의 심리적 훈련방법을 선택하였다. 선수가 칭찬에 약하면 칭찬에 인색하지 않았고 채찍에 약하면 칭찬보다는 강압을 사용하였다. 또 지도하는 선수를 매스컴에서 비판할 때 강경한 태도로 선수를 보호하려고 노력하였다. 즉 '외부의 적'을 이용하여 내부의 약점을 극복하고 선수들의 동기와 존경심을 유발하였다.

넷째, 실패를 더 큰 성공의 기회로 활용하였다. 단 한 번의 실패로 선수를 힐책하거나 꾸중하지 않았다. 미국과의 예선전 2차전에서 PK(penalty kick)를 실축한 이을용 선수, 이탈리아와의 8강전에서도 똑 같이 PK를 실축한 안정환 선수를 끝까지 믿어줌으로서 멍에를 벗어 던질 기회를 부여했다. 만약 두 선수가 이러한 PK 실축을 이유로 교체되었더라면 감당하기 힘든 실패 경험으로 월드컵에서 더 이상의 활약을 펼치지 못했을 것이다. 실패로 낙담하고 있는 선수를 끝까지 믿고, 더 나아가 그들의 강한 승부욕을 자극해 더 큰 열매를 수확하는 히딩크의 배짱은 모든 지도자가 본 받을 만하다.

2) 교육-코칭론

한국선수들에게 '놀라운 배움'을 안겨준 히딩크의 교육-코칭론을 살펴보면 몇 가지 주목할만한 특징을 발견할 수 있다.

첫째, 전문화-분산과 집중법이다. 히딩크 감독은 혼자 신화를 창조하지 않고 피지컬 트레이너(physical trainer), 전략 기술 분석관, 비디오 기술 분석관, 물리치료사 등 많은 전문가들과 팀을 조련하였다. 즉 이들 전문가들은 맡은 일에 충실하면서 각자의 의견을 히딩크에게 전달하였고 감독은 자신에게 집중된 정보를 분석하여 결정은 스스로 내렸다. 물론 최종 결정은 감독의 몫이었지만 그의 귀는 항상 열려 있었다. 아침식사 중 코칭 스태프들에게 당일 훈련계획을 알려주고 저녁에는 항상 그날의 훈련내용과 결과에 대하여 그들과 토론하며 그들의 지적을 꼼꼼히 기록하였다(김용출, 2002).

둘째, 선수가 스스로 깨닫게 하였다. 그는 생각하는 축구를 하도록 유도하였다. 선수가 잘못된 플레이를 하면 먼저 지적하지 않고 잘못을 스스로 깨달을 때까지 내버려 둔 뒤 대처방안을 알려준다. 예를 들면 김병지 골키퍼가 하프라인까지 직접 볼을 몰고 나가 실점위기를 초래한 뒤 히딩크는 김병지 선수에게 "무엇을 잘못했는지 생각해 보라"며 거의 1년을 대표팀에 복귀시키지 않은 것은 이미 널리 알려진 사실이다. 나중에 김병지 선수는 "대표팀 탈락은 큰 자극제가 되었고 내 플레이 스타일에 대해 많은 반성을 하게 된 결정적인 계기였다"고 말했다.

셋째, 히딩크는 조직력를 중시했다. 그라운드 내에서 선·후배를 구별짓게 하는 '형' 등의 호칭을 생략하며, 합숙훈련 중에는 허가 없는 외출을 금지했다. 또 연습은 물론 숙소에서도 복장을 통일하며 식사나 미팅 중에는 휴대폰을 끄고 식사가 끝날 때까지 1시간 동안 식탁을 벗어나지 말 것 등 여러 규칙을 정하여 실행하도록 하였다. 이러한 엄격한 규칙은 조직력 향상을 위한 교육적 견지에서 이루어졌음이 나중에 밝혀졌다. 즉 히딩크는 특정선수 몇 명에 의하여 경기가 이루어지는 '플레이 메이커(play maker)' 방식이 아닌 '조직축구'에 의한 멀티 플레이(multi play)로 한국축구를 전환시키고자 조직력을 강조하였던 것이다.

넷째, 커뮤니케이션을 중시했다. 그는 지도자의 지도는 구체적이어야 한다는 지론을 지니고 있었다. 선수들이 훈련할 때나 경기에 들어가기 전 선수 개개인에게 각자의 임무와 역할을 명확하고 분명하게 구체적으로 알려주었다. 즉 구체적으로 지시하지 않은 것은 '모든 것을 말하되 아무 것도 말하지 않는' 것이라고 생각하였다. 이러한 구체적인 지도는 코칭 스태프와 선수, 선수와 선수간에 서로의 뜻과 현실을 정확히 이해하는 '의사소통'을 목표로 하고 있었다. 따라서 구체적인 지도 방법은 히딩크가 목표한 대로 선수들간의 의사소통이 원활해져 조직력이 향상되었고 후배들이 선배들에게 필요한 사항을 요구하게 되고 대화의 장이 열리는 계기가 되었다.

위와 같이 히딩크의 리더 스타일을 간략하게 정리하여 보았다. 하지만 이외에도 그에 대한 장점이 많을 것이고 또 약점도 있을 것이다. 흔히 우리는 '명장 밑에 약졸 없고, 졸장 밑에 명졸 없다.'라고 말한다. 즉 스포츠 경기에서 결과에 대한 책임과 평가는 궁극적으로 감독의 몫이다. 감독들의 지휘 능력은 성적에 따라 평가된다. 어쨌든 명장 히딩크 감독의 덕으로 우리나라 축구가 크게 도약하고 월드컵 4강의 신화를 이룩한 만큼 그의 리더십은 단점보다는 장점이 훨씬 많을 것이라고 확신한다.

마지막으로 그의 리더십을 정리하면 그는 한 가지 스타일만을 고집하는 지도자가 아니라 여러 가지 리더십 유형을 절충한 혼합형이라는 점이다. 소위 삼국지의 이야기를 이끌어 가는 장수들의 리더십으로서 조조형(지장), 장비형(용장), 그리고 유비형(덕장) 등을 들 수 있는데, 히딩크 감독은 이런 세 가지 유형을 두루 갖춘 관운장형(혼합형)이라고 할 수 있다. 그는 2002년 월드컵대회를 통해 지략과 열정, 포용력을 모두 보여준 것으로 평가받고 있다(박신보, 2002).

물론 히딩크가 최고의 리더십을 발휘할 수 있는 상황으로서 추종자들을 들 수 있다. 즉 한국대표선수들은 프로의식보다는 국가대표로서 높은 사명감과 정열을 지니고 있었으며, 한결같이 순수한 마음을 지니고 스스로 하고자하는 의지와 축구에 대한 잠재력이 매우 높았다. 이러한 점들이 히딩크의 마음을 사로잡아 한국선수를 더욱 사랑하였고 정열적으로 지도하는 동인으로 작용하였다.

3. 국내 스포츠 지도자

먼저, 국내 스포츠지도자의 리더십을 언급할 때 전 해태 타이거즈 야구팀 감독이며 현재(2002년 6월)는 삼성 야구단에 재직하고 있는 김응룡 감독을 들 수 있다. 그의 호랑이 같은 엄한 얼굴에서는 왠지 살기가 느껴지기도 한다. 그러나 선수들이 힘들 때나 어려울 때 강한 카리스마와 자상한 아버지 같은 모습으로 언제나 선수들 곁에서 그들을 이끌어 왔다. 그는 1977년 사상 최초로 세계대회에서 한국팀을 우승으로 이끈 감독이었다. 1983년 해태타이거즈 감독에 취임하고 나서, 해태타이거즈를 한국시리즈에 아홉 번이나 진출시켰다. 그리고 아홉 번 모두 승리하여 한국시리즈 승률 100%를 달성하였다. 또한 국내 야구 감독으로는 처음으로 1000승을 달성하는 대기록을 만들었다(정청희 외 1999). 그러한 그의 모습은 성공적인 리더십의 예라 할 수 있을 것이다.

코치나 감독들의 리더십 유형을 덕장, 맹장, 용장 또는 민주형, 독재형 등으로 구분할 때 축구의 차범근, 야구의 이광한 감독은 데이터와 과학적 관리를 강조하며 선수들의 뜻을 모아 '민주형'으로 팀을 이끄는 감독이다. 차범근 감독은 노트북 컴퓨터를 사이에 두고 선수들과 개인 면담을 한다. 또, 이광한 감독은 LG 야구팀에 자율야구를 도입해서 한국 프로야구사의 한 획을 그었다. 승리의 길이 카리스마적인 리더십만을 요구하지 않는다는 사실을 증명해 주었다. 반면에 정봉수, 박종환 감독은 엄한 위계질서의 꼭대기에서 군림하는 호랑이 감독으로 카리스마적인 리더십과 승리를 위한 혹독한 훈련, 팀웍을 위한 엄격한 선수관리를 행한다. 그런가 하면 농구의 최희암, 축구의 이차만 감독은 선수들을 어르고 빰치며 팀을 꾸려 가는 실전형 감독으로서 한 손에 채찍을 들고, 한 손에는 당근을 주면서 양손을 번갈아 사용하며 팀을 장악해 나가는 감독들이다. 모두 다 훌륭한 감독들이다(박정근 2001).

그렇다면 국내 스포츠 지도자들 중 누가 가장 히딩크 감독의 스타일에 근접할까? 아마도 LG야구팀의 김성근, 삼성의 김용룡 감독이다. 김성근 감독은 LG야구팀이 하위권을 맴돌던 2001년 국내 8개 구단 중 가장 많은 체력훈련을 시켜왔다. 간판 스타를 뒤에 두고 이름값이 처지는 선수들을 과감히 주전으로 기용하여 선수들간의 경쟁력을 부채질 한 결과, 2002년 상반기에 팀을 8연승까지 이끌고 갔던 것이다. 즉 선수단의 기초체력과 능력을 중시한 팀운영 방법이 히딩크 감독과 공통점이 있다.

또, 해태를 아홉 번이나 우승시키고 삼성으로 자리를 옮긴 김응룡 감독은 삼성을 꾸준히 1, 2위권에 올려놓고 선수단 장악력과 카리스마에서 히딩크 감독과 유사하다. 특히 주위에서 누가 뭐라고 해도 자신의 스타일을 고집하며 선수단을 장악하는 카리스마와 야구의 '멀티 플레이어'를 강조하는 점에서 히딩크 감독과 공통점이 많다.

4. 국외 스포츠 지도자

훌륭한 스포츠 리더십을 발휘한 국외 지도자로서는 존 우든(John Wooden) 감독이 좋은 연구대상이다. 전설적인 전 UCLA 농구감독 존 우든은 UCLA 재직 동안 NCAA 우승을 10번이나 했으며 7년 연속 우승('67- '73)을 하였다. 1975년 은퇴를 할 때까지, 27년 동안 620승 147패로 승률 0.808, 총 코치 생활 40년 동안 885승 203패로 승률 0.813, NCAA 토너먼트게임에서 38연승, 4시즌 동안 88연승이라는 금자탑을 세운 훌륭한 감독을 우리는 알고 있다. 미국 3,000개 대학 중에서 한번 우승하기도 쉽지 않은데 그것도 우승 10번, 7년 연속 우승이라는 데에는 우든 감독의 훌륭한 리더십을 들지 않을 수 없다. 많은 사람들은 그가 농구 코치뿐만 아니라 다른 종목을 맡더라도 우승시킬 수 있다고 한다. 그는 선수(퍼듀대학)와 코치로 명예의 전당(National Basketball of Fame)에 뽑힌 유일한 사람이다.

어떻게 해서 그렇게 훌륭한 성적을 올릴 수 있는가를 알아보기 위해 그의 행동을 관찰 조사해보니 그의 농구체계는 교수(teaching)와 학습(learning)이었다. 기초, 훈련, 최선을 다함, 비이기심⋯⋯이러한 요인들은 우든이 가르치는 특이한 지도법들이다. 30시간 이상에 걸쳐서 그가 가르치는 행동(2,326개 행동)을 비디오로 찍어 분석한 결과 10가지 범주로 나타났다. 기초훈련과 반복훈련이 기본적인 학습 규칙이었고, 훈련시에 사회적 강화와 처벌을 많이 사용했으며, 선수들에게 보상을 주는 것보다 꾸짖는 횟수가 두 배로 많았다. 이와 같이 훈련시에는 군대의 말 많은 조교와 같은 행동유형을 보였지만 신체적인 처벌은 절대 하지 않았다. 그러나 연습이 끝나고 나면 선수들의 어깨를 두드려 주며, 농담하고, 평상시에는 친절한 할아버지 행동 유형을 보였다. 그가 선수들에게 농구가 인생의 궁극적인 목표가 아니며, 우리가 살고 있는 인생에 비교해 보면 작은 중요한 일부분이라는 것을 항상 가르치고 있었다.

　또한 선수들의 개인적인 문제나 직업에 대해서도 신경을 많이 써주었다. 이러한 그의 리더십 행동 유형이 선수들의 경기력과 만족에 결정적인 영향을 미쳐서 팀이 좋은 성적을 올릴 수 있었다. 이와 같이 코치의 리더십이 팀 수행에 엄청난 영향을 미친다는 것을 볼 때 리더십의 중요성을 알 수 있다.

2002년 월드컵 한국축구대표팀
박지성 선수의 이별 편지

히딩크 감독님께

할아버지를 만나지도 엊그제 같은데 벌써 월드컵을 성공적으로 마치고 이별을 해야 할지도 모르겠네요.

그동안 한국대표팀을 맡아 힘든 일도 많았을 텐데 선수들에게는 내색도 안 하시고 묵묵히 지도해 주셨죠. 덕분에 우리는 월드컵 4강 신화라는 열매를 맺게 됐습니다. 정말 감사드립니다. 〈생략〉 할아버지의 자상함과 축구에 대한 열정, 그리고 카리스마는 영원히 잊지 못할거예요.

포르투갈과의 예선 마지막 경기서 저는 결승골을 뽑아낸 뒤 벤치로 달려가서 할아버지 품에 와락 안겼었죠. 사람들은 마치 아버지와 아들이 포옹하는 자연스럽고도 감동적인 장면이었다고 얘기하지만 저는 감독님이 할아버지처럼 느껴져요. 〈생략〉

감독님이 제 이름을 처음 불러주신 때를 기억하세요? 감독님이 사령탑을 맡으신 지 보름 남짓한 작년 1월말 우리는 홍콩 칼스버그컵에 출전했지요. 어느날인가 선배 형들은 모두 외출을 했고 저는 할일없이 호텔 로비를 어스렁거렸죠. 그 때 감독님이 다가와 "지성, 나이트클럽 가는데 같이 갈래"하고 권했죠. 외로워 보이는 제 모습을 보고 이름을 불러주는 순간 저는 왠지 모를 편안함과 함께 '감독님이 내게 큰 관심을 갖고 있구나'라는 생각이 들었어요. 그리고 자신감이 생겨났어요. 〈생략〉

이제 할아버지는 떠나지만 언젠가는 다시 뵐 날이 오리라 믿고 있어요. 이번 월드컵을 계기로 저도 조금은 더 성장했고 앞으로 더욱 열심히 실력을 쌓아 유럽무대에 당당히 서고 싶어요. 그렇게 되면 자연히 할아버지와도 만날 수 있잖아요. 그때까지 기다려 주세요.

할아버지가 어느 길을 택하시더라도 항상 좋은 일만 있기를 바랍니다. 또 한국생활을 좋은 추억으로 영원히 간직하시기를 빕니다. 할아버지 항상 건강하시고 행복하세요! 감독님 화이팅.

박지성 올림

자료: 한국일보(2002.7.6). 박지성의 이별 편지. 21면. 에서 발췌.

제 16 장

리더십과 동기유발

1. 동기의 정의

동기(動機, motivation)란 말은 일반심리학 분야에서 인간의 행동을 설명하고 예측하기 위한 이론 전개를 위해 개발된 용어로서 동기가 무엇을 의미하는가에 대해서는 확정된 정의가 없다고 한다. 그런데 일반적으로 동기란 동기유발·동기부여 혹은 동기화와 같은 의미로 사용되기도 하는데, 개인이나 집단이 자발적 내지 적극적으로 책임을 지고 일을 하고자 하는 의욕이 생기게끔 그 행동의 방향과 정도에 영향력을 행사하는 것으로 조직이나 개인의 목표달성을 위한 행동을 유발시키는 역동적 과정이라고 할 수 있다. 따라서 동기에 대한 연구는 인간행동의 설명과 예측을 위한 것이므로 행동을 결정하는 심리적인 어떤 것이라는 점은 확실하다고 할 수 있다.

지금까지 스포츠 심리학 분야에서는 사지(Sage, 1977)가 제시한 동기의 정의가 자주 쓰이고 있다. 그는 동기를 다음과 같은 것을 가르키는 용어로 결론을 내렸다. 즉 동기는,

① **노력의 방향(direction of effort)을 정하는 것이다** : 어떤 사람이 특정상황이나 행동을 추구하고 거기로 향하는지의 여부를 말한다. 즉 어떤 학생이 자기 학교의 축구팀을 응원하러 가려고 하는 것이나, 어떤 주부가 수영교실에 참여하기로 했거나, 또는 어떤 지도자가 코치 보수교육에 등록하려고 하는 것은 노력의 방향을 정한 것이라고 할 수 있다.

② **노력의 강도(intensity of effort)를 정하는 것이다** : 개인이 특정한 상황에 얼마만큼의 시간과 노력을 투자하는가를 말한다. 즉 어떤 사람이 체육관에 등록을 하고 얼마만큼 열심히 다니고 주어진 시간에 충실하게 운동을 하고 있는지를 예로 들 수 있다<그림 16-1> 참고.

그리고 일반 심리학 분야의 스티어와 포터(Steers & Porter, 1979)도 동기에 관한 여러 가지 정의를 종합해 동기란, 첫째로 인간행동을 활성화(energizing)하는 측면, 즉 동인(動因, drive) 또는 각성촉발(覺醒觸發, arousal)의 차원, 둘째로 인간행동의 방향을 설정하거나 목표를 지향하도록 경로화(channels)시키는 측면, 셋째로 인간행동을 유지 또는 지지시키는 세 가지 속성을 공통적으로 가지고 있다고 하였다.

위와 같은 동기의 속성을 살펴보고 동기의 정의를 내려보면 "동기란 행동(노

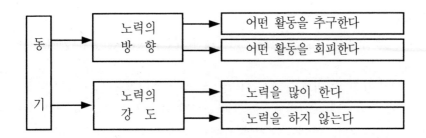

〈그림 16-1〉 동기의 방향과 강도

자료: 정청희, 김병준(1999). **스포츠 심리학의 이해**. 서울: 도서출판 금광. p. 77.

력)을 일으키며 그 활동성을 유지하고 일정한 방향으로 이끌어 가는 과정"이라고
할 수 있다.

2. 동기의 과정

동기가 어떤 과정을 거쳐서 이루어지게 되는가를 이해하기 위해서, 욕구(needs)
와 목표(goals)라는 변수를 중심으로 보면 동기의 과정은 〈그림 16-2〉와 같은
순환과정으로 파악할 수 있다. 욕구란 어떤 시점에서 개인이 경험하는 결핍으로서

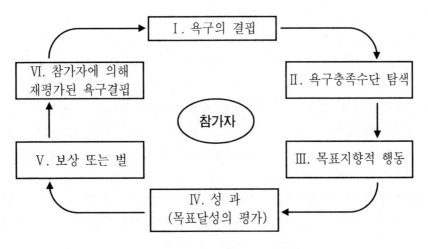

〈그림 16-2〉 동기의 기본과정

자료: Gibson, J. L., Ivancevich, J. M., & Donelly, J. H., Jr.(1982). *Organizations: behavior,
structure, processes*(4rd ed.). Texas: Business Publications, Inc. p. 80.

행동의 활성화 장치 내지는 촉진제의 역할을 한다. 그리고 개인이 추구하는 목표나 성과는 동기가 목표지향적이라는 의미에서 개인을 이끄는 동인(動因)이라고 볼 수 있다.

이 그림에서 볼 수 있는 것과 같이 개인은 욕구가 결핍되면 그 욕구를 충족시킬 수 있는 방안을 모색하게 되고, 그 결과 하나의 행동안(行動案)이 선택되어 목표지향적 행동을 한다. 그 다음 일정한 시간이 지나 성과를 평가하고 이것을 바탕으로 보상과 벌이 주어진다. 이것은 당시 개인들에 의해 욕구결핍을 재평가하게 되어 순환과정을 반복하게 된다. <그림 16-2>는 경영학에 적용된 동기의 기본과정을 스포츠 상황에 맞도록 수정할 것이다.

3. 동기화된 행동의 유형

행동이란 인간의 욕구를 충족시키기 위해 일어나기 때문에 관찰할 수 있는 모든 행동을 동기유발이 되었다고 흔히 말한다. 그러나 모든 행동이 동기유발되어 있다고 볼 수는 없다. 그러면 행동이 어떤 특성을 지니고 있을 때 동기속성을 지닌다고 볼 수 있는가. 여러 학자들의 견해를 종합해 볼 때 주어진 자극과 행동적 반응사이에 다음과 같은 다섯 가지 기준에 해당되는 특징을 보이면 동기적 과정이 작용했다고 보고 관련된 동기요인을 문제삼을 수 있다(송석영, 박주환, 이영숙, 1988).

① **반응이 활성화되거나 혹은 쉽게 일어나게 될 경우** : 동기과정이란 특정한 한 가지 유형의 행동만을 통제하거나 일으키는 것이 아니라 다양한 행동이 일어날 수 있도록 하는 선천적 혹은 연합적인 여러 행동 경향성을 단지 활성화시키게 된다. 이러한 주장은 동기를 충동이라고 보는 견해이다.

② **행동의 강도와 효율성이 서로 다른 경우** : 어떤 경우에는 약한 자극이 강력한 반응을 유발하는가 하면 때로는 그 반대인 경우도 있다. 특히 외부 자극에 별다른 변화가 없음에도 불구하고 행동의 강도와 효율성이 달라지면 동기의 영향으로 볼 수 있다.

③ **행동의 방향이 정해져 있는 경우** : 단기간 동안에 일어난 것이든 장기간에 걸쳐서 일어난 것이든 간에 행동과 관련된 방향성, 목표지향성, 지속성, 목적성 등의 성질은 동기과정이라고 가정할 수 있다.

④ **일정한 행동 뒤의 보강작용이 따르는 경우** : 목표달성에 의해서 반응이 종결된 경우에는 목표달성에 이르도록 한 행동이 강화되는 수가 많다. 이와 같이

행동의 강화가 일어났을 때 이를 보강이라고 하는데 행동이 보강되었다는 사실에는 동기적 변인이 작용했다고 추측할 수 있다.

⑤ **일정한 행동이 약화되는 경우** : 처벌과 같은 협의에 의한 자극의 영향으로 행동이 약화되거나 감소될 경우에는 협의의 자극이 동기적 의미를 갖는 것으로 해석한다.

이상과 같이 동기 측면의 행동기준을 알아보았으나 어느 행동적 지표가 더 중요한 행동적 속성이며 또한 이들 요인들이 어떻게 상호작용하는지는 결론짓기 어렵다. 따라서 위의 동기적 기준 중에서 하나 이상의 행동적 단서가 있는 경우에는 그 행동이 동기화된 것이라고 볼 수 있다.

4. 동기의 형태

1) 감각동기(sensory motive)

사람들은 그들에게 필요한 최소한의 활동 기회를 갖지 못하게 하면 불안정하거나 과민한 반응을 나타내게 된다. 임상환자들이나 의료환자들의 긴장을 완화시키고 불안상태를 파악하기 위해 이용하고 있는 방법 중의 하나가 신체적 활동이라는 것을 우리는 잘 알고 있다. 따라서 우리의 감각은 스포츠 활동에 대한 태도에 영향을 미친다고 볼 수 있다. 즉 좋지 못한 환기시설, 고장난 샤워시설 등 지저분한 시설은 사람들로 하여금 스포츠 활동에 매력을 잃게 하는데 큰 영향을 미친다. 청각의 효과를 이용한 방법이 스트레칭, 에어로빅 댄스 등의 일부 운동상황에서 이용되고 있는 것은 연습과 훈련을 보다 효과적으로 수행할 수 있다는 증거에 기초를 둔 것이다.

2) 친애동기(affiliation motive)

일반적으로 사람들은 다른 사람들과 어울리기를 좋아하며, 그 자신이 하나의 인격체로서 인정받기 위해 남들과 가까워지려는 욕구를 가지고 있다. 체육활동에 참여하는 행위는 이와 같이 다른 사람들과 사귀고자 하는 욕망을 충족시켜 주는 가장 건전한 방법중의 하나라고 할 수 있다.

3) 성취동기(achievement motive)

성취동기란 승리 또는 성공을 추구하려는 비교적 안정된 개개인의 내적 요인으로서 현재 자신이 성취 가능한 수준보다는 높은 기준을 설정하고 그 기준과 경쟁함으로써 목적을 달성하려는 욕구라 할 수 있다.

4) 공격동기(aggression motive)

공격성은 신체적·심리적으로 타인에게 상처를 주거나 고통, 해를 주려는 의도적인 개인적인 성향이라 할 수 있다. 스포츠는 사람들이 가지고 있는 공격적인 성향을 배출할 수 있는 기회를 제공한다고 할 수 있으나, 정반대의 경우도 생각할 수 있다. 즉 공격적인 행위에 참여하거나 또는 단지 그러한 장면을 지켜보는 것만으로도 공격적인 성향은 증가할 수도 있다.

5. 리더십과 동기부여 이론

머레이(Murray, 1965)는 동기부여(動機賦與)란 "타인의 행동을 유발하고 방향을 제시해 주며 통합을 시켜주는 내적인 요인"이라고 정의한다. 동기부여에 대한 학자들이 견해는 약간의 차이는 있을지라도 인간의 행동을 유발하고 방향을 제시한다는 내용에는 공통적인 점을 가지고 있다. 결국 동기부여란 '조직내 개인의 행동을 유발시키고, 그 방향을 제시하여 조직의 성과에 결부시키는 작용'이라고 정의할 수 있다.

리더십과 관련한 동기부여 이론은 내용이론과 과정이론으로 대별할 수 있다. 내용이론이라 함은 인간의 욕구 그 자체의 내용이 개인의 동기부여에 있어서의 중심적 역할을 한다는 측면에서 본 것이며, 과정이론은 동기의 내용보다 개인에게 동기가 유발되는 과정을 강조하는 이론들이다.

동기부여의 내용이론은 행동을 유발하고 에너지화하는 것이 무엇인가? 하는 문제에 초점을 두고 있는데, 이에 대한 해답은 인간의 욕구와 동기 및 특정한 형태의 행동을 야기하는 유인요소(誘引要素)가 무엇인가에 의해 설명되고 있다. 따라서 동기부여의 내용이론은 어떤 요인이 개인의 행동을 유발하고 유지시키며, 또한 행동을 하지 않도록 만드는 요인은 무엇인가에 관한 이론이다.

이러한 동기부여 내용이론에는 매슬로우(Maslow)의 욕구 5단계이론, 맥그리거(McGregor)의 X, Y이론, 알더퍼(Alderfer)의 ERG이론, 맥클리랜드(McClelland)의 성취욕구이론 등이 포함된다.

1) Maslow의 욕구 5단계이론

매슬로우(Maslow, 1954)가 제시한 욕구이론은 오늘날 가장 널리 활용되고 있으며, 인간의 행동은 욕구에 의하여 동기가 유발되는 것이며, 이러한 욕구는 5단계의 계층을 형성한다고 주장한다.

① **생리적 욕구** : 생리적 욕구는 인간의 좀더 근본적인 생물학적인 필요조건 즉 음식과 휴식처 그리고 고통을 피하려는 욕구와 관련된다.

② **안전·보호의 욕구** : 생리적 욕구가 충족되면 장래에도 의(衣)·식(食)·주(住)·성(性)을 보장받고 싶어하며 동시에 외부로부터 자신을 보호·보장받고자 하는 자기보전에 대한 요구이다.

③ **사회적 욕구** : 소속감, 연합, 우정, 친화와 같은 대인 관계적 욕구들이 주종을 이룬다. 이 욕구는 생리적 욕구와 안전·보호의 욕구가 충족된 후에만 일어난다.

④ **존경의 욕구** : 다른 사람들에게 인정받기 위한 사람의 욕망 그리고 그들 사이에서 자격을 갖기 위한 사람의 욕망에 관련하는 더 높은 순서의 욕구라고 생각된다.

⑤ **자아실현의 욕구** : 자기 자신이 가지고 있는 잠재 가능성(potentialities)을 실현시키고자 하는 욕구, 그리고 자기 계발을 하고자 하는 욕구를 말한다.

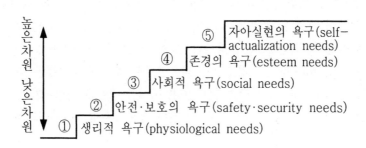

〈그림 16-3〉 매슬로우의 욕구 5단계

2) McGregor의 X·Y이론

맥그리거(McGregor, 1960)는 조직의 구조나 리더십의 수립에 기반이 되는 것들은 인간의 본성과 행위에 관한 기본적인 가정에서 출발한다고 하였다. 맥그리거는 리더십의 기본이 되는 인간의 본성과 행위에 대한 시각이 수정되어야 할 것으로 보았다. 그에 따르면 전문화된 직무, 집권적 의사결정, 상의하향식 커뮤니케이션 등의 전통적 조직은 경제적 필요에 의한 산물이 아니라 인간속성에 대한 기본적 가정을 반영하고 있는 것이다. 맥그리거의 이론은 X·Y이론으로 명명하였는데 아래와 같다.

① **X이론** : 대부분의 사람들은 작업 및 책임을 싫어하고, 지도받기를 좋아하며, 사람들은 일을 잘 수행하겠다는 욕망보다는 단순한 재무적 유인에 의해 동기가 유발되고, 이러한 결과로 그들은 감시되어지고, 통제되고, 강압적으로 조직의 목표달성을 종용해야 한다는 인간의 본성에 대해 부정적으로 보는 견해를 말한다.

② **Y이론** : 일한다는 것은 자연적인 현상이며, 일은 고통의 원천이 되기도 하지만 조건 여하에 따라서는 기쁨을 가져오는 것이다. 조건이 허락하면, 인간은 책임을 스스로 질뿐만 아니라 오히려 그것을 추구한다. 또한 인간은 단순한 재무적 보상만으로는 동기가 유발되지 않고 일을 보다 잘 하려는 욕망과 동료와 사귈 수 있는 기회에 의해 동기가 유발된다.

이러한 X·Y이론을 평가하여 보면 Y이론은 인간에 관한 동태적 견해를 대표하고 있다. 개인은 본성적으로 성장과 발전의 잠재력을 갖춘 행동주체로 인식되고, 동기부여의 문제도 관리층의 책임으로 규정하고 있다.

물론 Y이론도 비판적인 견해가 없는 것은 아니다. 즉 Y이론은 대체로 X이론에 비하여 인성에 관한 보다 발전적인 가정체계(假定體系)로 인식되고 있으나, 첫째, 지나치게 이상주의적인 요소가 강하다. 둘째, Y이론은 욕구충족의 주된 장소로 작업현장(on the job)을 강조하고 있으나, 실제로 많은 근로자들은 그들의 욕구를 작업장외(off the job)에서 충족하고 있다. 이러한 경향은 작업시간의 단축과 레저의 중요성이 강조됨으로서 더욱 뚜렷해진다. <표 16-1>에는 이러한 X·Y이론의 차이점이 정리되어 있다.

<표 16-1> X·Y이론의 차이점

X 이론	Y 이론
인간은 본래 일하기를 싫어하며 가급적 일을 피하려고 한다.	일이란 조건이 허락하면 놀이나 휴식처럼 자연스러운 것이다.
대부분의 사람들은 별로 야심이 없고 책임회피를 하려고 하며 오히려 명령받기를 좋아한다.	조직목표를 달성하려는 자기통제가 가능하다.
대다수의 사람들은 조직문제를 해결할 만한 능력이 없다.	대체적으로 인간은 조직문제 해결을 위한 창의력을 갖고 있다.
동기부여는 생리적·안전적 수준에서만 나타난다.	동기부여는 생리적·안전적 수준뿐만 아니라 친화, 자존, 자아실현의 수준에서도 찾아볼 수 있다.
대다수의 사람들은 엄격히 통제되어야 하며, 조직목표를 달성하도록 강제되어야 한다.	인간은 적절히 동기부여만 되면 일에 대하여 자율적이며 창의적이고 자기통제적이다.

3) Alderfer의 ERG이론

알더퍼(Alderfer, 1972)는 매슬로우의 이론에서 문제되었던 문제점을 보완하고 동기욕구를 보다 실제에 맞도록 수정하였다. 개인의 기본욕구를 존재, 관계, 성장의 세 가지로 구분하여 설명하고 있다. 즉, 이 세 가지 단어의 서두문자를 딴 것이 ERG이론이다.

- **존재(Existence)**: 존재는 지속적인 존재를 확실히 하기 위하여 필요한 모든 것을 의미한다. 그 의미에서 존재 욕구는 매슬로우의 생리적 욕구와 비슷하다.
- **관련성(Relatedness)**: 관련성은 다른 사람들과 상호작용하기 위한 개개인의 욕구와 관련되고 그들의 느낌과 사고에 관계한다.
- **성장(Growth)**: 성장은 도전하는 과업을 성취하고 새로운 능력과 창조성을 발달시키기 위한 욕구와 관련된다.

알더퍼의 가정은 크게 세 가지 측면에서 매슬로우의 이론과 차이가 난다. 첫째, 매슬로우가 잠재적인 성향의 발달을 가정한 것과는 달리, 알더퍼는 일정한 시점에서 세 가지 욕구의 강도가 서로 다르기는 하지만, 하나 이상의 욕구들이 동시에 작

266 건강·스포츠 프로그램을 위한 지도방법과 리더십

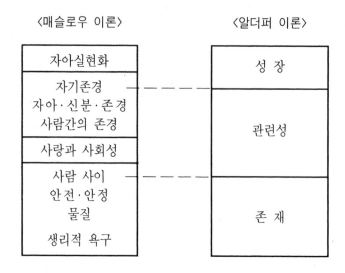

〈그림 16-4〉 매슬로우의 이론과 알더퍼 이론비교

자료: 김병식(2000). **스포츠경영학**. 서울: 도서출판 대한미디어. p. 259.
      Chelladurai, P.(1985). *Sport management: macro perspective*. London, Ontario: Sports Dynamics. p. 114.

용하거나 활성화될 수 있다고 보았다. 둘째, 더 높은 단계의 욕구를 만족하려는 노력이 주변 환경으로 인해 좌절된 사람의 경우 이미 충족된 하위 단계의 욕구에 더 큰 중요성을 부여할 것이라고 주장했다. 결국 그는 좌절당하면 퇴행한다는 가설을 이론에 포함시킴으로써 욕구 강도와 욕구 만족이 정적으로 연관될 수 있다는 주장을 한 것이다. 셋째, 알더퍼는 보다 고차원적인 욕구가 행동에 영향력을 발휘하려면 그 이전에 반드시 하위 욕구가 어느 정도 충족되어야 한다는 매슬로우의 가정을 배제했다는 것이다. 어떤 사람들은 성장 배경이나 경험 때문에 생존 욕구가 충족되지 않았음에도 불구하고 더 상위의 욕구인 관계 욕구나 성장 욕구를 충족시키려 한다. 알더퍼는 인간 행동에 대한 설명에 있어서 보다 탄력적이고, 욕구 구조에 있어 개인차가 존재한다는 것을 인정하는 이론을 제시한 것이다.

4) McClelland의 성취동기이론

맥클리랜드(McClelland, 1962)는 한 개인의 퍼스낼리티(personality)는 사람의 행위를 동기부여할 수 있는 잠재력을 가진 제 요소, 즉, 성취동기, 권력욕구, 자율욕구 등으로 구성되어 있다고 보았다. 그는 특히 성취욕구(need for achievement)의 중요성을 중시하여 이를 중심으로 인간의 행동을 설명하려 했다.

성취욕구란 무엇인가를 이루려는 욕구이다. 맥클리랜드에 따르면 사람에 따라서 성취욕구가 강한 사람과 약한 사람으로 분류할 수 있는데, 성취욕구가 강한 사람은 소수에 불과하다고 한다. 그러한 성취욕구가 강한 사람은 다음과 같은 특징을 지니고 있다고 한다.

- 성취욕구가 높은 사람은 자기 스스로 성취할 목표를 정하기를 좋아한다.
- 성취욕구가 강한 사람은 아주 쉽거나 어려운 목표를 회피하고 중간수준의 위험(moderate risk)이 있는 목표, 즉 노력하면 충분히 달성할 수 있는 목표를 선호한다.
- 성취욕구가 강한 사람은 문제해결에 대한 책임을 회피하려 하지 않는다.
- 성취욕구가 높은 사람은 업무수행에 관하여 즉각적이며 효율적인 피드백을 선호한다.

맥클리랜드는 조직의 성과를 올리기 위해서는 성취욕구가 높은 구성원을 선발하거나 기존 조직 구성원의 성취욕구를 향상시켜야 한다고 주장하면서, 구성원들의 성취욕구를 개발할 수 있는 구체적 지침을 다음과 같이 제시하고 있다.

- 업무를 재 배정하며 주기적으로 성과에 대한 피드백을 받게 한다.
- 훌륭한 성과모형을 찾아 그 모범을 따르도록 한다.
- 자신의 이미지(image)를 수정하도록 한다. 즉 성취욕구가 약한 사람은 자신에 대해서 애정을 갖고 적절한 도전과 책임을 추구하도록 한다.
- 상상력을 통제한다. 현실적인 시각으로 보고 목표의 달성방법을 적극적으로 생각하게 한다.

6. 동기부여와 의사결정 참여

리더의 의사결정에 대한 조직 구성원들의 관여를 참여(participation)이라고 한다. 이는 종종 의론(議論), 합동의사결정(合同意思決定), 권한분담(權限分擔), 분권화(分權化)와 같은 용어와 유사한 의미로 사용된다.

1) 의사결정의 과정

의사결정 과정을 도식화해 보면 〈그림 16-5〉와 같이 나타낼 수 있는데 우선 리더가 의사결정을 행하게 되는 이유는 과정에서 해결해야만 할 문제가 존재하고 있음을 인식하기 때문이다. 이러한 문제인지와 거의 동시에 리더는 그 문제에 대처하는 목표를 설정한다.

목표를 설정한 다음에는 그것을 달성할 수 있는 여러 가지 대안을 탐색하고, 다음에는 각각의 대안을 실행에 옮길 경우 그것이 가져올 결과를 추정하고 그 다음에는 각각의 결과가 관리상 어떤 효력을 가져올 것인가를 고려하면서 대안들을 비교·평가한다. 이러한 일련의 단계를 거친 후 리더는 최종적으로 어느 대안 하나를 선택하게 된다. 이로써 의사결정과정은 일단락 짓게 된다. 그러나 리더로서 또한 고려해야 할 중요한 사항은 일단 선택된 대안이 실행에 옮겨지게 되면 그 실행을 계속적으로 추구하고 분석·평가하여야 한다는 점이다. 만약 필요하다면, 대안에 대해 적당한 조절을 행하거나 또는 극단적인 경우에는 그것을 포기하고 새로운 대안을 모색하여야 할 것이다(오일영, 1999).

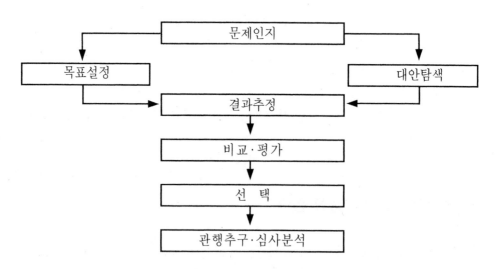

〈그림 16-5〉 의사결정과정

자료: 오일영(1999). **스포츠조직 관리론**. 서울: 도서출판 대한 미디어. p. 240.

2) 의사결정 참여와 한계점

의사결정에 대한 참여는 스포츠 조직을 포함한 모든 조직에서 구성원들의 만족과 동기를 증진시킬 수 있는 접근방법으로 간주되고 있다. 팀에서 의사결정을 하거나 규칙을 정할 때 선수들에게 참여할 기회를 주게 되면 선수들은 내적인 통제감과 성취감을 느낄 수 있다. 일례로 선수들에게 주간계획을 작성하게 하고, 주전선수의 구성, 선후배의 역할 등에 대해 의논하고 결정을 내리도록 할 수 있다.

이러한 의사결정 참여가 구성원들의 만족과 성과를 증진시키는 이유는 다음과 같다(오윤진, 1994).

- 변화에 대한 저항이 발생할 우려가 있을 때, 참여는 구성원들이 의사결정의 내용을 잘 이해하고 수용할 수 있도록 해준다.
- 참여는 의사결정사항을 효과적으로 수행하는데 필요한 헌신을 유도한다.
- 참여는 특정한 의사결정에 내포된 목표와 그것을 달성하기 위해서 개발된 행동계획들을 보다 잘 이해할 수 있게 한다.
- 참여는 구성원들이 조직 내의 보상제도에 대하여 보다 정확하게 알 수 있도록 해준다.
- 참여는 자율, 성취, 자아인식 및 심리적 성장을 위한 성숙한 구성원의 욕구와 일치되며, 높은 수준의 참여가 맡은 바 임무에 대한 흥미와 만족도를 증진시켜 준다.
- 구성원들이 공동문제를 해결하는데 있어서의 기회를 제공한다.
- 리더와 구성원들간의 협의의 기회를 부여한다.
- 리더가 보다 나은 의사결정을 할 수 있도록 돕는다.

이와 같은 참여는 조직 구성원들의 동기부여에도 기여하는 장점을 지니고 있다. 그러나 참여가 비록 여러 가지 장점을 가지고 있다 하더라도 역시 다음과 같은 몇 가지 한계점도 지니고 있다.

- 모든 구성원들이 참여할 때 단일의 의사결정보다 많은 시간이 필요하다.
- 어떤 의사결정에의 참여는 다른 의사결정에도 영향을 미치려고하는 조직 구성원들의 기대를 불러일으킨다.
- 참여는 조직이 리더를 전문지식, 주도권 및 자신감이 결핍된 것으로 인식하게 만들 가능성이 있다.

- 참여는 구성원들의 능력결핍, 개인의 가치관과의 불일치 등이 존재할 경우 저질의 의사결정을 양산시킬 수 있다.
- 책임의 소재를 분산시키며, 성공과 실패에 대한 보상과 처벌의 기준을 선정하기 곤란하다.
- 리더의 고차원적인 관리적 기술이 요구되나, 이를 갖추지 못한 리더가 참여방법을 사용한다면 부정적인 결과를 초래한다.

3) 의사결정 참여의 조건과 기법

의사결정 참여가 가지고 있는 몇 가지 한계점을 극복하고 조직의 성과에 결부되는 효과적인 참여를 위해서는 다음과 같은 전제조건이 필요하다.

- 리더가 중요한 의사결정을 할 수 있는 권한을 가지고 있어야 한다.
- 시간적 제약 없이 의사결정이 이루어져야 한다.
- 조직 구성원들이 적절한 지식을 지니고 있어야 한다.
- 자발적인 참여가 이루어져야 한다.
- 조직의 리더가 참여에 대한 기법을 신뢰하고 있어야 한다.
- 리더가 참여에 대한 기법의 사용에 숙달되어 있어야 한다.

참여의 기법으로는 집단토의, 제안제도, 작전 및 전략회의 등이 중요한 방법으로 사용된다. 집단토의는 조직의 의사결정에 리더뿐만 아니라 구성원들이 광범위하게 참여하여 창의력이 충만한 활발한 집단을 만드는 방법이다.

제안제도(提案制度)는 조직 구성원들에게 조직의 효율적인 운영이나 발전을 위한 개선안의 제출을 장려함으로써 과제수행의 개선과 민주성을 제고하는 제도를 의미한다.

작전 및 전략회의는 리더의 독자적인 판단에 의한 실패의 확률을 줄이고, 전 구성원들의 의견을 통합하는 제도라고 할 수 있다. 또한 단일한 조직이 아니더라도 스포츠 상황에서 이러한 회의는 흔히 있는 제도이다. 즉, 월드컵 축구대회 대표선발을 위하여 전·현직 대표팀 감독들이 자리를 함께 하여 선수선발 기준을 정하거나 경기를 앞두고 서로가 간직하고 있는 작전구상을 소개하고, 조언하는 형태가 이에 속한다.

7. 동기유발 방법

  목적하는 행동을 활성화시켜 지속적으로 유지하는데 동기의 영향은 지대하다고 볼 수 있다. 앞에서 동기의 과정, 형태 등을 살펴보았지만 어떻게 하면 동기를 불러일으키는가 즉 어떻게 동기를 부여하는가가 리더에게는 중요한 관심사가 된다. 동기유발을 높이는 주된 방법에 대해 살펴보면 다음과 같다.

① **목표설정의 명확화** : 목표는 스포츠 활동의 방향과 도달점을 결정하는 것이므로 그 설정 방식은 활동에 큰 영향을 준다. 목표의 단계에는 이상목표, 현실목표가 있으며 이상목표는 목표에 도달하는 것의 의미와 가치를 부여하고 도달 가능성이 어느 정도 있는 것을 주는 것이 효과적이다. 즉 중간목표를 주어 중간목표를 달성하면 이상목표에 도달할 수 있다는 희망을 가지게 된다. 현실목표는 명확하고 구체적으로 제시되어야 한다. 그러기 위해서는 몇 회라든가 몇 초와 같이 양적으로 측정 가능한 형태로 주어지는 것이 좋다.

② **결과의 지식을 줄 것** : 동작이나 성적에 대한 결과의 지식(knowledge of result: KR)을 제공하는 것은 동기유발을 높이기 위한 매우 유력한 수단이다. KR을 주는 방법은 즉시 확인의 원리에 의하여 동작 직후 주는 것이 가장 효과적이며 연소자나 초심자에게는 명확한 KR이 바람직하며, 유경험자에게는 구체적이고 상세히 주는 것이 좋다.

③ **성공과 실패의 경험** : 성공과 실패의 경험은 동기유발을 높이기도 하고 감소시키기도 한다. 또한 성공과 실패의 의식은 외부적으로 설정한 목표와 직접 결부된 것이 아니고 자신이 예상하는 목표와 깊은 관련을 갖는다.

  이러한 자신의 성적에 대한 개개인의 목표, 기대의 정도를 요구수준이라고 하는데 이 요구수준에 따라 성공과 실패가 경험된다. 성공은 일반적으로 요구수준을 높여 보다 어려운 과제로 향하게 하는 자신감을 높여주는데 반해 실패는 그 반대방향으로 작용한다. 하지만 성공이 항상 동기유발을 높이는 것도 아니다. 지도에 임해서 참가자에게 지나치게 높은 수준을 갖게 해서 많은 실패를 경험시키지 말아야 하며 초심자의 경우 적당한 과제를 주어 성공경험을 갖게 하는 것이 중요하다.

④ **상벌을 줄 것** : 상벌은 동기유발을 위한 가장 보편적인 방법이다. 상벌, 칭찬, 질책은 적절하게 쓰이면 동기유발을 높일 수 있다. 벌보다는 상이 효과적이다. 특히 소외되기 쉬운 후보선수나 운동재능이 없는 스포츠 참여자에게 칭

찬은 더욱 중요하다. "잘 했다"는 말과 함께 따뜻하게 등을 한 번 두들겨 주는 것은 생각보다 큰 효과가 있다.

⑤ **사회적 동기의 활용** : 경쟁이나 협동 등의 사회적 동기를 이용한 동기유발의 방법도 흔히 쓰인다. 경쟁은 개인간의 경쟁, 자기의 기록과의 경쟁 등이 있는데 가장 강한 동기유발은 개인 대 개인의 경쟁이다. 그러나 경쟁은 스피드나 근력, 지구력 등을 조장하지만 정확성 등에 있어서는 작업의 질을 저하하는 경향이 있다. 경쟁은 배타적인 의식조장이나 이기는 것만을 최대 목표로 삼는다거나 패자에게 열등감을 주는 수가 있으므로 유의할 필요가 있다.

한편, 협동은 집단의 생산성을 질·양적으로 모두 향상시킬 뿐만 아니라 대인관계의 개선, 커뮤니케이션의 증대, 성원의 만족감 증대 등에 뛰어난 효과가 있다.

⑥ **내적인 동기의 활용** : 인간은 외적인 보수나 사회적 안정 등을 얻는 수단으로 운동을 하는 수도 있지만 신체를 활발하게 움직이고 싶어하는 내적 동기를 가지고 있다. 스포츠 활동 그 자체에 강한 흥미나 매력을 갖게 함으로써 동기를 유발시키는 상태를 내적 동기유발이라고 하며 스포츠 활동 이외의 유인 즉 칭찬, 보수, 불안 등에 의해 동기가 유발되어 있는 상태를 외적 동기유발

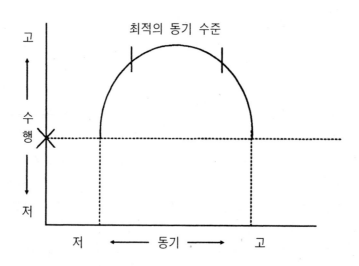

〈그림 16-6〉 최적의 동기 수준

이라고 한다. 일반적으로 동기유발의 정도를 높임에 따라 운동수행도 높아진다고 생각하기 쉽다. 그러나 동기유발이 어느 정도 높아지면 오히려 운동수행이 낮아진다. 즉 동기유발의 최적수준이 있다고 가정할 수 있으며 이는 역U자 가설 및 적정수준 이론으로 설명할 수 있다<그림 16-6> 참고.

또한 이러한 내적 동기의 유발 방법에는 연습과 내용의 순서를 바꾸어 연습의 단조로움을 극복하고 참가자의 동기를 유발시킬 수도 있다.

제 17 장

리더십과 상담

1. 스포츠 상담의 정의

상담(counseling)은 본래 상담자(相談者, counselor)와 클라이언트(來談者, client)가 상담이나 대화라는 형식을 통하여 상담관계라 부르는 인간관계를 가짐으로써, 내담자의 적응상의 문제가 해결되고, 인격적 성장이 이루어지는 전문적 심리지도의 기법이다. 이것은 단순한 대화, 신상상담 혹은 충고, 회유, 훈계, 질책 등과는 달라서 상담의 과정에서 내담자 자신이 성장하고 바람직한 변화를 하여가는 것이다. 따라서 좁은 의미로써 심리치료요법만을 지칭하는 것이 아니고 정신적으로 건강한 사람, 물론 스포츠맨에 있어서도, 보다 성장된 자신을 만들기 위한 심리적인 지원방법인 것이다.

따라서 상담의 의미는 상담형식에 의한 것뿐만 아니라, 전문가에 의한 심리적 도움과 심리적 지도의 기법을 포함시킨 개념으로 볼 필요가 있다.

스포츠 상담이란 용어는 개인과 목적에 따라 크게 상이하기 때문에 누구나 쉽게 동의할 수 있는 정의를 내리기에는 다소 어려움이 있다. 스포츠 상담은 스포츠 철학·스포츠 사회학·스포츠 심리학·스포츠 문화인류학·스포츠 교육학·스포츠 행정학과 같은 여러 학문분야로부터 얻어진 다양한 지식을 통합한 것에 기초를 둔 학제적(interdisciplinary)특성을 지니고 있다.

1) 의사결정과 문제해결 능력의 관점

스포츠 상담은 자아인식 즉, 스포츠 활동에 대한 태도·가치·감정에 대한 인식과 자신 및 타인, 기타 환경적 요인을 연결하여 스포츠 참여의 의사결정과 문제해결 기술의 개발을 촉진하고 이를 향상시키기 위하여 언어적 촉구 기법을 이용한 과정으로 정의할 수 있다.

2) 교정과 개발의 관점

개인의 배경·신념·가치·태도에 대한 면밀한 검토를 통하여 교정적 지도 서비스(remedial counseling service)뿐만 아니라 개발적 교육과정(developmental education process)으로 규정된다.

스포츠 상담에 대한 두 가지 상이한 개념을 종합하면 결국, 스포츠 상담이란 스포츠에 관련된 도움을 필요로 하는 사람(내담자)과 전문적 훈련을 받은 사람(상담자)의 대면관계를 통하여 스포츠 장면의 다양한 문제에 대한 해결과 사고·행동 및 감정 측면의 처리를 위하여 노력하는 학습과정이라고 규정할 수 있다(국민생활체육협의회, 1993).

2. 스포츠 상담의 대상

스포츠 상담의 대상은 결코 올림픽 선수와 같은 우수선수 뿐만 아니라, 오히려 건강·스포츠에 참가하여 스포츠 활동을 실시하고 있는 사람들, 또 앞으로 스포츠를 해보고 싶다고 하는 사람들을 포함하고 있다. 그리고 스포츠 상담이 다루려는 심리적 문제도 또한 다양하여 불안해소에 대한 대증요법(對症療法)으로서의 적응이라는 예를 비롯하여 스포츠 선수의 일상생활에 있어서 심리적 건강(mental health), 퍼스낼리티의 형성, 심리적 팀웍, 슬럼프(slump)의 극복, 스포츠에 대한 도피적 태도의 수정, 스포츠에 대하여 일방적인 편중적 태도의 시정 등 아주 넓은 범위에 걸쳐 있다.

이와 같이 다양한 문제와 여러 계층을 대상으로 하여 전문적 기법을 구사하는 심리적인 지원활동이 스포츠 상담이므로, 종래의 스포츠 기술이나 체력양성 위주의 감독이나 코치의 노력만으로는 한계가 있다. 감독이나 코치와 같은 경기지도자는 그 경기에 필요한 체력, 운동기능 등을 잘 알고 있으므로, 그 전문가들이 상담의 전문가인 임상심리학자와 협력함으로써, 심리적 코치나 멘탈 트레이너(mental trainer)라고 하는 새로운 스포츠 심리학의 전문가로서 성장하는 것이 가능할 것이며, 특정한 팀에 소속하는 팀 사이컬러지스트(team psychologist)라는 전속임상심리학자가 생겨나는 것도 필요하다(송석영 외, 1988).

또한 전문적 스포츠 산업 경영체를 운영하거나 이에 소속된 지도자의 참가자를 위한 상담기술은 매우 중요한 요소이므로, 지도자의 상담기술이나 기법도 이러한 범주에 속한다고 할 수 있다.

3. 상담의 이론적 배경

로저스(Rogers, 1951)는 1928년부터 10여 년간 정서적으로 어려움을 겪고 있는 사람들을 도와주면서 당시까지의 상담 방법에 잘못이 있다고 보았다. 그때까지는 상담자가 내담자의 문제를 진단하고, 분석하고, 해석하여 문제해결책을 제시·설득하는 방법이 사용되었다. 이 방법의 배경에는 상담자가 내담자보다 더 유능하고 경험이 많고 내담자는 스스로 문제를 해결할 수 없다는 가정이 들어 있다. 로저스는 이러한 가정에 반하여 인간은 스스로가 자신의 문제를 다룰 능력이 있다고 믿었다. 물론 이러한 견해는 그의 치료 경험에서 나온 것이다.

로저스는 인간을 '실현 경향성(actualization tendency)을 갖고 있는 존재'로 보았다. 실현 경향성이란 타고난 잠재력을 충분히 구현하려는 것으로, 현실적으로는 현재 자기보다 나아진 모습이 되려는 것으로 나타난다. 따라서 인간은 합리적이고, 사회화되고, 발전적이고, 현실적이라고 볼 수 있다. 물론 인간에게는 비합리적이고, 반사회적이고, 파괴적인 감정과 행동이 있는 것도 사실이다. 그러나 이러한 부정적 측면은 어떤 갈등과 좌절감에 의한 방어에서 오는 일시적 부적응 현상이다. 로저스는 인간은 누구나 방어가 필요 없게 되면, 부적응 상태에서 적응적 상태로 옮겨감으로서 본래의 실현 경향성을 발휘하게 될 것이라고 믿으며, 상담 사례들을 통하여 이를 증명해 보이고 있다.

비지시적 상담이 인간 중심의 상담, 내담자 중심 상담으로 불려지기도 하는 것은, 인간은 적절한 상황만 갖추어지면 스스로 자신을 인도하고, 통제하고, 조정할 능력이 있다는 위의 인간관에 기초해 있기 때문이다. 필요한 조건이 되는 적절한 상황이란, 자신의 느낌과 경험이 무조건 타인에 의해 수용됨으로써 왜곡이나 방어가 필요 없는 상황이다. 이러한 상황이 일상적인 대인관계에서 항상 존재하기는 어려우므로, 상담에서 상담자와 함께 경험함으로써 실현 경향성이 발휘되도록 하려는 것이 비지시적 상담의 핵심이다. 따라서 이 방법에서 상담자는 내담자에 대한 무조건적인 이해와 수용을 기본적으로 갖고 있어야 한다(신응섭 외, 2000).

4. 상담자의 자질과 태도

스포츠 상담의 효과는 상담자의 성숙 정도와 타인의 이해 능력에 기본적으로 의존한다. 따라서 상담자의 자질, 특성, 인간에 대한 태도가 중요하고, 부가적으로 상담의 구체적 기술이 요구된다고 할 수 있다.

스포츠 상담자로서 갖추어야할 자질이나 특성을 확고하게 규정하기는 어려우나 몇 가지로 요약이 가능하다.

① **인간성에 대한 적극적 태도** : 어떠한 사람이건 그 사람을 인간으로서 알고자 하는 마음을 가지고, 특정한 스포츠에 관해서도 인간으로 대하고, 그들과 함께 있는 일이 즐겁다고 하는 태도이다. 자기의 이익이나 만족을 위하여 선수들의 상담자가 되는 것이 아니라, 선수 한 사람 한 사람의 인간성에 접촉하고자 하는 욕구를 가지고 있는 것이 중요하다.

② **무조건의 적극적 관심** : 상담의 상대인 내담자에 대하여 아무런 조건도 붙이지 않고 지원과 지도를 필요로 하는 사람으로 보고, 적극적인 관심과 의사를 존중하는 것이며, 수용적 태도와도 관련된다. 선수의 과거 성적이나 현재의 기능, 연습법 등에 집착하지 말고 그들이 진정으로 필요로 하고 있는 점을 심리적으로 도움을 주는 것이 바람직하다.

③ **공감적 이해** : 상대의 생각이나 감정의 움직임 범위 안에 자기를 두며, 마치 그 사람이 체험하는 것을 느끼고 이해하고자 하는 태도인 것이다. 평가적이거나 비판적인 견해와는 다르다.

④ **책임있는 태도** : 상담이라는 개인에 대한 지도·지원의 관계를 가짐에 있어서는 어디까지나 심리적 지원자라는 전문가로서 단순한 연민, 동정 또는 개인적인 사정이나 흥미가 있는 것은 절대로 주의할 필요가 있다. 내담자가 상담한 비밀을 지켜주는 것을 위시하여, 상담시 심리적인 도움을 주는 것이 전부라고 하는 상담자의 책임범위를 넘어서까지, 예를 들면 상담이외의 행위에 의하여 도움을 주려고 하는 것은 설사 그것이 선의에 의한 것일지라도 잘못된 일이다.

⑤ **감수성과 이해력** : 문제를 가지고 있는 선수나 참여자−특히 정서적인 문제−는 적절히 자신의 문제를 표현하지 못한다. 그럼에도 상담자는 내담자의 문제와 관련된 감정, 생각, 희망, 의도 등을 예민하게 알아차리고 이해할 수 있어야 한다. 왜냐하면 내담자에 대한 이해와 객관적 통찰이 기본이며, 심리학적 지식, 상담 경험과 다양한 생활경험을 직·간접적으로 체험함으로써 이들을 위한 개인적인 노력이 필요하다.

⑥ **상담자로서 성장하는 태도** : 심리적으로 다른 사람에게 도움을 주려는 사람은 언제나 전문적 지식과 기술의 향상을 도모함과 동시에 그들 자신이 인간으로서 성장하여 나가는 태도를 보여야 한다.

⑦ **자신에의 솔직성** : 상담자는 내담자와의 관계에서 솔직해야만 한다. 상담자가 내담자의 인간적 가치를 인정하고 공감을 추구하는데 있어서 태도가 단지

상담적 기법이 되어서는 안 된다는 의미이다. 상담자 자신의 감정에도 민감
해야 하며 이 감정을 내담자에게 전달해야만 한다. 상담자가 자신의 감정을
무시할 때 이는 내담자에게 전달될 수 없으며, 상담을 위한 신뢰 관계가 손상
될 수 있다. 따라서 상담적 관계에서 상담자와 내담자 모두 자신들의 감정을
정적이든 부적이든 서로 교환하여야 한다. 또한 상담자는 내담자에게 자신이
도울 수 있는 부분과 도울 수 없는 부분을 솔직히 전달하여 불필요한 기대를
갖기보다는 현실적인 해결책을 스스로 찾도록 하여야 한다.

5. 상담의 단계

상담자가 적절한 태도를 유지하면서 내담자와 대화해 가면 나타날 수 있는 특징
적 단계들이 있다. 그러나 이 단계들은 때로는 생략되어 나타나거나 순서가 바뀌
거나 섞여서 나타나기도 한다. 다만 단계를 이해함으로써 상담의 진행 수준을 파
악하고 대응방법을 찾는데 도움이 될 것이다.

① 내담자는 스스로 도움을 받고자 온 것이다. 만일 타의로 도움을 받게 되었다
면 이 태도를 변화시키는 것이 우선적이다.

② 상담의 상황을 정의한다. 상담자가 문제의 해답을 제시하는 것이 아니며 상
담자의 도움을 받아 자기 스스로 문제를 해결하는 과정임을 설명한다.

③ 상담자는 내담자 자신의 문제에 관한 감정을 자유롭게 표시하도록 북돋워 준다.

④ 상담자는 표출되는 부정적 감정을 받아들이고, 이해해 주고, 정리해 준다. 상
담의 초기에는 통상 부정적 감정의 표현이 주로 이루어지며, 이때 상담자에
게 요망되는 태도를 유지하기 위한 노력이 필요한 경우가 많다.

⑤ 부정적 감정을 완전히 표현할 수 있게 된 후에는 미약하고 부분적이기는 하
지만 성장에 보탬이 되는 긍정적 감정과 충동이 나타나게 된다.

⑥ 상담자는 내담자의 부정적 감정을 받아들이는 것과 마찬가지로 긍정적 감정
을 인정하고 받아들인다.

⑦ 부정적 감정과 긍정적 감정을 경험하면 자기 이해, 자기 수용이 증가하고 이
에 기초한 통찰이 나타난다.

⑧ 통찰과 함께 여러 가지 의사결정을 할 수 있는 길이 보이게 된다.

⑨ 내담자는 보다 성숙되고 긍정적인 행동을 선택하고 행하게 된다.

⑩ 차츰 긍정적 행동의 양이 증가하고 자신감과 능력을 갖게 된다.

⑪ 내담자가 도움의 필요를 덜 느끼게 되고 상담 관계를 종결해야겠다는 의견을 제시하게 된다.

상기한 상담의 방법은 여러 가지 문제 예컨대 선·후배간의 갈등, 동료들간의 갈등, 개인의 가족, 코치문제, 장래 직업 선택 등 개인이 당면한 적응 문제들과 성격의 개선 등 폭넓게 적용될 수 있다.

그러나 이 방법의 제한점은 상담자의 수준에 따른 영향이 크며, 상담 동기가 부족한 사람, 현실감각이 부족한 정신 장애자들에게 적용되기 곤란하다(신응섭 외, 2000).

6. 건강·스포츠 상담의 실제

건강·스포츠 상담이란 커뮤니케이션을 통해 상담자(참가자)의 행동을 보다 좋은 방향으로 이끄는 인간관계이다. 건강증진을 목적으로 하는 스포츠 및 운동 카운셀링은 운동에 참가하는 사람의 심리적 문제의 해결, 운동 기술의 향상, 운동 습관의 획득 등 다양한 욕구에 부응하는 지원활동이 그 목적이다.

1) 참가자와의 커뮤니케이션

커뮤니케이션이란 의지·사상 등을 전달하는 것을 의미하며, 참가자와의 적절한 커뮤니케이션은 상담의 토대가 된다. 이것은 말을 통한 언어적 수단과, 표정·손짓·몸짓 등의 비언어적 수단을 통해 이루어지며 ① 관계 행동, ② 경청, ③ 공감적 반응이 중요한 역할을 한다.

(1) 관계 행동

관계 행동이란, 참가자의 활력·주의·사고를 이해하기 위해 참가자의 비언어적 행동에 관심을 기울여, 그 특징을 알아채는 것이다. 비언어적 행동에는 자세, 얼굴 표정, 몸 동작, 목소리의 크기·강도·질·독특한 버릇 등이 있으며 참가자에게 관심을 기울임에 따라 언어 표현에 의한 커뮤니케이션 이상으로 많은 정보를 얻을 수가 있다.

〈표 17-1〉 시선 교감의 증감

시선 교감이 증가할 때	시선교감이 감소할 때
· 상담자와 참가자가 친밀하다	· 상담자와 참가자가 거리가 있다
· 즐거운 화제	· 재미없고, 어려운 이야기
· 마음이 통하고 있다	· 참가자가 주로 듣는 쪽이다
· 참가자가 주로 말을 한다	· 주위의 반응에 관심이 없다
· 말을 이해하고 있다	· 거리낌 있는 기분
· 이완되어 있다	· 불신감을 갖고 있다

① **시선 교감**: 어린이가 장난하다가 들켰을 때와 같이 기분이나 감정을 숨기는 것이 있을 때 사람은 상대의 시선을 피하는 경향이 있다. 반대로, 사이가 좋은 친구와 즐거운 이야기를 할 때 사람들은 상대의 눈을 보며 웃으면서 이야기하는 것이 일반적이다. 이렇게 시선 교감은 비언어적 행동 속에서도 가장 효과적인 관계 행동으로서 빈번한 시선 교감은 상대에게 관심이 있다는 인상을 준다.

또한, 참가자로부터의 시선은 중요한 메시지 중의 하나이므로, 스포츠 상담자는 그 신호를 민감하게 파악하는 자세가 필요하다. 예를 들면, 스포츠 상담자와 이야기를 할 때 똑바로 쳐다보지 않거나, 두리번거리고 시선이 불안정한 태도는 스포츠 상담자에게 마음을 열고 있지 않다거나, 거리낌이 있다는 것 등을 읽어낼 수가 있는 것이다.

② **활력의 수준**: 관계 행동 중에, 신체적·정신적으로 활력이 있는 스포츠 상담자일수록 참가자와 친숙해질 수가 있다. 반대로, 스포츠 상담자 자신의 신체적·정신적 에너지가 부족하면 참가자가 스포츠 상담자에 대해 마음을 열려고 하는 기분은 감소하고 만다. 따라서 운동 프로그램이나 상담하기 전에, 우선 스포츠 상담자 자신의 컨디션을 조절하여 활력을 갖출 필요가 있다.

스포츠 상담자 자신의 활력이 저하되는 원인에는 신체적 스트레스(피로감, 통증), 불규칙한 생활이 원인이 되는 정신적 스트레스, 고민 거리·불안·답답함 등을 생각할 수 있다. 이러한 문제를 안고 있으면 상담에 충분한 능력을 발휘할 수 없으므로 우선 자기 자신의 문제를 해결하도록 하고 때때로 친구에게 지원을 받는 등의 대처도 필요하다.

③ **신체적 언어(자세, 표정)**: 참가자가 팔짱을 끼었거나, 다리를 꼬았거나, 기지개를 펴는 등의 자세나 얼굴 표정이 신체적 언어이다. 커뮤니케이션의 85%는 신체적 언어를 중심으로 하는 비언어적 행동이라고도 한다. 신체적 언어로서의 메시지는 참가자로부터의 최상의 정보를 얻는 수단이 되므로 그 의미를 깨닫는 것이 중요하다. 마찬가지로, 상담자의 신체적 언어가 참가자에게 영향을 미친다는 것도 잊어서는 안 된다.

〈스포츠 상담자의 바람직한 자세〉

- 몸을 참가자에게 향한다
- 여유 있는 자세를 취한다
- 약간 상체를 기울인다
- 얼굴 표정을 온화하게 하고 참가자의 말에 재빨리 반응한다

〈 주의해야 할 비언어적 행동〉

- 어깨를 늘어뜨리고 있다
- 지친 얼굴, 침울한 얼굴
- 불안정한 모습(자세를 자주 바꾼다)

④ **어조**: 목소리의 크기·속도·리듬 등도 정보를 얻는 수단이 된다. 긴장하고 있을 때는 우물거리거나, 머뭇거리면서 말하는 경우가 많다. 동일한 말도, 어조에 따라 메시지의 내용은 달라진다. 스포츠 상담자는 자연스러운 동작으로 참가자의 말을 잘 듣고 있다는 태도를 취하는 것이 중요하다.

⑤ **언어적 추적**: 상담의 내용은 어디까지나 참가자 중심이라는 것이 기본이 된다. 스포츠 상담자는 참가자의 말에 신경을 집중시켜, 참가자가 그때까지 말한 화제에 관심을 보이고, 참가자의 표정이나 동작에서 여러 가지 단서를 얻도록 노력한다. 말을 못 들었거나, 잊어버렸을 때는 직전의 화제에 대한 질문을 반복하여, 참가자로부터 이야기를 이끌어 내도록 한다. 빈번하게 새로운 화제로 비약되는 일이 없도록 유의한다.

(2) 경 청

경청이란 참가자가 한 말에서 감정이나 말의 본질을 이해함과 동시에 모순을 가려내는 것이다. 말을 주의 깊게 들음에 따라, 참가자가 말하고자 하는 것이 무엇인

지, 바라는 것이 무엇인지, 안고 있는 문제가 무엇인지가 분명해 진다. 또, 참가자의 말에 적극적으로 귀를 기울임으로써 듣고 있는 내용이 일관된 내용인지를 언어적·비언어적인 커뮤니케이션을 통해 분간할 수 있다. 이처럼 감정이나 내용을 정확히 이해하는 것이 경청의 기본이다. 참가자의 관찰을 통해 비언어적 행동의 메시지를 이해하고 참가자의 문제점이나 구체적인 내용을 파악하면 이번에는 스포츠 상담자가 참가자에 대해 이해한 것을 반복해서 말로 표현하여 참가자 자신이 알게 한다.

① **열린 질문과 닫힌 질문** : 열린 질문이란, "무엇이 문제입니까?", "오늘 말씀하시고 싶은 것은 무엇입니까?", "좀더 예를 들어주시겠습니까?" 등과 같이 "예", "아니오"로 대답할 수 없는 질문을 말한다. 상담을 시작할 때나 참가자에게 상세하게 이야기를 듣고 싶을 때, 또는 참가자가 문제를 어떻게 받아들이고 있는지를 이해하고 싶을 때 유용하다. 이와 같은 질문에 의해, 참가자 자신이 자신의 현상을 파악할 수 있도록 이끌 수가 있다. 이에 반해, "예", "아니오"로 대답할 수 있는 질문을 닫힌 질문이라고 한다. 이 닫힌 질문이 반드시 나쁘다는 것은 아니지만, 참가자 스스로가 생각할 기회를 적게 한다는 것을 염두에 둘 필요가 있다.

〈열린 질문의 예〉
- "요즘 하고 있는 연습에서 어려운 점이 있으면 말해 주십시오"
- "아까 실패한 원인은 무엇 때문이라고 생각합니까?"
- "무엇이 원인이라고 생각합니까?"

〈닫힌 질문의 예〉
- "이 방법에 만족하고 있습니까?"
- "컨디션이 안 좋은 것은, 피곤하기 때문입니까?"
- "이 중량이 당신에게 맞습니까?"

② **격려** : 참가자에 대해 가장 잘 알고 있는 것은 말할 것도 없이 참가자 자신이다. '당신에 대해 좀더 잘 알고 싶다'라는 마음을 말이나 태도로 표현함으로써, 참가자가 보다 자기 표현을 할 수 있는 분위기를 조성한다. "역시 그렇군요", "그래요?", "예", "아니오", "알겠습니다" 등의 언어적 표현을 사용하기도 하고, 고개를 끄덕이는 등의 비언어적 표현은, 참가자에게 말을 경청하고 있다는 것을 전하는 수단이 된다. 또한, "어렵습니까?", "못

하겠어요?", "힘들어요?" 등과 같이 참가자가 사용하는 말의 한마디나 두 마디를 반복하는 것은, 가라앉은 참가자의 기분을 누그러뜨려 말을 유도한 다. "그래서요?", "예를 들면?", "좀더 얘기해 주세요" 등의 말도 참가 자의 이야기를 유도하는 역할을 한다. 격려를 하는데는 이러한 분위기 조성 의 말이 효과적이다.

③ **바꾸어 말하기** : "~라는 말이군요", "~란 말입니까?", "~가 잘 안되는 거군요"와 같이 참가자의 말을 바꾸어 말함으로써 '나는 당신의 말을 열심 히 듣고 있다' 라는 자세를 보여 줄 수가 있다. 참가자의 보다 깊은 마음속을 이해할 수 있게 된다.

④ **의미의 반영** : 의미의 반영이란 참가자가 상담자에게 전하는 말이나 메시지 의 의미를 참가자 자신에게 알게 하는 것이다. 그러기 위해서는 참가자 얼굴 의 표정이나 자세 등을 비언어적 행동이나 언어를 통한 언어적 행동, 일상적 행동이나 운동 프로그램에서의 모습을 잘 분석하고, 참가자가 커뮤니케이션 을 통해 전할 수 있는 일이나 상황의 메시지를 정확히 이해하는 것이 중요하 다. "저는 잘 못하겠어요" 라는 말만으로는 이제 더 이상 하고 싶지 않은 것 인지, 아니면 좀더 분발해 보고 싶은 것인지를 구별할 수가 없다. 이렇게 같 은 말이라도, 어떤 일·상황에 대하여 파악하는 법은 참가자에 따라 다르므 로 말을 표면적으로 흘려버릴 것이 아니라 참가자가 전하고 싶은 것을 바르 게 경청하도록 노력한다.

참가자가 말하는 메시지의 의미를 잘 이해할 수 없을 때는 상담자 쪽에서 다시 물어 보아 구체적으로 이끌어 내도록 한다. 메시지의 의미를 정확하게 참가자에게 되돌리는 것은 참가자가 자신의 기분이나 상황을 잘 인식하도록 돕고 '나는 당신의 문제를 파악하고 있습니다' 라는 좋은 인상을 준다.

⑤ **감정의 반영** : 참가자의 말 뒤에는 감정이나 정서가 감추어져 있다. 자신을 갖고 임하고 있을 때는 "최근, 컨디션이 괜찮습니다" 라고 긍정적인 감정으 로 솔직하게 말하겠지만, 반대로 참가자에게 어떠한 문제가 발생했을 때, 그 배경에 있는 감정을 이해할 수 없는 경우가 많아, 적절한 도움을 줄 수가 없 게 된다. 상담을 실시하고 있을 때 참가자의 부정적인 기분, 싫은 기분 등을 간파하는 것은 매우 어렵지만, 관계 행동을 통해 평소보다 참가자의 감정을 이해하도록 유의해야 한다.

(3) 공감적 반응

공감적 반응은 이야기의 내용·감정·비언어적 행동을 분석·정리하는 것부터 시작된다. 효과적인 공감적 반응은 참가자 이상으로 참가자에 대해 알고, 스포츠 상담자 자신의 문제인 것처럼 표현하는 것이다. 그 결과, 참가자는 자신의 문제를 객관적으로 바라보고, 자신이 스포츠 상담자에게 말한 것을 분명한 틀 속에서 이해한다. 이와 같이 하여, 참가자는 이전에는 미처 몰랐던 자신의 감정이나 행동 패턴을 알게 된다. 감정이나 행동 패턴을 이해하면, 무엇이 동기부여가 되고 있는지, 무엇이 문제점인지가 명확해진다.

〈공감적 반응의 유의점〉

- 참가자가 표현하는 비언어적 행동에 관심을 기울인다.
- 비언어적 행동이 일치하고 있는지 분석한다.
- 행동이 참가자의 목적에 맞는지 판단한다.
- 참가자에 대한 자신의 반응에 주의한다.
- 참가자가 보이는 어떠한 작은 정보도 습득하려고 노력한다.
- 참가자의 행동 패턴·과거의 경험을 고려하여 화제의 내용에 주의를 기울인다.
- 참가자의 입장이 되어 생각한다.
- 참가자의 감정을 말로써 표현해 본다.
- 참가자의 감정을 공감적 반응을 통해 확인한다.

2) 상담의 진행법

상담은 다양한 상황 속에서 참가자를 돕고 문제를 해결해 가는 것이 주 목적이다. 그러기 위해서는 적절한 커뮤니케이션을 상담의 토대로 하면서 참가자가 실제로 운동이나 스포츠를 하고 있을 때 열의를 가지고 지도하는 것도 중요하다.

스포츠 활동 현장에서 아는 사람을 만나면 인사를 한다. 인사는 마음을 누그러뜨리고, 다음 대화를 자연스럽게 한다. "오늘은 날씨가 좋군요" 등의 사소한 대화가 그 후에 중요한 화제로 나아가기 위한 윤활유 역할을 한다. 순조로운 대화 속에서 자연스럽게 정보 수집을 할 수가 있고 참가자 행동의 평가·생각·감정을 이해하면서 문제 해결을 위한 구체적 방안에 대해 이야기를 나눈다. 상담의 끝에는

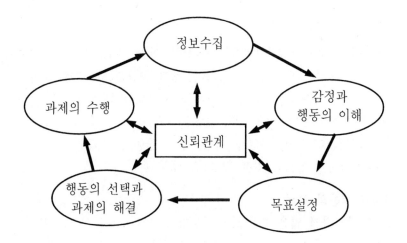

〈그림 17-1〉 신뢰관계를 기반으로 하는 상담의 패러다임

자료: 萩裕美子 編著(1996). **健康·スポツの指導**. 東京: 建帛社. p. 122.

참가자가 실제로 그것을 행하기로 결심할 수 있도록 조언을 한다. 참가자가 최종적 목표에 가까이 접근하도록, 이 일련의 흐름을 반복하는 것이 건강·스포츠 상담의 기본이다〈그림 17-1〉 참고.

① **신뢰관계를 맺는다** : 새로운 프로그램을 시작할 때만이, 스포츠 상담자와 참가자의 관계를 밀접하게 하는 것은 아니다. 주 2회의 연습을 하고 있다면, 매회 그 프로그램을 시작할 때, 스포츠 상담자 측에서 "안녕하세요"하고 인사를 하여 신뢰 관계를 강화하고, 안심하게 한다. 시간적으로 길지는 않지만 참가자와의 적절한 상호관계를 형성해 가기 위한 중요한 기반이 된다. 여기서는 관계행동이 중심이 되어 웃는 얼굴로 접하여 상대를 편안하게 한다.

② **정보수집** : 참가자의 문제점이나 그 원인을 분명히 파악하고 아울러 참가자에 관한 다양한 정보를 수집하는 것도 매우 중요한 일이다. 세부진단표·운동 기록표·체력 측정 결과 등의 자료를 통해서도 많은 정보를 얻을 수가 있다. 이들 자료와 면접시 참가자의 모습, 평소 임하는 자세 등을 종합적으로 판단하여 상담할 때 활용한다.

〈정보원의 구체적인 예〉

세부진단표: 운동경험, 신체적 요인(성별, 연령, 과거 병력 등), 스트레스, 직업, 주거, 가족구성, 일상 생활 습관(식사, 수면, 운동 등)

운동 기록표: 과제의 달성정도, 출석률, 운동효과 등

체력 테스트의 결과: 기초체력, 체력수준 등

면접: 고민, 흥미, 관심, 의욕, 목적, 감정, 행동 등

관찰: 참가자의 임하는 자세 및 태도, 행동 등

③ **감정과 행동의 이해:**

ⅰ) **바람직하지 않은 행동을 알아챈다** : 바람직하지 않은 행동에는 과제가 달성되지 않고, 실패가 눈에 띄고, 결석이 눈이 띄는 등의 현상이 있다. 이와 같은 문제는 운동 프로그램의 결석 상황, 운동기록 등의 정보수집과 면접한 인상을 종합적으로 분석하면 분명해진다. 이러한 행동을 알았을 때는 즉시 그 원인을 해명하고 대책을 강구한다.

ⅱ) **감정에 주의한다** : 운동기술이 좀처럼 향상되지 않을 때, 연습방법을 몰라 난감해 할 때, 또는 컨디션이 안 좋을 때, 참가자는 우울해지거나, 기분이 가라앉거나 한다. 또한, 의욕적으로 임하고 있어도 너무 열심히 해서 근육통, 부상 등을 초래하고 그것이 심리적으로 좋지 않은 영향을 미치고 있는 경우가 있다. 그리고 일상생활로 인해 생기는 스트레스도 감정에 많은 영향을 미친다. 예를 들면, 회사의 일이 잘 안되거나, 대인관계의 고민 등 신경 쓰이는 것이 있으면 관계행동이나 평소 모습에서 기운이 없다거나, 우울해 보이거나, 피곤해 보이는 등의 부정적인 감정이 관찰된다. 그 원인이 운동이나 스포츠 프로그램 자체에 있는 것인지, 일상생활에서 기인하고 있는지를 분석하고, 상세한 원인을 파악하여 대처한다.

④ **목표 설정** : 목표 설정은 스포츠 상담자에게 중요한 임무이다. 목표는 참가자의 희망과 능력을 고려하면서 그때까지의 과제를 어느 정도 소화해 왔는지, 앞으로는 어느 정도 소화해 낼 수 있는지를 생각하여 의견을 교환한다. 그때까지의 목표가 적합하지 않은 것 같으면 적당한 목표로 수정할 필요가 있다.

ⅰ) **장기적인 목표** : 운동을 하는 목적이 명확하지 않으면 적절한 지도는 불가능하다. 최종적인 목표를 최초의 면접에서 참가자에게서 들어 둘 필요가 있다. 예를 들면 건강을 유지하고 싶다든가, 살을 빼고 싶다든가, 근력

을 기르고 싶다든가, 운동의 기술을 향상시키고 싶다는 등, 참가자에 따라 그 목적이 다양하므로 그 요구를 정확히 파악하고 목표를 단계적으로 설정하여 최종 목표로 연결시켜 나간다.

ⅱ) **단기적인 목표** : 매 회의 면접 때에는 가까운 목표를 세우게 한다. 예를 들면 이번 달은 주 2회의 OO 프로그램을 실행한다, 이 프로그램을 3세트 실시한다, 수영은 주 1회 실시한다 등의 목표를 참가자 스스로가 세우게 한다. 구체적으로 알기 쉽게 참가자가 확실히 실행할 수 있는 것이 바람직 하다. 만일 기호에 맞지 않거나 실행하는 것이 무리라면 적절하게 수정해 나간다.

ⅲ) **목표는 참가자가 선택하게 한다** : 스포츠 상담자가 참가자에게 적합한 연습이나 프로그램을 준비하여 권장해도 최종적으로 인식하여 선택하는 것은 참가자이다. 자기가 선택한 목표는 타인으로부터 주어진 목표보다도 책임을 갖고 실행하기 쉽다.

⑤ **행동의 선택과 문제 해결** : 명확해진 문제점과 목표를 대조해 보면서 참가자 가 확실히 달성할 수 있다고 생각되는 문제나 프로그램을 선택하게 한다. 행 동의 선택은 참가자 스스로 발견할 수도 있지만, 스포츠 전문가인 상담자가 제공하는 것도 효과적이다. 최종적으로는 참가자 자신이 결단할 수 있도록 참가자의 능력이나 상황을 고려하면서 지시하거나 의견을 말해 주어 참가자 가 의욕적으로 임할 수 있도록 한다.

ⅰ) **바람직한 행동을 선택한다** : 바람직한 행동이란 참가자가 희망하는 목표 를 향해 나아가기 위한 필요한 행동을 말한다. 운동과제의 결정에는 운동 의 종류·연습방법·강도·빈도·시간 등을 충분히 배려한다. 그러나 예 를 들면, 목적에 맞는 운동과제라도 즐겁게 참가할 수 있을 것 같지 않은 것은 강하게 권하지 말아야 한다. 즐거움이 결여된 운동과제는 오래 지속 되지 않기 때문이다.

ⅱ) **바람직하지 않은 행동을 제거한다** : 프로그램에 자주 결석하는 사람에게 프로그램에 참가하는 시간을 조정하도록 권장해 보거나, 동료와의 교류가 왕성해지도록 돕는 등 운동 참가의 장해가 되는 원인을 제거하도록 돕는다.

ⅲ) **유연한 태도** : 과제를 수행하는데 있어 참가자가 너무 집착하면 작은 실 패도 부정적으로 생각하는 경우가 있다. 과제에 대해서도 "실패해도 괜 찮습니다"라는 유연한 태도를 보이도록 하고 반대로 "반드시 이것은 해

주십시오"라는 말은 참가자의 상황을 잘 보고 사용하도록 한다.

iv) **감정에의 대처** : 운동 프로그램이나 연습방법이 원인이 되고 있는 심리적 문제에 대해서는 그때까지의 운동 프로그램이나 연습방법을 다시 보고 참가자에게 적합한 것을 새로이 제공하여 권장해 본다. 참가자간의 인간관계의 고민을 안고 있는 사람에서 대해서는 고민을 듣고, 공감하고, 적절한 조언을 하는 것이 필요하다. 일상생활에서 기인하고 있는 참가자의 심리적 문제는 스포츠 상담자의 전문 밖이긴 하지만, 항상 참가자의 기분을 이해하도록 유의하고 참가자 스스로가 해결할 수 있도록 권장한다. 때로는 의사 등의 전문가에게 조언을 구하거나, 동료, 가족 등의 협력이 필요한 경우도 있다.

⑥ **과제의 수행** : "오늘은 ○○을 할 차례지요? 잘 할 수 있겠습니까?"와 같이 상담에서 배운 것을 실제로 실행할 수 있는지 어떤지를 말로 확인한다. 건강증진을 위한 운동을 하고 있는 사람이라면, 면접에서 설정한 과제를 일상 생활 속에 도입해 줄 것인지, 혹은 운동 프로그램 속에서 해 줄 것인지를 확인해야 한다. 이들 과제를 달성할 수 있다면, '과제의 성공'이라는 참가자 자신에게 심리적 보상을 주게 된다.

3) 주요한 심리적 제기법(諸技法)

행동이론에 기인하여 개발된 심리적 기법이, 운동이나 스포츠 상담에서도 행해진다. 기본적인 기법을 몇 가지 소개한다.

(1) 오퍼런트 기법(operant technique)

미리 설정하여둔 연습목표에 적합한 행동이나 반응이 나타날 때 즉석에서 강화한다. 즉 상을 주어 그 행동을 정착시키고 훈련목표를 단순하고 쉬운 행동으로부터 단계적으로 복잡하고 곤란한 것으로, 정도를 높여가면서 최종적으로는 적응적인 행동이나 복잡한 기능을 포함한 행동을 수행할 수 있게 하는 것이다.

오퍼런트 기법의 적용범위는 교과학습과 같은 지적학습을 위시하여 사회적 행동, 대인행동, 신체운동, 운동기능 학습 등 여러 가지 대상에 적용할 수 있다. 강화의 방법도 다양하여, 아동들에게는 사탕이나 쥬스를 둔다든지, 상품교환 티켓 등을 줄 수 있다. 건강·스포츠 현장에서는 T셔츠를 준다든지 회원권을 할인하는 등의 강화 방법이 있다.

(2) 모델링 기법(modeling technique)

관찰학습의 원리에 기초를 둔 기법이며, 참가자 또는 연습자 자신에게 직접 작용하는 것이 아니라 대리경험에 의한 학습효과를 이용한다. 참가자 대신에 대리적으로 시행하는 모델 대상의 행동을 관찰시킴으로서, 참가자 자신의 행동이 변화되는 것이다. 대상의 연령·성·기타 심리적·신체적 특성이 연습자와 유사할수록 학습효과가 크다고 한다. 어린이의 행동이 점점 부모를 닮아간다든지, TV에서 프로 야구를 보고 야구에 관심을 갖기 시작하게 되었을 뿐 아니라, 규칙까지 익혀 버리는 일은 일상생활에서 종종 볼 수 있는 현상이다. 동작의 내용은 말만으로는 전하기 어렵지만, 눈으로 봄으로써 상세히 전달할 수가 있다.

지도자가 집단 지도 속에서 모델이 되는 사람에 대해 "이 폼은 잘 되었군요"라고 칭찬하고, 주위 사람들이 그 모델을 보고, 바른 폼을 흉내내게 되는 것도 잠재적 모델링이다. 또, 운동 기능의 이미지를 마음 속에 상기하여 연습하는 이미지 트레이닝도 모델링의 하나이다.

(3) 셀프 모니터링 법(self-monitoring technique)

셀프 모니터링 법은 자기 통제법이라고도 한다. 연습을 기록하거나, 체중을 매일 측정하여 그래프에 기입하는 등이 그 예이다. 셀프 모니터링의 목적은 3가지다. 참가자 자신의 행동 관찰, 자신의 행동에 대한 평가, 그리고 강화이다. 과제의 달성은 동기부여를 높이는 역할을 한다. 또, 이들 기록은 스포츠 상담자가 참가자를 평가하는데에도 유용하다. 기록 용지는 너무 복잡하지 않은 것이 바람직하며, 기입 방법을 구체적으로 설명하는 것도 잊어서는 안 된다.

(4) 기타 심리적 제기법

그밖에도 심리적 기법에는 다음과 같은 것이 있으며, 스포츠 선수의 심리적 컨디셔닝 뿐 아니라, 심신의 이완, 스트레스 경감 등을 목적으로 하여 상황에 따라 이용되고 있다.

① **바이오 피드백 법** : 뇌파·심박·피부온도·근전·혈압 등 평소에는 의식하지 않는 몸의 변화를 빛이나 소리로 해서 본인에게 피드백 하게 하고 생리적인 반응을 변화시키는 시도이다. 스트레스나 불안의 자기 컨트롤 법으로서

이용되고 있다.

② **자율 훈련법** : '내 손은 따뜻하다', '내 다리는 무겁다' 등과 같은 일정한 언어 공식을 마음 속에서 반복적으로 되풀이하여, 팔 다리의 무게, 따뜻함, 심장, 호흡 등을 자동적으로 움직이게 함으로써 기분을 전환하고, 흥분을 진정시키는 심신의 이완법이다. 안정감 획득, 소극적·신경질 경향의 극복, 피로의 조기 회복, 동작의 개선 등 많은 효과를 얻을 수 있다.

③ **이완 트레이닝** : 신체적·정신적인 이완을 목적으로 행해지는 훈련을 말한다. 휴식, 휴양, 기분 전환 등의 이완을 통해 스트레스 상황에 대처할 수 있는 것부터 많은 방법이 시도되고 있다. 가벼운 체조, 요가, 암시, 근육의 긴장·이완 훈련, 호흡법 등이 있다.

 명함을 주는 방법

• 명함은 전용지갑에 깨끗이 보관한다.
• 명함은 상의 안주머니에 넣는다.
• 언제나 충분하게 준비한다.
• 나의 명함과 상대의 명함을 구분하여 관리한다.
• 인사말과 함께 나의 이름을 정확히 말하며 고객에게 먼저 명함을 건넨다.
• 오른손으로 가슴높이에서 글자를 가리지 말고
• 상대방이 바로 볼 수 있도록 돌려서 전하는데 상대의 가슴과 허리선 사이에서 내밀면 자연스럽다.

명함을 받는 방법
• 가볍게 목례하며 오른손으로 받고 왼손을 팔꿈치를 가볍게 받친다.
• 명함을 받으면 두 손으로 받쳐서 회사와 부서, 이름을 바로 확인한다.
• 모르는 한자가 있을 때는 물어도 실례가 아니다.
• 상대의 명함으로 부채질하거나, 상대가 있을 때 명함에 메모하는 것은 결례다.

동시에 주고받을 때
• 오른 손으로 건네고 왼손으로 받은 다음 두 손으로 받쳐 보며 읽는다.
• 정중한 느낌의 전달을 위하여 허리선과 가슴선 사이에서 명함을 주고받는다.

제  장

리더십과 성격

1. 성격의 개념

우리 주변에는 여러가지 특징을 가진 사람들이 있다. 언제나 조용하고, 소리를 높이고 타인에게 공격적인 태도를 표시하는 일이 없는 사람, 무엇이든지 차분하고 약속시간에 늦은 일이 없는 사람, 화려한 옷을 입고 언제나 남의 관심을 끌려는 사람, 스포츠에서 항상 공격성향이 있는 포지션만을 고집하는 선수 등 이와 같이 개인에게서 볼 수 있는 일관된 독자적 경향을 설명할 때, 성격·인격·기질 같은 어휘가 사용된다.

성격·인격·기질 등은 어떻든 이와 같은 행동에서 볼 수 있는 다양한 개인차를 설명하는 개념이다. 이러한 용어는 거의 같은 의미로 사용되는 경우도 있으며, 구별해서 사용되는 일도 있다. 구별된 경우는 character의 번역으로서 「성격」, personality의 번역으로서 「인격」, temperament의 번역으로서 「기질」을 나타내는 경우가 많다.

여기서는 성격을 퍼스넬리티(personality)와 동의어로 사용하고자 한다. 심리학 분야에서는 성격이란 보통 한 개인의 전체적 심리체계의 성장과 발전을 의미하는 동태적 개념으로 정의된다(이강옥, 노언필, 송경용, 2001).

다시 말해서 성격이란, 첫째 한 개인의 심리과정의 어떤 단면을 나타내는 개념이 아니라 각 단면들의 포괄적인 총체(aggregate whole)를 의미하는 개념이다. 흔히 성격과 가치관, 태도, 지각, 학습 등과 같은 다면적 심리상태, 혹은 심리적 과정과의 관계는 어린아이들이 가지고 노는 맞추기용 조각그림에 비유된다. 하나 하나의 심리적 과정을 조각그림이라고 한다면 성격은 조각그림을 맞추어 놓은 완전한 그림이라는 것이다.

둘째, 성격이란 한 번 형성되면 고정되는 실체가 아니라 한 개인의 전체적인 심리체계의 성장과 발전을 타나내는 개념으로 파악되어야 한다. 성격에 대한 정의 가운데 가장 널리 받아들여지고 있는 것은 올포트(Allport, 1937)의 정의다. 그는 성격을 '개인이 환경에 적응하는 독자적인 방식을 결정해 주는 심리적·신체적 체계들의 동태적 조직' 이라고 정의하고 있다.

성격은 보다 구체적으로 '한 개인이 타인에게 영향을 미치는 방식과 자신을 보고 이해하는 방식 및 측정 가능한 내적·외적 특성의 패턴' 이라고 정의되기도 한다.

셋째, 측정 가능한 특성의 패턴이란 그 사람이 밖으로 내보이는 일련의 특징들, 예를 들어 화를 잘 낸다거나 처음 보는 사람과도 이야기를 잘 한다거나, 목소리가

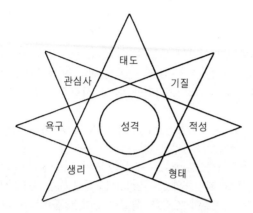

〈그림 18-1〉 성격의 상이한 측면

자료: Hilgard, E. R.(1962). *Introduction to psychology.* New York: Harcourt Brace
 Jovanovich. p. 452.

크다거나 하는 것 등을 가리킨다.

　위에서 살펴본 바와 같이, 성격은 매우 광범위하고 난해한 개념으로서 이에 대
한 정의도 다양하지만, 여기서는 성격을 한 개인을 특징 지우는 모든 내적·외적
(또는 심리적·신체적)요인들의 총체라고 정의한다. 〈그림 18-1〉에는 성격의 상
이한 측면들이 제시되어 있다.

2. 성격의 결정요인

　성격을 결정하는 것은 무엇인가 하는 결정요인에 대한 문제는 오랫동안 논의되
어 왔다. 성격에 대한 초기연구들은 성격이 유전적으로 출생 이전에 이미 결정되
어 있는 것인지, 아니면 개인이 자신의 환경과 끊임없는 상호작용을 통해 형성해
가는 것인지에 대하여 끝없는 논쟁을 거듭하였다. 그러나 이에 대한 명쾌한 해답
은 아직까지 나타나지 않고 있어서 성격은 이 두 요인 모두에 의해 결정되는 것으
로 보인다. 여기에 덧붙여 최근에는 성격의 세 번째 결정요소로 ‘상황(situation)’
에 대한 관심이 점차 증대되고 있다. 현재 연구가들 간에는 ‘성격이란 유전적 요
인 및 환경적 요인에 의해 형성되며, 상황적 조건에 의해 수정되는 것’이라는 견
해를 일반적으로 받아들이고 있다.

Jim쌍둥이 이야기

　미국에서 두 사내아이가 일란성 쌍둥이로 태어났으나 출생 직후 바로 떨어져 살게 되었는데 공교롭게도 그들은 같은 'Jim'이라는 이름을 가지게 되었다. 39살의 성인이 되어 이들이 처음으로 대면하게 되었을 때 두 사람은 놀랄 만큼의 유사성을 보여주었다.

　먼저 그들의 첫 번째 아내 이름은 Linda이고, 두 번째 아내 이름은 Betty였다. 한 명은 아들 이름이 James Alan이었고 나머지 한 명의 아들 이름도 James Alan이었으며, 둘 다 애완견의 이름을 Toy라고 지었다. 모두 Salem담배를 즐겨 피우며, 보안관 조수로 재직하고 있었고 자신들의 Chevrolet자동차로 Ohio에서 3블럭 떨어진 Florida의 해변에서 드라이브한 경험이 있었다. 똑같이 손톱을 물어뜯는 버릇을 가지고 있었으며, 야구를 싫어하고 학교 다닐 때는 중간 정도의 성적을 유지했다.

　그리고 둘 다 개조자동차 경주를 즐기는 취미를 지니고 있었다. 불가사의하게도 둘은 같은 시기에 체중이 10파운드 늘었다 다시 빠졌던 경험이 있었다. 그리고 둘 다 심장의 고통을 느꼈으나 별 이상은 없었던 적이 있었으며, 같은 시기에 편두통을 앓기 시작했다.

자료: 이강옥 외(2001). **21c 리더십의 새로운 패러다임**. 서울: 무역경영사. p. 66.

---

1) 유전적 요인

　성격형성의 유전적인 요인에 대한 고려는 근본적으로 유전이 작용하는 형식적인 신체구조와의 관계, 그리고 신체의 생화학적 조건과 호르몬의 조건 등에서 출발한다.

　따라서 학자들이 유전에 대해 관심을 지니게 된 것은 신체적 구조와 관련된 여러 특성들이 유전된다면, 그와 더불어 정신적 영역이나 차원에 있어서도 유전에 의한 공통적인 측면들이 발견될 수 있기 때문이다.

2) 환경(문화·사회)적 요인

　유전적 영향을 살펴보기 위해 이용되는 쌍생아 연구가 때로는 상이한 결과를 나타내는 경우도 있다. 즉 출생시부터 떨어져 양육된 쌍생아들이 나이가 들어감에 따라 그 상관관계가 줄어든다는 것이다. 이는 성격 측면에서 유전 요인들이 인생의 초기보다는 후반부에 있어서 점차 덜 중요하게 된다는 점을 지적하고 있어서

인간의 성격이 단지 유전적 요인에 의한 것만이 아님을 암시한다. 이러한 의미에
서 가정적 환경, 즉 가족의 크기, 형제들 간의 관계, 출생순위(맏자녀, 가운데, 막
내자녀 여부), 가족의 경제력, 가족의 분위기 등의 사회·문화적 환경이 인간의 성
격형성에 미치는 영향은 매우 크게 받아들여지고 있다.

3) 상황적 요인

이는 독특한 요인으로서 성격의 결정요인 중에서 유전 및 환경적 요인 등도 중
요하지만, 제3의 요인인 상황적 요인 또한 중요하다. 한 개인의 성격은 안정적이고
지속적이기는 하지만 상황에 따라 변한다. 상황마다의 상이한 요구는 한 개인의
상이한 측면을 드러나게 하는 것이다. 예컨데 성장과정에서 성취와 노력에 대한
욕구가 매우 큰 사람이 고도로 관료적인 상황에 놓이게 될 경우 그는 좌절감을 느
끼고 공격적으로 될지 모른다. 그렇게 되면 다른 사람의 눈에는 천성적으로 게으
르고 문제아인 것처럼 보이게 될 것이다. 그러나 사실 성장과정을 살펴볼 때 그는
근면한 일꾼이 될 수 있었음을 알게 된다. 따라서 성격형성은 상황과 동떨어진 것
으로 간주해서는 안 된다(Abegglon, 1958).

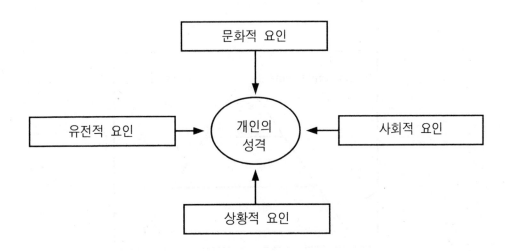

<그림 18-2> 성격의 결정 요인

자료: 추헌(1995). **경영조직론**. 서울: 박영사. p. 492.

3. 성격의 구조

성격이 어떤 구조를 갖고 있느냐 하는 것을 기술하고 표현하는 방법은 여러 가지가 있겠으나, 이것을 크게 구별하면, 심리적 핵, 전형적 반응, 역할행동 등 세 가지 단계로 통합하여 살펴볼 수 있다(Hollander, 1967; Martens, 1975).

1) 심리적 핵(psychological core)

성격의 가장 기초적 단계를 심리적 핵이라고 한다. 이는 가장 심오한 구성요소로서 개인의 속성과 가치, 흥미와 동인, 그리고 자신과 자신의 가치에 대한 신념 등을 포함한다. 본질적으로, 심리적 핵은 성격의 중심부를 나타내며, 다른 사람이 생각하기를 바라는 자신의 모습이 아니라 진짜 모습을 말한다. 또한 심리적 핵은 외부상황의 변화에 별로 영향을 받지 않는다.

2) 전형적 반응(typical response)

전형적 반응은 환경에 적응하거나, 우리를 둘러싼 외부세계에 반응하는 양식을

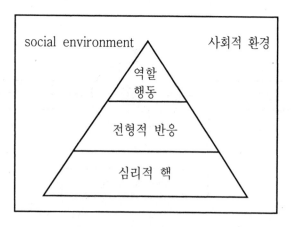

〈그림 18-3〉 성격의 구조

자료: 이순천, 정상택, 박상범 외 2인 공역(1998). **스포츠 운동심리학 기초**. 서울: 도서출판 금광. p. 40.

가르킨다. 이것은 환경과의 상호작용에서 학습된 것으로 볼 수 있다. 예를 들면 어떤 사람이 처음 대면하는 동호인 단체의 회의에서 말을 하지 않고 어색해 한다면 그 사람의 성격이 내향적이라고 할 수 있다. 하지만 그 사실만으로 그 사람의 성격이 내향적이라고 할 수 없다. 왜냐하면 다른 상황에서는 부끄럼을 타는 것이 전형적인 반응이 아닐 수 있기 때문이다. 다른 말로 표현하면 처음 대면하게 되는 동호인 회의라는 특정한 상황이 그 사람을 조용하게 하도록 만들었기 때문이다.

3) 역할행동(role-related behavior)

자신의 사회적 상황이 어떤가에 따라 취하는 일정한 행동을 의미한다. 이러한 행동은 가장 변화하기 쉬운 측면이다. 즉, 웨이트 트레이닝장의 지도자로서 참가자에게 항상 능동적이고 적극적인 자세로 지도를 하였다고 할지라도, 운동상황이 아닌 곳에서는 다른 행동을 취하게 될 것이다. 이러한 역할행동은 상황에 따라 달라지기 때문에 전형적인 반응이 아니며 심리적 핵을 확실하게 반영하지도 않는다.

4. 성격의 발달

> **성격발달 과정의 가장 오래된 이론?**
>
> 일찍이 공자는 15세에 학문에 뜻을 세우고(志于學), 30세에는 스스로 일어설 수 있고(立), 40세에는 유혹을 받지 아니하며(不惑), 50세에는 하늘의 뜻을 알며(知天命), 60세에는 무슨 말을 들어도 귀에 거슬리지 아니하며(耳順), 70세에는 마음에 하고자 하는 것을 해도 도리에 어긋나지 아니하였다고 한다. 이와 같은 공자의 생각은 성격발달과정을 설명한 가장 오래된 이론이라고 생각할 수 있다.

1) Freud의 단계이론

지난 수 백년 동안 많은 심리학자들은 인간의 성격이 어떻게 발달되어 가는지에 대해 많은 관심을 보여왔다. 그 중에서도 프로이드(Freud, 1905)는 일찍이 인간의 성격을 구강단계(口腔段階), 항문단계(肛門段階), 남근단계(男根段階), 잠재단계(潛在段階), 사춘기(思春期) 등 다섯 가지 단계를 거친다고 하였다. 프로이드는 이와 같은 단계들이 성격에 내재된 주요한 원동력(driving force)이 된다고 생각하였다.

프로이드는 성격의 발달에 대하여 강조하고 특히 사람의 기본적 성격구조에 있어서 유아기 및 아동기 초기의 결정적 역할을 강조하였다. 프로이드는 성격이 다섯 살까지 거의 완전히 형성되고, 그 후의 성장은 대부분 기본적인 구조의 마무리 과정이라고 보았다. 그가 제시한 성격발달단계는 다음과 같다.

① **구강기(the oral stage. 생후 1~1.5세)** : 입술과 구강의 촉각을 통해서 만족을 얻는 시기이다. 유아들은 이 시기에 물건을 집으면 입으로 가져가고 입과 구강, 혀를 자극함으로써 쾌감을 얻는다. 이 시기에 젖을 너무 일찍 뗀다든지 하는, 마음의 상처(trauma)를 받게 되면 리비도(libido, 원시적 충동에서 유발되는 본능적 욕망)가 구강에 고착(fixation)되어 성인이 되어 '구강성격(oral character)'의 소유자가 된다. 구강성격은 비관적·소극적·새디스트적(sadistic) 특성을 지니며, 술이나 담배, 음식을 지나치게 즐기거나 수다스런 특징이 있다.

② **항문기(the anal stage, 8개월~3세)** : 배설물이 직장의 끝부분이나 항문을 통과할 때 흥분과 쾌감을 유달리 느끼며 만족하는 시기이다. 이 시기에는 리비도의 활동이 항문에 모아지는데 만약 이 시기를 잘 넘기지 못하고 부모가 유아에게 '변 가리기'(toilet training)를 너무 일찍 강요한다든지 하여 유아가 마음의 상처를 받게 되면 리비도가 항문에 고착되어 성인이 되어서 '항문성격'(anal character)의 소유자가 된다. 항문성격은 두 가지 상반된 방향으로 형성된다. 첫째는 무절제한 배변을 통해 형성되는 '항문배제'(anal expulsive) 성격인데, 이 성격의 특성은 권위에 반항하며, 불결한 환경에서 생활하며, 무책임하고, 무질서하며, 낭비벽이 심하다. 둘째는 배변을 억제하는데 익숙해짐으로써 형성되는 '항문보존'(anal retentive) 성격인데, 이 성격의 특성은 결벽증이 있으며, 근거 없는 죄의식을 가지고 있고 완벽을 추구하는 성격이다.

③ **남근기(the phallic stage, 3세~6세)** : 이 시기는 오이디푸스(oedipus, 아들이 어머니에게 품는 무의식적인 성적 사모) 시기라고도 하는데, 리비도의 활동이 성기에 모아지고 흥분과 긴장이 성기에 집중되어 성기를 통한 자기도취

를 경험한다. 이 시기에 마음의 상처를 받으면 성인이 되어서 '남근성격'
(phallic character)소유자가 되는데, 남근성격의 소유자는 지나치게 이기적
이고, 자아도취적이다.

④ **잠재기**(the latency stage, 12세 이후): 오이디푸스적 감정에 대한 강한 방
   어책을 수립하면서, 성적인 공격적 환상들이 잠재상태에 들어간다.

⑤ **사춘기**(the genital stage, 12세 이후): 성적 에너지가 성인과 마찬가지로
   치솟기 시작하며, 자애적 성의 추구로부터 타애적 대상을 구하고, 부모로부
   터 독립하려는 성의 추구로 변한다.

이상과 같은 프로이드의 성격발달단계는 성적 본능을 기준으로 설명한 것이다.
어떤 사람은 프로이드의 생각이 어리석거나 시시하게 보일지도 모르고 기괴하다고
까지 생각될 수 있다. 왜냐하면 그는 자기 스스로 명령한 육감적인 언어(body
language)를 선호하기 때문이다. 예를 들어 '의존적인'(dependent)이나 '성숙
된'(mature)이라는 단어가 있음에도 불구하고 '항문'(anal)이라든가 '남근'
(phallic)이라는 단어를 선호하고 있다. 현대 심리학자들이 전적으로 프로이드의
단계이론을 지지하고 있는 것은 아니다. 그러나 프로이드는 성격의 발달연구에 있
어서 몇 가지 중요한 통찰력(insights)을 제공해 주고 있는 것만은 틀림없다(추헌,
1995).

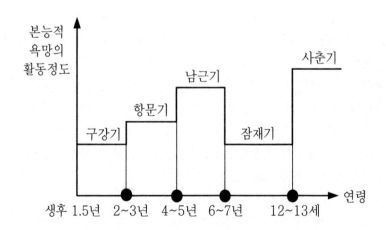

〈그림 18-4〉 프로이드의 성격발달 단계

자료: 이강옥 외(2001). **21c 리더십의 새로운 패러다임**. 서울: 무역경영사. p. 65.

〈표 18-1〉 에릭슨의 성격발달의 8단계

단 계	시 기	성공 대 실패 특성
1. 초기유아단계	출생~1년	신뢰 대 불신
2. 후기유아단계	1~3년	자주성 대 수치·의심
3. 초기아동단계	4~5년	주도성 대 죄책감
4. 중기아동단계	6~11년	근면 대 열등
5. 사춘기 및 청년기 단계	12~20년	자아정체성 대 역할혼란
6. 초기성인단계	20~40년	친교 대 고립
7. 중기성인단계	40~65년	생산성 대 정체
8. 후기성인단계	65~이상	완전 대 실망

자료: 추헌(1995). **경영조직론**. 서울: 박영사. p. 517.

2) Erickson의 단계 이론

프로이드는 주로 성격발달에 있어서 성적인 면과 생리적인 요인만을 강조한 반면에 에리슨(Erickson, 1950)은 개인의 성적인 적응과정보다는 사회적인 면을 중시하였다. 에릭슨은 성격발달과정을 〈표 18-1〉과 같이 8단계로 구분하였다.

① **구강기** : 자신이 접촉하는 사람(특히 엄마)에 대한 신뢰나 불신을 갖는다.
② **항문기** : 자율성을 갖게 되는 한편 수치나 의심을 갖는다.
③ **남근기(오이디푸스기)** : 일을 계획하고 주도하나, 자신의 행동에 대한 죄의식을 갖는다.
④ **잠재기** : 일을 열심히 하려고 하나, 때로는 자신의 열등감을 느낀다.
⑤ **사춘기(생식기)** : 자신의 정체는 무엇인가에 관심이 깊으며, 자신의 역할이 뚜렷하지 않음에 고민한다.
⑥ **성인초기** : 타인과의 관계에서 친근감(intimacy)을 추구하나, 그것이 잘 이루어지지 않은 고립(isolation)을 경험한다.
⑦ **성인기** : 생산성과 자기침체(stagnation)의 시기로 접어든다.
⑧ **노년기** : 자아를 통합하지만, 절망상태에 돌입한다.

5. 성격의 유형

성격연구의 접근방법이 다양하듯 성격유형론의 입장도 무척 다양하다. 그리고 지금까지의 성격유형 분류는 총체적인 성격을 구성하는 부분적 요소들을 기준으로 삼고 있으며, 완전한 성격유형론을 발전시키지 못한 상태에 머물러 있다.

사람의 성격을 구분해 보려는 시도는 옛날부터 있어왔다. 히포크라테스 (Hippocrates)가 사람의 기질(temperament)을 담즙질(膽汁質, choleric)·다혈질(sanguine)·우울질(melancholic) 그리고 냉담형(phlegmatic)으로 구분한 것은 오랜 옛날에 시도된 성격분류의 좋은 예라고 할 수 있다. 20세기에 들어서 쉘든(William Sheldon)은 체형(body type)과 성격을 관련지어 세 가지의 성격유형을 분류한 바 있다. 또한 융(Carl Jung)은 기본적인 성격형을 외향적 성격(extrovert)과 내향적 성격(introvert)으로 구분하였다.

1) Sheldon의 성격유형론

쉘든(Sheldon, 1942)은 체형(body type)과 개인의 성격의 관계를 알아본 학자로 유명하다. 우선 체격에 대해서는 4,000명의 남자학생에 대한 17개 부위의 신체 측정치간의 상관을 인자분석하여 내배엽형(內胚葉形), 중배엽형(中胚葉形), 외배엽형(外胚葉形)의 세 가지 기본적인 신체형으로 분류했다. 그리고 성격형에 대해서는 50항목의 성격특성에 대해서 7단계로 평점을 시켜 그 결과를 인자분석하여 내장긴장형, 신체긴장형, 두뇌긴장형의 세 가지 유형을 유출하였다. 그리고 앞에서 말한 세 가지 체형과의 관계를 보면, 내배엽형과 내장긴장형에는 + 0.79, 중배엽형과 신체긴장형에는 + 0.829, 외배엽형과 두뇌긴장형에는 + 0.83이라는 상관이 있었다(1.0에 근접할수록 상관관계가 높다고 해석한다).

<표 18-2>에는 쉘든의 체형과 대표적인 성격특성이 제시되어 있다.

① **내배엽형(뚱보형, endomorph)** : 비교적 다정다감하며 사교적이고 친구를 좋아한다. 비교적 반응이 느린 편이고 무엇이든 잘 먹는 편이다.

② **중배엽형(표준형, mesomorph)** : 육체미와 운동을 즐기며 잠시도 쉬지 않고 경쟁적이며 공격적이고 모험을 좋아한다.

③ **외배엽형(날씬형, ectomorph)** : 비사교적이며 다분히 신경질적이고 반응이 빠른 편이며 특히 고통에 대해서는 아주 민감한 편이다.

〈표 18-2〉 쉘든의 신체유형과 특징

체 형	특 징
내배엽형	· 연하고 용적이 큰 몸 · 중심으로 향하여 집중하는 용적 · 모발은 가늘고 성글다 · 비교적 젊었을 때부터 머리가 빠지기 쉬우며 머리위 부분부터 빠진다 · 친절하고 타인지향적이다 · 반응이 둔하고 먹는 것을 즐긴다
중배엽형	· 건강하고 단단한 몸 · 강하고 튼튼하며 두꺼운 근육 · 굵고 튼튼한 뼈 · 길고 곧은 신체, 피부는 두텁고 땀구멍이 크다 · 모발은 굵고 성글며 이마부터 머리가 빠진다 · 신체적인 모험을 찾고, 운동을 즐긴다
외배엽형	· 몸통이 얇은 체형 · 작고, 가는 뼈의 직경 · 작은 체형, 사지가 길고, 모발이 많다 · 개인적인 비밀을 갖는 것을 좋아 함 · 사회적인 접촉을 피하며, 반응이 신속하다 · 고통에 과도하게 예민함

쉘든의 이와 같은 구분은 직관적인 호소력(intuitive appeal)을 갖고 있다. 체형과 개인의 성격은 높은 상관관계가 있다고 하는 쉘든의 초기 연구에도 불구하고 최근에는 상관관계가 낮거나 거의 없다는 연구결과도 있다. 그러나 한 가지 분명한 것은 인간의 외모가 자기 이미지에 영향을 미치고 이는 우리의 성격발달에 대해 영향을 미친다는 사실이다. 예를 들어 뚱뚱한 아이들이 학교에서 아주 소극적으로 활동한다든지 또는 오히려 친구에게 공격적인 행동을 한다는 것이다. 또 자신의 근육이 튼튼하고 운동을 잘하게 생겼으면 그 사람은 자신이 공격적이기를 기대하며, 이와 같은 기대는 자신이 실제로 공격적으로 될 때까지 영향력을 줄 수 있다.

2) Jung의 성격유형론

스위스의 유명한 정신분석학자인 융(Carl Jung)은 대부분의 사람은 내향적이거

〈표 18-3〉 융의 성격과 특징

성 격		특 징
외향적	사고형	객관적 조건을 잘 생각해서 지성적으로 행동하며, 엄격한 도덕가이다
	감정형	감정대로 생활하려고 한다. 환경에 잘 순응하며, 상식적이며, 사교성도 있다
	감각형	객관적 사실에 대한 감각이 잘 발달하여 오락적 생활태도를 갖고, 겉치레를 좋아한다. 눈앞의 사소한 일에 얽매이기 쉽다
	직관형	새로운 것을 좋아하고, 가능성을 믿고 매진하지만, 위험을 즐기고 주변 사람의 의견에 귀를 기울이지 않는 완고한 면을 가지고 있다
내향적	사고형	주관적인 입장에서 사물을 생각한다. 생각하는 근거가 언제나 주관적인 것에 기초를 두고 있다. 이론을 위한 이론이 되고, 객관적인 자료는 문제시 하지 않는다. 판단이 자기본위이다. 냉담하고 정열적이며, 제멋대로 안하무인의 인상을 준다
	감정형	조용하고, 다소곳하며, 남의 눈에 두드러지게 띄지 않는다. 만사가 소극적이고, 무슨 생각을 하고 있는지 알 수 없다. 겉으로 보면 차갑고, 강한 정열을 마음속에 간직하고 있다.
	감각형	외계로부터의 자극을 자기본위로 받아들여, 자극에 따라서 일어나는 통상의 감각과는 다른 것을 느끼고 있다. 제3자에게는 이런 타입의 행동은 이해하기 어렵고, 주관적인 태도로써 기이한 느낌을 준다.
	직관형	예술가, 신비적 몽상가, 예언자 타입이다. 현실에 적응하려는 노력이 적고, 세상 살아가는 잡일을 경시하여 현실과의 접촉을 꺼려하며, 표현이 주관적이며 합리성이 결여되어 있다.

나 외향적이라고 발표하였다. 그에 의하면 내향적인 사람은 주관적인 세계(subjective world)에 대한 집착이 강하다고 한다. 뿐만 아니라 자신의 내면적인 세계를 좋아하고 사회적인 접촉이나 교체를 피하고 고독을 즐기는 편이다. 반대로 외향적인 사람은 외부세계지향적이고 다정다감하며 교체를 즐기고 고독을 싫어한다. 대체로 공격적인 편이고 자기의 감정이나 생각을 널리 표시한다.

   그러나 대체로 대부분의 사람은 외향적인 면과 내향적인 면을 소유하고 있으며 어느 한 쪽의 극단에 치우친 경우는 극히 드물다. 결국 외향성-내향성(extrovert-introvert orientation)의 문제는 주어진 상황에 대한 반응에 있어서 개인의 에너지가 외부와 내부의 어느 쪽을 더 지향하는지를 말하는 것이다. <표 18-3>에는 융의 성격의 네 가지 유형이 제시되어 있다.

6. 스포츠에서 성격의 측정

심리검사를 통해 스포츠나 운동 참가자의 성격이 올바로 측정된다면, 성격이 스포츠 상황에 영향을 미치는 방식에 대해 상당히 많은 것을 밝혀줄 수 있을 것이다. 심리학자들은 성격을 측정할 수 있는 많은 방법들을 개발하였으며, 이러한 방법들은 성격특성(personality trait)과 성격상태(personality state)를 이해하는데 많은 도움을 주었다. 여기서 특성이란 잘 변하지 않은 개인의 고유한 행동양식을 말

<표 18-4> 특성 스포츠 자신감 검사지 문항의 예

스포츠에서 경쟁할 때 얼마나 자신감이 있는지를 생각해 보라. 자신의 스포츠 종목에서 경쟁할 때 일반적으로 느끼는 자신감에 근거를 두고 아래의 질문들에 응답하여 주시기 바랍니다. 본인의 자신감을 당신이 알고 있는 가장 자신감 있는 운동선수와 비교하여 주십시오. 자신이 느끼고 싶어하는 것이 아니라 정말로 느끼는대로 답하여 주시기 바랍니다(숫자에 ○표를 하시기 바랍니다).

1. 성공적인 기능을 수행하기 위한 자신의 능력에 대한 자신감을 당신이 알고 있는 가장 자신감 있는 선수와 비교하십시오.	저　　　　　　　　고 1　2　3　4　5　6　7　8　9
2. 압박감하에서 수행 능력에 대한 자신감을 당신이 알고 있는 가장 자신감있는 선수와 비교하십시오.	저　　　　　　　　고 1　2　3　4　5　6　7　8　9
3. 성공적으로 될 수 있을 만큼 충분히 집중할 수 있는 능력에 대한 자신감을 당신이 알고 있는 운동선수와 비교하십시오.	저　　　　　　　　고 1　2　3　4　5　6　7　8　9

* 자료: 이순천 외(1998). **스포츠심리학의 기초.** 서울: 도서출판 금광. p. 46

Vealey, R. S.(1986). Sport-confidence and competitive orientations: Preliminary investigation and instrument development. *Journal of Sport Psychology*, 8, pp. 221-246.

〈표 18-5〉 상태 스포츠 자신감 검사지 문항의 예

다가오는 시합의 경쟁에 대하여 지금 자신이 느끼고 있는 자신감에 근거를 두고 아래의 질문에 답하십시오. 당신의 자신감을 자기가 가장 잘 알고 있는 자신감 있는 선수와 비교하여 주십시오. 자신이 느끼고 싶어하는 것이 아니라 정말로 느끼는대로 답하여 주시기 바랍니다(숫자에 ○표를 하시기 바랍니다).

1. 성공적인 기능을 수행하기 위한 자신의 능력에 대한 자신감을 당신이 알고 있는 가장 자신감 있는 선수와 비교하십시오.	저 1	2	3	4	5	6	7	8	고 9	
2. 압박감하에서 수행 능력에 대한 자신감을 당신이 알고 있는 가장 자신감 있는 선수와 비교하십시오.	저 1	2	3	4	5	6	7	8	고 9	
3. 성공적으로 될 수 있을 만큼 충분히 집중할 수 있는 능력에 대한 자신감을 당신이 알고 있는 운동선수와 비교하십시오.	저 1	2	3	4	5	6	7	8	고 9	

자료: 이순천 외(1998). **스포츠심리학의 기초.** 서울: 도서출판 금광. p. 47
Vealey, R. S.(1986). Sport-confidence and competitive orientations: Preliminary investigation and instrument development. *Journal of Sport Psychology,* 8, pp. 221-246.

하며, 상태란 환경의 영향을 받는 행동을 의미한다. 따라서 스포츠 상황에서 행동을 이해하고 예측하기 위해서는 특성과 상태의 양자를 모두 고려해야 한다.

1) 특성 및 상태의 측정

최근까지 스포츠 심리학 분야에서 이용되는 성격의 모든 특성 및 상태척도들이 스포츠나 신체활동과는 특별한 관계가 없는 일반 심리검사지에서 도입되었다. 그러나 스포츠 활동과 관계되는 검사지로는 다음과 같은 것들이 있다.

· 상태-특성 불안 검사지(Spielberger, Gorsuch & Lushene, 1970)
· 주의력 및 대인관계 방식 검사지(Nideffer, 1976)
· 기분상태의 프로파일(McNair, Lorr & Droppleman, 1971)
· 아이젠크성격검사지(Eysenck & Eysenck. 1968)

2) 스포츠 성격검사 결과

성격에 대한 스포츠 특유의 척도는 일반적인 상황보다는 스포츠 상황에서의 행동을 더 잘 예측한다. 스포츠 특유의 검사는 스포츠 및 운동 상황에서 성격특성과 상태에 대한 보다 신뢰롭고 타당한 척도를 제공할 수 있지만, 스포츠나 운동에 규칙적으로 참가하면 성격형성에 어떠한 영향을 미칠 것인가에 대한 결론은 명쾌하지 않다. 이러한 스포츠 성격연구의 문제는 방법론적, 통계학적, 해석적 문제 등 다양한 원인을 찾을 수 있다.

그러나 여기에서는 운동선수와 일반인, 여자운동선수들의 성격, 특정종목에 참여하는 선수의 성격검사 결과를 일례로 제시하고자 한다.

① **운동선수와 일반인** : 운동선수와 일반인의 성격을 비교할 때 가장 큰 문제점은 운동선수를 어떻게 정의하느냐가 문제이다. 즉 단체경기에서 선수로 활동하고 있는 자를 지칭하는지? 또는 탁월한 수준의 동호인을 말하는 것인지?

〈표 18-6〉 카텔의 16가지 성격특성

1. 내성적이다	………………………	외향적이다
2. 비지적이다	………………………	지적이다
3. 기분에 좌우된다	………………………	정서적으로 안정되어 있다
4. 복종적이다	………………………	지배적이다
5. 심각하다	………………………	낙천적이다
6. 수단적이다	………………………	양심적이다
7. 겁이 많다	………………………	모험적이다
8. 강인하다	………………………	감수성이 강하다
9. 믿는다	………………………	의심이 많다
10. 현실적이다	………………………	상상력이 많다
11. 솔직하다	………………………	약삭빠르다
12. 자신감 있다	………………………	걱정이 많다.
13. 보수적이다	………………………	개척적이다
14. 집단에 의존한다	………………………	자주적이다
15. 통제되지 않는다	………………………	통제된다
16. 이완되어 있다	………………………	긴장하고 있다

자료: Cattell, R. B.(1973, July). Personality pinned down. *Psychology Today*, pp. 40-46.

등의 구분이 애매하다. 따라서 이러한 고민거리가 명확하게 해결되지 않을 경우 검사결과의 신뢰성에 의문을 제시할 수 있기 때문에 연구계획의 수립에 철저한 준비가 필요하다.

　　운동선수와 일반인을 비교한 어떤 연구에서 카텔(Cattell, 1973)의 16가지 기본적인 성격특성(16 personal traits)을 이용하여 거의 2,000명이나 되는 남자대학생들을 검사하였다(Schurr, Ashley & Joy, 1977). 이 연구에서 운동선수(연구목적에 따라 대학 대표팀이 구성원으로 규정됨)를 비선수로부터 구분하는 단일 성격 프로파일(특성)이 발견되지 않았다. 하지만, 선수들을 스포츠 종목에 따라 분류했을 때는 여러 가지 차이들이 나타났다. 즉 팀 스포츠에 참여하는 선수들은 추상적인 사고가 덜 나타났으나, 외향적, 의존적이었다. 그리고 불안감이 적은 것으로 나타났다. 한편, <표 18-6>에는 카텔의 16가지 성격특성이 제시되어 있다.

② **여자선수의 성격** : 윌리암스(Williams, 1980)는 우수한 여자 운동선수들이 성격특성의 측면에서 일반여성과 현격한 차이가 있음을 연구를 통하여 확인하였다. 즉 우수한 여자선수는 일반여성에 비해 성취지향적이었으며, 독립적이고 공격적이었다. 또한 정서적으로 안정되어 있었으며, 완강한 성격을 지니고 있는 것으로 나타났다.

③ **특정 스포츠 종목에 참여하는 선수의 성격** : 우리 나라의 체육과학연구원(1988)에서 연구한 특정 스포츠 종목의 성격 특성을 살펴보면, 첫째 보디빌딩 선수는 성취동기가 높았으나 보수적이었으며, 둘째 테니스 선수는 야구선수와 비교하여 성취동기가 높고 자율적이며 지배성과 공격성이 강하고, 셋째 육상선수는 일반적으로 정신력은 강하나 비합리적인 성격을 띠고 있었으며, 넷째 체조 및 육상선수는 불안수준이 높고 운동 및 일상생활에 있어서 진지하나 비합리적인 성격을 지니며, 다섯째 유도선수는 자신감이 강하고 사실에 대한 신뢰성과 불안수준이 높았다.

그러나 이러한 스포츠 종목별 성격 특성을 일반화하기에는 아직도 일치되지 않은 측면이 많으므로 면밀한 후속 연구가 요구된다.

3) 스포츠 성격검사의 활용

스포츠 지도자로서 팀의 성적을 향상시키고 훌륭한 지도자로서 성공하기 위해서는 성격에 대한 지식과 활용 능력을 갖추어야 한다. 아울러 성격측정을 위한 심리 검사의 결과가 운동선수로서의 성공을 예측할 수 없다는 사실도 명심해야 하고 선수들의 평소 습관이나 행동을 면밀히 관찰하여 효율적으로 활용하는 태도가 필요하다.

제 19 장

리더십과 연습

1. 연습의 의의
2. 기능습득의 양상·연습곡선
3. 연습효과의 유지
4. 연습의 형태

1. 연습의 의의

우리가 연습(practice)이라고 하면 흔히 훈련(training)을 생각하게 되는데, 두 용어에는 다음과 같은 차이가 있다. 첫째, 연습이란 기술의 발달이라고 할 수 있다. 어떤 동작을 반복한다는 것은 그 동작의 기술적 요인을 향상시키는 것이며, 연습으로 배운 기술은 거의 일생을 통해 잊혀지지 않는다. 그 이유는 반복 연습으로 습득한 기술은 중추신경계통에 변화를 일으킨 결과이기 때문이다(예, 자전거 타기, 스케이팅 기술은 한 번 배우면 잊혀지지 않는다).

물론 기술의 발달은 힘의 도움으로 이루어지는 것이지만, 그 동작의 성질에 따라서 그 도움을 적게 받는 것도 있으며, 또한 연령과 현재 기술의 정도에 따라 힘의 요인이 많이 작용하기도 하고 적게 작용하기도 한다.

훈련은 힘, 지구력 및 유연성 발달을 위한 노력의 형태라고 할 수 있으며 일정한 기간 동안 반복하지 않으면 효과가 없어진다(예, 웨이트트레이닝 등). 그러나 연습과 훈련을 정확하게 구분하는 것은 쉽지 않고 양자가 서로 협응하여 발달한다고 할 수 있다.

운동동작을 되풀이하여 연습함으로써 그 운동동작이 변화되어 새롭고 좋은 행동방식이 몸에 습득되어 어떤 환경에서의 필요성과 자기내부의 욕구를 채우기 위한 능력을 높일 수 있는데, 이와 같이 연습에 따르는 변화과정과 결과를 합하여 운동학습(motor learning)이라고 한다. 학습은 보통 환경에의 적응성을 확대시킨다. 운동학습에 있어서도 적응성 증대 효과는 여러 방면으로 나타난다.

① 운동능력이 높아지고 각종 운동과제를 해결할 수 있게 된다.
② 내적인 활동 욕구를 만족시켜 만족감, 충실감 등을 느끼게 한다.
③ 과제해결의 성공경험은 자기평가를 높이고 자아를 발달, 확립시키는데 기초가 된다.
④ 습득한 운동기능을 통하여 협동·경쟁의 기회가 빈번해지며 사회적 욕구를 충족시키는 동시에 대인관계나 일상생활에서의 행동양식에 대한 학습이 진행된다.
⑤ 보다 고차원적인 목표를 설정하여 재도전하게 되고 새로운 프로그램에 대한 기대를 갖게 된다.

2. 기능 습득의 양상·연습곡선

연습을 계속하면 운동동작이 질적·양적으로 진보할 뿐만 아니라 운동수행에 관여되는 정신기능도 과제에 따라서 정교하고 치밀하게(fineness) 효과적으로 돌아가게 되므로 기능이 향상된다. 또한 연습을 거듭하면 처음에는 동작단위가 작고 자기완료적이 아니었던 운동이 차츰 작은 매듭을 이어가는 부분단위로 실행하게 되며, 그것이 나아가 복합적인 일련의 전체적 활동이 되어, 합목적적이며 자기완료적(그 운동을 실행함으로써 하나의 목적을 달성한다)으로 변화하여 커다란 운동단위 내지는 연쇄운동을 수행할 수 있게 된다.

운동동작 단위가 커지고 연속동작이 자연스럽게 이루어지며, 동시에 그 과제수행을 위한 기능을 뒷받침하는 운동심리적인 인자구조에 변화가 생기게 된다.

또한 운동이 거의 무의식에 가까운 상태에서도 지장 없이 행하게 되고 더구나 정신은 집중된다. 불필요한 흥분과 긴장이 줄어들고 동작은 유연해진다. 따라서 노동도 감소한다. 이와 같은 변화의 양상을 무엇인가의 측정치 변화로써 포착하여, 그것을 그래프화한 것이 연습곡선(practice curve) 또는 학습곡선(learning curve)인 것이다.

일반적으로 연습의 초기에는 기능의 진보가 적으며 연습의 반복에 따라서 차츰 진보율이 커지다가 다시 진보율이 감소되어 상한(上限)에 달하게 되는 S자형 곡선을 이룬다. 그러나 연습의 진보에는 개인차가 크며, 동일한 개인의 진보에도 차이가 있다. 참가자의 능력, 과제의 성질, 연습상황, 연습방법, 배경조건, 학습측정도의 취급방법 등에 따라서 그래프의 양상은 달라지며, 어느 연습상태에서나 일치하는 연습곡선의 일반형이나 이상형은 존재하지 않는 것이 분명해지고 있다(송석영외, 1988).

<그림 19-1>에서는 여러 가지 형태의 연습곡선이 제시되어 있다.

① **凸형 상승곡선(소극적 가속도 곡선)** : 과제가 비교적 쉽고, 연습의욕이 클 때 나타난다.

② **직선형 상승곡선** : 연습기간이 비교적 짧을 때 볼 수 있는 것으로서 더 한층 연습이 계속되면 진보의 정도가 감소하여 정체현상을 나타나게 될 것으로 예측된다.

③ **凹형 상승곡선(적극적 가속도 곡선)** : 과제의 난이도가 학습능력에 비해서 높으나 참가자가 비상한 노력을 할 때 나타난다. 처음에는 발달되는 상태가

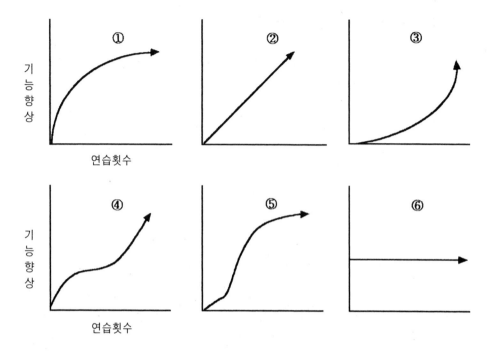

<그림 19-1> 연습곡선의 유형

자료: 송석영, 박주환, 이영숙(1988). **스포츠심리학 개론**. 서울: 도서출판 명진당. p. 158.

외형으로 나타나지 않으나 점차적으로 향상된다.

④ **중단휴지 상승곡선(소극적-적극적 가속도 곡선)** : 연습시작 후 곧 향상도가 감소되기 시작하여 일시 정체현상을 보이게 되나, 더 한층 노력함으로써 또 다시 상승률이 증가되기 시작한다. 이러한 연습과정에서 일어나는 일시적 현상을 고원현상(plateau)이라고 한다.

⑤ **S자형 곡선(적극적-소극적 가속도 곡선)** : 과제의 난이도가 학습능력에 대하여 비교적 높으나 연습자가 노력하여 더 한층 연습을 장기간 계속할 때 나타난다.

⑥ **정체형(停滯型)** : 이미 충분한 숙련의 수준에 달해있는 기능에 관한 연습곡선이거나 또는 연습자의 지능이 극히 낮은 경우나 질병 기타의 이유로 연습효과가 오르지 않은 경우에 볼 수 있다.

3. 연습 효과의 유지

연습에 의해 습득된 기능이 연습을 그치고 난 다음에도 그 수준을 유지하게 되면, 그것은 연습효과가 유지되고 있기 때문이다. 연습을 그만두었다가 다시 연습을 계속했을 때 잘 되었던 운동동작이 안되게 되는데, 그것은 망각이 진행되고 있기 때문이다. 연습을 그치면 어떠한 종류의 지식과 기능이라도 망각이 시작되는 것을 막을 수가 없는 것이다.

일반적으로 운동기능은 그 과제를 겨우 해낼 수 있었던 단계에서 그치지 않고, 더 한층 반복해서 연습 또는 사용하는 것이 보통이다. 이와 같이 일단 해낼 수 있게 되었는데 계속 연습을 할 경우 이를 과잉학습(over learning)이라고 하며, 이것이 기능의 고정화·자동화를 유도한다. 이 단계에 도달하게되면 연습을 중단해도 몸에 배인 행동양식이나 지능수준은 좀처럼 소실되지 않는다. 일단 해낼 수 있는데도 연습을 계속할 때는 그 기능을 사용할 필요가 있을 때가 많을 뿐만 아니라 그 운동을 잘 해낼 수 있게됨으로써 얻어지는 기쁨이 더 크다는 것도 무시할 수 없다. 말하자면, 기능적인 결과에 관한 연습효과를 상실하지 않게 되는 것은 그 기능을 습득하고자하는 동기부여가 강하며, 기능사용에서 오는 만족감이 높고, 그 때문에 과잉학습이 충분히 행해졌기 때문이었다고 할 수 있다. 보행기능이나 자전거타기 기능은 질병 또는 다른 이유로 장기간 사용하지 못해도 그 수준이 거의 같은 상태에서 유지되며, 회복 후 조금 연습하면 원래의 수준으로 되돌아갈 수가 있는 것은 그 때문이다.

한편, 스포츠에 있어서의 여러 가지 새로운 기술과 전술에 있어서는 연습에서 간신히 될 정도로는 실전에서 반드시 좋은 결과를 얻는다고는 할 수 없다. 이것은 여러 가지 요인이 관여되겠으나, 과잉학습의 부족도 그 한 가지 중요한 요인이 된다.

연습종료시의 학습수준이 불충분했을 때는 도중 또는 기간을 두고 다시 시도해 보면 연습을 계속하고 있었을 때 보다 오히려 성적이 상승할 경우가 있다. 이 현상을 잔여효과(reminiscence effect)라고 한다. 이 현상이 왜 발생하느냐에 많은 연구가 행해졌으나 만족할 만한 정설은 없다. 일정기간 휴식에 의해서 피로에서 회복된다, 방해적인 요인이 소실된다, 기억흔적이 안정된다 등등으로 해석되고 있으나 어느 쪽도 보편적인 설득력을 갖지 못하고 있다.

중학생과 고교생이 합숙과 같은 집중적인 맹연습을 한 그 기간보다는 오히려 합숙 후 얼마동안 쉬고 난 다음 합숙 중에 과제였던 새로운 기술과 전술을 좀더 잘

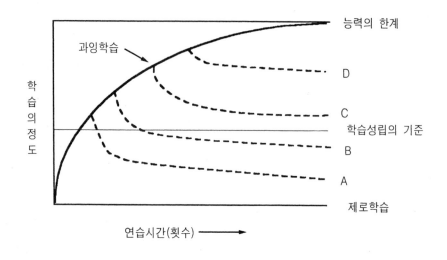

〈그림 19-2〉 과잉학습과 망각과의 관계
※ 그림에서 실선은 학습곡선이고, 점선 A,B,C,D는 과잉학습의 정도가 다른 망각 곡선이다.

실행할 수 있었던 경험을 갖게 되는 경우가 많다. 잔여효과는 다음과 같이 나타나게 된다.

① 성인보다는 발달과정에서 수용 능력적(受容 能力的)이고 유연한 청년기에 잘 나타난다.
② 연습자의 능력에 비하여 과제가 좀 어려운 경우가 많다.
③ 연습방법으로서는 집중법과 전습법을 사용했을 때 잘 나타난다.
〈그림 19-2〉에는 과잉학습과 망각과의 관계가 제시되어 있다.

4. 연습의 형태

연습의 방법으로는 학습과제 전체를 일시에 해내는 전습법(全習法)과 과제를 몇 가지의 부분으로 분류하여 일부분씩 연습하는 분습법(分習法)이 있다. 또한 어느 기간 집중적으로 연습하는 집중법(集中法)과 조금씩 휴식을 해가면서 연습하는 분산법(分散法)이 있으며 그 우열이 검토 비교되어 오고 있다.

1) 전습법(whole method)과 분습법(part method)

전습법은 수영을 하지 못하는 사람을 별안간 발이 닿지 않을 풀장에 넣어서 헤엄치게 한다든지 테니스의 초심자에게 처음부터 게임을 시키는 것과 같은 것으로, 초심자에 있어서는 과제가 너무 지나쳐 과제 해결의 실마리조차 잡을 수 없을 때가 있다. 그러나 어느 정도의 경험이 있고 준비상태가 정돈된 사람에 있어서는 어느 정도의 연습 후에는 과제전체를 간파할 수가 있으며 성취감이나 참여감을 갖게 하는 학습과정이다.

분습법은 오늘날 거의 모든 종목에서 초보자 지도에 사용하고 있는 방법으로 초보자에게는 과제의 난이도가 낮아 불안과 공포 좌절감을 갖게 되는 경우가 적다. 반면, 학습의 진도에 맞추어 과제의 단계를 병행시키지 않으면 과제가 너무 쉬워서 태만을 초래하거나, 갑자기 어렵게 생각하여 당황하기도 한다.

① **전습법**: 연습하고자 하는 운동과제를 처음부터 전체를 일괄해서 반복하는 방법을 말한다. 즉 개개의 기술을 종합하여 창출되는 다이나믹한 동작(최종 목표가 되는 동작)을 연습하는 방법이다. 상세한 동작의 지적은 하지 말고 전체적인 동작이 매끄럽게 이루어지도록 지도하는 것이 중요하다. 연습계획 속에서는 종합하여 행하는 경우가 많다.

〈표 19-1〉 전습법과 분습법을 선택할 때 고려해야 할 요인

	전 습 법	분 습 법
운동과제 측면	– 연속적으로 연결되는 부분 동작으로 구성되어 있을 때 – 단순할 때 – 부분적으로는 의미가 없을 때 – 동시에 수행될 수 있는 부분 동작으로 구성되어 있을 때	– 서로 독립적인 부분동작으로 구성되어 있을 때 – 매우 복잡할 때 – 개별적인 기술로 구성되어 있을 때 – 부분동작들이 각기 다른 역할을 할 때
학습자 측면	– 전체동작을 기억해 낼 수 있는 능력이 있을 때 – 장시간 주의집중을 할 수 있을 때 – 기술이 숙달되어 있을 때	– 기억능력에 한계가 있을 때 – 장시간 주의집중을 할 수 없을 때 – 특정한 부분동작의 학습에 어려움을 가지고 있을 때

자료: 강상조 외(2000). **코치론**. 서울: 도서출판 대한미디어. p. 292.

② **분습법**: 운동과제를 몇 개의 부분으로 나누어 각각을 반복 연습한 후 마지막
에 전체를 일괄해서 연습하는 방법이다. 예를 들면 수영의 경우, 발차기만을
하는 연습 등이 그것이다. 그것은 일부분에 의식을 집중시킴으로써 보다 빨
리 기술을 몸에 익히게 할 수가 있다. 잘못된 동작을 수정할 때도 효과적인
방법이다(萩裕美子 編著, 1996).

2) 집중법과 분산법

연습의 효과를 올리기 위해서는 연습의 량(量)이나 시간(時間)을 어떻게 배분할
것인가는 중요하다. 즉 연습은 휴식 없이 계속해서 하는 것이 효과적인가? 아니면
짧게 자주 연습하는 것이 효과적인가? 이 문제와 관련하여 제기된 연습방법이 집
중법(集中法)과 분산법(分散法)이다. 집중법(massed practice)이란 연습하는 동
안에 휴식을 거의 취하지 않고 어느 하나만 계속적으로 연습하는 방법이다. 이에
비해 분산법(distributed practice)은 연습하는 동안에 휴식을 적당히 취하거나 다
른 종류의 연습을 삽입하는 방법이다.

이와 같은 분류방법은 연습에 할당된 시간을 계속적인 하나의 단위로 하여 연습
할 것인가 아니면 몇 개의 작은 단위로 분할하여 연습할 것인가와 관계가 있다. 예
를 들어 할당된 연습시간이 2시간일 때 지도자는 이를 하루만에 연습하게 할 수도
있으며 4일 동안 매일 30분씩 연습하게 할 수도 있다. 전자의 연습계획을 집중법
이라 하고 후자의 연습계획을 분산법이라고 한다(강상조 외, 2000).

① 집중법은 연속연습 중의 연습효과는 정체(停滯)될 가능성이 있으나, 조건에
따라서 잔여효과가 생겨 다음 기회에 연습할 때 기능수준이 전회의 종료시보
다 내려가지 않을 때가 있다.

② 분산법은 피로가 적고 심적포화(心的飽化, 싫어지는 것)를 주지는 않으나 과
제의 동기부여가 높으면 집중법이 유리하다. 또한 분산법에서는 휴식 후 망
각에 따라서 파지(기억)가 떨어지는 것이 보통이다.

〈표 19-2〉 집중법과 분산법을 선택할 때 고려해야 할 요인

	분산법 (운동시간은 짧게 빈도는 자주)	집중법 (연습시간은 길게 빈도는 적게)
운동과제 측　면	· 단순하고 권태를 느끼게 하는 것 　일 때 · 강한 주의집중을 요구하는 것일 때 · 피로감을 주는 것일 때 · 세심한 주의력이 요구되는 것일 때	· 복잡한 것일 때 · 많은 부분동작들로 구성된 것일 때 · 준비운동을 필요로 하는 것일 때 · 선수가 처음 경험하는 과제일 때
학습자 측　면	· 어리고 미성숙할 때(과제를 충분 　히 해 낼만한 능력이 없을 때) · 주의가 산만할 때 · 주의집중력이 약할 때 · 쉽게 피로를 느낄 때	· 성숙한 사람일 때 · 오랫동안 주의를 집중할 수 있을 때 · 주의를 집중할 수 있는 능력을 갖 　추었을 때 · 빨리 지칠 때

자료: 강상조 외(2000). **코치론**. 서울: 도서출판 대한미디어. p. 287.

제  장

리더십과 커뮤니케이션

1. 커뮤니케이션의 의의

커뮤니케이션은(communication)은 일반적으로 의사전달이라고 번역되고 있으나 커뮤니케이션의 본질은 의사의 일방적 전달뿐만 아니라 의사의 상호소통까지도 포함하는 것이므로 때로는 의사소통이라고 불리어지기도 한다.

커뮤니케이션이란 원래 "공통"이나 "공유"의 뜻을 지닌 라틴어 "communis"에서 유래된 것으로, 광의(廣義)로는 사람과 사람, 사람과 기계, 기계와 기계 사이에서 이루어지는 정보의 이전과정을 말하나, 협의(狹義)로는 사람과 사람사이에 이루어지는 정보의 이전과정을 말한다. 인간이 사회적 집단을 형성하고 있을 때는 그 집단이 어떠한 것이든 그 내부에는 커뮤니케이션이 행해지며, 그것에 의해서 집단이 유지되는 것이다. 이것은 스포츠 조직이나 팀에서도 마찬가지이다.

또한, 커뮤니케이션에 있어서는 상호간의 공통적 이해가 중심이 되는 것이므로 앞에서 말한 바와 같이 의사의 일방적 전달만으로 커뮤니케이션이 끝나는 것이 아니라 수용자 또는 상대방이 커뮤니케이션을 행한 사람의 메시지를 이해했을 때 비로소 커뮤니케이션이 이루어졌다고 말할 수 있다.

1) 커뮤니케이션의 기능

조직에서 커뮤니케이션은 다음과 같은 기능을 한다. 첫째, 커뮤니케이션은 조직 구성원의 행동을 통제하는 역할을 한다. 커뮤니케이션은 조직 구성원이 해야 할 일을 명료하게 하고, 권한과 책임의 범위를 설정하며, 업무처리의 절차와 지침을 전달하여 그들의 행동을 통제하는 것이다. 둘째는 의사결정의 기초가 되는 정보를 제공하기 위한 것이다. 커뮤니케이션은 선택의 가치가 있는 여러 가지 대안을 파악하고 평가하는데 필요한 자료를 제공하여 의사결정이 원활히 이루어지게 한다. 셋째는 조직 구성원들의 동기유발을 촉진시키는 기능을 한다. 커뮤니케이션은 구성원들의 임무와 목표를 설정해 주고, 수행이 적절한지를 알려 주며, 성과를 확대하기 위해서 무엇이 요구되는지를 알려 준다. 또한 커뮤니케이션은 조직 구성원의 협동을 이끌어 내고 조직의 목표에 참여하도록 유도한다. 네 번째 기능은 느낀바를 표현하는 감정적인 것이다. 커뮤니케이션을 통해서 자신의 기쁨이나 만족감, 또는 고충을 표출하고 감정을 교환할 수 있다. <표 20-1>에는 커뮤니케이션의 기능이 제시되어 있다.

〈표 20-1〉 커뮤니케이션의 기능

기 능	지향	목 표	이론 및 연구초점
감정전달	감 정	조직역할의 수용증대	만족: 갈등의 해소 긴장완화: 역할정의
동기유발	영향력	조직목표에 헌신	권력·권한 복종: 강화의 기대 이론: 행위수정, 학습
정보전달	기술적	의사결정에 필요한 자료제공	의사결정, 정보처리, 통제수단
통제수단	구 조	의무·권한·책임의 명확화	조직설계

2) 커뮤니케이션의 효과성

커뮤니케이션의 효과성이란 한 사람이 다른 사람에게 어떤 의미를 전달할 때 전달받은 사람이 그 의미를 정확하게 이해하는 정도로 정의된다(Bass, 1990). 그러나 일반적으로 의사소통에서 기대하는 것은 송신자가 의도한 메시지가 수신자에 전달되어서 어떤 변화가 나타나는 것이며, 송신자가 수신자에게 일어나기를 바랐던 변화가 실제로 나타나는 것이다. 이를 성공적 커뮤니케이션이라 한다.

커뮤니케이션의 효과에는 세 가지 유형이 있다. 즉, 수신자의 지식의 변화, 태도의 변화, 그리고 외현적 행동의 변화가 그것이다. 항상 그런 것은 아니지만, 이러한 효과는 통상 순차적으로 일어난다. 예를 들면, 선수들이 새로부임한 코치의 훈련방침을 이해하면(지식의 변화), 훈련에 임하는 자세가 달라지고(태도의 변화), 이어서 정시에 운동장이나 체육관에 모여 훈련에 임하게 될 것이다(외현적 행동의 변화). 효과적인 커뮤니케이션 기술은 의도한 메시지가 정확히 전달되도록 정보를 주고 받는 능력을 포함한다. 그러므로 커뮤니케이션의 효과성은 커뮤니케이션 과정의 모든 단계들이 성공적으로 진행되어야 달성될 수 있다(신응섭 외, 2000).

2. 커뮤니케이션의 목적

커뮤니케이션은 세 가지 주된 목적을 가지고 있다. 즉 영향력 행사(to influence), 정보교환(to inform), 감정표현(to express feeling)이 그것이다(이강옥 외, 2001).

이 세 가지 목적은 각각 독립적으로 이루어지지 않고 메시지가 전달될 때 동시에 달성된다. 이를 자세히 설명하면 다음과 같다.

1) 영향력 행사

리더의 역할 중 하나는 선수들이 팀의 목표달성을 위해 영향력을 행사하는 것이다. 즉 리더가 선수들에게 무엇을 수행하여야 할 것인가를 말하는 것은 선수들에게 영향을 미치는 것이다.

2) 정보교환

리더는 종종 선수들이 필요로 하는 정보를 제공하고 선수들도 리더가 필요로 하는 정보를 제공한다. 이러한 정보들은 의사결정의 기초가 되며 선수들은 팀에서 발생한 정보를 믿고, 더 많은 정보를 원한다.

3) 감정표현

리더들은 그들의 감정을 언어적 방법이나 비언어적 방법으로 표현한다. 커뮤니케이션을 할 때 사람들은 인간관계에 대한 감정과 그에 대한 정보를 표출하기도 한다. 커뮤니케이션은 인간관계의 기본이다. 만약에 리더가 선수에 대한 기대와 목표를 그들이 달성하게 하려면, 선수와 효과적인 커뮤니케이션은 매우 중요하다. 또한 리더와 개인적인 커뮤니케이션은 선수생활에 대한 만족과 훈련몰입에 도움을 준다. 만약 관리자가 선수의 욕구충족을 도우려면 선수 스스로가 자신의 욕구가 무엇인지를 찾도록 유도해야 한다. 스포츠 상황은 기업의 조직이나 일반 단체보다도 커뮤니케이션이 활발하게 일어나고 항상 리더와 선수가 대면하고 몸을 부딪치면서 수행이 진행되는 과정이다. 따라서 리더의 효율적인 커뮤니케이션 기법은 더욱 중요하다고 할 수 있다.

3. 커뮤니케이션의 과정

커뮤니케이션의 과정은 송신자(source 또는 sender), 부호화(encoding), 메시지(message), 경로(channel), 해독(decoding), 수신자(receiver), 그리고 피드백
(feedback)의 요소로 구성된다. <그림 20-1>에는 커뮤니케이션이 일어나는 연
쇄적인 과정들과 구성요소들을 나타내는 가상적 모형이 제시되어 있다.

① **송신자(source or sender)** : 송신자는 커뮤니케이션에서 전달하려는 내용의
근원이다. 송신자는 개인일 수도 있고 기관일 수도 있다. 커뮤니케이션은 송
신자가 어떤 사람에게 전달이 필요하다고 느끼는 것, 즉 의도한 의미(생각,
아이디어, 정보 등)에서 시작된다.

② **부호화(encoding)** : 송신자가 의도한 의미를 수신자에게 전달하기 위해서는,
먼저 이를 수신자가 이해할 수 있는 방식으로 부호화해야 한다. 이러한 과정
을 부호화라고 한다. 부호화의 대표적인 예로 구어(spoken language)나 문
어(written language) 또는 몸짓(body language)을 들 수 있다. 이러한 부
호에는 사전에 약속된 부호가 있을 수도 있고 전혀 없을 수도 있다. 예를 들
면, 코치의 "멀었어!"라는 말은 물리적인 거리를 말하는 것이 아니라 운동
성과가 코치의 기대수준에 못 미쳤다는 의미로 전달된다.

③ **매체를 통한 전송(transmission through media channel)** : 매체는 메시지
를 송신자에게서 수신자에게로 전달하는 물리적 수단을 말한다. 대면(對面)
대화를 통해 의사소통을 할 경우는 음성 및 시각 자극이 매체이다. 그밖에 전
화, 문서, 편지, 컴퓨터 통신망, TV 시그널, 라디오, 신문, 서적 등을 이용하
여 전달된다. 어떤 매체가 이용되든지 부호화된 메시지 전송의 목표는 전달
하고자 하는 메시지를 수신자에게 정확하게 전달하는 것이다.

④ **해독(decoding)** : 수신자가 메시지를 받으면 부호를 해독하여 그 의미를 지
각한다. 해독작업이 정확하게 이루어진다면 아이디어는 송신자가 의도한 대
로 전해질 것이다.

⑤ **피드백(feedback)** : 메시지가 해독된 후 수신자는 메시지를 송신자에게 다
시 전달한다. 이를 피드백이라 하는데, 송신자는 피드백을 통하여 의도한 의
미가 수신자에게 정확하게 해석되고 이해되었는지를 확인할 수 있다. 또한
전달된 피드백은 송신자에게 다른 아이디어를 떠오르게 하므로 또 다시 커뮤
니케이션의 과정이 시작될 수 있다.

또한 잡음(noise)은 커뮤니케이션 과정에서 발생하는 의미의 왜곡, 혼란, 또는
단절을 말한다. 커뮤니케이션 과정을 자세히 살펴보면, 여러 단계에서 잡음이 발생

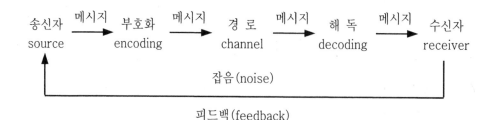

<그림 20-1> 커뮤니케이션의 가상적 모형

자료: 이강옥 외(2001). **21c 리더십의 새로운 패러다임**. 서울: 무역경영사. p. 288.

하기 때문에 이러한 잡음의 통제와 제거가 효과적인 커뮤니케이션의 선행요건이
된다.

4. 커뮤니케이션의 장애요인

> **송신자와 수신자의 차이점**
>
> 맹 구: 오늘은 광복절이다 태극기 달았나?
> 사오정: 복날에 태극기도 다는구나… 난 개나 잡아 먹는 줄 알았지.
> 맹 구: 그 복날이 아니라 우리 나라가 해방된 날이다.
> 사오정: 우리 나라가 해병대를 세운 날이라고? 오~
> 맹 구: 그게 아니라 일본에게서 벗어난 날이다.
> 사오정: 일본 옷을 벗은 날이라고 음 전부 알몸?
> 맹 구: 말도 안돼는 소리말아라… 제2의 건국에 대해 어떻게 생각하는가?
> 사오정: 제2의 건빵? 새로 나온 건빵인가? 어디서 팔지?
> 맹 구: 그게 아니라 대통령이 한 말이다.
> 사오정: 대통령이 건빵을 판다고?
>
> ※ 두 사람의 대화 중에서 누가 더 바보인가?
>   송신자인 맹구인가? 아니면 수신자인 사오정인가?

리더가 커뮤니케이션을 성공적으로 하기 위해서는 커뮤니케이션 과정에서 대인
관계를 이해하여야 한다. 흔히 우리는 어떤 메시지를 어떻게 보낼까 하는 데에는
관심을 기울이지만 그 메시지가 어떻게 수신되었느냐 하는 데에는 소홀히 한다.

송신자가 의도한 의미를 수신자가 정확히 이해하지 않고는 커뮤니케이션이 이루어졌다고 할 수 없다.

커뮤니케이션 과정에서 의미의 왜곡, 즉 송신자가 의도한 의미와 수신자가 지각한 의미 사이에 차이가 발생하는 가장 큰 이유는 구조적 요인과 과정적 요인 그리고 송신자와 수신자의 차이점으로 크게 분류할 수 있다.

1) 구조적 요인

구조적 요인에서 오는 장애요인은 첫째, 계층제(hierarchy)로서, 계층제는 성질상 하부 구성원들로 하여금 어떤 의미에서 상부에 잘 보이려는 동기를 갖게 된다. 따라서 많은 사람이 일이 잘 되어 가는 것 같이 보이게 하고 안전위주로 행동하려는 욕구를 가지게 된다. 또한 상부층에서는 하부층이 제공하는 정보를 듣기 싫어하거나 또는 듣지 않을 권리를 가지고 있기 때문에 아무리 그 정보내용이 옳은 것이라고 해도 심리적으로 무시하려는 경향이 있을 수 있다. 둘째, 전문화(specialization)는 각 부서 또는 팀별로 경쟁관계에 놓이게 되는 경우가 있기 때문에 정보가 왜곡되거나 단절되게 된다. 전문가는 일반적으로 그 방면의 전문지식에 기초한 선입견이 있어, 왜곡되고 무관한 정보를 만드는 경우도 있다. 셋째, 집권화(centralization)는 조직의 상부층에 정보활동이 집결되어 있기 때문에 너무 적은 수의 전문가와 인원이 너무 적은 양의 유관한 정보를 갖게 되어 실정에 어둡게 된다. 또한 의사전달체계가 복잡한 구조과정을 거친 집권화에서는 정보전달의 적시성을 상실하게 되어 정보를 왜곡하게 된다.

2) 과정적 요인

커뮤니케이션에 대한 기회의 부족, 메시지의 저의에 대한 상이한 추정, 애매모호한 어구, 잘못 표현된 메시지, 전달상의 손실과 기억력의 한계, 소극적인 청취와 선입견, 불신·위협 및 불안, 변화를 위한 조정기간의 부족 등은 커뮤니케이션의 장애요인으로 작용한다(오일영, 1999).

① **커뮤니케이션 기회의 부족** : 좋은 커뮤니케이션이란 우연히 이루어지는 것이 아니다. 흔히 사람들은 사전에 커뮤니케이션에 대한 신중한 생각과 계획도

없이 쓰고 말하는 경우가 많다. 그러나 이해를 촉진시키며 변화에 대한 저항을 감소시키기 위해서는 메시지에 대한 정당성을 부여하고 최적의 통로를 선택하여 적절한 시기를 선택할 필요가 있다.

② **메시지 저의에 대한 상이한 추정** : 메시지의 속뜻은 정확하게 전달되기 어렵다. 사실 송신자가 가지고 있는 메시지의 저의에 대한 추정과 수용자가 갖는 추정이 서로 다를 수 있다. 이와 같이 양자간에 메시지의 저의에 대한 추정이 다른 경우에는 커뮤니케이션에 혼란을 초래할 가능성이 있다.

③ **어구의 애매모호성** : 애매모호한 어구는 커뮤니케이션을 방해하는 요인이 된다. 이것은 고의적일 수도 있고 자연적일 수도 있다. '물가를 안정시킨다'거나 '물가상승을 억제한다' 는 말은 사실상 애매하다. 즉 어떤 수준에서 물가를 안정시키며 언제까지 얼마만큼 억제한다는 것인가? 이에 대한 대답은 다양할 것이다. '정부의 개입' 이란 어구가 어떤 사람에게는 간섭적인 (interference) 것으로 받아들여질 수도 있고 반면에 다른 사람들에게는 사회평등과 정의를 실현하는 수단으로 받아들여질 수도 있다.

④ **메시지의 부적절성** : 커뮤니케이션의 송신자가 가지고 있는 마음 속의 생각이 아무리 명료하다고 하더라도 그 표현이 반드시 명료하다고 볼 수 없다. 즉 그 표현은 부적절한 용어의 사용, 생략, 통일성의 부족, 생각의 부적합한 구성, 어색한 문장구조, 진부성, 불필요한 전문용어 등에 의해서 오해를 불러일으키는 경우가 있다. 명료성과 정확성을 지닌 사상의 표현은 메시지의 기호화에 대해서 보다 신중을 기할 때 가능한 것이다.

⑤ **전달상의 손실과 기억력의 한계** : 메시지는 한 사람으로부터 다음 사람에게로 계속 전달하는 과정에서 점차적으로 그 정확성이 감소되는 경우가 있다. 동일한 메시지를 전달하기 위해 복수의 매체를 사용하는 것은 이러한 장애요인을 극복하기 위한 것이라 하겠다. 정보에 대한 사람의 기억력의 한계도 또 하나의 중대한 문제이다. 인간의 기억력에 한계가 있다는 것은 메시지에 대한 반복과 보다 명백한 복수의 매체사용이 필요하다는 것을 입증한다.

⑥ **소극적 청취와 선입견** : 말을 잘하는 사람은 많다. 그러나 청취를 잘하는 사람은 그렇게 많지 않다. 사람들 중에는 논제와는 관계가 없는 내용을 가지고 토론에 참여하고 있는 사람들이 있다. 그들은 남의 말을 청취하기보다는 그들 자신의 문제, 예컨대 자신들의 이익만을 취하려고 한다거나 다른 사람들에게 좋은 인상을 주려고 하는 것 등만을 생각하는 사람들이다.

청취는 많은 주의와 자기훈련을 필요로 한다. 그것은 또한 선입견을 가지고 타인의 주장에 대한 시기상조적 평가를 해서는 안 된다는 것을 의미하기도 한다. 일반적으로 사람들은 말하는 사람을 이해하려고 하기보다는 말 그 자체만을 판단하고 찬성 또는 반대하는 경향이 있다. 조직생활에서 일상적으로 일어나기 쉬운 혼란을 감소시키고 보다 좋은 커뮤니케이션을 가져오기 위해서는 감정이입적(感情移入的) 청취(listening with empathy)내지 역지사지적(易地思之的) 청취(projective listening)가 필요하다.

⑦ **불신·위협 및 불안** : 불신과 위협 및 불안은 커뮤니케이션의 근본을 저해하는 요소들이다. 이러한 분위기에서는 메시지가 회의적으로 받아들여지게 된다. 불신은 송신자의 비일시적 형태에서 비롯된다. 한편 실제적이든 또는 암시적이든 위협과 불안의 상태하에서는 사람들이 엄격한 긴장감에 사로잡히게 되고 방어적인 태도를 갖게 되며 정보를 곡해하게 된다. 개방적이고 정직한 커뮤니케이션을 촉진시키기 위해서는 신뢰분위기 조성이 절대적으로 필요하다.

⑧ **변화조정기간의 부정** : 커뮤니케이션의 과정에서 본 바와 같이 커뮤니케이션의 목적은 바람직한 방향으로의 변화를 가져오는데 있다. 그러나 변화란 사람에 따라 서로 다른 방법과 과정을 통해서 이루어지는 것이며 또한 그것은 메시지에 대한 의미를 충분히 소화시킨 연후에 이루어지는 것이므로 어느 정도의 시간이 필요하다. 사람들이 메시지의 의미를 충분히 자기 것으로 소화시키기도 전에 성급하게 변화를 강요해서는 안 된다.

3) 송신자와 수신자의 차이

두 사람이 세상을 정확히 동일한 방식으로 이해하는 경우는 거의 없다. 우리의 지각은 각자에게 독특한 것이며 실존적 경험의 총체를 반영한다. 다시 말하면, 사람들이 보고 듣는 것은 그들 자신의 경험 영역 내에 있는 것이다. 송신자는 자신의 생각이나 아이디어를 표현하는 메시지를 구성하기 위해 부호를 선택하기 때문이다. 이 때 송신자는 수신자가 부호에 담긴 의미를 받아서 자신이 의도한 것과 동일한 의미로 해석할 것이라고 가정한다. 그러나 실제로는 송신자와 수신자의 경험과 배경의 차이로 인하여 의도한 메시지와 지각한 메시지가 일치하는 경우는 매우 드물다.

송신자와 수신자 사이에 특별히 커뮤니케이션을 어렵게 하는 차이점은 아래와 같이 나눌 수 있다(Ivancevich, Szilagyi & Wallace, 1977).

① **자아 정체감의 차이** : 사람들이 자신을 인식하는 방식에는 차이가 있으며, 이는 커뮤니케이션에 중요한 영향을 미친다. 성취 욕구가 강한 리더는 부하에게 메시지를 보낼 때 부하가 그 메시지를 진지하게 받을 것으로 가정한다. 왜냐하면 그 메시지가 도전의식을 자극하리라고 생각하기 때문이다. 그러나 이 경우 부하가 성취 욕구가 낮은 사람이라면 그는 이 메시지를 부담스럽게 받아들여 부정적으로 반응함으로써, 결과적으로 커뮤니케이션은 실패하게 된다.

② **역할 인식의 차이** : 송신자와 수신자가 자신의 역할을 지각하는 방식의 차이도 커뮤니케이션에 복잡한 영향을 미친다. 예를 들어, 리더는 자기가 생각하기에 부하의 책임이라고 여기는 어떤 임무를 수행하라고 요구하는 메시지를 보냈다고 하자. 그러나 자신의 역할을 다르게 인식하고 있는 부하는 상관의 요구가 자신의 책임 범위를 벗어나는 것이라고 생각할 수 있다. 이와 같이, 사람들 사이의 역할 인식의 차이는 전혀 예상치 못한 커뮤니케이션의 문제를 야기할 수 있다.

③ **가치관의 차이** : 송신자와 수신자 사이의 가치관의 차이로 인하여 동일한 의미가 다르게 해석될 수 있다. 사람들은 조직과 일에 부여하는 의미도 다르고 조직에 대한 충성도도 다르다. 만약 리더가 부하의 가치관이 자신과 같을 것으로 가정한다면 커뮤니케이션은 실패할 것이다. 근래에 들어서 급격해진 세대차로 인해 리더십에서도 이른바 '신세대'에 대한 관심이 증대되고 있다.

④ **기분의 차이** : 송신자와 수신자 사이의 기분의 차이가 의미를 왜곡시킬 수 있다. 스트레스가 심한 상태에 있는 송신자가 심각하게 보낸 메시지를 스트레스가 없는 이완된 상태에 있는 수신자는 가볍게 받아들일 수 있다. 즉, 우선적으로 처리되기를 바라는 메시지가 일상적인 것으로 처리될 수 있다.

⑤ **동기의 차이** : 송신자와 수신자 사이의 동기의 차이로 인하여 동일한 의미에 다르게 반응함으로써 커뮤니케이션이 실패할 수도 있다 예를 들어, 중간 계층에 있는 리더가 상위계층의 리더로부터 압력을 느껴서 자신의 부하에게 어떤 방향으로 따르도록 요구할 수 있다. 그러나 그 부하는 조직의 압력은 무시하고 적극성을 보이지 않을 수도 있는 것이다.

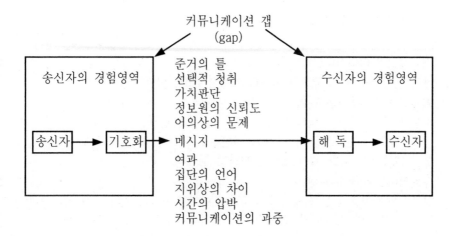

<그림 20-2> 효과적 커뮤니케이션의 장애요인

자료: 이강옥 외(2001). **21c 리더십의 새로운 패러다임**. 서울: 무역경영사. p. 289.

한편, 이외에도 효과적인 커뮤니케이션의 장애요인으로는 <그림 20-2>와 같이 송신자의 경험영역과 수신자의 경험영역의 사이에 존재하는 여러 가지 요인들을 들 수 있다.

5. 스포츠 상황에서 효과적인 메시지 전달

스포츠 상황에서 교사나 코치들의 효과적인 커뮤니케이션은 매우 중요하다. 따라서 스포츠 지도자들이 메시지 전달 기법을 이해하고 습득하여야 한다. 왜냐하면 스포츠 상황에서의 커뮤니케이션은 일반 조직에서 발생하는 문서에 의한 메시지 또는 전자방식을 이용한 매체보다는 대면관계에서 언어적, 비언어적 커뮤니케이션이 주종을 이루기 때문이다.

1) 언어적 메시지

언어적 메시지들은 분명하게 전하고 정확하게 받고 해석되어야 한다. 커뮤니케이션에서의 실패는 해석을 잘못하고 받아들여서 발생하는 것이 아니라 비효과적으

〈표 20-2〉 언어적 메시지를 효과적으로 나타내기 위한 안내

1. 직설적으로 이야기하라.
   상대의 기분이 좋고, 충고가 아니라면 직설적으로 이야기하라.

2. 자신의 메시지를 나타내라.
   자신의 메시지를 나타낼 때 "우리"라든가 "우리 팀"이라고 말하기보다는 "나" 혹은 "나의"라는 말을 해라. 내가 전달하고자 하는 말을 나타내기 위해 남을 끌어들이는 것은 자신의 비겁함을 타나낼 뿐이다.

3. 구체적이고 완전하게 해라.
   당신의 메시지를 듣는 사람들이 충분하게 이해할 필요가 있다는 사실을 알게 해라. 논리의 비약, 인정되지 않은 가정들, 표현되지 않은 의도 등을 조심해야 한다.

4. 일관성 있고 분명하게, 그러나 이중적 메시지를 주는 것을 피하라.
   "난 너와 경기하고 싶은데, 이 경기가 너에게 좋은지 모르겠다. 내가 생각하기엔 너는 훌륭한 선수야 그러나 너는 인내심이 필요요". 이것은 반대와 찬성을 동시에 말하는 이중적인 대화의 예이다. 이러한 대화는 상대방에게 상처를 입히거나 혼란을 일으킬 뿐이다. 이중적 메시지는 대립되는 의미를 전달함과 동시에 전달하는 사람이 직접적이기를 두려워할 때 보내는 메시지 전달 방법이다.

5. 요구와 감정을 분명하게 말하라.
   사람은 사회적 통념상 자신의 감정을 있는 그대로 표현하는 사람들에 대해 난색을 보이기 때문에 자신의 감정이나 욕구를 숨기려는 편이다. 그러나 만약 누군가와 좀더 친하게 지내고 싶다면 당신의 감정을 나타낼 필요가 있다.

6. 한 번에 한 가지 일에만 관심을 갖어라.
   특별한 기술을 어떻게 행하는가에 대해 설명하다가 갑자기 왜 연습을 잘 해오지 못했느냐 하고 불평하는 것으로 화제를 바꾸어 본 적이 있는가? 말하기 전에 당신의 생각들을 잘 정리하라. 동강난 메시지는 제대로 전달되지 않는다.

7. 메시지를 즉시 전달하라.
   당신을 기분 나쁘게 만드는 것, 바꾸어야겠다고 하는 어떤 것이 있다면 지체하지 말아라. 이것을 계속해서 떠 안고 있으면 나중에 큰 문제가 될 수 있다. 즉각적인 반응은 지체된 반응보다 피드백을 주기가 쉽다.

8. 당신의 메시지에 복안을 나타내지 말아라.
   이것은 메시지를 말한 목적이 진짜의 목적과 다르다는 것을 뜻한다. 생각을 감춘다든지 의도를 가장함으로써 인간관계가 깨어질 수 있다.

9. 지지자가 되어라.
   다른 사람이 너의 말을 듣기를 원한다면 위협, 빈정거림, 부정적 비교판단으로 말하지 말아라. 결국에는 그 사람이 너와 말하기를 피한다거나 당신이 얘기할 때 주의를 집중하지 않을 것이다. 당신의 축적된 메시지들은 지지를 필요로 한다.

10. 비언어적 메시지로 일관성을 유지하라.

당신은 선수들에게 실수를 해도 괜찮다고 말할 수도 있다. 그러나 당신의 움직임과 얼굴 표정이 말과 모순될지도 모른다. 갈등을 만드는 메시지는 선수들을 혼란하게 하여 앞으로의 의사소통에 방해가 된다.

11. 되풀이하여 강조하라.

당신의 메시지를 반복해라. 당신의 메시지가 무엇인가를 강조하기 위해 사용할 때는 요점을 되풀이하라. 너무 지나치게 반복하지 말라. 다른 사람들이 귀를 안 기울일 수도 있다. 또한 부차적인 의사소통 방법으로써 당신의 메시지를 보강할 수도 있다. 예를 들면 어떤 기술을 설명할 때 사진이나 비디오 테이프를 보면서 할 수도 있다.

12. 듣는 사람의 수준에 맞게 메시지를 전해라.

애기를 듣는 사람의 경험에 맞게 메시지를 적당히 맞춘다면 당신의 메시지가 훨씬 더 잘 받아들여질 것이다. 예를 들면, 어린 선수들에게 복합적인 용어로 말하면 곤란하다. 그들에겐 당신의 말을 이해할 만한 어휘력이 부족하다. 즉, 눈높이 교육을 실시하라는 이야기이다.

13. 당신의 메시지가 정확히 이해되었는지 피드백을 주어라.

당신의 의도대로 메시지가 전달되고 이해하고 있는지를 상대방에게 언어적 및 비언어적 신호를 보내보아라. 만약 메시지가 주어지지 않았다면 다음과 같은 피드백을 주어라. "민철, 내가 무엇을 말했는지 이해하겠니?" 등.

14. 이름을 불러 주어라.

숨가쁘게 돌아가는 경기상황이라도 "야! 16번"보다는 "민철"이라고 이름을 불러라. 특히 건강·스포츠 현장에서는 '아주머니'보다는 분명하게 이름을 부르면 교감이 발생하여 효과적인 커뮤니케이션이 발생한다.

자료: 이순천 외(1998). **스포츠 운동심리학의 기초**. 서울: 도서출판 금광. p. 242-243. 수정·보완.

로 전하기 때문에 발생하는 것이다. <표 20-2>에는 언어적 메시지들을 효과적으로 전하기 위한 안내가 제시되어 있다.

2) 비언어적 메시지

축구경기가 한창일 때 벤치에서 코치가 주먹을 불끈 쥐고 선수를 향하여 흔든다면 무슨 뜻일까? 이러한 비언어적 메시지는 여러 가지 뜻으로 해석된다. 그 선수가 실수하여 경기를 엉망으로 만들었다면, 경기 후 그 선수에 대하여 책임을 묻겠다든지 또는 처벌에 대한 암시를 하는 것이다. 아니면 그 선수가 훌륭한 플레이로 득점과 연결시켰다면, 칭찬하거나 자신감을 향상시키기 위한 메시지로 선수는 해석하게 될 것이다. 이렇듯 스포츠 상황에서 비언어적 커뮤니케이션이 빈번하게 발생한다.

하지만 비언어적 메시지가 송신자나 수신자 사이에 강한 단서를 제공하지만, 정확한 판단을 내리는데 혼란이 일어날 수 있으므로 사용하는데 있어서 각별한 주의가 요구되며, 전후의 문맥관계를 정확하게 판단하여 해석할 필요가 있다.

이러한 비언어적 메시지 또는 바디 랭귀지(body language)라고 부르는 커뮤니케이션에는 다음과 같이 5개의 종류로 분류된다(구해모, 2001).

① **몸짓** : 제스처(gesture)들과 손이나 머리, 발, 온몸의 움직임을 포함한다. 고개를 갸우뚱하거나 이마를 찌푸리거나 눈을 움직이거나 하는 것은 계속 진행되는 상호작용의 맥락에서 상당한 정도의 커뮤니케이션을 수행한다.

② **신체적 특징** : 체격, 매력, 키, 몸무게, 체취, 그 밖의 것들. 예를 들어, 지도자 자신의 신체적인 상태는 지도자가 신체적 건강과 체력에 어느 정도 중요성을 두는지에 대해 이야기해 준다. 단지 젊은 사람들뿐 아니라 전 생애에 걸친 모든 사람들에게 그렇다.

③ **터치 행위** : 등 두드려주기, 손잡아주기, 선수의 어깨에 팔 얹기 등. 긍정적인 강화의 뜻을 담은 적절한 비언어적인 터치 행위들이다.

④ **목소리 특징** : 음색의 특징으로서 말의 빠르기, 높이, 리듬, 억양 등. 종종 무엇을 말하느냐가 아니라 어떻게 말하느냐가 우리의 진짜 메시지를 전달하는 경우가 있다. 예를 들어, "지성, 오늘은 정말 멋진 게임을 했어." 라는 말을 승인의 눈빛과 진실로 그렇다고 믿는 음색으로 말한다면 진실한 것으로 들린다. 비웃음 어조로 말한다면 비평적으로 들릴 수 있다.

⑤ **몸의 위치** : 지도자와 다른 사람들 사이의 공간적 간격과 당신 몸의 상대적 위치 등도 비언적 메시지이다. 예를 들면, '등을 돌리는 자세' 는 어떤 사람과 애기하기를 원하지 않는다는 의미를 전한다.

한편, 아래에는 비언어적 메시지를 전달할 때 주의할 사항들이 있다.

① 말 한마디에 여러 번 손을 흔들지 말라(리더로서 경박한 인상을 준다).

② 손짓은 어깨 위까지 올라가는 동작을 하지 말라(지나친 과장을 하는 것 같아 신빙성이 없어 보인다).

③ 발을 구르거나 흔들지 말라(침착성이 없는 인상을 준다).

④ 턱을 너무 내밀지도 당기지도 말라(턱을 내밀면 거만하고 콧대가 센 인상을 주며 턱을 너무 당기면 딱딱하고 긴장감을 준다).

⑤ 심판이나 임원 앞에서 머리를 자주 긁적거리거나 지나치게 굽실거리지 말라 (선수들에게 비굴한 인상을 준다).

⑥ 선수들 앞에서 눈을 비비거나 코를 만지지 말라(더러워 보이며 품위 없는 행동이다).

⑦ 부질없이 머리를 흔들지 말라(경박스러워 보이며 자신이 없어 보인다).

6. 유용한 정보 보내기

어떤 지도자들은 그들을 상징하는 호루라기나 모자, 또는 '코치'라는 호칭이 그들을 마치 재판관과 같은 존재로 만들어준다고 생각한다. 그런 사람들은 끊임없이 선수들을 판단하고 대부분 선수들이 잘못 했다고 지적한다. 하지만 단지 운동선수들에게만 잘못이 있다고 말하는 것은 바람직하지 않다. 선수들은 어떻게 수정할 수 있는지에 대한 보다 구체적인 정보를 원한다. 성공적인 코치들은 재판관이 아니다. 그들은 노련한 선생님이 되어야 한다.

지도자가 재판관이 되는 것은 위험하다. 이와 같이 코치가 재판관이라고 생각하는 것은 그가 언제나 무엇이 최고이고 아닌지, 맞고 틀린지를 모두 안다고 가정하는 것이기 때문이다. 판단하는 코치들은 맞고 틀린 것을 너무 자주 규정하지만, 나중엔 그들 자신이 틀렸다는 것을 알게 된다.

스포츠에서는 시합을 통해서 선수들의 기술이 충분히 평가되는 것이라는 사실을 기억하여야 한다. 운동선수들은 대부분 자신이 플레이를 잘못 했음을 스스로 느낀다. 공을 자기 다리사이로 빠뜨려서 결승점을 허용했을 때, 자신이 실수했다는 것을 굳이 지적 받아야 할 필요가 있을까? 아마도 선수들 대부분은 자신의 실수를 스스로 느낄 수 있을 것이다. 운동선수들에게도 실수를 허용할 수 있는 여유가 필요하다. 그것도 배움의 일부이기 때문이다. 운동선수들이 무엇이 옳고 그른지 알지 못한다는 것이 확실할 때, 평가하고 판단하라. 만약 행위가 좋았다면, 그것으로 칭찬하고 어떤 점이 좋았는지 설명하라. 만약 잘못되었다면, 그들이 어떻게 개선할 수 있을 지에 대한 구체적인 지침을 베풀어야 한다.

앞부분의 국내외 스포츠 지도자의 리더십에서 살펴보았듯이 UCLA 농구팀의 전설적인 감독이 이었던 존 우든(John Wooden)을 두 명의 심리학자가 그가 선수들을 훈련시킬 때의 언어적인 커뮤니케이션을 전부 기록했다. 우든의 메시지의 거의 75%가 선수들에게 구체적인 지침을 준 것이었다. 그의 메시지의 나머지는 12%가 재촉하는 것, 7%는 칭찬, 6%는 꾸지람이었다.

또 다른 연구는 세부적인 지시를 하는 리틀 야구단의 코치들이 다른 일반적인 격려를 해준 코치들보다 선수들로부터 긍정적인 평가를 받았음을 보여준다. 이러한 현상은 특히 자기존중심이 낮은 선수들에게 더욱 두드러진다. 젊은이들은 스포츠 기술을 배우기를 간절히 원하기 때문에 그들은 자신들을 도와준 것에 대해 지도자를 존경하게 될 뿐 아니라, 자기 자신도 존중할 수 있게 된다. 여기에 더욱 중요한 사실의 하나는 선수 개인을 평가하지 말고 대신 그 행위를 평가하라는 것이다. 전술적인 실수를 한 선수에게 "남일, 어떻게 된 것 아냐?"라고 말하기보다는 "남일, 그렇게 하는 건 좋지 않은 결정이야."라고 단지 그 행위의 잘못에 대해서만 언급하는 것이 훨씬 효과적이다.

7. 지도자가 기억해야할 주요사항

지도자의 효과적인 커뮤니케이션 노력에 대하여 앞에서 설명했지만, 꼭 기억해야할 주요 사항을 정리하면 다음과 같다.

① 효과적인 커뮤니케이션을 위해서는 선수들과 신뢰를 갖는 것이 필수적이라는 점.

② 선수들과 협조적인 스타일의 코치가 됨으로써, 스포츠에 대해 많은 지식을 가짐으로써, 공정하고 일관성 있는 태도를 가짐으로써, 친절하고 활동적으로 됨으로써, 그리고 선수들에 대해 긍정적인 접근을 취함으로써 당신의 신뢰를 쌓아가고 유지할 수 있다는 점.

③ 선수들에 대해 긍정적인 접근을 취함으로써 당신은 바람직하지 못한 행동을 제거하기 위해 벌을 주는 것에 의지하기보다는 바람직한 행동을 강화시키기

위해 칭찬이나 보상을 강조하게 된다는 점.

④ 당신은 선수들을 판단만 하기보다는 스포츠 기술을 잘 수행하기 위해 어떻게 해야 하는지에 대한 세부적이고 구체적인 지시를 제시해야 한다는 점.

⑤ 당신의 커뮤니케이션을 가능하면 일관성 있게 유지하여, 선수들을 혼란스럽게 만드는 경우나 선수들과의 신뢰를 저하시키는 경우들을 피하도록 해야 한다는 점.

⑥ 혼자서만 말하지 말고 선수들이 말하고자 하는 것이 중요하다는 인식을 함으로써 당신의 듣는 기술을 향상시키도록 해야 한다는 점.

⑦ 선수들이 말하는 것을 잘 듣고 이해하고 있다는 것을 선수들에 표현하고 전달하는 것은 당신이 적극적으로 청취하는 기술을 사용하는 것을 의미한다는 점.

⑧ 몸 동작과 몸의 위치, 상대를 터치하는 행동들, 그리고 목소리 특징 등과 같은 비언어적인 의사소통 기술들을 숙달시키는 것은 코치 역할을 수행하는데 매우 중요하다는 점.

⑨ 선수들은 코치인 당신을 자신이 어떻게 행동해야 하는지에 대한 모범으로 생각하기 때문에 당신의 모든 행동은 잠재적으로 중요한 비언어적인 메시지를 전달한다는 점(Martens, 1990).

제 21 장

리더십과 집단

1. 집단의 개념
2. 스포츠집단의 정의
3. 집단형성의 원인
4. 집단의 유형
5. 집단의 발달단계
6. 집단의 구조
7. 응집력

1. 집단의 개념

집단에 대한 정의는 매우 다양하다. 이것은 개개인이 보는 관점의 차이에서 일어나는 현상이다. 예를 들면 축구 동호인 팀, 배드민턴 교실, 학교의 댄스 스포츠 동아리 등을 집단이라고 생각할 것이다. 그러나 잠실야구장에 모인 관중들을 집단이라고 할 수는 없다.

1) 집단의 정의

위의 야구장에 모인 관중들처럼 단순한 사람들의 집합을 모두 집단이라고 하지는 않는다. 일반적으로 집단이란 어떤 공동목표를 달성하기 위하여 두 사람 이상이 서로 의지하고 상호작용을 하면서 업무를 수행하는 모임을 가르키며, 개인과 조직체를 연결시켜 한편으로는 개인행동에 영향을 주고 또 한편으로는 조직체에 영향을 준다. 이와 같은 집단의 정의를 살펴보면 다음과 같다.

① 집단이란 직접적인 대면(對面, face-to-face)을 통해 상호작용하는 사람들로 구성된 모임으로서, 구성원 사이의 상호 인지와 동질성을 강조한다.
② 집단은 조직과 마찬가지로 어떤 공통된 목적을 달성하기 위한 사람들의 모임을 말한다. 즉 집단의 목적을 강조하고 있다. 집단의 목표는 조직의 목표보다도 더욱 구체적이고 실질적이며 명확해야 한다는 점에 그 특징이 있다.
③ 집단이란 상호관계를 통하여 사회적, 경제적, 그리고 신체·정신적 욕구를 만족시키려는 사람들로 구성된 모임으로서, 집단구성원의 동기와 욕구 충족을 강조한다.
④ 공통의 목적을 중심으로 일어나는 상호의존관계에서 구두나 문서 또는 직접적인 접촉을 통해 상호 작용하는 사람들의 모임으로서, 집단구성원의 상호의존관계를 강조한다.
⑤ 집단이란 공식조직에서 하나의 부서를 의미할 수도 있지만 조직행동에서는 구성원들이 자신의 목적을 중심으로 자신들의 상호작용과 정체성 개념(正體性 槪念)에 토대를 둔 자생적인 비공식집단을 더욱 중요시한다. 다시 말해서 조직의 비공식적인 집단의 행동을 유도하여 공식조직의 목적과 구조에 적합하도록 하는 데 관심이 있다.

이처럼 집단은 목적, 동기와 욕구만족, 상호작용과 상호의존성 등의 개념을 포함하는 의미로 설명될 수 있다.

2) 집단과 조직의 차이

사람이 여러 집단에 속해 있는 것처럼 또한 많은 조직들(organizations)에도 속해 있다. 하지만, 집단과 조직이 같은 것은 아니다(물론 집단이 조직 안에 존재할 수 있다). 조직은 규모가 커서 대다수의 구성원이 서로를 모를 수 있다. 이 경우 구성원 사이의 상호작용과 상호간에 미치는 영향이 상대적으로 적다. 조직은 개개인의 감정에 영향을 미치기에는 너무 규모가 크고 개인의 감정을 나타내지 아니하는 반면, 집단은 감정과 개인에 대한 이미지에 영향을 미칠 만큼 규모가 작은 것이다. 사람들은 자기가 속한 조직보다는 자신이 속한 집단에 더 일체감을 느끼는 경향이 있다. 즉, 사람들은 그들이 속한 집단에 심리적으로 더 큰 관심을 기울인다.

또한 조직은 여러 하위의 기능적 집단들로 나누어진다. 여기서 기능적 집단 (functional group)이란 조직의 기능이나 목적을 수행하기 위해 공식적으로 구성된 집단을 말한다. 이 집단에서 사람들은 다른 사람들에게 영향을 미치는데, 개인의 행동에 영향을 미치는 리더의 능력을 감소시키는 방식이 되기도 하고 증대시키는 방식이 되기도 한다. 협동, 갈등, 집합행동, 그리고 일탈 등 집단에서 일어나는 모든 현상은 사람들이 집단에 합류할 때 리더가 다루어야 할 사항들이다.

3) 집단과 팀의 차이

위에서 설명한 집단과 마찬가지로 팀(team)의 구성원 사이에도 상호작용과 상호영향이 발생한다. 그러나 일반적으로 다음의 네 가지 기준에서 팀과 집단은 구분된다.

① 팀은 집단에 비하여 구성원 사이의 정체감이 보다 강력하다. 예를 들어, 동일한 복장을 한 한국 축구팀과 같이 누가 그 팀에 속하고 누가 속하지 않은지를 팀의 구성원은 물론 외부인들도 쉽게 알 수 있다.

② 팀에는 '신제품 개발'이라든가 '선수권대회 우승'과 같은 분명한 공동의 목표나 과제가 있다. 이에 비하여, 집단의 구성원 사이에는 팀의 구성원에

비해 목표에 대한 일치된 교감의 정도가 약하다. 집단의 구성원은 개인적으로 집단에 참여하는 이유가 다양하기 때문에 개인의 목표와 집단의 목표에는 상충될 수 있다. 이러한 현상은 팀에서도 물론 있을 수 있으나 정도에 있어서 다르다.

③ 팀은 과제수행과정에서의 상호의존성이 집단에 비해 강하다. 예를 들면, 배구선수는 팀 내 다른 선수들과 함께 협조하지 않고는 경기에서 승리하기가 어렵다. 반면에, 집단 구성원들은 각자 독립적으로 일을 해서 목표달성에 기여할 수 있다. 즉, 다른 구성원이 어떻게 하든 자신에게 할당된 과제를 성공적으로 완성할 수 있다. 물론, 과제의 상호의존성은 팀에 따라 차이가 크다. 예를 들면, 스포츠팀 중에서 야구, 탁구, 하키와 같은 종목의 팀은 과제의 상호의존성이 매우 높은 반면에, 수영이나 육상 같은 종목은 과제의 상호의존성이 상대적으로 낮다.

④ 팀의 구성원은 집단에 비해 더욱 차별화되고 전문화된 역할을 가지고 있다. 집단의 구성원은 집단 내에서 다양한 역할을 수행하지만, 팀의 구성원은 흔히 단일의 기본적 역할을 수행한다. 그러므로 팀은 고도로 전문화된 집단인 것이다(신응섭 외, 2000).

2. 스포츠 집단의 정의

스포츠 집단은 신체활동을 매개로 형성된 집단으로서 다른 사회집단과 달리 아주 높게 결속된 팀 의식과 궁극적으로 스포츠 경쟁상황에서의 성공(승리)에 대한 집착 그리고 이를 주도하는 리더의 지도력을 요구한다. 전문화·고도화된 스포츠 경기를 희구하는 현대사회에 있어서 스포츠 집단에 대한 보다 조직적인 관리 그리고 다양한 형태를 띤 스포츠 집단의 출현이 요망되고 있는 것이 오늘날의 추세이다. 이러한 의미에서 스포츠 집단은 스포츠의 본질과 사회적 상황을 함축하는 독특한 유형의 집단이라고 할 수 있다. 스포츠 집단은 특정 스포츠 과제를 수행할 목적으로 성원 상호간의 의존과 동기부여를 기대하는 두 명 이상의 사람으로 구성된 과제지향집단(Landers, Brawley & Landers, 1981)이며 스포츠 활동을 매개로 하여 자발적으로 형성된 집단으로서 성원간의 직접적인 접촉에 의한 동료의식(we-feeling)을 수반하는 놀이집단이라 정의된다. 한편 스포츠 집단을 시합의 승리나 그 과정에서 얻어지는 정서적 만족을 얻기 위하여 스포츠 경기에 자발적으로 참가한 성원으로 구성된 집단(강은석, 1979)이라 정의하기도 한다. 또한 스포츠 집단은 스포츠 활동을 목적으로 하여 자발적으로 모인 집합체로서 대면적인 접촉과 지속적 상호작용 및 동료의식을 갖는 소집단이라고 규정할 수 있다. 따라서 스포츠 집단이란 특정 스포츠를 매개로 하여 자발적으로 구성된 성원들이 스포츠팀의 공동목표와 개인적으로 부여된 과제를 성취하기 위하여 지속적으로 상호작용하는 일종의 기능집단이라고 할 수 있다.

한편 소집단으로서의 스포츠팀은 인위적이고 실험적인 집단이 아닌 자연발생적인 집단으로서 집단에 관한 이론적 분석 연구를 위한 실증적 자료를 제공하며 나아가서 집단의 과제수행 과정에 따른 효율성과 과제수행 결과에 따른 효과를 연구하는데 있어서 중요한 연구의 대상이 된다.

그리고 스포츠 집단은 일반적으로 소규모 형태를 띠면서 효율적인 운동능력 수행을 위한 성원의 지속적인 상호작용과 목적의식의 공유 그리고 총체적인 정체감 등에 기초한 의사전달 체계의 확립을 전제로 집단 성원간의 상호의존 및 응집력의 생성을 특성으로 한다(Landers, Brawley & Landers, 1981). 한편 스포츠팀은 독특한 집단의 형태로서 집합 정체성(collective identity)을 지니고 있으며 성원이 공유하는 공통의 목적, 구조화된 상호작용과 의사소통 체계, 개인과 과제의 상호의존도 그리고 성원간의 대인 매력 등과 같은 특징을 지닌다. 따라서 스포츠 집단의 특성을 구체적으로 열거하면 아래와 같다.

① 과업수행을 위한 집합 행동
② 집단 성원으로서의 일체감(동료 의식)
③ 집단 존재의 당위성에 대한 외부의 인정
④ 집단 성원에게 영향을 미치는 규칙, 규범, 가치에의 동조
⑤ 사회적으로 연계된 역할 및 지위체계
⑥ 집단을 유지 발전시키기 위한 노력(응집력)
⑦ 집단 성원간의 일치된 동질감

위와 같은 스포츠 집단의 특성은 집단 구성의 시기가 오래된 집단일수록 더욱 두드러지게 나타난다.

결론적으로 스포츠 집단은 특정 스포츠 종목을 매개로 스포츠팀의 공동목표와 개인적 과업을 성취하기 위하여 직접적이고 지속적인 상호작용을 유지·발전시키

는 기능집단으로서 성원간의 상호의존적 관계를 통하여 경기의 참가와 승리, 운동
수행 능력의 향상 그리고 스포츠 활동을 통한 즐거움을 추구하는 집단이라 할 수
있다(임번장, 1999).

3. 집단형성의 원인

사람들이 집단에 참여하는 이유는 다양하다. 어떤 사람은 소속의 욕구를 충족하
기 위해서, 다른 사람들은 집단에서 이루어지는 특정 활동에 매력을 느껴서 집단
에 참여한다. 따라서 리더는 사람들이 집단에 참여하는 원인을 알고 이해함으로써,
기능적 집단 내에 일차적 연결이 잘 이루어지도록 도울 수 있고, 개인적 욕구를 만
족시켜서 성과를 향상시킬 수 있을 것이다.

이러한 집단이 형성되는 원인을 살펴보면 다음과 같은 몇 가지 이유가 있다.

① **과업달성**(task accomplishment) : 이는 공식적인 집단(formal group)이 존
재하게 되는 일차적인 이유이다. 공식적인 특정목표를 달성하기 위하여 개인
들을 구성원으로 집단을 형성하며, 형성된 집단은 여러 조직구조를 나타낸다.

② **문제해결**(problem solving): 과업달성과 마찬가지로 문제해결을 위해서도 집
단을 형성한다. 그러나 문제가 해결되면 곧 해체되는 일시적인 결합체라는
특징을 가지고 있다. 선수선발위원회나 비상임위원회 등은 그 예이다.

③ **친밀과 매력**(proximity and attraction) : 사람들이 서로 비슷한 특성이나
취미를 가지고, 자주 접촉하여 집단이 형성될 수 있다. 출신학교, 출생지, 취
미 등이 같은 경우에 형성되는 비공식 집단을 예로 들 수 있다. 이러한 집단
은 비공식적인 문제 외에도 임금인상 또는 선수인권보호 등과 같은 공식적인
문제를 취급할 때도 있다.

④ **사회적·심리적 욕구충족**(socio-psycological) : 집단을 형성하여 개인적인
욕구를 충족시킬 수 있을 때, 일반적으로 사회심리적 집단이 형성된다. 즉 사
람들은 사회적 위신이나 사회적 명성을 갖고 있는 집단에 참여함으로서 자신
의 여러 가지 사회·심리적 욕구를 충족시키기도 한다. 예컨대 친목을 도모
하기 위하여 등산·낚시·축구동호회·테니스동호회의 회원이 되기도 한다.

4. 집단의 유형

스포츠 집단은 스포츠 집단의 정의에서 언급한 바와 같이 독특한 속성을 지닌 특수한 형태의 사회집단이다. 따라서 스포츠 집단의 유형은 사회집단의 유형과는 달리 일반적으로 공식 집단과 비공식 집단 혹은 학교 체육학습 집단, 학교 및 직장 소속의 스포츠팀, 직장 및 지역사회의 스포츠 동호인 클럽, 프로 스포츠 팀 등으로 구분한다. 스포츠의 공식 집단은 스포츠의 조직적 관리와 운영을 위해 관료적 성격을 띤 스포츠 관련 경기단체 및 스포츠 관련 행정조직 등을 의미하여 집단 유지의 기간에 따라 선수선발위원회와 같은 한시적 공식 집단과 집단 내부보다는 집단 외부의 환경에 적극적으로 대응하는 각종 스포츠팀과 같은 영속적 공식 집단으로 구분한다. 스포츠의 비공식 집단은 스포츠를 매개로 하여 집단 구성원간의 자발적 참여와 정서적 상호유대를 바탕으로 형성된 자생 스포츠 동호인 집단을 의미한다.

한편 학교의 체육학습 집단은 학교 교육과정의 일부인 체육교과학습을 위하여 체육교사에 의하여 수행되어지는 스포츠 활동 집단을 의미하여 학교 및 직장의 스포츠 대표팀은 학교 및 직장에 있어서 구성원의 인화와 조직의 결속 그리고 조직의 대외 홍보를 위하여 결성된 스포츠 집단을 의미한다. 직장 및 스포츠 동호인 클럽은 생활체육에 대한 개인적, 사회적 욕구를 충족하기 위하여 자발적이고 비공식적으로 형성된 스포츠 집단을 의미한다. 프로 스포츠팀은 스포츠를 생업의 수단으로 여기는 선수 및 지도자와 스포츠의 대중 문화적 가치를 이윤 추구의 수단으로 활용하는 프로 스포츠 구단주에 의하여 구성된 스포츠 집단을 의미한다.

그리고 스포츠 집단은 과제요건(task demands), 구성원 자원(member resources), 집단과정(group processes) 등에 의하여 특징지워지는 집단과제에 따라 다양한 유형으로 구분되기도 한다. 과제요건은 경기를 수행하는데 근본적으로 요구되는 경기규칙이나 경기 진행방식과 같은 실제규정을 의미하며 구성원 자원은 스포츠 집단구성원이 개별적으로 소유하고 있는 스포츠에 대한 기능, 능력, 지식 등을 의미한다. 과제요건 및 구성원 자원과는 달리 집단의 효율적인 운동수행 능력을 위하여 체계화된 성원간의 상호작용을 집단과정이라고 한다. 이러한 집단과제에 따른 스포츠 집단의 유형은 집단과정과 조화성의 정도에 따라 동시성 팀 스포츠(simultaneous team sport)와 연속성 팀 스포츠(sequential team sport)로 구분된다. 동시성 팀 스포츠란 줄다리기와 같이 성원의 운동능력 발현이 동시에 요구되는 스포츠 집단을 말하며, 연속성 팀 스포츠란 체조 및 볼링 경기와 같이 성원 개인의 운동수행 능력이 총체적으로 평가되는 스포츠 집단을 말한다. 한편 팀의 목표달성을 위하여 성원에게 다양한 하부과제를 요구하는 농구와 같은 단체 구기 종목의 팀 스포츠는 동시적 과제와 연속적 과제를 함께 수행하는 복합적 특성이 있다.

결국 스포츠 집단의 유형은 분류 기준에 따라 공식 스포츠 집단과 비공식 스포츠 집단, 학교의 체육학습 집단, 프로 스포츠 팀 등으로 분류되며 또한 집단과제의 성격에 따라 동시성 팀 스포츠와 연속성 팀 스포츠 등으로 구분된다(임번장, 1999).

5. 집단의 발달 단계

개인이 학습하여 성장하는 것처럼 집단도 배우며 발전하여 간다. 집단의 성과는 구성원들의 학습정도와 그들이 상호 협력하여 과제를 수행하는데 얼마나 학습되어 있느냐에 따라 결정되는 것이다(Gibson, Ivancevich, & Donnelly, 1982). 집단이 발달하는 일반적인 단계는 보통 4단계를 거쳐 이루어진다. 즉, 상호수용(mutual acceptance), 커뮤니케이션과 의사결정(communication and decision marking), 동기부여와 생산성(motivation and productivity), 통제와 조직(control and organization)의 네 단계를 통해서 이루어진다(Bass, 1965).

① **상호수용** : 집단형성의 초기단계로서 구성원들은 일반적으로 상호간에 의사소통하기를 꺼려하여 자신의 의견·태도·신념들을 밝히려고 하지 않은 단계이다. 예컨대 신학기 초에 스포츠 동아리의 회장간에 관계라든지, 지역사회에서 운동 종목별 연합회장들이 스포츠 관련 행정기관에 모여 스포츠 행정 정책에 대하여 질문하는 경우 등이 이 단계에 속한다.

② **의사소통과 의사결정** : 상호수용의 단계가 지나고 나면 구성원들은 서로 부담 없이 의사소통을 하며 그 결과 상호간 신뢰감이 높아지고 상호작용이 더욱 증가된다. 이 단계에서는 직면하는 문제의 해결을 위해서 여러 대체안을 개발하고 평가하는 논의가 보다 구체적으로 진행된다.

③ **동기부여와 생산성** : 이 단계는 집단의 목표를 달성하기 위해 여러 가지 노력이 증가되어지는 단계로서 집단은 경쟁단위가 아닌 상호 협력적 단위로서 노력하게 된다.

〈표 21-1〉 집단발달의 5단계

단 계	주요과정	특 징
형성 단계 (forming stage)	정보교환, 상호의존 증가, 과제탐색, 공통성의 확인	시험적인 상호작용, 긴장, 애매성에 대한 염려, 상황의 성격을 확인하려는 시도
격동 단계 (storming stage)	절차에 대한 의견 불일치, 불만의 표현, 정서적 반응, 저항발생	리더에 대한 저항과 과제자체에 대한 의문이 제기된다.
규범화 단계 (norming stage)	응집성과 통일성 증가, 역할, 기준, 관계의 확립	과제의 생산성을 극대화하기 위하여 집단의 규범과 역할이 정형화된다
수행 단계 (performing stage)	목표달성, 높은 과제지향, 수행과 생산에 대한 강조	집단내의 대인관계가 안정되고 집단 에너지가 과제의 성공적인 수행을 위하여 집중되며, 자신의 역할에 만족한다
해체 단계 (adjourning stage)	역할들의 종결, 과제 완성, 의존성의 감소	성원간의 의존성이 감소하여 집단해체의 가능성이 상존한다

④ **통제와 조직**: 이 단계에서 구성원들은 자신이 집단에 가입한 것이 유익했는지에 관하여 평가해 보며 구성원들의 행동이 집단규범에 의해 규제 받게 되는 단계이다. 집단의 목표가 개인의 목표보다 중요시되고 규범이 받아들여지며 제재가 가해지기도 한다. 심지어 집단의 목표나 규범에 순응하지 않을 때는 집단에서 배척 당하는 제재까지도 행사된다. 그 외의 통제형태로는 일시적인 고립이나 괴롭힘 등이 있다.

한편 집단의 발달단계는 〈표 21-1〉과 같이 형성단계, 격동단계, 규범화단계, 수행단계, 해체단계 등의 5단계로 구분할 수도 있다.

6. 집단의 구조

집단구조란 집단이 목표를 추구하는 과정에서 도움을 주는 성원들간의 관련체계라고 할 수 있다. 즉 어떤 집단을 다른 집단과 구별하게 하는 안정된 특성을 말하며, 규모, 응집성 등이 그 중요한 요소로 작용하고 있다. 그런데 이러한 각 요인들은 상호관련성을 가지고 있으며, 그 요인들은 집단에 따라 또 집단 내부에서도 시간이 지남에 따라 그 본질이 달라질 수도 있다.

이러한 집단의 구조는 그 집단이 처음 만날 때부터 나타나기 시작한다. 집단의 구조는 구성원들이 다른 구성원들을 어떻게 받아들이고, 그들 자신과 각자의 구성원들로부터 무엇을 기대하는지 등, 그 집단 구성원들의 상호작용에 크게 의존한다. 한 선수집단이 효과적인 팀으로 되기 위해선 확실한 구조적 특징을 발전시켜야 한다. 집단의 구조에서 두 가지 중요한 것은 집단의 역할과 집단의 규범이다.

1) 역 할

역할이란 집단 내에서 상이한 위치를 차지하고 있는 구성원에게 요구되고 기대되며 예측되는 행동을 말한다. 스포츠팀, 작업집단, 사회집단, 조직체 등에서는 상이한 지위를 점유하고 있는 각 구성원에 대한 행동적 기대를 설정하게 되는데 이러한 집단 내에서의 상이한 기대 행동이 집단구조를 발전시킨다. 예를 들면, 코치, 학부모, 육성위원회, 그리고 건강 스포츠 전문가 등은 학교와 사회에서 그들 모두가 역할을 가지고 있다. 코치는 좋은 역할의 모델이 되고, 학교행정에 협력하고, 연습을 조직하며 또 가르치는 것과 같이 여러 가지 행동을 잘 수행하도록 기대되어진다.

이러한 역할은 형식적 및 비형식적 역할이 존재하게 되는데, 형식적 역할은 조직의 구조나 본질에 의해 규정된다. 체육부장, 코치, 주장 등의 임무는 스포츠 조직 내에서 구체적인 형식적 역할의 예이다. 축구에서 라이트 윙, 농구에서 가드, 배구에서 세타 등의 형식적 역할은 팀 내에서 모두가 구체적인 역할을 가지고 있다는 것이다. 비형식적 역할은 집단 구성원들의 상호작용으로부터 발전된다. 예를 들면 한 선수는 강한 개성과 운동능력 때문에 주장이 아님에도 불구하고 리더의 역할을 하는 경우가 있다. 또한 접촉과 충돌이 있는 스포츠에서 흔히 있는 비형식적 역할은 상대팀이 겁을 먹도록 거친 플레이를 하거나 상대팀을 흥분시켜 경기중 이성을 잃게 하는 전담 선수가 있다.

스포츠에서 팀의 효율성을 증대하려면 <그림 21-1>처럼 개인의 역할이 명확히 규정되고 수용되어야할 뿐만 아니라, 이를 토대로 역할행동이 수행되어야 한다. 역할명료란 선수가 자신의 책임을 명확하게 이해함을 의미하고, 역할수용이란 자신의 책임에 대한 만족감을 의미하며 역할수행이란 명확한 역할을 만족스럽게 행동

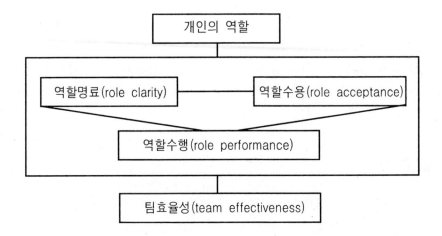

<그림 21-1> 역할명료·역할수용·역할수행 간의 순환관계

자료: 임번장(1999). **스포츠사회학개론**. 서울: 동화문화사. p. 375.
　　　Carron, A. V.(1988). *Group dynamics in sport*. Ontario: Spodin Publisher. p. 111.

으로 실현함을 의미한다(Carron, 1988).

　한편, 집단 내에서 역할의 전문화와 과제의 상호의존성이 높아지면 팀의 효율성
은 당연히 상승하게 되는데, 효과적이고 성공적인 팀과 그렇지 않은 팀은 다음과
같은 특성으로 구분할 수 있다(신응섭 외, 2000).

　첫째, 효과적인 팀은 임무가 분명하고 성과의 목표가 높다.

　둘째, 효과적인 팀의 모든 구성원은 팀이 무엇을 하려고 하는지를 알고 있으며,
팀의 임무 달성을 위해 자신이 어떻게 임무수행을 해야 하는지를 알고 있다.

　셋째, 효과적인 팀의 리더는 팀에 도움이 되는 이용 가능한 장비, 훈련설비 및
훈련기회, 그리고 외부 자원을 빈번하게 파악한다.

　넷째, 효과적인 팀 리더는 팀 구성원의 실무적 기술(technical skills)을 파악하
는데 많은 시간을 투자한다.

　다섯째, 효과적인 팀 리더는 가용한 자원과 기술을 파악하고 나면 팀 효율성에
필수적인 자원과 장비를 확보하려 한다.

　여섯째, 효과적인 팀 리더는 가용 자원을 적절히 사용하고, 필수적인 실무 기술
을 가진 새로운 성원을 선발하거나, 현 구성원의 필수 실무기술을 향상시키기 위
해 계획을 세우고 조직화하는데 많은 시간을 투자한다.

　일곱 번째, 효과적인 팀은 커뮤니케이션이 활발하다. 커뮤니케이션이 활발하면

팀 구성원이 임무에 초점을 맞추고 팀을 위해 사용 가능한 기술, 지식, 자원을 최대로 활용하는데 도움을 준다

　여덟 번째, 효과적인 팀은 팀 내 대인간 갈등을 최소화하여 불필요한 에너지의 소모를 없애고 팀의 성공을 위해 노력을 결집시킨다. 이는 팀의 커뮤니케이션이 활발히 일어날 때 가능하다.

2) 규 모

　집단의 규모는 2명에서부터 적정 상한선인 12명까지 이루어지며, 구성원이 16명을 넘는 경우는 거의 없다. 여기에서 약 10여 명을 적정선으로 보는 이유는 각 구성원이 서로 자발적으로 반응하고 상호작용할 수 있는 가장 이상적인 행동반경으로 보기 때문이다.

　일반적으로 집단규모의 영향요인으로는 <표 21-2>와 같이 리더십·구성원 그

<표 21-2> 집단규모의 영향요인

차　원	집단의 규모		
	2~7명	8~12명	13~16명
• 리더십(leadership)			
1. 리더의 필요성	저	중	고
2. 리더와 구성원 사이의 차이점	저	저~중	중~고
3. 지도자의 지시(감독)	저	저~중	중~고
• 구성원(follower)			
4. 리더의 지시에 대한 관용성	저~고	중~고	고
5. 소수구성원에 의한 집단상호성의 독점	저	중~고	고
6. 일반구성원의 참여에 대한 제지	저	중	고
• 집단과정(group process)			
7. 규율과 절차의 설정	저	저~중	중~고
8. 의사결정시 소요시간	저~중	중	고
9. 하위집단을 형성하는 추세	저	중~고	고

Berelson, B., & Steiner, G.(1964). *Human behavior: An inventory of scientific findings.* New York: Harcourt, Brace and World. pp. 356~360.

리고 집단과정이 세 범주 내에서 집단의 9가지 차원을 보여주고 있다(Berelson & Steiner, 1964). 그리고 이 집단의 규모가 각 차원에 미치는 영향력은 고에서 저로 표기되어 있으며, 이러한 점이 집단구성원의 수가 변화됨에 따라 집단에 영향을 미칠 수 있음을 의미하는 것이다.

(1) Steiner의 이론

스타이너(Steiner, 1972)는 집단활동의 실제적 생산성 효과를 잠재적 생산성에서 집단 과정에 의한 손실을 제외한 수치로 산출하여 잠재적 생산성과 자신이 분류한 과제 유형을 중심으로 집단 효율성과 집단규모의 관계를 규명하였다. 즉, 집단의 규모와 잠재적 효율성의 관계는 정적인 상관을 보이지만 집단 규모의 비대화가 일정 시점에 이르면 집단 효율성의 정체 현상이 나타나며 이와 같은 정체 현상을 극복하려면 집단의 자원이 지니는 효용성의 한계를 명확히 추정하여야 한다고 하였다.

스타이너의 이론을 구체적으로 살펴보면 아래와 같이 성립되며 공식에 이용되는 용어들을 <표 21-3>에 제시하였다.

집단의 실제 생산성 = 잠재적 생산성 - 과정손실

<표 21-3> 잠재적 생산성과 과정손실

용 어		내 용	사 례
잠재적 생산성		팀의 성원들이 가지고 있는 실력을 최대로 발휘했을 때 이룰 수 있는 최상의 결과	경기상황에서 공격과 수비, 패스 능력의 양에 의하여 결정된다
과정손실	협력손실	구성원들 사이에 타이밍이나 비효과적인 전략 때문에 발생	테니스나 배드민턴 경기에서 서로 미루다가 실패한 경우
	동기손실	구성원들이 100% 노력을 발휘하지 않을 때 발생	줄다리기에서 다른 사람을 믿고 최선을 다하지 않은 경우

(2) Ringelmann의 효과

집단규모가 집단과제 수행에 미치는 영향에 관한 최초의 연구는 링겔만 (Ringelmann)에 의하여 이루어졌다(Carron, 1988). 링겔만은 다양한 가산과제에 대한 집단 효율성을 중심으로 다양한 규모의 수행과 개인 수행을 비교 연구하여 <표 21-4>와 같은 결과를 얻었다(임번장, 1999).

<표 21-4>에서 협력 결합 빈도 수(No. of coordination links)는 두 사람 사이의 상호작용을 의미하며 N × N - N/2(N: 과제 참여 인원수) 등식에 의하여 산출되는데 집단규모가 증대함에 따라 야기되는 문제는 성원 개인간의 상호작용이 용이하지 않으며 결국 개인에 의하여 모든 과제가 수행된다면 대인간의 정서적 유대에 관한 관심은 무관심해진다. 그러나 집단은 규모가 커짐에 따라 협력 관계가 급격히 증가하게 됨을 유의하여야 한다. 즉 <표 21-4>에서와 같이 성원이 두 명일 경우에는 1의 빈도를 보이지만, 여덟 명이 되면 28의 빈도를 보인다. 개인당 실제 수행비율을 살펴보면 한 사람의 성원은 잠재적 수행능력의 100%를 발휘하지만 성원의 수가 증가함에 따라 비율이 감소하여 일곱 명이 되면 56%의 수행능력만을 발휘한다. 따라서 집단규모가 증대함에 따라 개인의 상대적 생산성이 감소하는 것은 규모가 큰 집단에서 구성원의 결집력이 약화되어 성원간의 개인적 설명력이 둔화됨으로써 개인의 동기유발 촉진이 부진하기 때문이다.

실제로 링겔만은 이러한 이론의 검증을 위해 약 100년 전에 근로자들에게 줄을 당기라고 하고 당긴 힘을 측정하여 보았다. 혼자서 줄을 당겼을 때는 평균 63kg이

<표 21-4> 집단규모가 집단생산성에 미치는 영향

수행 인원수	협력결합 빈도수	개인당 실제 과제 수행률	집단 생산성	집단과정손실
1	0	1.00	–	–
2	1	.93	1.86	.14
3	3	.85	2.55	.45
4	6	.77	3.08	.92
5	10	.70	3.50	1.50
6	15	.63	3.78	2.22
7	21	.56	3.92	3.08
8	28	.49	3.92	4.08

자료: Carron, A. V.(1988). *Group dynamics in sport.* Ontario: Spodin Publishers. p. 30.

〈표 21-5〉 집단의 크기와 줄다리기 수행 관계

연 구	집단의 크기와 힘의 생산성							
	1명	2명	3명	4명	5명	6명	7명	8명
Ringelman의 연구	100	93	85	-	-	-		49
Ingham(연구 1)	100	91	82	78	78	78	-	-
Ingham(연구 2)	100	90	85	86	84	85	-	-

자료: 이순천 외(1998). **스포츠 운동심리학의 기초**. 서울: 도서출판 금광. p. 192.
　　　정청희 외(1999). **스포츠 심리학의 이해**. 서울: 도서출판 금광. p. 185.

었던 당기는 힘이 2명이 합하여 줄을 당겼을 때는 평균 59kg(93%), 3명이 당겼을 때는 평균 53kg(85%), 그리고 8명이 당겼을 때는 평균 31kg(49%)으로 급격히 떨어졌다. 따라서 인원수에 63kg을 곱하면 될 것이라는 예상이 빗나갔다.

　그러나 링겔만의 효과를 재검증하기 위한 두 차례의 실험에서 연구자들(Ingham, Levinger, Graves, & Peckham, 1974)은 한 사람, 두 사람, 세 사람, 네 사람, 다섯 사람, 그리고 여섯 사람에게 줄을 당기게 하였다. 결과는 링겔만의 연구와 차이점이 있었다. 즉 두 사람의 경우는 91%, 세 사람의 경우는 83%의 힘을 발휘하였으나, 여섯 명이 당겼을 때는 78%의 힘을 발휘하였다. 또한 그 이상의 사람을 추가하여 실험하여도 더 이상의 손실은 일어나지 않고 최대 힘의 78%를 유지하는 것으로 나타났다〈표 21-5〉 참고.

　그런데, 여기에서 우리가 주의를 기울여야 하는 것은 무엇 때문에 집단의 규모가 늘어났을 때, 힘의 감소현상이 발생하는가이다. 연구자들은 이러한 힘의 감소원인은 동기유발 때문이라고 결론을 내렸다.

　위에서 살펴본 링겔만의 연구에서 보듯이 줄다리기나 군대에서 실시하는 목봉체조(木棒體操) 그리고 모교의 응원단에 소속되어 함성을 지를 때 평균 생산성이 저하되는 현상을 사회적 태만 또는 연구자의 이름을 붙여 링겔만 효과(Ringelmann effect)라고 한다. 이러한 사회적 태만 현상은 사람들이 개인의 노력정도가 파악되지 않은 상황이나 기록되지 않은 상황에서 발생하고, 집단의 생산성 향상에 중대한 공헌을 해야 한다는 인식이 부족할 때 발생하게 된다.

　따라서 훌륭한 리더라면 집단의 수행능력 향상을 위하여 구성원 개개인의 능력향상을 위한 기능의 연습도 중요하지만, 그 보다도 중요한 것은 구성원들의 집단에 대한 책임감 부여와 이에 따른 동기유발과 결속력 강화를 위한 연구가 선행되어야 할 것이다. 〈표 21-6〉에는 사회적 태만에 대한 설명과 대안이 제시되어 있다.

〈표 21-6〉 사회적 태만과 극복 방안

태만의 종류	특 징	극 복 방 안
할당전략 (allocation strategy)	혼자일 때 더 잘하기 위해 여럿이 모이면 힘을 절약함	· 개인의 집단에 대한 공헌도를 강조한다-자존심을 함양시킨다
최소화 전략 (minimizing strategy)	가능한 힘을 아껴서 목표를 달성하려는 의도	· 항상 monitoring 하라-비디오, 기록 등 · 결속력을 강화하라 · 항상 선수에게 관심을 갖고 대화하라
무임승차 전략 (free rider strategy)	남들의 노력에 편승하여 공짜로 혜택을 받고자하는 의도	· 익명성을 방지하라 · 흥미를 유발하고 충분히 이완시켜라
반(反)무임승차 효과(sucker effect)	남들이 무임승차를 하므로 나도 게으름을 피우겠다는 의도	· 효과적인 연습 방법을 개발하라

7. 응집력

우리가 어떤 집단을 면밀히 관찰할 때 시간이 지남에 따라 그 집단의 분위기를 쉽게 파악할 수 있다. 무엇이라고 꼬집어 말할 수 없지만, 느낌이 온다. 이러한 느낌 중에 제일먼저 오는 것이 바로 그 집단의 응집력이다. 즉 어떤 집단은 분위기가 좋고 서로 협력하며 단결력이 있어서 목표를 효율적으로 달성하는가 하면, 또 어떤 집단은 구성원끼리 서로 동조하지 못하고 불화가 잦아 소위 '콩가루 집단'이 되는 경우가 있다.

응집이란 용어는 원래 함께 결합시키거나 접착시킨다는 의미를 가진 라틴어 'cohaesus'에서 유래하였다. 따라서 응집력이란 일반적으로 집단의 특징인 단결(togetherness)이나 단체정신(team spirit), 일체감(team unity), 팀 웍(teamwork) 등의 다양한 용어를 포괄하는 개념으로 사용되고 있다.

1) 응집력의 개념

응집력은 집단이 구성원에게 주는 매력으로서 개인이 집단에 이끌리는 결과이기도 하다. 이렇게 보면 집단응집력의 정도는 집단의 사기, 팀 정신, 구성원에게 주는 집단의 매력의 강도, 집단과업에 대한 구성원의 관심도를 나타내 주는 것이다. 따라서 응집력이 강한 집단이란 소속된 성원이 많은 매력을 갖고 있는 집단이며, 집단 내의 구성원들이 그들의 성원자격(成員資格)에 대하여 호의적으로 느끼고 있는 집단이며, 나아가서는 구성원들이 서로 오랫동안 같이 있고 싶어하는 집단인 것이다. 따라서 응집력이 높은 집단의 구성원들은 집단활동에 보다 정력적이고 모임에 빠지지 않으며 집단의 성공과 실패에 동고동락한다.

또한, 응집력의 정의에 대하여 여러 학자들이 제시하였지만, 스포츠 상황의 집단에 관한 연구를 수행한 카론(Carron, 1982)은 응집력을 "집단의 목표를 달성하기 위해 집단이 결속되고 단결된 상태로 남으려는 경향에 반영된 역동적인 과정"이라고 정의한다. 다시 말해 응집력은 집단의 성원들이 공동의 목표를 달성하기 위해 함께 노력하는 정도라고 할 수 있다. 이러한 응집력은 스포츠팀 뿐만 아니라, 직장, 군대, 동아리 등 거의 모든 집단의 성공을 예측한다고 할 수 있다.

2) 응집력의 효과

집단의 응집력이 집단행위나 집단성과에 미치는 영향력은 아래와 같다.

① 집단응집력이 높아지면 구성원들의 성원자격유지(maintenance of membership)가 보장된다. 즉 집단에 대해 매력을 느끼면 탈퇴가 감소한다.

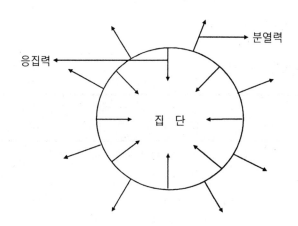

〈그림 21-2〉 집단의 응집력과 분열력

자료: 오일영(1999). **스포츠조직관리론**. 서울: 도서출판 대한미디어. p. 270.

② 집단응집력은 집단으로 하여금 구성원들에 대해 상당한 영향력(power over group members)을 갖게 해준다.

③ 집단응집력이 높을 경우 구성원들의 참여와 충성심(participation and loyalty)이 커진다.

④ 응집력이 높은 집단의 구성원들은 만족도(satisfaction)가 높다.

⑤ 응집력은 구성원들에게 자기평가의 기회를 부여한다.

그러나 집단응집력과 성과의 관계는 일률적으로 말하기가 곤란하다. 집단응집력이 높다는 것은 성과를 올리는 데 필요조건이 된다. 그러나 높은 응집력을 가진 집단이 결속되어 조직의 이익과 반대되는 방향으로 나갈 수도 있다. 따라서 응집력과 성과의 관계를 살펴봄에 있어서는 집단의 목표를 고려해야 한다. <표 21-7>에서 보듯이 집단의 목표가 조직목표와 일치하는 경우, 즉 성과를 내려는 규범을 갖는 경우는 응집력이 높은 것이 성과와 연결되나 조직목표와 일치하지 않을 경우에는 오히려 역기능을 발휘하게 된다. 즉 집단구성원들의 목적이 조직체의 목적과 일치되지 않는 경우에는 집단의 응집력에 관계없이 성과가 낮게 나타나는 경향이 있다. 그러나 구성원들의 목적과 조직체의 목적이 일치되면 집단의 응집력이 낮다 하더라도 구성원들 개인이 조직체의 목적을 달성하기 위한 노력을 하게 되므로 집단의 성과가 어느 정도 나타나게 된다(추헌, 1995). 가장 바람직한 것은 조직의 목적과 집단이 추구하는 목적이 일치되고 집단의 응집력도 높은 상태로서 <그림 21-3>처럼 조직을 구성원들이 지원적으로 인식하고 있는 상태이다.

<표 21-7> 집단응집력과 집단성과

		집단목적과 조직체 목적의 관계	
		불 일 치	일 치
집단응집력	고	집단 전체적 개인목적 달성 (저 수준성과)	집단 전체적 조직체 목적 달성 (고 수준성과)
	저	개인별 개인목적 달성 (저 수준성과)	개인별 조직체 목적 달성 (중간수준 성과)

자료 : 추헌(1995). **경영조직론**. 서울: 박영사. p. 677

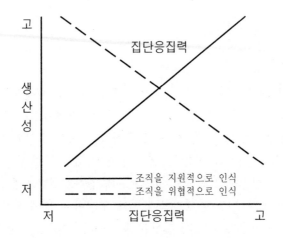

<그림 21-3> 집단응집력과 생산성

자료: 오일영(1999). **스포츠조직관리론.** 서울: 도서출판 대한미디어. p. 276.

3) 스포츠 집단의 응집력 구성요인

(1) 환경 요인

응집력에 영향을 미치는 가장 일반적인 요인은 상황을 설명하는 환경변인이다. 이러한 환경변인은 조직의 지향성과 지리적 요인 그리고 집단의 크기 등이다. 조직의 지향성은 조직의 목표나 조직이 목표를 달성하기 위하여 강구하는 책략 그리고 구성원의 성, 연령, 성숙 정도에 따라 달라진다. 리틀야구와 프로야구는 이러한 조직의 지향성 차이를 설명할 수 있는 좋은 예가 된다.

또한, 신체적, 기능적 근접성과 같이 지리적 요인 역시 집단 응집성에 영향을 미친다. 예컨대 팀 구성원의 운동수행 위치나 락카의 위치가 가까울수록 인간관계는 더욱 밀착되는데 이는 과제나 사회에 대하여 의사소통을 하거나 접촉할 수 있는 기회가 증가하기 때문이다.

한편 집단규모는 응집성과 보다 복잡하게 관련되어 있다. 즉, 집단이 크면 클수록 집단과제를 완수하는데 필요한 자원을 많이 보유하게 된다. 그러나 집단이 커지면 구성원간의 의사소통이 감소되어 팀 활동시 협응이 저하되는 동시에 모든 구성원이 동일하게 유능해질 수 있는 기회가 적어진다.

물론 전문적인 스포츠 집단에서는 팀의 선수의 수, 팀과 계약조건, 장학금, 그리고 상급학교의 진학 확률 등도 포함되고 건강 스포츠 센타의 측면에서는 회비나 부대시설의 다양화 등이 포함될 것이다.

(2) 개인적 요인

집단응집성 발달에 영향을 미치는 두 번째 요인은 집단 구성원의 개인적 특성이다. 집단 구성원의 특성으로는 개인의 성격과 사회·경제적 배경 그리고 인구통계학적 배경을 거론할 수 있다. 일반적으로 응집성은 집단 구성원이 성격과 사회적 배경이 비슷할수록 증가한다. 또한 집단 구성원의 태도나 신념 그리고 동기 역시 집단응집에 영향을 미치는 요인으로 고려되는데 집단형성단계에서 구성원의 태도나 신념이 유사할 경우 시간이 경과함에 따라 구성원은 보다 유사한 태도와 신념을 지니게 되어 결과적으로 집단응집성은 증가한다. 그리고 부모의 수입, 직업에 따라서도 응집력이 영향을 받기도 한다.

(3) 리더십과 팀 요인

훌륭하고 사려 깊은 리더십은 집단응집력에 커다란 영향을 미친다. 그 이유는 리더의 인간관계에 대한 기술이 집단의 방향을 안내할 수 있기 때문이다.

그리고 팀이 수행하는 과제, 종목, 연습분위기, 팀의 안정성과 우승 경력은 응집력에 영향을 미친다. 또한 오랫동안 구성원이나 지도자의 변동이 없는 집단은 구성원간의 물리적 근접성이 높고 의사소통의 기회가 증가하여 구성원의 신념과 가치관이 보다 유사하기 때문에 응집력이 높다.

(4) 집단적 성과

집단응집력과 운동수행 간의 관계를 연구한 결과는 집단응집력이 높으면 운동수행이 향상된다는 일반 논리를 지지하지는 못하고 있다. 즉 응집력과 운동수행과의 관계에서 정적인 상관과 부적인 상관이 동시에 보고되고 있다. 그러나 응집력과 운동수행 사이에 부적인 상관은 대개 개인종목에서 발견되는 경향이 있어, 이러한 종목을 제외하면 팀의 응집력과 팀의 운동수행은 정적(긍정적)인 관계가 있다고 볼 수 있다. <표 21-8>에는 콕스(Cox, 1990)가 제시한 과제특성에 따른 집단응집력과 운동수행간의 관계가 정리되어 있으며, <그림 21-4>에는 응집력의 개념모형이 제시되어 있다.

〈표 21-8〉 과제특성에 따른 집단응집력과 수행간의 관계(Cox, 1990)

과제 분류	상호협력 집단	상호협력-상호작용 혼합집단	상호반응 집단
상호의존적 과제	낮은 단계	중간 단계	높은 단계
종 목	양궁, 볼링, 육상(필드), 골프, 사격, 스키, 레스링, 스키(점프)	미식축구, 야구, 소프트볼, 피겨스케이팅, 조정, 수영, 육상(트랙), 줄다리기	농구, 배구, 아이스하키, 럭비, 축구, 핸드볼
집단응집력 필요정도	낮 음	중 간	높 음

자료: 임번장(1999). **스포츠사회학개론**. 서울: 동화문화사. p. 387.

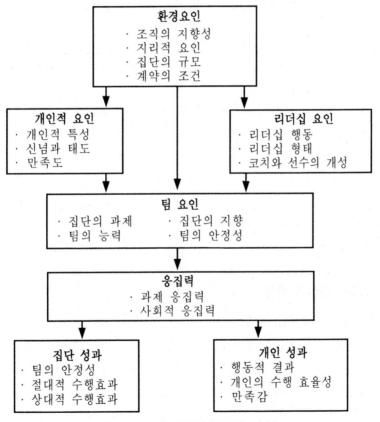

〈그림 21-4〉 응집력의 개념적 모델

자료: 이순천 외(1998). **스포츠 운동심리학의 기초**. 서울: 도서출판 금광. p. 200.
정청희 외(1999). **스포츠 심리학의 이해**. 서울: 도서출판 금광. p. 189.

4) 응집력의 측정 방법

(1) 사회측정 방법

전통적으로 응집력을 다른 초기 연구는 사회측정적 응집(sociometric cohesion) 도구를 사용하여 응집력을 측정하였다. 원래 사회측정이란 용어는 집단 내 거리를 측정하는 것을 뜻하는 광의의 개념으로 사용되었다. 그러나 일반적으로 시카고 대학의 머레노(Moreno, 1934)를 중심으로 한 학자들이 발전시킨 인간관계의 측정에 관한 방법을 지칭하는 협의의 개념으로 사용된다. 머레노는 1934년에 'Who Shall Survive?' 라는 저서를 통해 그는 사회측정방법을 발전시키는데 커다란 공헌을 하였다. 이 저서를 통해 그는 사회측정 기술을 개발하고 실제적인 연구결과를 제공했을 뿐만 아니라, 이 기법의 이론적 가정 및 활용 가능성을 제시했다는 점에서 사회측정 분야에 공헌한 바가 매우 크다. 사회측정은 집단 구성원 사이의 관계를 도출하여 집단의 성질, 구조, 역동성, 상호관계를 분석하는 일련의 방법이다. 사회측정은 질문지나 면담을 통하여 집단 내 구성원 상호간의 선택, 거부, 무관심의 정도를 평가하여 동료관계를 측정한다.

이러한 사회측정 결과는 리더가 결과를 활용하여 개인의 사회적 적응을 돕고, 새로운 훈련집단을 구성할 때 활용가치가 높다. 또한 각 개인의 선택과 거부의 정도를 측정함으로써 집단의 사회적 구조를 조정하고, 집단의 특정활동이나 구성요인이 조직 구성원의 사회적 관계에 미치는 영향을 평가하는데 활용될 수 있다. 예를 들면, 집단 구성원 사이에 빈부의 차이에 의한 배타적 현상이 발생하는지를 사회측정을 통하여 파악할 수 있다(신응섭 외, 2000).

<표 20-9>에는 사회측정 질문지의 예가 제시되어 있다.

(2) 스포츠 응집력 측정

최근 스포츠 현장에서 실제로 쓰이는 표준화된 응집력 측정도구는 여러 요인을 종합하여 응집력의 강도를 예측하는 측정방법을 사용하고 있다. 가장 일반적으로 널리 사용하고 있는 응집력 측정도구는 스포츠 응집력 질문지(SCQ: Sport Cohesiveness Questionnaire)로서 1972년에 개발되었다(Martens, Landers & Loy, 1972). 이 질문지는 ① 개인과 개인 사이의 매력, ② 개인과 팀 사이의 관계, ③ 팀 전체에 대한 평가 등 세 가지 차원을 측정하는 7문항으로 구성되었다. 그러나 이 질문지는 타당도와 신뢰도가 충분히 검증되지 않고 있으며, 모든 항목은 집단

〈표 21-9〉 사회측정 질문지의 예

안녕하십니까?

본 질문지는 우리 팀의 좀더 효율적인 훈련방법과 구조개선을 위하여 실시하고 있습니다. 질문지에 응답한 내용은 조사 목적 외에는 사용되지 않고, 누구에게도 알려주지 않을 것을 약속드립니다.

작성하는 요령은 우리 팀 중에서 누구든지 선택이 가능하며 이름을 적어 주시기 바랍니다. 감사합니다.

질문 1. 자유시간이나 휴식시간에 함께 있고 싶은 사람 중 가장 먼저 선택하고 싶은 세 사람을 순서대로 적어 보시기 바랍니다.

　① ＿＿＿＿＿＿　② ＿＿＿＿＿＿　③ ＿＿＿＿＿＿

질문 2. 자유시간이나 휴식시간에 함께 있고 싶지 않은 사람 중 가장 먼저 선택하고 싶은 세 사람을 순서대로 적어 보시기 바랍니다.

　① ＿＿＿＿＿＿　② ＿＿＿＿＿＿　③ ＿＿＿＿＿＿

질문 3. 개인적인 고민거리가 있을 때 가장 먼저 상의하고 싶은 세 사람을 순서대로 적어 보시기 바랍니다.

　① ＿＿＿＿＿＿　② ＿＿＿＿＿＿　③ ＿＿＿＿＿＿

질문 4. 우리 팀이 조를 편성하여 여행을 간다면, 같은 조에 편성되기를 바라는 세 사람을 순서대로 적어 보시기 바랍니다.

　① ＿＿＿＿＿＿　② ＿＿＿＿＿＿　③ ＿＿＿＿＿＿

마지막으로 질문지를 작성자한 사람의 이름을 적어 주시기 바랍니다

　성명 : ＿＿＿＿＿＿

전체에 대한 과제 응집성을 측정하는 것으로 나타났다. 또한, 〈표 21-10〉에는 스포츠 응집력 질문지의 예가 제시되어 있다.

한편, 구러버와 그레이(Gruber & Gray, 1982)가 개발한 팀 응집성 질문지(TCQ: Team Cohesion Questionnaire)는 직접적 차원을 9단계 평가척도로 하여 13개 문항으로 구성되어 있다. 이 질문지는 응집력을 과제 응집력 측면과 사회적 응집력 측면으로 구분하고 과제 응집력 요인에는 팀의 성적에 대한 만족도, 자신의 경기력에 대한 만족도를 과제 응집력에 포함하고 있으며, 사회적 응집력 요인으로는 소속감, 인정을 받고자 하는 욕구 그리고 구성원으로서의 자부심 등이 측정된다 〈그림 21-5〉 참고.

〈표 21-10〉 스포츠 응집력 질문지(Martens, et al., 1972)

차 원	구성항목	질 문
개인 대 개인의 관계	대인 간 매력	당신은 당신팀의 구성원들과 어떤 유대관계를 기초로 하고 있습니까?
	개인적 영향력	여러 가지 이유로 어떤 사람이 다른 사람에 비하여 훨씬 영향력이 있다. 당신은 그 사람이 코치나 팀 동료에게 얼마만큼 영향력이 있다고 생각하십니까?
개인 대 집단의 관계	구성원으로써 가치	당신이 속해있는 집단과 다른 집단들을 비교해서 이 팀에 소속해 있는 것을 얼마나 가치있다고 생각하십니까?
	소속감	당신은 당신의 소속팀에 얼마만큼 소속감을 갖고 있다고 생각하십니까?
	즐거움	당신은 얼마만큼 특정 집단과 경쟁하는 것을 좋아하십니까?
집단전체	팀 웍 친밀감	당신은 당신팀의 팀웍이 얼마나 좋다고 생각하십니까? 당신은 당신팀이 얼마나 결속되어 있다고 생각하십니까?

자료 : 임번장(1999). **스포츠사회학개론**. 서울: 동화문화사. p. 382

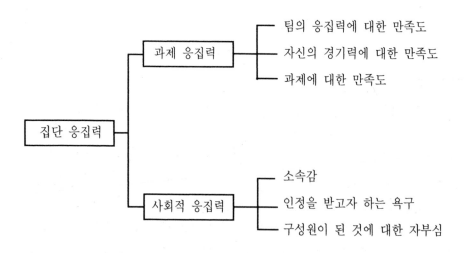

〈그림 21-5〉 팀 응집력 질문지(Gruber & Gray, 1982)

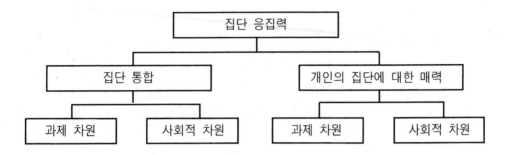

〈그림 21-6〉 집단응집력의 개념적 모형(Widmeyer et al., 1985)

최근에는 기존의 연구가 비판받고 있는 집단 응집력의 정의와 측정방법상의 문제점을 해결하기 위하여 신뢰도와 타당도가 충분히 검증되고 이론적 배경에 근거한 집단환경 질문지(GEQ: Group Environmental Questionnaire)가 개발되었다 (Widmeyer, Brawley, & Carron, 1985). 이 질문지는 응집력을 개인과 집단의 측면을 모두 포함한 다차원적 구조로서 사회적 응집력과 과제 응집력으로 분류하고 4개의 하위영역에 대하여 18개 문항으로 구성된 척도를 제시하였다. 여기서 사회적 응집력은 집단 구성원의 호감도와 상호관계 정도를 반영하며, 과제 응집성은 집단 구성원이 목표달성과 과제성취에 대한 협력 정도를 의미한다〈그림 21-6〉참고.

5) 집단의 응집력을 강화하는 리더십 기술

집단의 응집력을 향상하기 위한 리더십 기술은 집단이 얼마나 건전하고 높은 과제를 효율적으로 향상·유지하느냐의 주요 수단이다. 따라서 리더에게는 아래와 같은 기술이 필요하다.

① **매력적인 집단목표 제시** : 구성원이 집단목표에 큰 매력을 느낄수록 집단의 응집력은 강화된다. 집단목표가 공동이상으로까지 승화되면 집단 내부에는 강한 응집이 생기게 된다.

② **강한 동료의식 배양** : 동료의식(we-feeling)이라 함은 구성원이 서로 공통된 입장에 있으며, 서로의 이해가 일치하여 '우리'라는 의식을 가지는 상태를 말한다. 리더는 집단 내에 이러한 동료의식을 배양하여 집단목표달성에

일치된 에너지를 결합하여야 한다.

③ **공통의 상징제정**: 집단의 단결을 촉진하기 위하여 유니폼, 기(旗), 배지, 노래, 표어, 머리띠 등 공통된 상징을 이용한다. 상징은 개성이 있으면서도 대중이 저항감을 느끼지 않고 받아들일 수 있는 것이면 더욱 좋다. 이러한 상징은 스포츠팀만이 아니라 이를 응원하는 집단들도 활용한다. 예를 들면, 우리나라 월드컵 축구대표팀를 응원하는 '붉은 악마'의 복장과 구호에서 찾아볼 수 있다.

리더는 집단이 자랑으로 인식하고 대내·외적으로 내세울 수 있는 것을 파악하여 상징으로 삼아야 한다. 대체로 집단의 과거 업적이나 현재의 뛰어난 활동, 운영방침 등이 상징으로 이용되는 경우가 많다.

④ **공통된 흥미 부여**: 집단 구성원이 공통된 흥미를 가지게 되면 응집력이 강화된다. 흥미는 취미나 오락, 또는 대중 스타들에 대한 열정 등도 무난하다. 공통된 흥미를 가진 구성원의 공식적, 비공식적 행동은 집단 응집력를 증대시키는 중요한 방편이 된다.

⑤ **집단의 보호막 역할인식**: 구성원을 보호하여 그 이익과 안전을 지켜준다는 것은 정도의 차이는 있으나 모든 집단의 기본적인 기능 중의 하나이다. 집단의 보호기능이 강화될수록 구성원은 집단에 귀속하려는 의식이 강하다.

⑥ **외적(外敵)의 강조**: 집단의 단결이 약해지고, 긴장이 풀어질 때, 적을 의식하도록 하면 단결이 재 촉진된다. 적은 직접적으로 집단에 가해행위를 하는 상대나 우열을 다투는 상대가 될 수 있다.

⑦ **공평한 구성원 대우**: 추종자(부하, 선수)들은 항상 리더의 행동을 주시하고 있다. 리더가 뚜렷한 이유도 없이 특정 선수를 미워하거나 편애하게 되면 집단 내에 불필요한 긴장과 대립이 조성되어 단결을 저해하는 원인이 된다.

제  장

리더십과 갈등관리

1. 갈등의 개념
2. 갈등의 원인
3. 갈등관의 변천
4. 갈등의 기능
5. 갈등과 조직 효과성의 관계
6. 갈등의 수준
7. 갈등의 관리 방법
8. 갈등이 스포츠 리더십에
   주는 의미

인간이 사는 곳에는 어디나 갈등(conflict)이 보편적인 것으로 존재하고 어떠한 집단, 조직에도 갈등은 보편적 현상으로 나타난다. 현대사회와 같이 개인의 특성이 강조되는 경쟁사회에는 더욱 갈등현상이 나타나고 훨씬 복잡하다. 특히 육체적 노력과 고통이 수반되는 스포츠 조직에서의 갈등현상은 일반적인 사회현상에서의 갈등과는 또 다른 차원으로 나타난다.

스포츠 조직에서 이러한 갈등이 표면화되면 팀의 운영을 어렵게 한다. 즉, 갈등으로 인한 불화가 조직의 효율성을 떨어뜨릴 뿐 아니라 개인에게는 심리적인 타격을 가하여 개인생활에까지 영향을 미친다. 특히 조직의 리더와 구성원간의 갈등은 조직운영의 근본적인 저해요인으로 작용하게 되어 조직체계 자체를 무력화시킬 수도 있다.

그러나 갈등은 무조건 조직의 발전에 장애요인으로 작용하는 것은 아니다. 즉 리더의 갈등관리(conflict management)는 조직의 생존을 위한 필수적 과정이라고 할 수 있다. 조직은 해로운(negative) 갈등에 대처하고 이를 관리할 뿐만 아니라, 나아가 긍정적인(positive) 갈등을 창출해야 한다.

따라서 본 장에서는 갈등의 개념을 정리하여 보고 이러한 갈등을 조직의 발전에 활용할 수 있는 기술과 해결할 수 있는 방법에 대하여 살펴보고자 한다.

1. 갈등의 개념

그 동안 갈등의 정의는 많은 학자들에 의하여 규정되어 왔다. 그러나 갈등을 간단히 정의하기는 쉽지 않다. 갈등을 'A가 그의 목표달성이나 이익의 증대를 꾀하기 위해서 B를 실패하게 만들 일정형태의 방해, 또는 고의적인 노력의 과정'이라고 정의하는 학자(Robbins, 1983)도 있고, '서로 반대의 입장에 있는 개인 또는 집단간 상충되는 목표, 인식, 감정이 존재하는 상황'이라고 규정하는 학자(Hellriegel, Slocum & Woodman, 1989)도 있다. 또 갈등을 '어떤 개인이 자기의 관심사를 다른 한쪽에서 좌절시키려고 한다고 인식하게 될 때 시작되는 과정'으로 정의하기도 한다

이와 같은 여러 견해를 종합해 보면 갈등은 '자원이나 업무의 불균형한 배분과 조직 구성원 또는 집단간의 목표, 가치관, 인식에 있어서의 차이점과 같은 원인과

조건으로 인해 발생하는 대립적인 상호작용'이라고 할 수 있다(오윤진, 1994). 그러나 이러한 개념정의는 조직 내의 특정수준이 아닌 모든 수준에서 발생하는 갈등을 포함하는 것으로서 그 구체적인 내용을 종합해 보면 다음과 같은 공통적인 특징을 찾아 볼 수 있다.

① 갈등은 당사자들이 그것의 존재를 인식할 때 비로소 존재한다. 즉 당사자들이 갈등을 전혀 의식하지 못할 때에는 갈등이 존재한다고 말할 수 없다.

② 갈등은 둘 이상의 갈등주체 사이에 발생하는 현상이다. 갈등의 주체는 조직 내의 개인·집단 그리고 이들을 포함하는 조직이다. 그러므로 상호작용으로서 갈등은 개인과 개인, 개인과 집단, 개인과 조직, 집단과 집단, 집단과 조직, 조직과 조직 사이에서 일어나는 것이다.

③ 갈등은 주체의 심리나 행동 또는 그 양면에 나타난다. 대립적 행동이 노출되지 않더라도 주체가 불안·긴장·적개심 등을 느끼게 되면 이미 갈등이 있는 것이다. 대립적 행동으로는 싸움·파괴·이견의 진술·가벼운 의문 등 적극적 행위 뿐 아니라 응당 해야할 말이나 행동을 하지 않는 등 소극적 행위가 포함된다.

④ 갈등은 반드시 그 원인과 조건이 수반되어야 발생한다. 사실상 조직의 모든 구성요소는 갈등발생의 잠재성을 가지고 있다고 할 수 있다. 그러나 그러한 요소의 단순한 존재만으로는 갈등이 발생하는 것이 아니며 여기에 일정한 조건이 부여될 때 비로소 발생한다.

⑤ 갈등은 조직에 대해서 순기능적일 수도 있고, 역기능적일 수도 있다. 조직의 목표수행을 돕거나 성과를 향상시키는 갈등은 유익한 것이고 긍정적이다. 그러나 갈등이 조직내 커뮤니케이션의 지체나 방해, 조직응집성의 저해, 조직 구성원의 사기저하와 같이 조직과 개인에 부정적인 영향을 미칠 때 이는 역기능적인 갈등이 되는 것이다.

이와 같이 갈등은 경쟁이나 협동과 구별된다. 경쟁은 양쪽의 목표가 다르고 서로 간섭하지 않은 상태이지만, 갈등은 목표가 같거나 다르거나 상관없이 서로 간섭할 때 일어난다. 협동은 양측의 목표가 같고 서로 협력하는 상태이며 갈등은 성취방법이 불일치할 때 나타난다. 또 협동과 갈등은 동시에 일어날 수 있다(오일영, 1999).

2. 갈등의 원인

갈등의 원인으로서 오해, 퍼스낼리티의 부조화, 가치와 목표의 차이, 수준 이하의 성과, 방법상의 차이, 책임감 없는 발언, 협조부족, 발언권, 최소자원경쟁, 규칙과 정책에 대한 불복종 등이 있다. 그러나 많은 갈등 요소들이 존재하지만 다음과 같이 일곱 가지로 요약할 수 있다.

① **목표의 차이** : 개인간 또는 집단간 서로 다른 목표를 추구하거나, 동일한 목표지만 단지 한 쪽만이 그 목표를 완수할 수 있을 때 조직 내에서 갈등이 발생한다.

② **이해관계의 대립** : 조직업무 수행시 물적·인적자원에 대한 이해가 상반될 경우 이를 획득하려는 경쟁은 치열하고 그 만큼 갈등도 심해진다.

③ **인식과 태도의 차이** : 같은 현상을 개인이나 집단이 상이하게 인식하는 경우 갈등이 야기된다. 기본적으로 가지고 있는 개인이나 집단의 가치관이 인식과 태도의 차이를 가져오며, 이것이 갈등의 한 원인으로 작용한다.

④ **구성간의 높은 상호의존관계** : 조직 내 구성원의 상호의존성 역시 갈등야기의 조건으로 작용한다. 상호의존성이란 '두 개의 단위가 각자의 업무성과를 위하여 협력, 정보교환, 동의, 기타 조정적 활동으로 인하여 상대방에 의존하는 정도'라고 규정할 수 있다(Walton & Dutton, 1969). 이러한 상호의존성이 협력을 위한 기반이 되기도 하지만 동시에 갈등의 원인도 제공하는 것이다.

⑤ **의사소통의 왜곡** : 의사소통의 왜곡이 갈등을 야기한다. 부적절하고 불명료한 의사소통은 오해와 불신을 초래하고 이는 갈등을 촉진시킨다.

⑥ **높은 분화와 전문화** : 조직의 분화와 전문화 역시 갈등의 요인이 된다(Lawrence & Lorsch, 1969). 조직이 구조적으로 분화되고 전문화될수록 서로 다른 업무와 환경의 차이로 인한 갈등이 발생되고 이러한 분화가 커질수록 갈등의 발생 가능성도 증대한다. 또 전문화가 진척되면 전문가와 비전문가의 의견대립으로 인한 갈등이 야기되고 전문가간에도 서로의 주장을 강조하려는 경향으로 갈등이 야기된다.

⑦ **지위의 불일치 또는 변동** : 지위의 불일치나 변동이 있을 경우 갈등 발생의 개연성이 높다. 즉 낮은 직급의 조직 구성원이 상급의 구성원에게 지시를 해

야할 상황이나, 과거 낮은 직급에 있던 사람이 이전의 상사보다 높은 직급으로 승진했을 경우 갈등이 발생할 수 있다. 여기에 개인간의 보상체계가 일관성을 지니고 이루어지지 않을 경우 경쟁이 직접적으로 강화되어 갈등이 증가될 수 있다.

3. 갈등관의 변천

갈등에 대한 조직이론 연구자들의 견해는 대체로 다음과 같은 3단계를 거치며 발달해 왔다(Robbins, 1983).

1) 전통적 견해(traditional view)

갈등에 대한 초기의 접근방법은 갈등은 무조건 해악적이고 조직의 효과성에 부정적인 영향을 미친다고 가정하였다. 이 견해에서는 갈등이 위반, 파괴, 비합리성 등의 용어와 동의어로 사용되었으며, 리더의 주요 임무 중의 하나가 조직 내의 모든 형태의 갈등을 제거하는 것이다. 즉 '갈등없는 집단'(conflict free group)을 무조건 좋게만 보는 입장이라고 할 수 있다. 이 견해는 19세기 후반의 관리와 조직에 관한 각종 문헌의 지배적인 내용으로 다루어졌고 1940년대 중반까지 지속되었다.

2) 행태적 견해(behavioral view)

행태적 관점에서 보면 갈등이란 조직 내에서 당연히 발생하는 것이라고 보며, 갈등은 조직의 특성상 불가피한 것이기 때문에 '갈등의 수용'(acceptance of conflict)을 주장한다. 즉 목표에 대한 불일치가 항상 존재하며 조직의 각 부분들은 인정을 받기 위해서나 권력을 얻기 위해 경쟁한다. 이렇게 갈등은 본질적으로 불가피하기 때문에 갈등을 수용하고 존재를 합리화하였다. 따라서 갈등은 억제될 수 있고 조직의 업무를 수행함에 있어 도움을 줄 수도 있다는 것이다.

그러나 이러한 접근방법은 갈등의 피상적인 수용에 머물렀다는 비판을 받았다.

즉, 갈등을 능동적으로 추구하거나 갈등을 유발하는 긍정적인 상황의 조성을 창출할 수 있는 사고를 도입하지 않았다는 것이다. 이 견해는 1940년대에서 1970년대 중반까지 관리와 조직이론을 지배하였다.

3) 상호작용적 견해(interactional view)

갈등에 대한 최근의 이론적 경향은 상호작용적 견해이다. 행태적 관점이 갈등을 수용하는데 그쳤지만 상호작용적 견해에서는 한 걸음 더 나아가 '갈등을 고무' (encourage conflict)한다는 입장이다. 또 이 견해는 조화롭고 평화로우며 정적이고 완전히 협력적인 조직은 변화와 혁신의 필요성에 대해 무감각한 반응을 보인다는 것이다. 따라서 이 견해는 갈등은 새로운 사고를 자극하고 집단 내 응집성을 향상하며, 다양한 의견의 투입을 통하여 더 나은 의사결정을 유도하는 것으로 인식한다. 나아가 조직 구성원의 욕구불만의 분출구를 제공하는 등 순기능적인 기능의 역할도 한다는 것이다. 이 견해가 행태적 견해와 비교할 때 차이가 나는 것은 ⅰ) 갈등의 절대적인 필요성 인정, ⅱ) 순기능적인 갈등의 조장, ⅲ) 갈등의 절대적인 해결방법 뿐만 아니라 자극방법까지 포함, ⅳ) 갈등관리를 모든 관리자의 주요한 책임이라고 생각하는 점등이다. 상호작용적 견해는 갈등이란 완전히 좋은 것도, 완전히 나쁜 것도 아니라는 점을 의미한다. 즉 조직의 목표와 업무를 개선시키는 갈등은 순기능적이고 조직의 목표와 업무를 방해하는 갈등은 역기능적이라는 것이다.

따라서 이 견해에 의하면 리더는 갈등을 억제하거나 제거해서는 안 되고 그 해로운 점을 최소한으로 줄이고 이로운 점을 최대한으로 확대하고 활용하여야 한다는 것이다 .

4. 갈등의 기능

갈등은 순기능적이거나 역기능적인 형태를 띠고 있다. 조직에서 일을 했던 경험이 있는 사람은 누구든지 갈등이 존재하고 있다는 사실과 결국에는 갈등이 조직에 역기능적인 영향을 미친다는 사실을 알게 된다. 이러한 갈등이 장기적으로 지속되면 조직의 존립 자체를 위협하게 된다. 그러나 갈등이 조직에 악영향을 미친다는 사실에도 불구하고 전문가들은 현대조직에 있어서 잠재적으로 유용한 측면도 있다고 본다. 만약 갈등을 적절히 이용할 수만 있다면 혁신과 변혁의 원동력이 될 수도 있기 때문이다.

따라서 갈등 그 자체는 역기능적인 측면과 순기능적인 면을 모두 포함하고 있다고 할 수 있다. 일반적으로 조직목표에 합치하여 조직의 효과성과 건강성을 향상시키는 갈등은 순기능적이고 그렇지 않은 것은 역기능적이고 할 수 있다 .

1) 갈등의 역기능

조직 내의 갈등이 의사소통을 지체시키고 집단의 응집성을 감소시키며 나아가 집단목표를 집단 구성원들 간의 투쟁에 종속시킬 때 그 갈등은 역기능적이라고 할 수 있다.

① 갈등해결에 노력하는 동안은 성과나 목표달성에 매진할 수 없으므로 개인이나 조직에 부정적 결과를 준다.
② 갈등은 조직의 안정성, 조화성, 통일성을 깨뜨릴 수 있다.
③ 갈등은 조직이나 개인의 창의성이나 진취성을 질식시킬 수 있다.
④ 갈등은 조직 내의 작은 문제에만 집착하여 환경을 무시할 수 있다.

2) 갈등의 순기능

갈등은 많은 부정적인 결과들을 유발시키지만 한편 여러 가지 긍정적인 기능을 수행한다. 침체된 조직에서의 적절한 수준의 갈등은 조직 구성원들로 하여금 창의력을 고무시키고 더욱 열성적이게 하며 더 향상된 의사결정을 할 수 있도록 한다.

① 갈등은 조직이나 개인의 문제점에 대해서 관계자들의 관심을 갖게 하는 계기가 되어 변화를 초래하게 할 수 있다.
② 갈등이 합리적으로 해결되면 쇄신이나 변동 및 발전과 재통합의 계기가 될 수 있다.
③ 갈등은 조직이나 개인에게 창의성, 진취성, 적응성, 융통성을 향상시킬 수 있다.
④ 갈등은 침체된 조직을 거기에서 벗어나 더욱 생동하게 하는 계기가 될 수 있다.
⑤ 갈등은 구성원들의 다양한 심리적 욕구를 충족시키는 계기가 될 수 있다.

⑥ 갈등은 조직 내의 갈등을 관리하고 방지할 수 있는 방법을 학습할 수 있는 기회를 제공한다.

5. 갈등과 조직 효과성의 관계

갈등은 그 자체가 문제가 아니라 그것을 어떻게 다루는가에 따라 조직 효과성에 긍정적 또는 부정적인 작용을 한다. 갈등과 조직 효과성과의 관계를 도식으로 나타내면 〈그림 22-1〉과 같다. 〈그림〉에서 보면 적절한 갈등(최적수준의 갈등)이 존재할 때, 조직이 활성화되고 혁신성과 자기비판기능이 높아지며 이것이 조직 효과성을 향상시킴을 알 수 있다. 따라서 갈등의 기능에 대한 논의를 다시 살펴보면 과거의 갈등관이 갈등을 병리적인 현상으로 파악하고 이를 제거해야 할 대상으로 보는 것이었던 반면, 이제는 갈등을 불가피한 것으로 보며 오히려 조직 효과성에 필수적인 것으로 보는 방향으로 전환되고 있다.

그러므로 이제는 소극적 차원의 갈등 해소가 아닌, 적극적인 의미에서 조직에 긍정적 갈등을 유인하여 순기능적인 면을 활성화시키도록 해야 한다. 또한 리더십의 초점 역시 갈등의 해소가 아닌 갈등의 관리에 맞추어져야 할 것이다(오윤진, 1994).

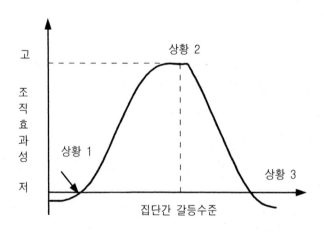

〈그림 22-1〉 갈등과 조직 효과성의 관계

〈표 22-1〉 갈등수준과 조직 효과성 비교

상 황	갈등수준	갈등형태	조직특성	효과성
상황 1	낮은 수준	역기능적	• 환경변화 적응력 둔화 • 무사안일 • 참신한 사고부족	낮음
상황 2	최적 수준	순기능적	• 적극적 목표달성 행동화 • 창의성, 변화 지향 • 혁신, 자기비판 활성화	높음
상황 3	높은 수준	역기능적	• 붕괴적, 혼란 • 목적의식 상실 • 상호조정 결여	낮음

자료: Robbins, S. P.(1983). *Organization theory.* Englewood Cliffs, New Jersey: Prentice-
 Hall. p. 465.

6. 갈등의 수준

일반적으로 갈등의 수준은 개인내부의 갈등, 개인간의 갈등, 집단내부의 갈등,
집단간의 갈등, 조직내부의 갈등, 조직간의 갈등 등으로 나누고 있다.

① **개인내부의 갈등** : 한 개인이 의사결정에 있어서 갈등이 발생하는 형태를 말
하며. 비양립적(非兩立的)인 목표들 중에서 하나 또는 둘 이상을 선택해야 하
는 상황에 부딪쳤을 때 존재한다. 개인내부의 갈등은 좌절로 인한 갈등, 목표
에 대한 갈등, 역할갈등 등으로 나누어 볼 수 있는데, 특히 순간의 선택이 평
생을 좌우하는 상황에서는 심한 갈등을 느낀다.

② **개인간의 갈등** : 개인간 갈등은 두 사람 이상이 동일한 문제에 대해 불일치할
때 생기는 갈등으로 대개는 인성의 차이에 기인한다. 스포츠 조직 내에서 개
인간 갈등은 경영자 수준의 리더와 현장에서 지도를 담당하는 리더, 리더 상
호간, 리더와 구성원, 그리고 구성원간의 대인관계에서 가치관과 인성 등으
로 인한 의견의 불일치에서 일어나는 경우가 많다. 그러므로 주로 대인관계
에서 개인간의 갈등이 일어나기 때문에 대인관계에 대한 이해가 중요시된다.
또, 인간은 자신에게 잘 알려져 있는 부분도 있고 다른 사람에게도 잘 알

려져 있지 않은 부분도 있다. 이들의 관계에서 공개적, 사적, 맹목적 그리고 미지적 부분의 4개의 영역이 발생하여 갈등을 유발하는 원인이 되기도 한다.

첫째, 공개적 부분으로서 타인에게 잘 알려져 있는 부분이므로 서로 잘 알고 상호작용하기 때문에 일반적으로 개방적이고, 방어적이 아니다. 그러므로 개인간의 갈등은 별로 없다.

둘째, 사적 부분으로서 자신에게는 잘 알려져 있지만 타인에게는 알려져 있지 않은 부분이므로 타인이 어떻게 반응할지 몰라 자기의 감정과 태도를 비밀에 붙이고 방어적인 태도를 취함으로써 개인간의 갈등이 있을 수 있다.

셋째, 맹목적 부분으로서 타인에게는 알려져 있지만 자신은 모르는 부분으로써 자기도 모르게 타인을 괴롭히게 되어 개인간의 갈등이 있을 수 있다.

넷째, 미지적 부분으로서 자신과 타인에게 모두 알려지지 않은 부분이므로 서로 모르게 때문에 오해의 소지가 많아 개인간의 갈등이 있을 수 있다.

③ **집단내부의 갈등** : 집단내부의 갈등은 실질적 갈등과 감정적 갈등이 있다. 첫째, 실질적 갈등(substantive conflict)은 정책이나 관습에 대한 의견 불일치, 불신, 원망, 거절 등이 속한다. 이러한 갈등은 보다 개선된 정보교환과 의사결정으로 해결할 수 있다. 둘째, 감정적 갈등(affective conflict)으로 상황에 대한 감정적인 반응에 기반을 둔 집단 내부의 갈등이다. 일반적으로 실질적 갈등이 감정적 갈등으로 변하는 경우가 많다.

④ **집단간의 갈등** : 집단간의 갈등은 보통 노동조합과 사용자간의 협상과정에서 나타나는 갈등으로서 전형적으로 경쟁적이며 승자-패자(win-lose)의 형태와 결과들로 나타난다. 스포츠 조직에서는 프로야구단의 구단주와 선수협의회간의 갈등이 대표적인 예라고 할 수 있으며, 보통 빈번히 정기적으로 발생하고 해결수단이 미리 정해져 있기 때문에 반복적 갈등이라고도 한다.

⑤ **조직내부의 갈등** : 조직내부의 갈등은 첫째, 수직적 갈등(vertical conflict)으로서 관리층과 하급부서의 갈등이 있다. 둘째, 수평적 갈등(horizontal conflict)으로서 같은 수준의 구성원이나 부서들간에 존재하는 갈등이다. 셋째, 계선-참모간의 갈등(line-staff conflict)으로서 계선조직의 의사결정에 참모들의 간섭으로 인하여 발생하는 갈등이다. 이러한 세 가지 종류의 갈등은 개인간에도 흔히 발생하고 있다.

⑥ **조직간의 갈등** : 조직간의 갈등은 동일한 공급자, 고객, 경쟁자 등에 대하여 상호의존적인 조직들간에 존재하는 갈등이다. 일반적으로 이러한 갈등이 있

는 조직들은 협력적이거나 경쟁적 관계 중 어느 하나의 상호작용을 보여주는 특징을 지닌다.

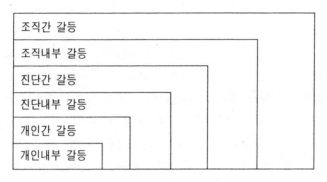

〈그림 22-2〉 갈등의 수준

7. 갈등의 관리 방법

갈등은 조직의 구조와 성격, 당사자의 지위와 역할 등에 따라 상이하게 나타날 수 있다. 따라서 갈등의 해소전략 역시 이에 따라서 다르게 전개되어야 효과적이다. 많은 학자들이 여러 가지 수준에서 발생하는 갈등의 해소방법을 제시하고 있는데 여기에서는 개인간의 갈등과 집단간의 갈등 해소방법을 설명하고자 한다. 이와 같은 이유는 어느 차원의 갈등 해소 전략이든지 해결을 위한 기본 개념이 중복되기 때문이다.

1) 개인간의 갈등 해소

개인간의 갈등을 해소하는 방법으로는 관리자나 제3자가 개입하여 조정함으로써 가능할 수가 있다. 여러 가지 방법이 있지만 관리자나 제3자는 상담을 통해 갈등의 원인을 분석하고 상호의견을 촉구하는 형식으로 이루어진다. 루단스(Luthans, 1992)는 개인간의 갈등의 해소방법으로 다음과 같이 제시하였다.

① 승자-승자 접근(win-win approach) : 개인간의 양 당사자가 모두 이기는 접근으로 이것은 문제의 해결에 창의력과 정력을 쏟아 결국은 당사자들의

요구를 동시에 충족시키고 보상을 받게 한다. 여기에는 무엇보다도 건전한 판단력과 우호적인 분위기가 중요하다.

② 패자-패자 접근(lose-lose approach) : 개인간의 양 당사자가 모두 지는, 즉 손해를 보는 접근으로 이것은 가장 졸렬한 방법이다. 이것은 타협이나 중도를 취하거나 상대방에게 뇌물과 같은 부당한 대가를 지불하거나 관료적 규정으로 갈등을 해결하거나 또는 당사자들보다 더 권위 있는 제3자를 개입시키는 방법 등이 있는데 바람직하지 못하다.

③ 승자-패자 접근(win-lose approach) : 개인간에 상대방을 누르고 자기가 이기는 전략으로 자유경쟁사회에서 흔히 볼 수 있는 방법이다. 이 방법은 이기려는 경쟁심을 자극하여 창의력과 단결심을 고취하는 순기능적인 측면도 있으나 협력적, 상호합의에 의한 갈등해결방법을 무시하고 반드시 남을 희생시킴으로써 패자로 하여금 복수심을 야기시키는 등 역기능적인 측면도 있다.

2) 집단간의 갈등 해소

① **상위의 공동목표 설정** : 각 부문이 동의할 수 있는 공통된 상위목표를 발견하는 것이다. 예를 들어 프로야구 구단주와 선수협의회의 협상시에 중계자는 일반적으로 우선 양쪽이 모두 동의할 수 있는 점을 찾는 작업을 한다. 그리고 나서 그러한 동의로부터 결정 방안을 찾는 것이다. 요컨대 목표에 관한 불일치로부터 갈등이 싹 튼다. 반대로 상위목표, 즉 갈등관계에 있는 양부문에 호소할 수 있고 또 어느 쪽의 협력없이는 성취 불가능한 목표가 있다면 갈등은 감소하게 된다. 샤인(Schein, 1970)이 지적한 바에 따르면, 집단경쟁의 기본적인 문제는 목표와 상호작용 및 집단간 의사소통의 부재로부터 오는 갈등이다. 이로 인해 서서히 상호간의 개념적 왜곡상태를 자극하게 되고 상호 부정적인 불협화음을 초래하게 된다. 그러므로 갈등을 감소시키는 기본적 전략은 각 부문이 동의할 수 있는 상위목표를 설정하는 것이다.

② **타협** : 갈등관계에 있는 두 집단이 갈등해결을 위해 사용되어 온 전통적 방법이다. 당사자들이 대립되는 주장을 부분적으로 양보하여 공동의 결정에 도달하도록 하는 방법으로서 당사자간의 협상(bargaining)과 제3자에 의한 중재(third-party arbitration)가 포함된다. 타협에 의한 갈등해소에는 서로 조금씩은 양보하기 때문에 완전한 승자도 완전한 패자도 없다. 따라서 타협에 의

해 얻어지는 결정은 어느 당사자에게도 이상적이고 최적의 결정은 못되므로 이 방법도 갈등의 원인을 완전히 제거하지 않은 채 갈등을 일시적으로 모면 케 하는 잠정적인 갈등 해소방법이라고 할 수 있다.

③ **문제해결법** : 문제해결법(problem solving)은 갈등관계에 있는 두 집단의 대 면적 회합(face-to-meetings)으로 갈등을 줄이고자 하는 대면(confrontation) 방법이다. 모일 때는 모임의 목적이 명확하게 정의되어야 하고 문제가 해결 될 때까지 모든 관련된 정보를 다 갖고서 야기되는 문제에 대하여 공개적으 로 토의하여야 한다. 집단간 갈등이 서로간에 오해나 언어장애 때문에 발생 한 것이라면 이 방법이 매우 효과적일 것이지만, 집단이 서로 다른 가치체계 를 갖는 것과 같은 더욱 복잡한 문제는 이 방법으로 해결되기가 어렵다.

④ **전제적 명령** : 전제적 명령(authoritative command)은 공식적 상위 권한계 층이 갈등관계에 있는 하위집단에게 명령하여 갈등을 제거하는 방법으로 가 장 오래되고 가장 많이 사용되는 방법이다. 이 경우 상위 권한 계층이란 갈등 당사자들을 관할하는 조직계층상의 상위직을 망라하지만, 최고위직인 최고관 리자에 의한 해결이 그 빈도나 중요성에 있어 가장 큰 것이다. 상위층의 명령 도 제3자에 의한 중재와 유사하지만 전자는 갈등 당사자간의 합의를 반드시 전제로 하지 않는다는 점에서 후자와 구별된다. 이 방법도 타협의 경우와 마 찬가지로 갈등의 원인을 근본적으로 제거하지 못하고 표면화된 갈등행동만 을 해소시키는 방법이다.

⑤ **공동의 적 설정** : 외부의 위협이 집단 내부의 응집성을 강화시키는 것처럼 갈 등관계에 있는 두 집단에 공통되는 적(identifying a common enemy)을 설 정하고 나면 이 두 집단은 공동의 적에 대한 효과적인 대처를 위하여 집단끼 리의 차이점이나 갈등을 잊어버리게 된다. 이 방법이 성공을 거두기 위해서 는 집단들이 위협을 피해야 할 것으로 인식하고 공동노력이 개별적인 노력보 다 좋다는 것을 인식하여야 한다. 공동의 적 중에서도 명확히 인식될 수 있는 절박하고 유형적인 위협이 불명확한 위협보다는 두 집단간의 협력을 유도하 는 데 유효하다.

⑥ **외부인사의 초빙** : 매우 넓게 활용하는 방법으로서 기존 집단구성원들과 상 당히 다른 태도·가치관·배경을 가진 외부인사를 기준집단의 구성원으로 가 입시켜 침체된 집단을 자극시키려는 것이다. 예컨대 코치를 선발할 때 자기 대학 출신을 선발하지 않고 다른 배경에서 다른 훈련 프로그램으로 성장한

사람을 선발함으로써 선수들의 연습분위기를 자극시키는 것이나, 또한 최근 스포츠 경영체에서 새로이 생긴 스포츠 마케팅담당 부장 자리에는 스포츠 분야에서 오래 근무한 사람보다도 경쟁적인 운동용품 제조업분야에서 성공적으로 근무한 사람을 선발함으로써 그의 새로운 사고방식을 스포츠 경영체의 마케팅에 활용하는 것이다.

⑦ **구조적 변수의 조정** : 구조적 요인에 변화를 야기함으로써 갈등을 보다 근원적으로 해소시킬 수 있을 것이다. 순환보직(job rotation), 조정 담당직위 또는 기구의 신설, 이의제기제도의 실시, 갈등 중인 조직단위의 합병, 지위체제의 개편, 업무배분의 변경 등이 그 예가 된다. 특히 순환보직의 방법은 단위 내 또는 단위 간에 갈등을 야기시키는 세력들을 분산시키고 상호작용의 촉진을 통해 견해차이를 줄이는 효과를 낳을 수도 있다. 특히 스포츠 조직은 종목별 특성이 있기 때문에 좀처럼 업무나 직위의 순환이 이루어지지 않다는 점에서 볼 때, 전통적인 사고의 틀을 타파하고 스포츠 현장 지도직의 행정 업무직으로의 순환, 행정관리직의 현장 지도직으로의 순환보직 등 이러한 구조적 변수의 조정을 과감히 시도하여 집단간의 갈등, 개인간의 갈등 그리고 개인 내부의 갈등을 해소할 수 있다.

⑧ **설문조사 피드백** : 설문지를 이용하여 집단이나 조직문제에 대한 구성원들로부터의 설문조사 결과를 피드백 자료로 활용하여 구성원 스스로 문제해결을 하도록 하는 리더십 기법의 일종이다. 이 방법은 전통적인 태도조사와 같은 설문방법과는 달리 모든 단계에서 집단들의 적극적인 참여에 그 특색이 있다. 설문조사 피드백 기법이 계속적인 피드백 과정을 가지고 운영되려면 전 과정에 걸쳐서 최고 관리자의 지원과 관심이 있어야 한다. 또한, 이 기법의 활용기술이 다양해야 하며, 조사 피드백이 집단이나 조직의 중요 요소에 미친 영향의 강도에 관해서도 엄격한 기준을 적용하여 분석해야 한다.

8. 갈등이 스포츠 리더십에 주는 의미

리더십은 개인들이 집단 내에서 서로 상호작용을 통하여 습득된다. 일련의 상호작용을 하다보면 자연히 갈등이 있게 마련이다. 갈등은 집단 상호작용과 대인 관계의 정상적인 부분이다. 효율적인 리더는 집단 내 갈등을 어떻게 다루어야 하는

가를 알고 있다. 어떤 것이 가장 좋은 방법인가? 갈등을 해결하려는 노력이 옳은 일인가? 그렇지 않다. 리더는 집단들이 갈등을 경험하도록 내버려 두어야 한다. 집단에는 갈등을 해결하기 위해서 개입할 공식적 중재자가 없어야 한다. 중재자가 있으면 집단구성원들이 갈등 상황을 스스로 해결하는 것을 배울 기회를 빼앗기게 되는 것이다. 갈등을 경험하지 못한 가족, 스포츠팀, 그리고 스포츠단체는 성장과 발달을 하지 못함을 시사한다. 당장 갈등을 부각시키고 고조되게 하는 것은 고통스러울 것이다. 부모, 코치, 그리고 경영자의 세 집단들의 전통적인 리더들은 자신들이 개입해서 바로 갈등을 해결해주려고 하면 안 된다.

즉, 갈등의 순기능을 중시하는 사람들은 리더가 조직 내에 긍정적인 갈등을 유도하여 이를 촉진시켜야 한다고 주장한다. 따라서 리더들은 조직의 활성화, 창의성의 활성화를 위해서 순기능적인 갈등을 적절하게 조성하고, 그것이 조직의 성과에 긍정적으로 작용하도록 힘써야 한다는 것이다. 리더들이 이러한 역할을 수행하기 위해서는 우선적으로 갈등을 긍정적으로 수용한다는 개방적인 입장을 천명하여 조직 내의 갈등이 자연스럽게 표출될 수 있는 조직분위기를 창출해야 한다.

또, 진정한 리더는 <그림 22-2>처럼 집단구성원들이 스스로 리더가 되는 학습기회를 줄 필요가 있다. 만약 리더가 모든 갈등 문제에 개입한다면 이러한 학습기회가 없어지고 만다. 구체적으로 설명하면 집단구성원이 집단에 대하여 참여적이고, 지원적이며, 비공식적인 감독의 형태를 갖추게 하는 것이다. 이러한 형태는 전문적인 스포츠팀에서 더욱 중요하다.

집단구성원들과의 동일시과정은 개별 구성원들의 자존심을 높여주는 발전적인 기능을 한다. 따라서 구성원들은 리더십 행동에 참여하기도 하고 연습하기도 한다. 지배적인 감독자나 관리자들과 같은 공식적인 중재자가 항상 갈등을 해결하기 위해 개입할 수 없다. 이러한 특성들이 존재하는지 안 하는지의 정도가 리더십을 배우는 정도와 집단의 유지 정도를 결정한다(이강옥 외, 2001). 리더들은 특정한 상황에서 어떻게 갈등이 생겨서 발전되는지를 배우게 되는데 이것이 중요한 요소이기 때문이다.

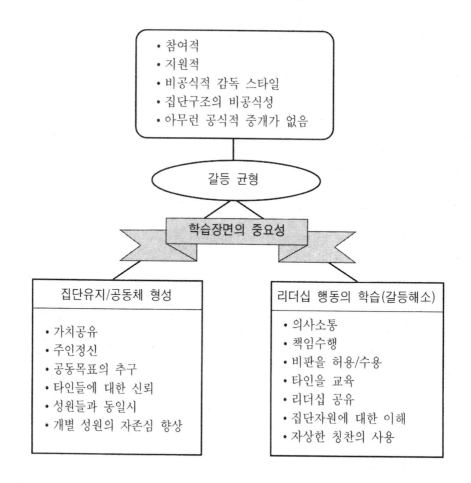

<그림 22-3> 집단과 갈등조장을 위한 리더십

자료: 이강옥 외(2001). **21C 리더십의 새로운 패러다임.** 서울: 무역경영사. p. 367.

참고 문헌

강복창(1999). **스포츠 사회학.** 서울: 도서출판 홍경

강상조, 안문용, 원영두(2000). **코치론.** 서울: 도서출판 대한미디어.

강은석(1979). **운동부 집단의 권한 구조와 기능에 관한 연구.** 서울대학교 대학원
　　석사학위 논문.

고진현(2002. 6. 22). **히딩크와 한국축구: 카리스마.** 스포츠서울. 9면.

구해모(2001). 코치의 의사소통 기술 향상을 위해(Ⅱ): 의사소통 기술의 향상. **스
　　포츠 과학, 78,** 54-65.

국민건강보험공단(2001a). **건강, 삶의 질을 바꾼다: 고지혈증편.**

국민건강보험공단(2001b). **건강, 삶의 질을 바꾼다: 고혈압편.**

국민생활체육협의회(1992). **국민체력향상프로그램: 요약집.**

국민생활체육협의회(1993). **생활체육 프로그램 순회지도 사업운영 지침서.**

국민생활체육협의회(1994). **평생건강수첩.**

국민생활체육협의회(2002). **생활체육지도자를 위한 프로그램 지도서 Ⅱ.**

김규정(1997). **신판 행정학 원론.** 서울: 법문사.

김도균 역(2001). **현대 스포츠 경영.** 서울: 도서출판 금광.

김병식(2000). **스포츠경영학.** 서울: 도서출판 대한미디어.

김상대, 이준희(2000). 스포츠시설 불만족 고객의 재구매 보상요인. **한국스포츠산
　　업·경영학회지, 5**(1), 63-81.

김용출(2002. 6. 26). **히딩크 그는 누구인가: 교육-코칭론.** 세계일보. 16면.

김원중, 조정호(1997). **체력과 웰리스.** 서울: 도서출판 홍경.

김태홍, 이장우(1991). **체력육성을 위한 트레이닝 방법론.** 서울: 형설출판사.

대한매일(2002. 6. 26). **한국 4강 실력이 만든 걸작.** 7면.

문성철(1994). 고교 남자선수의 코치의 지도행동에 대한 인식연구. **한국체육학회
　　지, 33**(2), 321-331.

문화관광부(1998). **생활체육프로그램 안내: 건강하게 생활합시다.**

문화관광부(2002). **전국 등록·신고 체육시설업 현황.**

문화체육부(1996). **성인병과 운동처방.**

박신보(2002. 6. 21). **8강팀 감독들의 지도 스타일.** SPORTS TODAY. 10면.

박정근(2001). 우수 코치들의 리더십에 관한 질적 연구. **한국스포츠 심리학회지, 12**(1), 79-107.

박정근, 이석준, 김학신(1995). 선수들의 코치 리더십 선호도 조사. **한국체육학회 지, 34**(1), 36-44.

배근아(1993). **에어로빅 댄싱 지도자의 주관적인 운동강도 설정이 수강생의 생 리적 반응에 미치는 영향.** 한국체육대학교 사회체육대학원 석사학위논문.

보건복지부(2001). **노인보건복지 국고보조사업 안내.**

사회체육지도론 편찬위원회(1991). **사회체육지도론.** 서울: 교학연구사.

삼성경제연구소(1997). **스포츠와 경영: 이기기 위한 리더쉽.** 연구보고서.

서울대학교 체육연구소(1991a). **국민체력향상프로그램 아동편.** 서울: 국민생활체 육협의회.

서울대학교 체육연구소(1991b). **국민체력향상프로그램 노인편.** 서울: 국민생활체 육협의회.

성기홍, 이동수, 장지훈, 이택상(2001). **걷기는 과학이다.** 서울: 도서출판 한미의학.

성동진(1997). **운동처방과 생리학.** 서울: 형설출판사.

손석정(1997). **스포츠와 법.** 서울: 태근문화사.

송기성(1995). 체육지도자의 법적 사고 향상을 위한 연구. **제33회 한국체육학회 학술발표회 논문집,** 229-234.

송기성(1998). 체육지도자의 법률적 의무에 관한 연구. **한국사회체육학회지, 10,** 413-427.

송석영, 박주환, 이영숙(1988). **스포츠심리학 개론.** 서울: 도서출판 명진당.

신응섭, 이재윤, 남기덕, 문양호, 김용주, 고재원(2000). **리더십의 이론과 실제.** 서 울: 학지사.

신지숙(2001). **스포츠 리더십이 운동선수들의 동기와 만족에 미치는 효과.** 중앙 대학교 대학원 박사학위청구논문 계획서.

안종철(1999). **파워 웨이트 트레이닝.** 서울: 삼호미디어.

양재용, 김흥수, 변영신(1998). **사회체육개론.** 서울: 형설출판사.

오윤진(1994). **리더쉽론.** 서울: 일선출판사.

오일영(1999). **스포츠 조직관리론**. 서울: 도서출판 대한미디어.

오현환(2001). 공공스포츠시설의 서비스 품질이 소비자 만족, 재구매 의사 및 구전의도에 미치는 영향, **한국체육학회지, 40**(2), 449-458.

위성식(1993). 사회체육 지도자의 위상. **한국사회체육학회지, 창간호**, 113-121.

이강옥, 노언필, 송경용(2001). **21c 리더십의 새로운 패러다임**. 서울: 무역경영사.

이기철(2001). 스포츠 집단에서의 변형적·수단적 리더십이 조직유효성에 미치는 영향에 관한 연구. **한국체육과학회지, 10**(2), 65-73.

이상효(2001). **체육행정·경영의 이론과 실제**. 서울: 도서출판 금광.

이순천, 정상택, 박상범, 김진구, 조국래 공역(1998). **스포츠 운동심리학의 기초**. 서울: 도서출판 금광.

임번장(1995). **스포츠사회학 개론**. 서울: 동화문화사.

임번장(1999). **스포츠 사회학 개론**. 서울: 동화문화사.

임춘식(2001). **고령화 사회의 도전**. 서울: 나남 출판.

장경태, 이정숙 역(1993). **평생체육: 평생건강을 위한 운동처방**. 서울: 도서출판 대한 미디어.

정동구, 하웅용(2001). **스포츠정책사론**. 한국체육대학교 스포츠정책 연구회.

정지혜(2000). **한국프로농구감독의 코칭지식 개념적 모형개발**. 중앙대학교 대학원 박사학위 논문.

정청희, 김병준(1999). **스포츠 심리학의 이해**. 서울: 도서출판 금광.

짐 로젠탈(1998, 7월호). 메이저리그의 최고 근육들. **Muscle & Fitness**, 69.

체육과학연구원(1988). **최적운동수행을 위한 심리적 컨디쇼닝**. 서울: 태창문화사.

체육과학연구원(1994). **운동이 성인병을 다스린다**.

체육과학연구원(1997). **비만관리를 위한 운동처방 모델 개발**.

체육과학연구원(1999). **한국의 체육지표**.

최신덕(1985). **노인사회학**. 서울: 경문사.

추헌(1995). **경영조직론**. 서울: 박영사.

한국스피치 & 리더십 센터(2001). 21세기의 지도자는 누가 될 것인가? www.speech1.co.kr.

한국일보(2002.7.6). **박지성의 이별 편지**. 21면.

한이석(1994). **사회체육 운영론**. 서울: 형설출판사.

홍혜걸(2002.7.2). **국민건강 업그레이드: 골다공증을 이기자①**. 중앙일보. 49면.

小倉 良弘(1975). スポーツ事故の法的責任. 體育の科學 25, 體育の科學社, 702.

萩裕美子 編著(1996). 健康·スポ?ツの指導. 東京: 建帛社.

Abegglon, A. J.(1958). Personality factors in social mobility: A study of occupationally mobile businessmen. *Genetic Psychology Monographs, 58,* 101-159.

Acosta, R. V., & Carpenter, L. J.(1992). *Women in intercollegiate sports- A longitudinal study-Fifteen year update 1977-1992.* Unpublished manuscript, Brooklyn College, Brooklyn, NY.

Alderfer, C. P.(1972). *Existence, relatedness and growth.* New York: The Free Press.

Allport, G. W.(1937). *Personality, a psychological interpretation.* New York: Holt, Rineholt & Winston.

Andersen, M. B., & Williams, J. M.(1988). A model of stress and athletic injury: Prediction and prevention. *Journal of Sport and Exercise, 10,* 294-306.

Appenzeller, H.(1980). *Physical education and the law.* Charlottesville, VA: Miche Publishing Company.

Appenzeller, H.(1984). *Sports and law.* St Paul: West Publishing Company.

Arnold, D. E.(1983). *Legal consideration in the administration of public school physical education and athletic programs.* Springfield, IL: Charles C. Thomas.

Barnard, C. I.(1946). *The nature of leadership: Human factors in mana- gement.* New York: Harper.

Barrow, J.(1977). The variables of leadership: A review and conceptual framework. *Academy of Management Review, 2,* 231-251.

Bass, B. M.(1965). *Psychology.* Boston: Allyn & Bacon.

Bass, B. M.(1990). *Bass & Stogdill's handbook of leadership* (3rd ed.). New York: Free Press.

Berelson, B., & Steiner, G.(1964). *Human behavior: An inventory of scien -tific findings.* New York: Harcourt, Brace and World.

Bergeron, J. D., & Wilson, H.(1985). *Coaches guide to sport injuries.*

Champaign, IL: Human Kinetics.

Blake, R. R., & Mouton, J. S.(1964). *The management grid.* Houston: Gulf Publishing Company.

Burns, J. M.(1978). *Leadership.* New York: Harper & Row.

Callaway, D. J.(1982). *A comparison of leadership style of successful and unsuccessful collegiate women basketball coaches.* Unpublished doc toral dissertation, Virginia Polytechnic Institute and State University.

Carlyle, T.(1841). *Heroes and hero worship.* Boston: Adams.

Carpenter, L. J.(1993). Letters home: My life with Title IX. In G. L. Cohen (Ed.), *Women in sport: Issues and controversies* (pp. 79-94). Newbury Park, CA: Sage.

Carron, A. V.(1982). Cohesiveness in sport groups: Interpretation and con- siderations. *Journal of Sport Psychology, 4,* 123-138.

Carron, A. V.(1988). *Group dynamics in sport.* Ontario: Spodin Publisher.

Cattell, R. B.(1973, July). Personality pinned down. *Psychology Today,* 40-46.

Chelladurai, P.(1978). *A contingency model of leadership in athletics.* Unpublished doctoral dissertation, Department of Management Science, University of Waterloo, Canada.

Chelladurai, P.(1985). *Sport management: macro perspective.* London, Ontario: Sports Dynamics.

Chelladurai, P.(1990). Leadership in sports: A Review. *International Journal of Sport Psychology, 21,* 328-354.

Chelladurai, P.(1992). A classification of sport and physical activity services: Implication for sport management. *Journal of sport management, 6,* 38- 51.

Chelladurai, P., & Carron, A. V.(1977). A reanalysis of formal structure in sport. *Canadian Journal of Applied Sport Science, 2,* 9-14.

Chelladurai, P., & Saleh, S. D.(1980). Dimension of leader behavior in sports: Development of a leadership scale. *Journal of Sport Psychology, 2,* 34-45.

Clarke, D. A.(1985). *An analysis of lawsuits based on student injuries in public school physical education and athletic program in the United States from 1980 to 1984.* University of Oregon Microform Publications.

Coakley, J. J.(1990). *Sport in society:* Isues and controversies (4th ed.). St. Louis, MO: Time Mirror/Mosby.

Coakley, J. J.(1993). Social dimension of intensive training and participa tion in youth sports. In B. R. Cahill & A. J. Pearl (Eds.), *Intensive participation in children's sports* (pp. 77−94). Champaign, IL: Human Kinetics.

Cox, R. H.(1990). *Sport psychology.* Dubugue, IW: Wm. C. Brown Publishers.

Daft, R. L.(1988). *Management.* New York: The Dryden Press.

Danielson, R. R., Zelhart, P. F., & Darke, C. J.(1975). Multidimensional scaling and factor analysis of coaching behavior as perceived high school hockey players. *Research Quarterly, 46,* 323−334.

Davis, K.(1959). *Human relations in business.* New York: McGraw−Hill.

Dougherty, N. J., Auxter, D., Golderger, A. S., & Heinzmann, G. S.(1994). *Sport, physical activity, and the law.* Champaign, IL: Human Kinetics Publishers.

Duda, J. L.(1998). *Advances in sport and exercise psychology measurement.* Purdue University Editor.

Eitzen, D. S.(1981). Sport and deviance. In G. R. F. Luschen & G. H. Sage (Eds.), *Handbook of social science of sport.* Champaign, IL: Stipes.

Erickson, E. H.(1950). *Childhood and society* (3rd ed.). New York: W. W. Norton & Co.

Eysenck, H. J., & Eysenck, S. B. G.(1968). *Eysenck personality inventory Manual.* London: University of London Press.

Fiedler, F. E.(1967). *A theory of leadership effectiveness.* New York: McGraw−Hill.

Freud, S.(1905). *Three contribution to the theory of sex: The basic writing of Sigmund. Freud.* New York: The Modern Library.

Gibb, C. A.(1969). *Leadership*. England: Penguin Books Ltd.

Gibson, J. L., Ivancevich, J. M., & Donelly, J. H., Jr.(1982). *Organizations: Behavior, structure, processes* (4rd ed.). Texas: Business Publications, Inc.

Goplerud, J. B.(1990). Liability of schools and coaches: The current status of sovereign immunity and assumption of the risk. *Drake Law Review, 39*, 759-774.

Greendorfer, S.(1993). Gender roles stereotypes and early childhood socialization. In G. L. Gohen (Ed.), *Women in sport: Issues and con troversies* (pp. 3-14). Newbury Park, CA: Sage Publications.

Greene, C. N.(1979). Questions of causation in th path-goal theory of leadership. *Academy of Management Journal, 22*, 22-41.

Gruber, J. J., & Gray, G. R.(1982). Responses to forces influencing cohe sion as a function of player status and level of male university bas ketball competition. *Research Quarterly, 53*, 27-36.

Heil, J.(1993). *Psychology of sport injury*. Champaign, IL: Human Kinetics.

Hellriegel, D., Slocum, J. W., Jr., & Woodman, R. W.(1989). *Organizational behavior*. New York: West Publishing Co.

Hilgard, E. R.(1962). *Introduction to psychology*. New York: Harcourt Brace Jovanovich.

Hollander, E. P.(1967). *Principle and methods of social psychology*. New York: Holt.

House, R. J.(1971). A path-goal theory of leader effectiveness. *Adminis trative Science Quarterly, 16*, 321-328.

House, R. J.(1977). A 1976 theory of charisma leadership. In J. G. Hunt & L. L. Larson (Eds.). *Leadership: The cutting edge*. Carbondale: South ern Illinois University Press.

Incing, P. A.(1974). *Leadership style and team success*. Unpublished doc toral dissertation, University of Utah.

Ingham, A. G., Levinger, G., Graves, J., & Peckham, V.(1974). The Rin gelmann effect: Studies of group size and group performance.

Journal of Experimental Social Psychology, 10, 371-384.

Ivancevich, J. A., Szilagyi, A., Jr., & Wallace, M., Jr.(1977). *Organization behavior and communication* (pp. 400-401). Scott: Foresman and Company.

Janis, L. R.(1990). A study of high-impact versus low-impact injuries. *Am J. Sports Med, 80*(8).

Jefferies, S. C.(1985). *Sport law study guide.* Chamaign, IL: Human Kinetics.

Kane, M. J., & Greendorfer, S.(1994). The media's role in accommodating and resisting stereotyped images of women in sport. In P. Creedon (Ed.), *Women, media and sport: Challenging gender values* (pp. 28-44). Thousand Oaks, CA: Sage Publications.

Koontz, H. D., & O'Donnell, C.(1976). *Management: A system and contin gency analysis of management* (6rd ed.). New York: McGraw-Hill Book Co.

Kraus, R. G.(1985). *Recreation program planning today.* Glenview, IL: Scott, Foresman and Company.

Kremer, J. M. D., & Scully, D. M.(1994). *Psychology in sport.* Bristol, PA: Taylor & Francis.

Landers, D., Brawley, L. R., & Landers, D.(1981). Group performance, interaction and leadership. In G. F. R. Luschen & G. H. Sage (Eds.), *Handbook of sport science of Sport* (pp. 297-315). Champaign, IL: Stipes.

Lawrence, P. R., & Lorsch, J. W.(1969). *Organizations and environment.* MA: Harvard University Press.

Lippitt, R., & White, R. K.(1958). An experimental study of leadership and group life. In E. E. Macoby et al., (Eds.), *Readings in social psychology.* New York: Holt.

Luthans, F.(1981). *Organization behavior* (3rd ed.). Tokyo: McGraw-Hill Kogakush Co., Ltd.

Luthans, F.(1992). *Organization behavior.* New York: McGraw-hill, Inc.

Martens, R.(1975). The paradigmatic crisis in American sport psychology.

Sport wissenschaft, 5, 9-24.

Martens, R.(1986). Science, knowledge, and sport and exercise psychology. *The Sport Psychologist, 1,* 29-55.

Martens, R.(1987). *Coaches guide to sport psychology.* Champaign, IL: Human Kinetics.

Martens, R.(1990). *Successful Coaching.* Champaign, IL: Leisure Press.

Martens, R., Landers, D., & Loy, J. W.(1972). *Sport cohesiveness questionnaire.* Washington, D.C.: AAPERD Publications.

Maslow, A. H.(1954). *Motivation and personality.* New York: Harper & Row.

McCarthy, J. (1975). *Basic marketing.* Homewood, IL: Irwin.

McClelland, D. C.(1962). Business drive and national achievement. *Business Review, 40,* 99-112.

McGregor, D.(1960). *The human side of enterprise.* New York: McGraw-Hill.

McNair, D. M., Lorr, M., & Droppleman, L. F.(1971). *EDITS manual for POMS.* San Diego, CA: Education and Industrial Testing Service.

McPherson, B. D., Curtis, J. E., & Loy, J. W.(1989). *The social significance of sport: An introduction to the sociology of sport.* Champaign, IL: Human Kinetics.

Moreno, J. L.(1934). *Who shall survive?: Foundation of sociometry, group psychotherapy, and sociodrama.* Washington D. C.: Nervous and Mental Disease Publishing Co.

Murray, E. J.(1965). *Motivation and emotion.* Englewood Cliffs, N.J.: Prentice-Hall.

Murray, M. C., & Mann, B. L.(1993). Leadership effectiveness. In J. M. Williams (Ed.), *Applied sport psychology: Personal growth to peak performance* (pp. 82-98). Mountain View, CA: Mayfield Publishing Company.

Nideffer, R. M.(1976). Test of attentional and interpersonal style. *Journal of Personality and Social Psychology, 34,* 319-328.

Nygaard, G., & Boone, T.(1981). *Law for physical educators and coaches.* Salt Lake City: Brighton Publishing Company.

Ogilvie, B. C., & Tutko, T. A.(1966). *Problem athletes and how to handle them.* London: Palham Books.

Reddin, W. J.(1970). *Managerial effectiveness.* New York: McGraw-Hill.

Rejeske, W. J., & Brawley, L. R.(1988). Defining the boundaries of sport psychology. *The Sport Psychologist, 2,* 231-242.

Reynolds, J., & Hormachea, M.(1976). *Public recreation administration.* Reston, Virginia: Reston Publishing Company.

Robbins, S. P.(1983). *Organization theory.* Englewood Cliffs, New Jersey: Prentice-Hall.

Rogers, C. R.(1951). *Client-centered therapy.* Boston: Houghton Mifflin.

Rothenberger, L. A., Chang, J. I., & Cable, T. A.(1988). Prevalence & Types of Injuries in Aerobic Dance. *Am. J. Sports Med, 16*(4).

Sage, G. H.(1977). *Introduction to motor behavior: A neuropsychological approach* (2rd ed.). Reading, MA: Addison-Wesley.

Sappington, L. B., & Browns, C. G.(1962). The skills of creative leadership. In W. Lazer & E. J. Kelly (Eds.), *Managerial marketing: Perspectives and viewpoint* (2rd ed.). Honewood, Ill.: Richard D. Irwin.

Schein, E. H.(1970). *Organizational psychology* (2nd ed.). Englewood Cliffs, N.J.: Prentice-Hall.

Schurr, K. T., Ashley, M. A., & Joy, K. L.(1977). A multivariate analysis of male athlete characteristics: Sport type and success. *Multivariate Experimental Clinical Research, 3,* 53-68.

Serpa, S.(1990). *Research work on sport leadership in Portugal.* Unpub lished manuscript, Lisbon Technical University.

Sharp, L. A.(1990). Sport law. *National Organization on Legal Problems of Education Monograph Series,* 1-8.

Sheldon, W. H.(1942). *The varieties of temperament.* New York: Harper & Row.

Spielberger, C. D., Gorsuch, R. L., & Lushene, R. F.(1970). *Manual for the state-trait anxiety inventory.* Palo Alto, CA: Consulting Psychologists Press.

Steers, R. M., & Porter, L. W.(1979). *Motivation and work behavior* (2rd ed.). New York: McGraw-Hill Book Co.

Steiner, I. D.(1972). *Group process and productivity.* New York: Academic Press.

Stogdill, R. M.(1974). *Handbook of leadership: A survey of theory and research.* New York: Free Press.

Stogdill, R. M.(1974). *Handbook of leadership.* New York: The Free Press.

Straub, W. F., & Williams, J. M.(1984). Cognitive sport psychology: Historical, contemporary, and future perspectives. In W. F. Straub & J. M. Williams (Eds.), *Cognitive sport psychology* (pp. 3-10). Lansing, New York: Sport Science Associates.

Straub, W. F., & Williams, J. M.(1993). Sport psychology: Past, present, future. In J. M. Williams (Ed.), *Applied sport psychology: Personal growth to peak performance* (pp. 1-10). Mountain View, CA: Mayfield Publishing.

Swartz, J. L.(1973). *Analysis of leadership style of college level head football coaches from five midwestern states.* Unpublished doctoral dissertation, University of Northern Colorado.

Tannenbaum, R., & Schmidt, W. H.(1958, March-April). How to choose a leadership pattern. *Harvard Business Review,* 58.

Tannenbaum, R., & Schmidt, W. H.(1973, May-June). How to choose a leadership pattern. *Harvard Business Review,* 162-180.

Terry, G. R.(1960). *Principles of management.* Hoomwood: Richard D. Irwin.

Vander, V. H.(1972). *Relationship among member, team, and situational variables and basketball team success: Social-psychological inquiry.* Unpublished doctoral dissertation, University of Wisconsin.

Vealey, R. S.(1986). Sport-confidence and competitive orientations: Pre liminary investigation and instrument development. *Journal of Sport Psychology, 8,* 221-246.

Walton, R., & Dutton, J.(1969). The management of interdepartmental conflict: A model and review. *Administrative Science Quarterly, 14.*

Weber, M.(1947). The sociology of charismatic authority. In H. H. Mills & C. W. Mills (Eds. and Trans.). *From Max Weber: Essays in Sociology.* New York. Oxford University Press.

Weiskopf, D. C.(1982). *Recreational and leisure in improving the quality of life* (2rd ed.). Boston: Ally and Bacon, Inc.

Widmeyer, W. N., Brawley, L. R., & Carron, A. V.(1985). The effect of gorup size in sport. *Journal of Sport & Exercise Psychology, 12,* 177–190.

Williams, J. M.(1980). Personality characteristics of the successful female athlete. In W. F. Straub (Ed.), *Sport psychology: An analysis of ath lete of athlete behavior.* Ithaca, NY.: Mouvement.

Wuest, D. A., & Bucher, C. A.(1999). *Foundation of physical education and sport.* Dubuque, LA: McGraw–Hill.

찾아보기

건강 · 스포츠 프로그램을 위한

지도 방법과 리더십

초판 인쇄 2018년 7월 2일
초판 발행 2018년 7월 6일

지은이   이상효 · 유희형

펴낸이   진수진
펴낸곳   혜민북스

주소   경기도 고양시 일산서구 하이파크 3로 61
출판등록 2013년 5월 30일 제2013-000078호
전화   031-949-3418
팩스   031-949-3419

값 26,000원